Migrations- und Integrationsforschung
Multidisziplinäre Perspektiven

Band 2

Herausgegeben von Heinz Fassmann, Richard Potz
und Hildegard Weiss

Die Bände dieser Reihe sind peer-reviewed.
Advisory Board: Christine Langenfeld (Göttingen), Andreas Pott
(Osnabrück), Ludger Pries (Bochum)

Julia Dahlvik / Heinz Fassmann /
Wiebke Sievers (Hg.)

# Migration und Integration – wissenschaftliche Perspektiven aus Österreich

Jahrbuch 1/2011

V&R unipress

Vienna University Press

Bibliografische Information der Deutschen Nationalbibliothek

Die Deutsche Nationalbibliothek verzeichnet diese Publikation in der Deutschen
Nationalbibliografie; detaillierte bibliografische Daten sind im Internet über
http://dnb.d-nb.de abrufbar.

ISBN 978-3-89971-920-8
ISBN 978-3-86234-920-3 (E-Book)

**Veröffentlichungen der Vienna University Press
erscheinen im Verlag V&R unipress GmbH.**

Titelbild: Programm der Jahrestagung für Migrations- und Integrationsforschung in Österreich
2010, Foto: Paul Feuersänger
Druck und Bindung: CPI Buch Bücher.de GmbH, Birkach

Gedruckt auf alterungsbeständigem Papier.

# Inhalt

## Von der Forschung zur Praxis

# Vorwort

In Österreich forschten zwischen 2003 und 2008 gut 200 Personen in den Geistes-, Sozial-, Wirtschafts- und Rechtswissenschaften sowie in der Medizin und der Psychologie zu den Themen Migration und Integration (Fassmann 2009, 20). Mehr als 2000 Forschungsberichte, Qualifizierungsarbeiten und Publikationen wurden in den vergangenen zehn Jahren zu Migration und Integration mit Bezug auf Österreich erstellt.[1] Migration und Integration haben sich also als Themen in der wissenschaftlichen Forschung in Österreich etabliert. Doch es mangelt an institutionalisiertem interdisziplinärem Austausch in diesem breiten Forschungsfeld. Aus diesem Grund veranstalteten die Kommission für Migrations- und Integrationsforschung der Österreichischen Akademie der Wissenschaften und die Forschungsplattform »Migration and Integration Research« der Universität Wien im September 2010 die erste Jahrestagung der Migrations- und Integrationsforschung in Österreich. Jahrestagungen stellen in vielen Disziplinen eine wichtige disziplinäre Klammer dar. Man erfährt an einem Ort und in wenigen Tagen, welche neuen Fragestellungen thematisiert werden, wer Karriere macht, welche Positionen zu vergeben sind oder welche institutionellen Veränderungen sich im Fach einstellen. Wissenschaftsdisziplinen sind immer auch soziale Gemeinschaften, und Jahrestagungen sind der Treffpunkt dieser Gemeinschaft. Gerade für die Migrations- und Integrationsforschung, die von vielen unterschiedlichen Disziplinen aus unterschiedlichen Perspektiven heraus betrieben wird, erscheint den ProponentInnen der Jahrestagung das Fördern von Gemeinschaft besonders wichtig.

Die OrganisatorInnen verzichteten bewusst darauf, die erste Jahrestagung der Migrations- und Integrationsforschung in Österreich unter ein bestimmtes Thema zu stellen. Sie wollten nicht a priori einschränken oder selektieren,

---

1 Das ist das vorläufige Ergebnis einer Forschungsdokumentation zu den Themen Migration und Integration in Österreich, die die Kommission für Migrations- und Integrationsforschung der Österreichischen Akademie der Wissenschaften derzeit im Auftrag der Sicherheitsakademie des Bundesministeriums für Inneres erstellt.

sondern ermöglichen, dass die gesamte Breite des Forschungsfelds vertreten ist.
Diese Strategie war erfolgreich. Die 37 Vorträge und zehn Posterpräsentationen,
die nach einem offenen Call for Papers aus den zahlreichen Einreichungen von
einem disziplinär breit zusammengesetzten Programmkomitee für die Tagung
ausgewählt wurden, deckten sowohl disziplinär als auch inhaltlich ein sehr
weites Spektrum ab. 67 ForscherInnen aus den Geistes-, Sozial- und Rechtswissenschaften sowie aus der Medizin und der Psychologie beschäftigten sich
unter anderem mit Bildung, Gesundheit, Identität, Kunst, Politik, Recht, Religion, Sport und Stadtentwicklung. Dabei wurde neueren theoretischen und
methodologischen Ansätzen genauso Raum gegeben wie der Frage, wie sich die
Forschungserkenntnisse in die Praxis übersetzen lassen. Neben den Vorträgen
und Posterpräsentationen fand eine Buch- und Verlagsausstellung statt. Eine
prominent besetzte Eröffnungsveranstaltung, die sich den Migrations- und In-
tegrationspolitiken in Europa und den USA widmete, gab der Veranstaltung
einen internationalen Rahmen.

Der große Zuspruch der mehr als 250 TeilnehmerInnen, die inhaltlich er-
tragreichen Diskussionen sowie das durchwegs positive mediale Echo (vgl. unter
anderem Krichmayr 2010, ›Integration ist kein geradliniger Prozess‹ 2010, ›Migration: Schulbücher hinken hinterher‹ 2010) veranlassten die ProponentInnen
der Jahrestagung die Tagungsergebnisse in diesem ersten nun vorliegenden
Jahrbuch für Migrations- und Integrationsforschung in Österreich zu veröffentlichen. Nicht alle Beiträge sind abgedruckt, da einige schon anderweitig in
Druckform vorliegen und andere der internationalen Begutachtung nicht
standhielten. Doch die ausgewählten 17 Beiträge sind durchaus repräsentativ für
die disziplinäre und thematische Vielfalt der Tagung. Neben den angestammten
Disziplinen im Bereich der Migrations- und Integrationsforschung wie der
Rechtswissenschaft, Politikwissenschaft, Soziologie oder Kultur- und Sozialanthropologie sind auch Literaturwissenschaft, Philosophie, Publizistik und
Psychologie vertreten. Dementsprechend umfassend ist das thematische Spektrum, das von Asyl, Staatsbürgerschaft und Diskriminierung über Pflege und
Aufenthaltsehe bis hin zur Bedeutung von Migration für Medien und Kunst
reicht. Den Rahmen bilden wie schon bei der Tagung selbst Beiträge zur Methodologie und zum Übergang zwischen Forschung und Praxis.

Den Band eröffnen zwei Beiträge mit methodologischen Überlegungen zu
Stärken und Limitierungen bestehender Ansätze in der Migrations- und Integrationsforschung. David Reichel widmet sich in seinem Beitrag einem Thema,
das in der Migrations- und Integrationsforschung von Beginn an aktuell war:
den Datenquellen. Dabei zeigt er einerseits den relativen Reichtum existierender
Datenquellen in Österreich auf. Andererseits illustriert sein Beitrag nicht nur die
Grenzen der Identifizierung der Bevölkerung mit Migrationshintergrund in
diesen Daten, sondern dokumentiert auch die mangelhafte Erfassung relevanter

Merkmale, in diesem Fall der Einbürgerung, in einem ausgewählten Datensatz, der österreichischen Arbeitsmarktdatenbank (AMDB). Der zweite Beitrag zu methodologischen Fragen in diesem Band widmet sich der qualitativen Migrationsforschung. Katharina Hametner entwickelt einen Forschungsansatz, der die fundierte Kritik an Konstrukten wie ›Nation‹, ›Ethnizität‹, ›Kultur‹ und ›Identität‹ von Autoren wie Homi Bhabha, Stuart Hall oder Kien Nghi Ha in die praktische Forschung übersetzt. Die Basis bildet dabei die rekonstruktive Methodologie, die die Autorin durch eine postkoloniale Perspektive ergänzt, um dem Anspruch der genannten Kritik gerecht zu werden.

Der zweite Abschnitt beschäftigt sich mit Staatsbürgerschaft, einem Thema, das in der Migrations- und Integrationsforschung eine vergleichsweise lange Tradition hat. Joachim Stern betrachtet Geschichte und Gegenwart des »ius pecuniae« (also des Rechts des Geldes bzw. des Vermögens) im österreichischen Einbürgerungsrecht. Im Vordergrund stehen dabei die hohen Anforderungen an das Einkommen, die beim Antrag auf Einbürgerung seit der Novelle im Jahr 2005 erfüllt werden müssen. Stern zeigt nicht nur auf, dass diese neuen Anforderungen von einem Großteil der Antragsberechtigten wahrscheinlich nicht erfüllt werden können. Er arbeitet auch heraus, dass sie Frauen und Behinderte diskriminieren. Ausschluss von Staatsbürgerschaft steht auch bei Ilse Reiter-Zatloukal im Mittelpunkt, allerdings aus der entgegengesetzten Perspektive der Ausbürgerung. Ihr umfassender historischer Überblick über politisch motivierten Staatsbürgerschaftsentzug im 20. Jahrhundert dokumentiert, dass dieser oft im Zusammenhang mit Migration stand, denn er wurde in der Regel nur gegen eingebürgerte (und damit meist zugewanderte) oder im Ausland befindliche Staatsangehörige eingesetzt.

Im dritten Themenblock geht es um Fragen der Verrechtlichung im Bereich Migration und Integration, die zwar einerseits den Status der MigrantInnen in Österreich seit den 1990er-Jahren bedeutend verbesserte, andererseits jedoch Ausschluss und Ungleichheit zementiert, wie die beiden Beiträge in diesem Abschnitt verdeutlichen. Sieglinde Rosenberger zeigt ein rechtliches Paradox zwischen dem Asylrecht und dem sogenannten Bleiberecht auf: Das Bleiberecht sollte ganz spezifisch für AsylwerberInnen, deren Anträge nach mehrjährigem Aufenthalt in Österreich negativ beschieden worden waren, die Möglichkeit schaffen, aus humanitären Gründen im Land zu verbleiben. Doch Anspruch auf Bleiberecht haben nur Personen, die einen gewissen Grad an Integration nachweisen können, also eine adäquate Wohnung, eine Krankenversicherung und Selbsterhaltungsfähigkeit in Form einer Arbeitsplatzzusage. Das fällt jedoch gerade AsylwerberInnen häufig schwer, weil sie von Rechts wegen kaum Möglichkeiten zur Integration haben, so Rosenberger. Andrea Kretschmann und Arno Pilgram widmen sich der Verrechtlichung im Bereich der häuslichen Pflege, die in Österreich bis vor Kurzem irregulär von Frauen aus den neuen EU-

Mitgliedsstaaten, insbesondere aus der Slowakei, erbracht wurde. Kretschmann und Pilgram argumentieren, dass es zwar mit der Regularisierung dieser Pflegekräfte, die mit einer öffentlichen Diskussion im Jahr 2006 begann, zu einer Anerkennung dieser für das österreichische Pflegesystem bedeutenden Arbeitskräfte kam. Doch die neuen Rechte haben nur geringe Auswirkungen auf ihre konkreten Arbeits- und Lebensbedingungen, weil es bei der Verrechtlichung primär darum ging, das österreichische Pflegesystem nicht zu gefährden, das auf diese kostengünstigen, rechtlosen privaten Pflegerinnen angewiesen ist.

Im vierten Abschnitt befassen sich zwei Beiträge mit der politischen Mobilisierung gegen und für Migration in Österreich. Oliver Gruber untersucht die Wahlprogramme der bedeutendsten österreichischen Parteien für 11 Nationalratswahlen zwischen 1971 und 2008 auf ihren programmatischen Stellenwert von Migration und die Positionierung der Parteien zu diesem Thema. Der Autor zeigt, dass die Politisierung des Themas Migration in den 1990er-Jahren von den Grünen und der Freiheitlichen Partei Österreichs (FPÖ) ausging, wobei erstere Migration in ihren Wahlprogrammen in dieser Zeit sehr viel stärker thematisierten als letztere, wie überhaupt liberale Einstellungen zu Migration in den Wahlprogrammen in den 1990er-Jahren insgesamt dominierten. Das änderte sich erst mit der Nationalratswahl im Jahr 1999, nach der die FPÖ zum ersten Mal in die Regierung einzog. Danach wurde Migration auch für die beiden Volksparteien zum Thema, wobei die Sozialdemokratische Partei Österreichs (SPÖ) eher liberal, die Österreichische Volkspartei (ÖVP) eher restriktiv argumentierte – ein Diskurs, der seit 2000 in der Parteienlandschaft überwiegt. Ein ähnlicher diskursiver Wandel zeichnete sich auch in der medialen Debatte ab, so Sarah Meyer und Teresa Peintinger in ihrem Beitrag, der die Präsenz pro-immigrantischer zivilgesellschaftlicher Akteure in den medialen Debatten rund um die Fremdenrechtsreformen in den frühen 1990er-Jahren und im Jahr 2005 analysiert. Dieser diskursive Wandel ist ihrer Meinung nach neben den fremdenfeindlichen Tendenzen in der Bevölkerung dafür verantwortlich, dass pro-immigrantische zivilgesellschaftliche Stimmen in der medialen Debatte im Jahr 2005 relativ gesehen an Bedeutung verloren.

Thema des fünften Abschnitts ist Diskriminierung in Theorie und Praxis. Eingeleitet wird dieser Abschnitt von einem theoretischen Beitrag, in dem Radostin Kaloianov argumentiert, dass die normativen Referenzsysteme von gleichen Rechten und Chancen, die der Politik und Wirtschaft westlicher Gesellschaften unterliegen, spezifische Formen der Diskriminierung von MigrantInnen unberücksichtigt lassen. Dazu zählt seiner Meinung nach ein Phänomen, das er unter dem Begriff Verspätung zusammenfasst. Er versteht darunter die Tatsache, dass MigrantInnen als Jugendliche oder Erwachsene in eine neue Gesellschaft einsteigen und deswegen Bildungs-, Arbeits- und Lebenschancen erst sehr viel später nutzen können. Diesen Rückstand können nicht nur die

MigrantInnen selbst nie mehr aufholen – schon gar nicht in einer Zeit, in der sich das Lebenstempo kontinuierlich beschleunigt. Vielmehr vererben sie diese Verspätung auch an nachfolgende Generationen, weil diese die Möglichkeiten, die ihnen die Gesellschaft bietet, selten als konkrete Optionen für ihre eigene Lebensgestaltung betrachten. Diese These wird in Petra Herczegs Beitrag zu Journalismus und Diversität in den Medien illustriert. Die Autorin zeigt, dass auch mehr als 40 Jahre nach Beginn der sogenannten Gastarbeiterzuwanderung nach Österreich im Printjournalismus kaum JournalistInnen mit Migrationshintergrund tätig sind, was von verschiedenen ChefredakteurInnen einerseits mit Sprachbarrieren, andererseits mit fehlendem Selbstbewusstsein aufseiten der MigrantInnen erklärt wird. Herczeg spricht von einer geschlossenen Gesellschaft, die sich ihrer Geschlossenheit zwar bewusst ist, aber nur zögerlich erste Schritte in Richtung einer Öffnung setzt. Gefragt ist ihrer Meinung nach eine multiethnische Öffnung des österreichischen Mediensystems nicht nur in Bezug auf die JournalistInnen, sondern auch in Bezug auf das Publikum. Der anschließende Beitrag von Irene Messinger befasst sich mit Diskriminierung in Exekutive und Judikative. Messinger verwendet einen intersektionellen Ansatz, um aufzuzeigen, welche Personengruppen in Österreich in den Verdacht geraten, »Scheinehen« eingegangen zu sein. Die entscheidenden Faktoren sind dabei neben Geschlecht, Klasse und Herkunft auch der Aufenthaltstitel der EhepartnerInnen. Verdächtigt werden meist Frauen aus der Unterschicht mit Migrationshintergrund, deren Partner mutmaßlich durch die Ehe einen aufenthaltsrechtlichen Vorteil haben. Bei den Verurteilungen verlieren die Faktoren Herkunft und Aufenthaltstitel an Bedeutung.

Unter der Überschrift »Perspektivenwechsel« haben wir im sechsten Abschnitt Aufsätze zusammengefasst, die sich Migration und Integration aus einem anderen bzw. in der wissenschaftlichen, politischen und medialen Debatte weniger sichtbaren Blickwinkel nähern. Edith Enzenhofer und Diana Braakmann begegnen mit ihrem Beitrag dem gängigen Sicherheitsdiskurs, der MigrantInnen als Bedrohung konstruiert, indem sie sich auf die Sicherheit der MigrantInnen konzentrieren. Sie untersuchen, welche Aspekte von Unsicherheit, Angst und Bedrohung für Menschen mit Migrationshintergrund subjektiv relevant sind und welche Faktoren die Qualität und das Ausmaß des Bedrohungserlebens beeinflussen. Ihre Befragungen zeigen, dass Unsicherheit bei MigrantInnen zum einen sehr stark vom aufenthaltsrechtlichen Status abhängt, der auch die materielle Sicherheit und die Angst beim Umgang mit Behörden beeinflusst. Ein zweiter Faktor der Bedrohung sind Rassismus und Fremdenfeindlichkeit sowohl im öffentlichen Raum als auch am Arbeitsplatz oder bei der Arbeitssuche. Marc Hill und Erol Yildiz setzen der öffentlichen Skandalisierung migrationsgeprägter Stadtviertel als ›Parallelgesellschaften‹ oder ›soziale Brennpunkte‹ einen anderen Blick entgegen. Dieser richtet sich auf das Leben in einem Grazer

Stadtviertel, dem Griesviertel, das in der lokalen Öffentlichkeit wegen seines hohen MigrantInnenanteils häufig als problematisch wahrgenommen wird. Ihre Interviews mit den Menschen, die in diesem Stadtteil leben, offenbaren, dass diese die lebendige und urbane Atmosphäre schätzen und die Gegebenheiten vor Ort nicht als Nachteil empfinden, sondern zu ihrem eigenen Vorteil nutzen. Die urbane Alltagsnormalität und die öffentliche Wahrnehmung klaffen also stark auseinander, so das Fazit der Autoren. Der dritte Beitrag in diesem Abschnitt betrachtet das Thema Migration aus einer disziplinären Perspektive, die in Österreich noch unterbeleuchtet ist und auch in der öffentlichen Wahrnehmung nur eine geringe Rolle spielt: die Perspektive der Literaturwissenschaft. Zoltan Péter analysiert, warum sich der Schriftsteller Lajos Kassák nach seiner Übersiedlung von Budapest nach Wien im Jahr 1920 von der Arbeiterliteratur ab- und der Avantgarde zuwandte. Er argumentiert, dass dieser tiefgreifende Wandel einerseits mit den Bedingungen in Wien zusammenhing, wo den ExilantInnen von der österreichischen Regierung verboten war, sich politisch zu betätigen, und wo internationale künstlerische Strömungen sehr viel präsenter waren als in Budapest. Andererseits führt Péter Kassáks künstlerischen Wandel auf seine schwere Lungenkrankheit zurück, die eine Auseinandersetzung mit dem Tod in seinen Texten mit sich brachte und die Politik in den Hintergrund drängte. Der letzte Beitrag in diesem Abschnitt schließlich erweitert unseren Blick über die Grenzen Österreichs hinaus. Martin Slama widmet sich der Integration einer Gruppe von arabischen MigrantInnen in Indonesien. Er beschreibt, wie der ethnische Grenzen überwindende indonesische Nationalismus dieser Gruppe erlaubte, sich als IndonesierInnen zu definieren, für die Unabhängigkeit des Landes zu kämpfen und damit Teil der indonesischen Gesellschaft zu werden. Doch nach dem Anschlag auf das World Trade Center in New York am 11. September 2001 wurde das Stereotyp des »fremden Arabers« als »islamistischem Extremisten« in Indonesien wiederbelebt – ein Phänomen, das durchaus vergleichbar ist mit islamophoben Tendenzen in Europa, so der Autor, nur dass die muslimische indonesische Mehrheitsgesellschaft die radikalen islamischen Strömungen ethnisiert. Auch gemeinsame Sprache, Religion und Geschichte bieten also keinen Schutz vor erneutem Ausschluss durch die Mehrheitsgesellschaft, so das Fazit von Martin Slama.

Den Abschluss des Jahrbuches bilden zwei Beiträge, die sich an der Schnittstelle zwischen Forschung und Praxis bewegen. Simon Burtscher zeigt am Beispiel Vorarlberg, wie Integrationstendenzen der MigrantInnen in Form der Aufgabe einer Rückkehrorientierung, zunehmender Einbürgerungszahlen und steigender sozialer Mobilität verwoben sind mit Veränderungen in der Mehrheitsgesellschaft. Einerseits entdeckt die Mehrheitsgesellschaft MigrantInnen als Zielgruppe von Fördermaßnahmen in Politik, Verwaltung und sozialen Dienstleistungen. Andererseits illustrieren ausländerfeindliche Positionen, wie sie im Vorarlberger Landtagswahlkampf im Jahr 2009 manifest wurden, die Angst vor dem Statusverlust, der aufseiten der Mehrheitsgesellschaft mit der zunehmenden Etablierung der Minderheiten einhergehen kann. Burtscher geht davon aus, dass solchen ausländerfeindlichen Positionen nur dann adäquat begegnet werden kann, wenn der Integrationsprozess in Wissenschaft und Integrationsarbeit als gesamtgesellschaftlicher Transformationsprozess im obigen Sinne verstanden wird. Der abschließende Beitrag von Sabine Aydt und Karin Bischof verweist auf die zunehmende Bedeutung des Themas Integration in der Gemeindepolitik und geht insbesondere auf die schwierige Rolle der Politikberatung ein, die dieses neue Politikfeld von Beginn an mit prägte. Die Ausgangslage in diesem Politikfeld ist dabei denkbar schwierig, denn die gesellschaftlichen Konfliktlinien sind auf Gemeindeebene teils besonders virulent, der politische und finanzielle Handlungsspielraum ist aber gering und gleichzeitig verlangen Gesellschaft und Politik nach schnellen Lösungen. BeraterInnen stehen vor der Herausforderung, diese Fixierung auf schnelle Lösungen zu lockern und eine analytische Perspektive in den politischen Prozess einzubringen, so die Autorinnen, die im Anschluss konkrete Methoden und Instrumente vorstellen, die diesen Zielen gerecht zu werden versuchen.

Einleitungen bieten die Gelegenheit des Rückblicks, der Begründung und des Dankes. Letzteren haben die HerausgeberInnen dieses Jahrbuches in erster Linie den AutorInnen auszusprechen, die uns ihre Beiträge zur Verfügung gestellt haben und die auch trotz der mehrmaligen Korrektur- und Änderungswünsche geduldig blieben. Wesentlich für die Qualitätssicherung sowohl der Jahrestagung als auch des vorliegenden Jahrbuchs war das Programmkomitee, in dem Ilker Ataç, Rainer Bauböck, Josef Ehmer, Gerda Falkner, Alexia Fürnkranz-Prskawetz, Richard Gisser, Petra Herczeg, Karl Husa, Wolfgang Lutz, Gerhard Muzak, Walter Pohl, Richard Potz, Christoph Reinprecht, Sieglinde Rosenberger, Christiane Spiel, Jelena Tošić, Peter Urbanitsch, Hilde Weiss und Waldemar Zacharasiewicz mitwirkten. Zusätzlich wurden anonyme ExpertInnen mit der Begutachtung der Manuskripte, die zur Veröffentlichung im Jahrbuch eingereicht wurden, beauftragt. Ihnen gilt ebenso der Dank der HerausgeberInnen wie Ruth Vachek, die die Beiträge lektorierte und verlagsseitig betreute. Wir danken schließlich der Vienna University Press für die Aufnahme der Publikation sowie der Akademie der Wissenschaften und der Universität Wien für die Bereitstellung entsprechender personeller und materieller Ressourcen. Wir wünschen dem Band eine weite Verbreitung und hoffen, dass dem ersten Jahrbuch weitere folgen und dass sowohl diese Publikationen als auch die Jahrestagung zur Vernetzung und Kooperation innerhalb der fragmentierten Migrations- und Integrationsforschung beitragen werden.

Julia Dahlvik, Heinz Fassmann, Wiebke Sievers

## Literatur

Fassmann, Heinz 2009: *Migrations- und Integrationsforschung in Österreich: Institutionelle Verankerungen, Fragestellungen und Finanzierungen* (= KMI Working Paper Series, Nr. 15). Zuletzt abgerufen am 12.10.2011 unter http://www.oeaw.ac.at/kmi/Bilder/kmi_WP15.pdf.

›Integration ist kein geradliniger Prozess‹ 2010, *derStandard.at*, 28.09.2010. Zuletzt abgerufen am 13.10.2011 unter http://derstandard.at/1285199131538/Schockierendes-Phaenomen-Integration-ist-kein-geradliniger-Prozess.

Krichmayr, Karin 2010: ›Reden über Zuwanderung‹, *derStandard.at*, 21.09.2010. Zuletzt abgerufen am 13.10.2011 unter http://derstandard.at/1285042392632/Migration-Reden-ueber-Zuwanderung.

›Migration: Schulbücher hinken hinterher‹ 2010, *DiePresse.com*, 20.09.2010. Zuletzt abgerufen am 13.10.2011 unter http://diepresse.com/home/bildung/schule/595727/Migration_Schulbuecher-hinken-hinterher?from=suche.intern.portal.

# Datenquellen und Methodologie

David Reichel

# Quantitative Migrationsforschung in Österreich im europäischen Vergleich – Möglichkeiten und Grenzen existierender Datenquellen

## 1. Einleitung

Statistische Datenerfassung und -verarbeitung ist ein sich rasch entwickelnder Bereich, welcher eine immer größer werdende Bedeutung in der internationalen Migrations- und Integrationsforschung einnimmt. Einerseits hat sich die Zahl der Daten, die in Europa gesammelt werden, im Verlauf des letzten Jahrzehnts deutlich erhöht. Andererseits wurden sowohl auf nationaler als auch auf internationaler Ebene Anstrengungen unternommen, MigrantInnen auf unterschiedlichste Art und Weise in Datensätzen zu identifizieren und die Sammlung von Daten besser zu koordinieren und zu harmonisieren. Auf nationaler Ebene wurden viele Datensätze computerisiert und verlinkt, um die vorhandenen Informationen aus administrativen Quellen besser für statistische Zwecke nutzen zu können (Kraler / Reichel 2010a). Auf europäischer Ebene war die Durchsetzung der Verordnung der Europäischen Union zu Gemeinschaftsstatistiken über Wanderung und internationalen Schutz[1] ein wichtiger Meilenstein bezüglich der Verfügbarkeit von international vergleichenden Migrationsstatistiken. Trotz dieser rasanten Entwicklungen und anhaltenden Bemühungen ist die Analyse von nationalen und internationalen Statistiken in der Migrations- und Integrationsforschung noch mit vielen Problemen verbunden, die teilweise nur schwer zu lösen sein werden. Diese Probleme von quantitativer Migrationsforschung werden in diesem Beitrag diskutiert.

Zunächst werden unterschiedliche Arten von Datenquellen, welche für die quantitative Migrationsforschung bzw. generell für die Sozialforschung von Bedeutung sind, dargestellt und ihre Verfügbarkeit in Europa allgemein und in Österreich im Speziellen analysiert. Danach werden die unterschiedlichen

---

1 *Verordnung (EG) Nr. 862/2007 des Europäischen Parlaments und des Rates vom 11. Juli 2007 zu Gemeinschaftsstatistiken über Wanderung und internationalen Schutz und zur Aufhebung der Verordnung (EWG) Nr. 311/76 des Rates über die Erstellung von Statistiken über ausländische Arbeitnehmer. Im Folgenden wird die Verordnung als ›Statistikverordnung‹ bezeichnet.*

Möglichkeiten, Personen mit Migrationshintergrund in quantitativen Datensätzen zu identifizieren, vorgestellt und die damit zusammenhängenden Konzepte in Europa und Österreich diskutiert. Abschließend wird in einem Fallbeispiel die Erfassung des Merkmals Staatsbürgerschaft in der österreichischen
Arbeitsmarktdatenbank genauer dargestellt. Diese detaillierte Fallstudie soll
verdeutlichen, inwiefern in wichtigen Registern statistische Verzerrungen bestimmter Merkmale vorhanden sein können, welche in weiterer Folge einen
direkten Einfluss auf die Grenzen und Möglichkeiten von quantitativer Migrationsforschung haben.

## 2. Arten von Datenquellen

Grundsätzlich können Datenquellen nach verschiedensten Kriterien differenziert werden. Unterscheidungen können nach dem primären Verwendungs-
zweck der Datensammlung (z. B. für administrative oder für statistische Zwecke)
oder nach dem thematischen Bereich, für den die Daten relevant sind, getroffen
werden. Außerdem unterscheiden sich Datenquellen nach der Methode der
Datenerhebung (etwa durch Beobachtung oder durch Befragung gewonnene
Daten) sowie nach der Beschaffenheit der Daten (Mikro- bzw. Einzeldaten oder
zusammengefasste Statistiken). Für die Arbeit des von der Europäischen
Kommission geförderten Projektes »Prominstat«[2] wurden vier Grundarten von
Datenquellen für die quantitative Migrationsforschung unterschieden: (1)
Daten aus Bevölkerungserhebungen oder Volkszählungen, (2) Registerdaten, (3)
aggregierte Daten aus zielgerichteten Auszählungen (Counts) sowie (4) Stich-
probenbefragungen.

1. Als *Volkszählungen* werden Vollerhebungen der Bevölkerung eines Staates zu
   einem bestimmten Zeitpunkt bezeichnet. Die Bevölkerung wird zumeist
   definiert als alle Personen mit gewöhnlichem Aufenthalt im Bundesgebiet.
   Diese Erhebungen erfolgen entweder traditionell mittels Fragebögen oder
   über die Verbindung und Auszählung verschiedener relevanter Register.
   Manche Länder verbinden die beiden Methoden, indem bestimmte Daten aus
   Registern extrahiert werden und zusätzliche Informationen mittels Befragungen nacherhoben werden. In manchen Fällen werden die Volkszählungen
   durch Stichprobenbefragungen erweitert. Der Großteil der Volkszählungen
   in Europa sind traditionelle Volkszählungen. In der Zensusrunde um das Jahr

---

2 Der Titel des Projektes lautet »Promoting Quantitative Research in the Field of Migration and
Integration in Europe«. Das Projekt wurde durch das Sechste Rahmenprogramm der Euro-
päischen Kommission gefördert und unter der Leitung des International Centre for Migration
Policy Development mit 17 Partnerorganisationen von 2007 bis 2010 durchgeführt. Siehe
Prominstat o. J. (www.prominstat.eu).

2000 wurden in der EU-25 sowie in Norwegen und in der Schweiz zu etwa 70 Prozent traditionelle Fragebogenerhebungen durchgeführt. Der Trend geht jedoch eindeutig – so auch in Österreich – in Richtung Volkszählungen auf Basis von Registerdaten. Der große Vorteil von Volkszählungen für die Migrationsforschung ist, dass die Datengrundlage auf einer Gesamterhebung und nicht auf Stichproben beruht, weshalb eine statistische Analyse für bestimmte, kleinere Untergruppen sowie für kleinere Gebietseinheiten möglich ist. Nachteile von Volkszählungen sind die seltene Durchführung (in der Regel alle zehn Jahre) sowie die eher limitierte Menge von gesammelten Informationen im Vergleich zu Stichprobenbefragungen (Kraler / Reichel 2010a, 9 – 10).

2. Statistische *Registerdaten* werden meist aus administrativen Registern gezogen, welche regelmäßig aktualisierte Informationen über den Status von Personen beinhalten. Dazu gehören beispielsweise Bevölkerungsregister, Asylregister, Arbeitslosenregister, Sozialversicherungsregister oder AusländerInnenregister. Der große Vorteil von Registerdaten ist, dass diese die jeweilige Grundgesamtheit sehr gut erfassen und regelmäßig aktualisierte Information beinhalten. Dadurch werden auch Langzeitanalysen ermöglicht, welche gerade für die Migrations- und Integrationsforschung von besonderer Bedeutung sind. Da sich die meisten Register erst langsam über die Zeit entwickeln, wodurch es zu Änderungen im Design und der verwendeten Definitionen von bestimmten Merkmalen kommt, kann es jedoch zu Problemen der Vergleichbarkeit zu verschiedenen Zeitpunkten kommen. Weitere Nachteile von Registerdaten sind die mögliche systematische Untererfassung bestimmter (nicht-registrierter) Bevölkerungsgruppen sowie die meist geringe Anzahl von Informationen, die in Registern (zuverlässig) erfasst werden, da die meisten Register ursprünglich nur für administrative Zwecke entwickelt wurden (Kraler / Reichel 2010a, 10).

3. Statistische *(Aus-)Zählungen (Counts)* sind spezielle Datensätze über bestimmte Personengruppen zu einem bestimmten Zeitpunkt oder über bestimmte Fälle bzw. Ereignisse innerhalb eines bestimmten Zeitraumes. Dazu zählen zum Beispiel Ereignisse wie Einbürgerungen, Geburten- oder Sterbefälle sowie Zählungen von SchülerInnen einer bestimmten Schulstufe oder von Personen in bestimmten Berufsgruppen. Solche Datensätze werden entweder aus bestehenden Registern generiert oder entstehen durch gezielte Erhebungen. Da die meisten statistischen Auszählungen auf Registern basieren, ist dieser Datensatztypus auch nicht eindeutig von Registern zu unterscheiden. Eine wichtige Unterscheidung ist jedoch, dass Auszählungen nur für einen bestimmten Zeitpunkt (bzw. Zeitraum, wenn es um Ereignisse geht) erhältlich sind und dass die Daten solcher Zählungen oftmals nur als

aggregierte Statistiken erhältlich sind. Damit sind Auszählungen für Sekundäranalysen nur begrenzt brauchbar.

4. *Stichprobenbefragungen* enthalten Informationen, die durch persönliche, telefonische oder schriftliche Befragungen von Personen erhoben werden, welche eine größere Grundgesamtheit »repräsentieren« sollen. Der Vorteil von solchen Befragungen ist, dass diese meist sehr viele Informationen erheben. Außerdem bieten international organisierte Befragungen eine gute Möglichkeit, international vergleichbare Daten zu gewinnen. Die Nachteile von auf Stichproben basierenden Befragungen sind einerseits mögliche Verzerrungen durch die Stichprobenziehung und andererseits die vorwiegend zu kleinen Zahlen von befragten Personen mit Migrationshintergrund. Zu kleine Zahlen erlauben keine statistisch signifikanten Berechnungen zu beispielsweise verschiedenen Herkunfts- oder Staatsangehörigkeitsgruppen (vgl. Kraler / Reichel 2010b, 28 – 32).

Die Verwendung und Verfügbarkeit verschiedener Datenquellen unterscheidet sich in verschiedenen Ländern stark, da sich die statistischen Systeme historisch unterschiedlich entwickelt haben. Typischerweise sind es die nordischen Länder, welche eine längere Tradition von registerbasierten statistischen Systemen vorweisen. Aber auch Länder wie Malta und Litauen greifen eher auf die Verwendung von Registern als auf Stichprobenbefragungen zurück. Im Gegensatz dazu bauen Länder wie Frankreich, die Niederlande, Spanien und Deutschland eher auf die Datenerhebung durch Stichprobenbefragungen. Abbildung 1 stellt die Verteilung der Datensätze, die für die Migrationsforschung relevant sind, in europäischen Ländern nach der Art des Datensatzes dar. Die Abbildung ist das Ergebnis einer Korrespondenzanalyse, einer Methode zur grafischen Darstellung von Zeilen- und Spaltenprofilen einer Tabelle. Die hier dargestellte Korrespondenzanalyse basiert auf einer Aufstellung von 567 Datensätzen, die für die Länder der EU-25 sowie Norwegen und die Schweiz in der Prominstat-Datenbank beschrieben wurden.[3] Die horizontale Achse vergleicht die Verfügbarkeit von Auszählungsdatensätzen mit Stichprobenbefragungen und die vertikale Achse vergleicht die relative Verfügbarkeit von Registerdatensätzen im Vergleich zu Stichprobenbefragungen (vgl. Kraler / Reichel 2010b, 33 – 34)[4].

---

3 Die der Korrespondenzanalyse zugrunde liegende Tabelle ist in Kraler / Reichel (2010b, 79) abgebildet.

4 Basierend auf der Auszählung der Datensätze, die für das Prominstat-Projekt beschrieben wurden (siehe Prominstat o. J.). Die Gründlichkeit der Beschreibung unterschiedlicher Datensätze variiert etwas zwischen den Ländern aufgrund unterschiedlicher Zugänglichkeit von Informationen über Datenquellen sowie unterschiedlicher Kenntnisse der zuständigen Forschungspartner. Die Darstellung spiegelt jedoch die generelle Tendenz der Verwendung unterschiedlicher Datensatzarten wider.

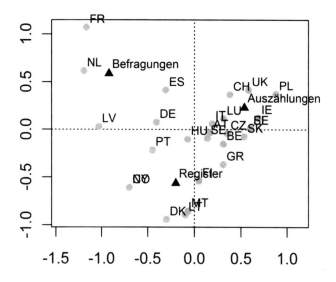

Abb. 1: Grafische Darstellung der Verfügbarkeit verschiedener Datenquellen in Europa (Korrespondenzanalyse)
Quelle: Kraler / Reichel 2010b, 33

Österreich liegt hierbei im europäischen Mittelfeld in Bezug auf die Verwendung und Existenz von verschiedenen Datensatzarten. Das bedeutet, dass sich die österreichische Migrationsforschung im gleichen Ausmaß auf Register- und Befragungsdaten stützen kann. Wie in den meisten europäischen Ländern sind auch in Österreich die Mehrzahl der migrationsspezifischen Datensätze Auszählungen, welche großteils auf Registerdaten beruhen. Durch die Forcierung der Verfügbarkeit und Verschneidung von Daten aus administrativen Registern und die Entwicklung neuer statistischer Register im letzten Jahrzehnt wird in Österreich in Zukunft stärker auf Register zurückgegriffen werden können. Dies ist nicht zuletzt deshalb der Fall, weil die österreichische Volkszählung 2011 ausschließlich auf Registerdaten beruht, wofür Statistik Austria eine Reihe neuer statistischer Register entwickelt hat (vgl. Kraler et al. 2009, 6 – 8).

## 3.    Datenquellen in Österreich

1869 fand in Österreich die erste Volkszählung statt, die nach einheitlichen Grundsätzen zum gleichen Stichtag die gesamte Bevölkerung in allen Landesteilen erfasste. Die Zahl der ausländischen Bevölkerung in Österreich kann mittels Daten der Volkszählungen seit dem Zensus 1951 dargestellt werden (vgl.

Statistik Austria 2002, 13). Das exakte Geburtsland wurde erst im Bevölkerungszensus 2001 erfragt. In den Zensusrunden 1981 und 1991 wurde das Geburtsland nicht erhoben. Zuvor, wie beispielsweise im Zensus von 1971, wurde der Geburtsort der Bevölkerung festgestellt, wobei im Falle von im Ausland geborenen Personen nicht das exakte Land erhoben wurde, weshalb nur die Unterscheidung, ob eine Person im Ausland geboren wurde oder nicht, möglich ist. In fast allen Bevölkerungszählungen in der zweiten Hälfte des 20. Jahrhunderts wurde die Frage nach dem Wohnort vor fünf Jahren gestellt. Diese Information wird als Indikator für das Migrationsvolumen und die Struktur der Gewanderten verwendet.

Vor allem seit den 1990er-Jahren wurden in Österreich wie auch in den meisten anderen europäischen Ländern eine Vielzahl neuer relevanter Datensätze für die Migrations- und Integrationsforschung kreiert und stetig weiterentwickelt. Neben der erst seit 1996 bestehenden Wanderungsstatistik wurde in den 1990er-Jahren das Fremdeninformationssystem des Bundesministeriums für Inneres (BMI) errichtet sowie die Datensammlungen der Sozialversicherungsträger in die aktuelle Form gebracht (Kraler et al. 2009).

Eines der für die österreichische Migrationsforschung wichtigsten statistischen Register ist das Bevölkerungsregister (POPREG) der Statistik Austria, welches hauptsächlich auf Daten des Zentralen Melderegisters (ZMR) des BMI beruht und seit 2002 besteht. Das POPREG basiert auf regelmäßig gelieferten Bestandsdaten aus dem ZMR und wurde mit dem Stichtag 31.12.2001 erstbefüllt. Zusätzlich werden An- und Abmeldungen des Hauptwohnsitzes zur Aktualisierung verwendet sowie Information über Staatsangehörigkeitswechsel (Einbürgerungen), Geburten- und Sterbefälle. Somit bietet das POPREG aktuelle Informationen über den Bevölkerungsstand (sogenannte »stocks« oder Bestandsdaten), über demografische Ereignisse (»flows« oder Bewegungsdaten) sowie über Staatsangehörigkeitswechsel (Kytir et al. 2005).

Das Fremdeninformationssystem des BMI beinhaltet Statusinformationen über Aufenthaltsgenehmigungen, Asylsuchen und zugehörige Entscheidungen sowie über AsylwerberInnen, die sich in Bundesbetreuung befinden. Ein weiteres wichtiges Quellregister ist das Register der Sozialversicherungsfälle, welches vom Hauptverband der österreichischen Sozialversicherungsträger (HV) geführt wird und Informationen zu allen in Österreich sozialversicherten Personen beinhaltet. Das Register der Sozialversicherungsfälle bietet auch die Grundlage für die sogenannte Arbeitsmarktdatenbank, die vom österreichischen Arbeitsmarktservice (AMS) und dem Bundesministerium für Arbeit, Soziales und Konsumentenschutz (BMASK) betrieben wird. Die Arbeitsmarktdatenbank verbindet die Daten der Sozialversicherungen mit Daten des AMS. Dadurch ermöglicht sie eine Verfolgung von Erwerbskarrieren. Bildungsstatistiken werden einerseits aus administrativen Registern generiert; allen voran aus dem eigens für die Registerzählung entwickelten Bildungsstandregister. Dieses Register kann jedoch nur Bildungsabschlüsse erfassen, die in Österreich abgeschlossen wurden oder im Ausland abgeschlossen und in Österreich nostrifiziert wurden. Schulstatistiken werden durch eine eigene Erhebung in österreichischen Schulen gewonnen. Letztere enthalten neben der Staatsbürgerschaft auch Informationen über die Muttersprache der SchülerInnen (Kraler et al. 2009). Durch die Einschränkung auf eine Muttersprache wird Mehrsprachigkeit in den Daten nicht berücksichtigt.

Da Österreich Mitgliedsland der Europäischen Union ist, werden hier auch wichtige große Stichprobenbefragungen durchgeführt. Allen voran steht der österreichische Mikrozensus, der die europäische Arbeitskräfteerhebung (LFS) beinhaltet und aufgrund seiner großen Stichprobe für die Migrationsforschung von Bedeutung ist. Dieser sammelt in erster Linie Informationen über die Erwerbstätigkeit der österreichischen Bevölkerung. Eine Besonderheit des LFS ist, dass 2008 ein Spezialmodul zur Arbeitsmarktsituation von MigrantInnen und ihren Nachkommen in ganz Europa durchgeführt wurde.

Eine nicht ganz so große Stichprobe hat die europaweite Befragung EU-SILC (European Union Statistics on Income and Living Conditions), welche Indikatoren über Lebensbedingungen und Einkommen sammelt. Andere internationale Surveys, wie der European Social Survey, der Eurobarometer, die Wertestudie oder das International Social Survey Programme haben nur sehr kleine Stichproben und sind somit nicht besonders nützlich für detaillierte Untersuchungen zu Personen mit Migrationshintergrund. Hingegen stellt die OECD-Befragung PISA[5] durch die relativ große Stichprobe sowie das mehrstufige Stichprobenverfahren eine besonders gute Quelle für die Migrationsforschung im Bildungsbereich dar.

Es gibt auch eine Reihe von fokussierten Befragungen, die speziell bestimmte Populationen umfassen und somit von großer Bedeutung für die Migrationsforschung sind. Dazu zählt beispielsweise die international durchgeführte Befragung TIES[6], die sich auf die Nachkommen von Eingewanderten spezialisiert, oder die Befragungen »Leben in Wien«, die spezielle Fragemodule für Eingewanderte beinhaltet[7].

---

5  Programme for International Student Assessment, siehe PISA o.J.
6  Siehe TIES o.J.
7  Vgl. hierzu beispielsweise die Sekundäranalyse der Befragung aus dem Jahr 1995: Hofinger et al. 1998.

## 4.  Möglichkeiten und Grenzen der Identifizierung und Erfassung von Personen mit Migrationsgeschichte

Ein großes Problem im Zusammenhang mit quantitativer Migrationsforschung ist die oft begrenzte Möglichkeit, die zu untersuchende Gruppe in bestimmten Datensätzen identifizieren zu können. Die wichtigsten und am häufigsten gesammelten Merkmale für die Migrations- und Integrationsforschung sind die Staatsangehörigkeit und das Geburtsland. Doch selbst diese beiden Kernvariablen sind in vielen Datensätzen nicht immer vorhanden und werden auch nicht in allen Volkszählungen in Europa erhoben. Auf EU-Ebene wurde die koordinierte Sammlung von diesen Grunddaten durch die Statistikverordnung von 2007 forciert. Zusätzlich zu den Bevölkerungsbestandsdaten nach Geburtsland und Staatsangehörigkeit sammelt und veröffentlicht Eurostat auf Basis der Statistikverordnung folgende Daten: Internationale Wanderungsströme[8], Aufenthaltstitel[9], Erwerb und Verlust der Staatsangehörigkeit[10], Asylwesen[11] und Durchsetzung der Zuwanderungsgesetzgebung[12]. Das erste Referenzjahr der Statistiken war 2008. Seit 2009 werden diese Statistiken laufend aktualisiert, jedoch sind noch nicht alle Daten aus allen Ländern verfügbar.[13]

Für die Migrations- und Integrationsforschung sind allerdings noch weitere Informationen nötig als nur allgemeine Indikatoren basierend auf Staatsangehörigkeit und Geburtsland. Die wichtigsten Grundkonzepte für die Identifikation von Eingewanderten und ihren Nachkommen, die in quantitativen Datensätzen verwendet werden, sind Staatsangehörigkeit, Herkunft, Aufenthalt und Migrationsgeschichte, rechtlicher Status, Abstammung sowie Ethnizität (vgl. Tab. 1). *Staatsangehörigkeit bzw. Staatsbürgerschaft*[14] wird in fast allen euro-

---

8  Ein- und Auswanderungsstatistiken nach Geschlecht, Alter und Staatsangehörigkeit, Geburtsland sowie Land des letzten bzw. nächsten Aufenthalts.

9  Erteilte und bestehende Aufenthaltstitel nach Erteilungsgründen, Staatsangehörigkeit und Dauer der Gültigkeit.

10  Einbürgerungen nach Geschlecht, Alter und früherer Staatsangehörigkeit und Verlust der Staatsangehörigkeit nach Geschlecht und neuer Staatsangehörigkeit.

11  Antragsstatistiken, Entscheidungen über Anträge und Neuansiedlungen sowie Dublin-Statistiken.

12  Verweigerungen der Einreise von Drittstaatsangehörigen an der EU-Außengrenze, aufgegriffene Drittstaatsangehörige mit illegalem Aufenthalt, zur Ausreise aufgeforderte Drittstaatsangehörige und aufgrund einer Ausweisung ins Ursprungsland zurückgekehrte Drittstaatsangehörige (ohne Dublin-Fälle).

13  Vgl. Europäische Kommission o. J.

14  Staatsbürgerschaft und Staatsangehörigkeit werden hier synonym verwendet, obgleich Staatsangehörigkeit (im Englischen *Nationality*) eher im internationalen Kontext verwendet wird und Staatsbürgerschaft auf die nationale Zugehörigkeit innerhalb eines Landes verweist. Staatsbürgerliche Rechte (*Citizenship*) können jegliche Rechte, die auch ausländische Staatsangehörige in Österreich besitzen, mit einbeziehen. In diesem Text wird Staatsbür-

päischen Ländern als primäres Konzept verwendet. Dabei kommt es in den verfügbaren Statistiken jedoch auch zu unterschiedlichen Kategorisierungen, die von einer detaillierten Unterscheidung der Staaten über die Zusammenfassung in Kategorien wie EU und Nicht-EU oder westlich und nicht-westlich bis hin zur einfachen Unterscheidung zwischen In- und AusländerInnen reichen können. Zusätzliche Kategorien in Bezug auf die Staatsangehörigkeit sind beispielsweise die Staatsangehörigkeit bei der Geburt, die Unterscheidung zwischen Eingebürgerten und (noch) Nicht-Eingebürgerten sowie die sehr interessante Information über doppelte oder mehrfache Staatsangehörigkeiten. Die *Herkunft* wird meist durch das Geburtsland erhoben, kann aber auch durch die Frage nach dem vorherigen Aufenthaltsort gemessen werden. Informationen bezüglich des *Aufenthalts und der Migrationsgeschichte* sind die Aufenthaltsdauer, der Aufenthalt zu einem bestimmten Zeitpunkt in der Vergangenheit, die Frage danach, ob jemand überhaupt schon einmal migriert ist, Wanderungspläne sowie das Wanderungsmotiv. Der *rechtliche Status* ist von besonderer Bedeutung für die Analyse von Migrationspolitik. Grundsätzlich kann zwischen dem Aufenthaltsrecht und dem Arbeitsmarktzugang unterschieden werden. Unterscheidungen in Bezug auf den rechtlichen Status sind neben der generellen Unterscheidung, ob sich eine Person legal in einem Land aufhält oder nicht bzw. legal beschäftigt ist oder nicht, die rechtlichen Gründe für den Aufenthalt und die Dauer der jeweiligen Bewilligung. Um in Datensätzen die sogenannte »zweite Generation« von Eingewanderten identifizieren zu können, sind Informationen über die Migrationsgeschichte der Eltern von Personen – also über deren *Abstammung* – nötig. Diese Informationen werden meist über das Geburtsland oder die Staatsangehörigkeit der Eltern erhoben. Als Personen mit Migrationshintergrund werden jene Personen bezeichnet, deren Eltern im Ausland geboren wurden, wobei jene Personen, bei denen nur ein Elternteil im Ausland geboren wurde, nicht immer einbezogen werden. Schließlich werden in vielen Datensätzen Informationen zur *Ethnizität* von Personen erhoben, welche fast ausschließlich auf Selbstdefinitionen beruhen. Die Frage kann entweder offen gestaltet werden oder nach vorgegebenen Kategorien. Ethnizität kann auf Basis von Merkmalen wie Sprache, Nationalität, Religion, Hautfarbe oder durch Mischformen dieser Merkmale definiert werden. Ethnizität ist ein unscharfes Konzept. Dies ist einerseits durch die Verwendung von Mischformen verschiedener Merkmale erkennbar. Die im Vereinigten Königreich verwendeten Kategorien beziehen sich zum Beispiel zugleich auf Hautfarbe, nationale sowie regionale Herkunft (vgl. hierzu Simon 2007, 60 – 62). Andererseits deuten signi-

---

gerschaft sowie Staatsangehörigkeit als rechtliche Verbindung zwischen einem Individuum und einem Nationalstaat definiert.

fikante Anteile von fehlenden Antworten bei Fragen über Ethnizität auf die Unklarheit bzw. Unbrauchbarkeit des Konzepts hin.[15]

| **Staatsangehörigkeit** | | | | | | |
|---|---|---|---|---|---|---|
| Detaillierte Auf- schlüsselung | Staatsbür- ger/Aus- länder | EU-Bürger/ Drittstaats- angehörige | Westlich/ nicht- westlich | Staatsan- gehörigkeit bei Geburt | Eingebür- gert/seit Geburt | Mehrfach- staatsan- gehörigkeit |
| **Herkunft** | | | | | | |
| | Geburtsland | | | Land des vorherigen Aufenthalts | | |
| Detaillierte Auf- schlüsselung | Ausland/ Inland | | EU/ Außerhalb EU | Westlich/ nicht-westlich | | Andere |
| **Aufenthalt und Migrationsgeschichte** | | | | | | |
| Aufenthalts- dauer | Wohnort zu einem bestimm- ten Zeitpunkt | | Jemals migriert | Geplanter Aufenthalt | | Grund für Einwanderung oder Aufenthalt |
| **Rechtlicher Status** | | | | | | |
| Aufenthaltstitel | | | | Arbeitserlaubnis | | |
| Genaue rechtliche Basis für Aufenthalt oder Beschäftigung | | Unbefristet vs. befristete Bewilligung | | Kein Aufenthaltstitel und/oder keine eschäftigungserlaubnis | | |
| **Abstammung** | | | | | | |
| Geburtsland der Eltern | | | Staatsangehörigkeit der Eltern | | | |
| **Ethnizität** | | | | | | |
| Sprache | Nationalität | Religion | Hautfarbe | Undefiniert | Andere | Mischform |

Tab. 1: Mögliche Informationen und Kategorien für die Identifikation von Personen mit Migrationsgeschichte in quantitativen Datensätzen
Quelle: Kraler/Reichel 2010b, 71

Aufgrund unterschiedlicher politischer Entwicklungen und Migrationserfahrungen verwenden verschiedene Länder unterschiedliche Konzepte in ihren über die Jahre entwickelten Datensätzen. Die unterschiedlichen Migrationserfahrungen der verschiedenen europäischen Länder beeinflussen, wie Einwanderung und Eingewanderte im statistischen System erfasst werden (vgl. hierzu Fassmann 2009). In den Niederlanden beispielsweise werden das Geburtsland sowie das Geburtsland zumindest eines Elternteils herangezogen, um die »Bevölkerung mit Migrationshintergrund« zu definieren. In Norwegen zählen Personen mit einem im Ausland geborenen Elternteil zu Personen mit Migrationshintergrund, jedoch Personen mit zwei im Ausland geborenen Elternteilen zur Gruppe der Eingewanderten. Frankreich verwendet ein Konzept der oder des Eingewanderten (*Immigré*), welches alle Personen beinhaltet, die im Ausland

---

15  Zum Beispiel haben fast 50.000 Personen oder 2,4 Prozent der slowenischen Bevölkerung die Frage nach ihrer nationalen Ethnizität im slowenischen Zensus 2002 nicht beantworten wollen. Für weitere 6,4 Prozent konnte die Ethnizität aus anderen Gründen nicht erhoben werden und 1,1 Prozent der Bevölkerung wurde als nicht deklariert gezählt, da diese Personen Jugoslawien, Bosnien oder eine regionale Zugehörigkeit als Ethnizität gewählt haben. Hingegen zählen existierende Nationalstaaten sowie Muslime, Roma und BosniakInnen zu den gültigen Ethnizitäten. Vgl. Statistical Office of the Republic of Slovenia o. J.

ohne französische Staatsangehörigkeit geboren wurden, unabhängig davon, welche Staatsbürgerschaft die Personen später erwerben. England erhebt im Zensus nicht die Staatsangehörigkeit der Bevölkerung, unterscheidet die Bevölkerung jedoch nach ethnischen Kategorien. Weitere vereinzelte Konzepte sind beispielsweise die sogenannten »rückgekehrten MigrantInnen« (*returned migrants*) in Malta oder die »anerkannten Nicht-StaatsbürgerInnen« (*recognised non-citizens*) in Lettland. Solche Kategorien stehen im Zusammenhang mit bestimmten historischen Entwicklungen, die zur Definition von bestimmten Gruppen beigetragen haben (Kraler / Reichel 2010b, 71 – 72).

In Österreich ist die Staatsangehörigkeit das zentrale Merkmal, das zur Identifizierung von Personen mit Migrationsgeschichte in Datensätzen verwendet wurde und wird. Informationen über das Geburtsland sind in den verschiedenen Datensätzen schon seltener vorhanden, was dazu führt, dass Eingewanderte, die die österreichische Staatsbürgerschaft erworben haben, in verschiedensten Registern nicht mehr als Eingewanderte erkennbar sind. Umgekehrt ist auch zu bedenken, dass ein Anteil der ausländischen Bevölkerung auch in Österreich geboren wurde. Wie oben schon erwähnt, wurde das exakte Geburtsland aller EinwohnerInnen erst in der Volkszählung 2001 erhoben (Reeger 2009, 113 – 114; Kraler et al. 2009, 9). Seit 2007 ist das Geburtsland auch im österreichischen Bevölkerungsregister enthalten. Diese Daten wurden zwar schon seit 2002 im Zentralen Melderegister gesammelt, sie wurden jedoch bis 2007 nur inkonsistent erfasst (Kraler et al. 2009, 8). Durch die Verschneidung von Geburtsland und Staatsangehörigkeit können unterschiedliche Gruppen von Personen mit Migrationshintergrund dargestellt werden: Im Ausland geborene AusländerInnen, im Ausland geborene ÖsterreicherInnen (zum Großteil Eingebürgerte), in Österreich geborene ÖsterreicherInnen sowie in Österreich geborene AusländerInnen. Diese Darstellung ist jedoch nicht zufriedenstellend, da beispielsweise in Österreich geborene AusländerInnen, die eingebürgert wurden, nicht identifiziert werden können.

Deshalb wird die Gesamtbevölkerung in Österreich seit 2008 auch nach Migrationshintergrund aufgeschlüsselt dargestellt, wobei eine Person in diesen Statistiken dann Migrationshintergrund hat, wenn beide Eltern im Ausland geboren wurden. Die publizierten Daten von Statistik Austria über die Bevölkerung mit Migrationshintergrund werden nach Geburtsland der Eltern, Staatsangehörigkeit, Geburtsland, Jahr der Zuwanderung sowie Alter und Geschlecht dargestellt (siehe Statistik Austria 2010). Diese Daten sind nur über den Mikrozensus erhältlich und unterliegen somit gewissen Einschränkungen durch die Stichprobenziehung. Der Mikrozensus 2008 hat erstmals im europäischen Spezial-Modul »Arbeitsmarktsituation von Zugewanderten und ihren Nachkommen« das Geburtsland der Eltern erfasst. Außerdem hat das Spezialmodul weitere interessante Merkmale erhoben wie beispielsweise das Jahr der Einbürgerung.

Andere Konzepte wie Umgangssprache oder Religion wurden im Zensus 2001 abgefragt, werden jedoch im Zensus 2011 nicht mehr erhältlich sein, da diese Information in keinem dem Zensus zugrunde liegenden Register gespeichert wird.

In Hinblick auf Integrationsforschung sind in erster Linie Datensätze zum Thema Arbeitsmarkt und Bildung von Interesse. Außerdem sind Bereiche wie Wohnen, politische Partizipation und Kriminalität bedeutsam. Neben den oben genannten wichtigen Stichprobenbefragungen der Gesamtbevölkerung (LFS oder EU-SILC) und verschiedenen gezielten Stichproben gibt es eine Reihe von statistischen Registern, die für die Integrationsforschung von Bedeutung sind. Besondere Vorteile von Registerdaten sind, dass diese oftmals Langzeitanalysen ermöglichen und nicht unter zu kleinen Samplezahlen leiden. In den wichtigsten österreichischen Arbeitsmarktregistern vom Hauptverband der österreichischen Sozialversicherungsträger und dem AMS wird nur die Staatsbürgerschaft der Bevölkerung erfasst; Informationen über Geburtsland, Jahr der Einreise oder ähnliche Informationen sind nicht enthalten. Ebenso beinhalten die wichtigsten Register und statistischen Zählungen in Bezug auf Bildung hauptsächlich Informationen über die Staatsbürgerschaft und nicht über das Geburtsland.

Zusätzlich zur fehlenden Identifizierung von Eingewanderten und ihren Nachkommen ist die unzureichende Erfassung bestimmter Bevölkerungsgruppen ein Hauptproblem der quantitativen Migrationsforschung. Unzureichende Erfassung meint hier eine Über- oder Unterschätzung von MigrantInnen in bestimmten Datensätzen. Typischerweise – wie oben schon erwähnt – kommt es in erster Linie in Stichprobenbefragungen zu einer Untererfassung von Eingewanderten. Gründe für die Untererfassung können höhere Verweigerungsraten aufgrund von fehlenden Sprachkenntnissen sein, aber auch eine fehlende Erfassung von kürzlich Eingewanderten in den Registern, die als Stichprobenbasis dienen. Zusätzlich kann die Untererfassung auch der generellen Verzerrung in Richtung Mittelschicht in Befragungen geschuldet sein, da Eingewanderte typischerweise eher niedriggebildeten oder hochgebildeten Schichten angehören. Untererfassungen in Registern entstehen primär durch die Nicht-Registrierung bestimmter Gruppen von Personen. Für die internationale Migrationsforschung ist das große Problem hierbei, dass sich nicht alle Personen, die in ein anderes Land wandern, im Auswanderungsland abmelden und somit die Auswanderungen unterschätzt werden. Vergleicht man die internationalen Wanderungsströme zwischen zwei Ländern, so sind die Unterschiede in der Erfassung deutlich erkennbar. So liegen 2008 die erfassten Auswanderungen von Österreich nach Deutschland mit etwa 12.000 deutlich unter den in Deutschland erfassten Einwanderungen aus Österreich von etwa 17.000. Umgekehrt registriert Deutschland aber auch mehr Auswanderungen nach Österreich als Österreich Einwanderungen aus Deutschland zählt. Die Zahlen zwischen Deutschland und Österreich sind jedoch vergleichsweise gut, vor allem im Anbetracht des Beispiels der Wanderungen zwischen Deutschland und Polen. Demnach wird in Polen nur ein Bruchteil der Ein- und Auswanderungen von und nach Deutschland erfasst (siehe Tab. 2; für eine genauere Studie zur Vergleichbarkeit internationaler Migrationsströme siehe Kupiszewska et al. 2010 oder Nowok et al. 2006). Weitere Gründe für die unterschiedliche Erfassung von Migrationsströmen sind die unterschiedlichen Definitionen, die in den Ländern verwendet werden – wie etwa verschiedene zeitliche Definitionen von Migration.

| Auswanderung | 2008 | Einwanderung |
|---|---|---|
| Österreich | → | Deutschland |
| 11.946 | | 16.828 |
| Deutschland | → | Österreich |
| 24.049 | | 21.908 |
| Polen | → | Deutschland |
| 17.951 | | 159.157 |
| Deutschland | → | Polen |
| 132.438 | | 7.837 |

Tab. 2: Unterschiede in der gemessenen Aus- und Einwanderung zwischen Österreich und Deutschland sowie zwischen Polen und Deutschland, 2008
Quelle: Eurostat-Datenbank (Zugriff Juni 2010)

Das Nicht-Erfassen von bestimmten Ereignissen führt in weiterer Folge auch zur Über- oder Untererfassung von bestimmten Bevölkerungsbeständen (*stocks*). Dies betrifft auch nationale Datensätze, in denen es beispielsweise durch eine Unterschätzung der Einbürgerungen zu einer Überschätzung der ausländischen Bevölkerung in bestimmten Registern kommt. Auf die Erfassung der Staatsbürgerschaft in der österreichischen Arbeitsmarktdatenbank möchte ich im Folgenden genauer eingehen.

## 5. Staatsbürgerschaft in der österreichischen Arbeitsmarktdatenbank – ein Fallbeispiel

Die österreichische Arbeitsmarktdatenbank (AMDB) ist eine der Hauptquellen für arbeitsmarktbezogene sozial- und wirtschaftswissenschaftliche Forschung. Die Datenbank vereint anonymisierte Registerdaten des HV und AMS. Die Datenlieferungen des HV beinhalten historisierte Personenmerkmale seit etwa

1985 und Daten über Mitversicherte seit 2007.[16] Die Daten des AMS beinhalten Personenmerkmale zu bewilligungspflichtigen AusländerInnen seit 2004 und Daten zu Vormerkungen am AMS (registrierte Arbeitslosigkeit). Die Verschneidung der Daten erlaubt eine unterbrechungsfreie Darstellung von Erwerbskarrieren in Österreich. Neben Informationen über Beschäftigungsstatus, Jahresbruttoeinkommen, ArbeitgeberIn, Geschlecht und Alter enthält die Datenbank Informationen über die Staatsangehörigkeit der registrierten Bevölkerung (jedoch nicht über das Geburtsland oder andere für die Migrationsforschung relevante Merkmale). Da die Datenbank Langzeitdaten enthält, können durch eine geänderte registrierte Staatsangehörigkeit Einbürgerungen erfasst werden (Reichel 2010, 4 – 6). Um den Einbürgerungen in der Datenbank Rechnung zu tragen, haben die DatenbankbetreiberInnen 2008 / 2009 eine neue Tabelle errechnet, die Personen nach ihrem Staatsbürgerschaftshintergrund identifiziert. Die Tabelle unterscheidet Personen mit ausländischer Staatsbürgerschaft von Eingebürgerten (inklusive Datum der registrierten Staatsbürgerschaftsänderung). Zusätzlich wurden mitversicherte Kinder von ausländischen sowie eingebürgerten Versicherten gezählt. Um die bestmögliche Information über die Staatsbürgerschaft zu bekommen, wurden bestimmte Berechnungsschritte und Hierarchieregelungen für die registrierten Staatsbürgerschaften in den verschiedenen zugrunde liegenden Registern festgelegt. Widersprüchliche oder fehlende Daten wurden nach logischen Überlegungen und Zuverlässigkeit in den verschiedenen Registern ausgebessert (vgl. Reichel 2010, 6 – 8).

Die Ergebnisse wurden schließlich mit den offiziellen Einbürgerungsstatistiken verglichen, um die Zuverlässigkeit und Gültigkeit der gezählten Einbürgerungen einschätzen zu können. Im Zeitraum zwischen 1987 und 2008 werden in der AMDB 194.203 Einbürgerungen gezählt. Im Vergleich dazu berichtet Statistik Austria von 445.555 Einbürgerungen im selben Zeitraum. Somit erfasst die AMDB 43,6 Prozent aller Einbürgerungen in diesem Zeitraum. Dieser Anteil ist jedoch noch kein Beweis für eine Untererfassung der Einbürgerungen in der Datenbank, da erstens die Datenbank die in den zugrunde liegenden Registern nicht-registrierten Personen auch nicht erfassen kann. Hierzu zählen in erster Linie am Arbeitsmarkt inaktive Personen, was überwiegend Kinder betrifft. Zweitens variiert das Verhältnis der erfassten Einbürgerungen in der AMDB im Vergleich zu den offiziellen Zahlen im Zeitverlauf stark. Zwischen 1987 und 1994 machen die erfassten Einbürgerungen zwischen zehn und 25 Prozent aus und zwischen 1995 und 2004 zwischen 25 und 50 Prozent. Ab 2005 steigt der Anteil

---

16 Aufgrund von Änderungen in der Datensammlung sind die Daten von unterschiedlicher Konsistenz, wobei das Register der Sozialversicherungsverhältnisse in der heutigen Form seit 1995 besteht.

der erfassten Einbürgerungen rasant auf bis zu über 200 Prozent 2009 an (vgl. Abb. 2 und Reichel 2010, 13).

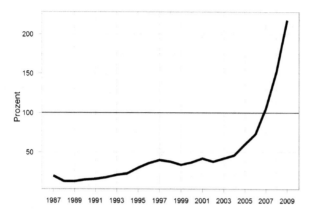

Abb. 2: Verhältnis der in der AMDB erfassten Einbürgerungen im Vergleich zu den offiziellen Einbürgerungszahlen, 1987 bis 2009
Quelle: Reichel 2010, 12

Die Erfassung der Einbürgerungen schwankt jedoch stark nach vorheriger Staatsbürgerschaft, Geschlecht und Alter. Zwischen 1998 und 2008 zählt die AMDB ca. 161.000 Einbürgerungen, was 52 Prozent aller Einbürgerungen in diesem Zeitraum (fast 310.000) entspricht. Die größte Gruppe der Eingebürgerten, die ehemaligen TürkInnen, wird mit 54 Prozent vergleichsweise gut erfasst, wie auch die eingebürgerten PolInnen mit 63 Prozent und ÄgypterInnen mit 52 Prozent. Einbürgerungen von InderInnen und Personen mit der vorherigen Staatsangehörigkeit »Jugoslawien« erreichen jeweils einen Anteil von 43 Prozent. Vormals kroatische, mazedonische oder chinesische Staatsangehörige werden mit etwa 30 Prozent auch noch gut erfasst. Ganz geringe Anteile weisen ehemalige serbisch-montenegrinische[17] sowie rumänische StaatsbürgerInnen auf (zwischen unter einem und fünf Prozent). Die Untererfassung der ersteren Gruppe lässt sich jedoch dadurch erklären, dass viele wahrscheinlich noch als jugoslawische StaatsbürgerInnen registriert waren (und auch noch sind). Interessanterweise kommt es bei der Restkategorie mit 167 Prozent sowie bei den deutschen Eingebürgerten mit 590 Prozent zu einer signifikanten Überschätzung der Einbürgerungen. Kann die Überschätzung der Einbürgerungen der Restkategorie durch Nacherfassungen von schon vor 1998 stattgefundenen Einbürgerungen erklärt werden, so ist die Überschätzung der Einbürgerungen von Deutschen nur auf fehlerhafte Einträge in den Registern zu erklären (vgl. Reichel 2010, 13; 19).

---

17  Ab 2006 wurden beide Staatsbürgerschaftsgruppen zusammengezählt.

Die Anteile der erfassten Einbürgerungen aller Staatsbürgerschaftsgruppen nehmen ab etwa 2004 zu; was unter anderem durch die Einbeziehung der AMS-Daten erklärt werden kann. Hier sind es aber insbesondere die Einbürgerungen von TürkInnen und PolInnen, die so stark zunehmen, dass diese ab 2006 bzw. 2005 überschätzt werden. Da die Anteile von Personen aus der Türkei, Ägypten, Indien, Polen und der ehemaligen Jugoslawischen Republik Mazedonien in den AMDB-Einbürgerungen mit den Anteilen der Einbürgerungen nach den offiziellen Zahlen übereinstimmen, können diese Gruppen als konsistent erfasst bewertet werden. Einbürgerungen von Personen aus dem ehemaligen Jugoslawien machen innerhalb der AMDB fast 35 Prozent aus, in den offiziellen Zahlen jedoch 41 Prozent (vgl. Reichel 2010, 14).

Vergleiche der Einbürgerungen nach Alter und Geschlecht verweisen auf eine etwas bessere Erfassung von Männern, sowie die erwartete drastische Untererfassungen von Kindern und über 65-jährigen Personen. Die äußerst geringe Erfassung von Einbürgerungen von Kindern fällt hier jedoch besonders ins Gewicht, da diese zwischen 1987 und 2008 auch 31 Prozent aller Einbürgerungen ausmachen und somit den Großteil der Untererfassung in der AMDB erklären. Die Altersgruppen zwischen 15 und 24 (BerufseinsteigerInnen) und 45 bis 59 werden besser erfasst als Personen der mittleren Altersklassen (vgl. Reichel 2010, 15 – 16).

Dieses Fallbeispiel soll die generellen Möglichkeiten und Grenzen von Registerdaten für die Migrationsforschung deutlich machen. Eine der wichtigsten Datenquellen für die österreichische Arbeitsmarktforschung (die des HV) beinhaltet nur die Staatsangehörigkeit der registrierten Personen und dieses Merkmal wird nicht automatisch aktualisiert. Eine Verschneidung mit AMS-Daten verbessert die Aktualität der Information, kann jedoch auch nur bestimmte Personengruppen erfassen. Dadurch sind exakte Darstellungen der Erwerbskarrieren von Personen mit ausländischer Staatsangehörigkeit und eingebürgerten Personen auf Basis von Registerdaten nicht möglich; ein Umstand, der auch nicht einfach zu ändern sein wird.

## 6.    Schlussfolgerungen

Die österreichische Migrationsforschung kann auf eine große Bandbreite von quantitativen Datenquellen zurückgreifen. Die wichtigsten Quellen sind die Wanderungsstatistiken und die Bevölkerungsbestandsdaten des Bevölkerungsregisters (POPREG), die Daten des Fremdeninformationssystems des BMI, der Mikrozensus als die größte österreichische Stichprobenbefragung sowie die Arbeitsmarktdaten der Sozialversicherungsträger und des AMS.

Probleme, die besonders die Migrations- und Integrationsforschung betreffen, sind ungenügende und uneinheitliche Informationen über Migrationshintergrund in verschiedenen Datensätzen sowie zu kleine Samplezahlen von Eingewanderten und ihren Nachkommen in Stichprobenbefragungen. Viele österreichische Datensätze beinhalten nur Informationen über die Staatsangehörigkeit und nicht über weitere Indikatoren für die Migrationsgeschichte von Personen. Und, wie das ausführliche Beispiel zeigt, sind auch diese nicht immer valide. Für die Integrationsforschung sind insbesondere Langzeitdaten von Interesse, um Integrationsverläufe verfolgen zu können. Solche Langzeitdaten sind jedoch in Österreich nur ungenügend erhältlich.

Auf internationaler Ebene hat die Statistikverordnung zu einer deutlichen Verbesserung der Verfügbarkeit von vergleichbaren, leicht zugänglichen Statistiken geführt. Zusätzlich ist das Spezialmodul der europäischen Arbeitskräfteerhebung 2008 von besonderer Bedeutung für die nationale wie internationale Migrationsforschung.

Durch die Diskussion von Problemen von quantitativen Daten wird oftmals der Anschein erweckt, dass die generelle Datensituation sehr schlecht ist und kaum zuverlässige Aussagen auf Basis der vorhandenen Daten gemacht werden können. Dieser Einschätzung kann jedoch nicht zugestimmt werden, da es trotz existierender Probleme eine Fülle von nützlichen Daten gibt und sich die Datenerfassung auch laufend weiterentwickelt (hat). Bestehende Verzerrungen und Probleme von Datensätzen müssen jedoch immer mitdiskutiert und transparent gemacht werden, um dem wichtigen wissenschaftlichen Kriterium der Transparenz gerecht werden zu können.

## Literatur

Europäische Kommission o. J.: Datenbank des statistischen Amtes der Europäischen Union, Eurostat. Zuletzt abgerufen am 01.08.2010 unter http://epp.eurostat.ec.europa.eu/portal/page/portal/population/data/database.

Fassmann, Heinz 2009: ›European migration: Historical overview and statistical problems‹, in Heinz Fassmann/Ursula Reeger/Wiebke Sievers (Hg.): *Statistics and Reality. Concepts and Measurement of Migration in Europe*, Amsterdam, 21–46.

Hofinger, Christoph/Liegl, Barbara/Ogris, Günther/Unger, Theresia/Waldrauch, Harald/Wroblewski, Angela/Zuser, Peter 1998: *Einwanderung und Niederlassung II*, Wien.

Kraler, Albert/Hollomey, Christina/Wöger, Alfred 2009: *Country Report Austria. Prominstat. National Data Collection Systems and Practices*. Zuletzt abgerufen am 01.08.2010 unter http://www.prominstat.eu/drupal/?q=system/files/PROMINSTAT_Austria.pdf.

Kraler, Albert/Reichel, David 2010a: *Quantitative data in the area of migration, integration and discrimination in Europe – an overview* (= Prominstat Working Paper

Nr. 01). Zuletzt abgerufen am 01.08.2010 unter http://www.prominstat.eu/drupal/?q=system/files/Working+Paper+01+Prominstat+OverviewStudy.pdf

Kraler, Albert/Reichel, David 2010b: *Statistics on Migration, Integration and Discrimination in Europe. Prominstat Final Report.* Zuletzt abgerufen am 01.08.2010 unter http://www.prominstat.eu/drupal/?q=system/files/PROMINSTAT_FINAL_REPORT.pdf.

Kupiszewska, Dorota/Kupiszewski, Marek/Marti, Mónica/Ródenas, Carmen 2010: *Possibilities and limitations of comparative quantitative research on international migration flows* (= Prominstat Working Paper Nr. 04). Zuletzt abgerufen am 01.08.2010 unter http://www.prominstat.eu/drupal/?q=system/files/Working+Paper+04+Migration+flows.pdf.

Kytir, Josef/Lebhart, Gustav/Neustädter, Christian 2005: ›Von der Bevölkerungsfortschreibung zum Bevölkerungsregister. Datengrundlagen, Konzepte und methodische Ansätze des neuen bevölkerungsstatistischen Systems‹, *Statistische Nachrichten*, Nr. 3/2005, 203–210.

Nowok, Beata/Kupiszewska, Dorota/Poulain, Michel 2006: ›Statistics on International Migration Flows‹, in Michel Poulain/Nicolas Perrin/Ann Singleton (Hg.): *THESIM Towards Harmonised European Statistics on International Migration*, Liege, 203–232.

Reeger, Ursula 2009: ›Austria‹, in Heinz Fassmann/Ursula Reeger/Wiebke Sievers (Hg): *Statistics and Reality. Concepts and Measurement of Migration in Europe*, Amsterdam, 111–130.

Reichel, David 2010: *Einbürgerungen in der österreichischen Arbeitsmarktdatenbank – eine Evaluierung der Erfassung des Merkmals »Staatsbürgerschaft« auf Basis von Registerdaten des HV und des AMS* (= ICMPD Research Working Paper Nr. 3). Zuletzt abgerufen am 01.08.2010 unter http://research.icmpd.org/1302.html.

PISA (Programme for International Student Assessment) o.J.: Homepage. Zuletzt abgerufen am 07.09.2011 unter http://www.pisa.oecd.org/.

Prominstat o.J.: Homepage. Zuletzt abgerufen am 19.09.2011 unter www.prominstat.eu.

Simon, Patrick 2007: *»Ethnic« statistics and data protection in the Council of Europe countries*, Strasburg. Zuletzt abgerufen am 02.09.2011 unter http://www.coe.int/t/dghl/monitoring/ecri/activities/themes/Ethnic_statistics_and_data_protection.pdf.

Statistical Office of the Republic of Slovenia o.J.: Popis 2002. Zuletzt abgerufen am 03.09.2011 unter http://www.stat.si/popis2002/en/rezultati/rezultati_red.asp?ter=SLO&st=15.

Statistik Austria 2002: *Volkszählung 2001. Wohnbevölkerung nach Gemeinden (mit der Bevölkerungsentwicklung seit 1869)*, Wien. Zuletzt abgerufen am 10.09.2010 unter http://www.statistik.at/dynamic/wcmsprod/idcplg?IdcService=GET_NATIVE_FILE&dID=44972&dDocName=007152.

Statistik Austria 2010: *Bevölkerung mit Migrationshintergrund im Überblick.* Zuletzt abgerufen am 10.09.2010 unter http://www.statistik.at/web_de/statistiken/bevoelkerung/bevoelkerungsstruktur/bevoelkerung_nach_migrationshintergrund/index.html.

TIES (The Integration of the European Second Generation) o.J.: Homepage. Zuletzt abgerufen am 30.07.2011 unter http://www.tiesproject.eu.

Katharina Hametner

# Rekonstruktive Methodologie als methodologisches Paradigma einer kritischen Migrationsforschung?[1]

## 1. Ausgangspunkt

Verschiedenste TheoretikerInnen entwickelten – vor allem aus postkolonialer Perspektive – in den letzten Jahrzehnten eine fundierte Kritik an Konstrukten wie ›Nation‹, ›Ethnizität‹, ›Kultur‹ und ›Identität‹, indem sie u. a. Prozesse ihrer Herstellung in den Blick rückten (vgl. u. a. Bhabha 2000; Hall 2004; Ha 2001; 2004; Wallerstein 1992). In Auseinandersetzung mit dem Themenfeld Migration wurde zudem die einseitige Fokussierung auf Migration als Problem, die Definition migrantischer Subjekte als hilfsbedürftig oder problematisch und ein vorherrschender *methodologischer Nationalismus* kritisiert (vgl. u. a. Ha 2004; Reuter / Villa 2010). Diese Erkenntnisse aus den Literatur-, Kultur- und Sozialwissenschaften sind die Basis dessen, was ich in meinem Aufsatz als kritische Migrationsforschung bezeichnen möchte. Dazu einige Beispiele aus der Psychologie, wo die obige Kritik bisher nur wenig Anklang findet[2]: Die transkulturelle Psychiatrie- und Psychotherapieforschung bzw. Psychologie bedient sich des Konstrukts der »Nation«, wenn sie Menschen verschiedener nationaler Hintergründe vergleicht und dabei etwas über unterschiedliche ›Kulturen‹ herauszufinden versucht (vgl. u. a. Akguel / Schmid-Ott 2007; Leenaars et al. 2010; Ritter 2006; Stompe 1996 bzw. Hofer et al. 2008). In anderen psychologischen Studien werden ›MigrantInnen‹ ›Einheimischen‹ gegenübergestellt und beide Gruppen als in sich mehr oder weniger homogen, jedenfalls aber voneinander unterscheidbar vorausgesetzt (vgl. u. a. Schreyer / Petermann 2010; Simon 2008). Schließlich gibt es Studien, die überprüfen, inwieweit ›Migran-

1 Die Dissertation, in deren Rahmen dieser Artikel entstanden ist, ist gefördert furch das Forschungsstipendium 2010 der Universität Wien. Für Kritik und Anmerkungen danke ich Julia Riegler und Markus Wrbouschek.
2 Genauso ließen sich sicher auch ähnliche Ansätze in anderen Fächern hinterfragen, aber als Psychologin beschränke ich mich auf die Psychologie. Zudem sei angemerkt, dass es hier nicht darum geht, die gesamte psychologisch-empirische Migrationsforschung zu verwerfen, sondern darum, diese kritisch zu befragen.

tInnen‹ sich entsprechend einem vorab konstruierten Modell verhalten, etwa in einem Modell der Reaktion auf Ethnisierung (vgl. u. a. Skrobanek 2007) oder des Aufwachsens von Jugendlichen ›mit Migrationshintergrund‹ in der ›Mehrheitsgesellschaft‹ (vgl. u. a. Heitmeyer et al. 1997). Solche Studien lassen kaum Spielraum für eigene Erfahrungen der Beforschten.

Kategorisierungen dieser Art gehen oftmals einher mit einem spezifischen methodologischen Zugang: dem hypothesenprüfenden Paradigma:

> Potentiale des Lebens werden von den Forschern festgelegt und auf diese Weise einer empirischen Überprüfung entzogen, um dann lediglich die Umgangsweisen mit diesen Potentialen bei den Untersuchungspersonen empirisch zu erheben. (Nohl 2001, 14)

Eine solche Vorgehensweise hat ihre Vorzüge (z. B. große Stichproben, Forschungsökonomie, Quantifizierbarkeit), gleichzeitig verstellt sie den Zugang zu den konkreten Erfahrungen und Alltagsrelevanzen der Beforschten und birgt einige Schwierigkeiten für eine kritische Migrationsforschung.

Im Folgenden werden daher zunächst einige kritische Anmerkungen zum hypothesenprüfenden Vorgehen aus der Sicht einer kritischen Migrationsforschung skizziert. Sodann wird das rekonstruktive Paradigma als ein alternativer methodologischer Rahmen vorgeschlagen und dessen Potenzial für kritische Migrationsforschung beleuchtet. Da ein methodologischer Zugang allein keinen kritischen Zugang gewährleisten kann, werden in einem letzten Abschnitt Anschlussstellen rekonstruktiver Methodologie zu postkolonialer Theorie im Sinne einer Metatheorie kritischer Migrationsforschung angedeutet.

## 2. Kritische Anmerkungen zum hypothesenprüfenden Paradigma

Hypothesenprüfend vorgehende Forschungsdesigns folgen einem linear strukturierten Ablauf und dienen der Theorieüberprüfung (vgl. Bohnsack 2007, 14; Flick 2004, 67 f.; Kromrey 2002, 34 ff.). Das zugrunde liegende Modell solcher Forschungsdesigns benötigt und bedingt somit eine starke Vorabstrukturierung des Gegenstands (vgl. Flick 2004, 68; Przyborski / Wohlrab-Sahr 2008, 42 f.).

### 2.1 Forschungsfrage – Strukturierung durch Gegenstandstheorie und Kategorisierung

Forschungsfragen werden ausgehend von bestehenden Gegenstandstheorien entwickelt (vgl. Przyborski / Wohlrab-Sahr 2008, 42 ff.) und enthalten notwendigerweise die gegenstandstheoretischen Vorab-Kategorisierungen und Annahmen. Dies impliziert eine Einschränkung für die Beforschten (vgl. Bohn-sack/Nohl 1998, 261 ff.; Nohl 2001, 13 ff.). Wird beispielsweise im Rahmen der theoretischen Vorabbestimmung Migration als zentrales Problem in Biografien von ›MigrantInnen‹ (Stichwort: Migration als Krise, vgl. u. a. Grinberg/Grin-berg 1990) identifiziert, wird eine Entfaltung der eigenen Relevanzen der Be-forschten abseits dieser Konfiguration verunmöglicht. Für Bedingungen der ›Aufnahmegesellschaft‹ – ökonomische Lage, Rassismus, soziale Marginalisie-rung – als mögliche Komponenten einer Erfahrungskonstellation bleibt ebenso wenig Raum wie für eine biografische Erfahrung, in der Migration *nicht* pro-blematisch erlebt wird. Auch normative Vorstellungen zur Integration von ›MigrantInnen‹ (Stichwort: Integrationsparadigma, vgl. kritisch dazu u. a. Ha 2010; Hess et al. 2009) oder Muster der Passivierung und Entmündigung von ›MigrantInnen‹ (Stichwort: Viktimisierung, vgl. kritisch dazu u. a. Ha 2004, 65 ff.) strukturieren nachhaltig das Forschungsfeld. Zudem kritisieren Georgi und Wagner (2009), dass historische Konstrukte als objektiv gegebene und neutrale Kategorien benutzt würden. Mit dieser Ent-Historisierung sei letztlich die Gefahr verbunden, ethnisierende und kulturalisierende Konzeptionen wis-senschaftlich zu reproduzieren und Vorstellungen nationaler Homogenität zu tradieren.

Bohnsack und Nohl (1998, 261 f.) problematisieren eine mangelnde praxeo-logische Fundierung der durch objektivistische Herangehensweisen erhobenen Phänomene. Ihre Relevanz für alltagspraktische Situationen könne aufgrund mangelnden Nachvollzugs von Handlungspraxis und Erfahrungszusammen-hängen nicht erschlossen werden (vgl. Bohnsack 1997, 194).

Gegenstandstheorien (psychologischer) Migrationsforschung, auf die im hypothesenprüfenden Paradigma zurückgegriffen wird, stammen nicht aus einem machtfreien Raum. Oftmals verweisen sie auf Ideen der Kontrolle, (ko-loniale) Machtstrukturen und Praktiken der Verobjektivierung und Hierarchi-sierung. In solchen Rastern wird Migration vielfach als Problem und Gefahr konnotiert, das ›Eigene‹ zum Homogenen stilisiert oder ›MigrantInnen‹ werden als Untergeordnete, zu Integrierende und Hilfsbedürftige gesehen. Schon auf Ebene der Generierung der Forschungsfrage besteht bei einer gegenstands-theoretisch vorabstrukturierten Herangehensweise so das Risiko, migrantische Subjekte als defizitär und in einer dualistischen Differenz zur ›Aufnahmege-sellschaft‹ zu sehen.

## 2.2    Erhebung – Strukturierung durch Standardisierung

Erhebungsverfahren im hypothesenprüfenden Paradigma schlagen den Weg der Formalisierung und Standardisierung und damit der Einschränkung von Kommunikationsmöglichkeiten der Beforschten durch geschlossene Fragen und vorgegebene Antwortkategorien ein. Dies steht im Gegensatz zu eigendynamischer Kommunikationsentwicklung und zum Einbezug kontextueller Aspekte (vgl. Bohnsack 2007, 17). Zu fragen ist, ob in dieser entkontextualisierten Form sich Forschende und Beforschte »so ohne weiteres verstehen, zumal sie häufig unterschiedlichen sozialen Welten, unterschiedlichen Subkulturen oder Milieus angehören« (Bohnsack 2007, 18). Ethnomethodologischen Überlegungen zufolge können den Äußerungen zugrunde liegende Sinngehalte entweder über einen geteilten Erfahrungsraum intuitiv verstanden oder mithilfe des Kontextes herausgearbeitet werden. Da standardisierende Verfahren entkontextualisieren, bleiben diese indexikalen Bedeutungsgehalte verborgen (vgl. Bohnsack 2007, 17).

Beispielhaft für die skizzierte Problematik sei auf eine Studie zum Zusammenhang von Diskriminierung und (Re)Ethnisierung (Skrobanek 2007) verwiesen, die Daten mittels eines standardisierten Fragebogens erhob, in dem Fragen wie die folgenden gestellt wurden: »Wie sehr fühlst Du Dich als Türkin/Türke« bzw. »Wie wichtig ist es für Dich Türkin/Türke zu sein« (Skrobanek 2007, 275). Nicht erfasst wird bei den genannten Items, was die betreffenden Personen aufgrund ihres Erfahrungshintergrundes unter den Fragen verstehen oder was für sie der Ausdruck ›Sich als TürkIn fühlen‹ im Alltag bedeutet. Zudem können durch die Art der Fragen nur reflexiv verfügbare und direkt äußerbare Inhalte erfasst werden (z.B. wie jemand auf reflexiver Ebene sein ›Türkisch-Sein‹). Handlungs- und alltagspraktisch relevante Orientierungen (z.B. wie jemand ›Türkisch-Sein‹ in der Alltagspraxis lebt), die als implizites Wissen zur Verfügung stehen und nicht explizit geäußert werden (können) (vgl. Bohnsack et al. 2001, 11 f.), bleiben aber unzugänglich.

Was sich an den Beispielen aus der (Re)Ethnisierungsstudie, aber auch an einer Studie von Heitmeyer et al. (1997) zeigt, ist der eng gesteckte Rahmen. Die aus theoretischen Überlegungen abgeleiteten Hypothesen führen zu Fragebögen oder Leitfäden für strukturierte Interviews, in denen den Beforschten nichts bleibt, als sich innerhalb der von den ForscherInnen abgesteckten Positionen zu artikulieren (Nohl 2001, 15). Durch die Standardisierung der Erhebungsverfahren geht somit zum einen die Kontextualisierung verloren, zum anderen bleiben die impliziten handlungspraktischen Orientierungen, die die Alltagspraxis der Beforschten anleiten, ausgeklammert. Im Rahmen derart standardisierter Erhebungsinstrumente bleibt schließlich wenig Raum für die Entfaltung der Relevanzen der Beforschten.

## 2.3 Auswertung – Strukturierung durch Gruppenvergleich und Hypothesenprüfung

Auf der Ebene der Auswertung müssen die Hypothesen nun geprüft und die Ergebnisse interpretiert werden. Ein mögliches und – speziell im Rahmen psychologischer Migrationsforschung – häufig gewähltes Vorgehen ist der Vergleich verschiedener Gruppen (vgl. Bortz / Döring 2006, 523).

Die zu vergleichenden Gruppen – z. B. der Vergleich von ›österreichischen‹ und ›türkischen‹ Jugendlichen – werden beruhend auf gegenstandstheoretischen Überlegungen zu Beginn einer Studie festgelegt und basieren oft auf statischen nationalen und ethnischen Kategorien. Durch die Anwendung dieser Kategorien zum Zwecke der Gruppenbildung besteht die Gefahr, dass eingeschriebene Machtverhältnisse nicht analysiert und »kulturelle[n] Einheiten als deskriptive und politisch neutrale Kategorien erfasst« (Boatcă / Costa 2010, 82) werden. Ein weiterer Effekt, der im Rahmen der Kategorisierung zum Zwecke der Gruppenbildung zum Tragen kommt, ist die Markierung des ›Anderen‹. Markiert werden in einem Prozess des *Othering* nur die scheinbar ›andersartigen‹ Gruppen (vgl. Reuter / Villa 2010, 14). Dadurch kommt es zu einer einseitigen Betonung des scheinbar ›Fremden‹ in Abgrenzung vom ›Normal-Eigenen‹[3], was Fixierungen dieser Dichotomie Vorschub leistet.

Die Vereinheitlichung in separierbare Gruppen lässt interne Differenzierungen von Gruppen verschwinden und birgt immer die Gefahr, andere Möglichkeiten der Gruppierung[4] jenseits der vorab festgelegten zu verschleiern. Inwieweit diese Gruppen in homogener Form existieren bzw. welcher historische Entstehungsprozess ihre scheinbare Homogenität hervorgebracht hat, muss letztlich ausgespart bleiben. Ebenso ausgeklammert bleibt, welche Alltagsrückbindung diese Gruppenbildungen haben, also ob Personen im Alltag vor allem dadurch bestimmt sind, dass sie ›türkisch bzw. österreichisch‹ oder ›einheimisch bzw. migrantisch‹ sind, oder ob auch andere Aspekte eine Rolle spielen, beispielsweise Milieugebundenheit. So besteht das Risiko, in homogenisierenden (z. B. nationalstaatlichen) Kategorien verhaftet zu bleiben, ohne deren Konstruktion und Historizität zu thematisieren, und alltagspraktische Rückbindungen aus dem Blick zu verlieren.

In diesem Sinne birgt ein rein hypothesenprüfendes Vorgehen einige Risiken für eine reifizierende und homogenisierende Migrationsforschung und läuft mitunter Gefahr, gesellschaftliche Problematiken zu ethnisieren und zu kultu-

---

3 So wird beispielsweise in Bezug auf mehrheitsösterreichische Jugendliche nur von Jugendlichen gesprochen, Jugendliche, deren Eltern nach Österreich migrierten, werden hingegen als ›Jugendliche mit Migrationshintergrund‹ markiert.

4 Hier sei nur auf einige milieubezogene Kriterien wie Bildungshintergrund, Generationszugehörigkeit, Wohngegend oder Arbeitskontext verwiesen.

ralisieren bzw. deren Konstitutionsbedingungen zu verschleiern. Zentral für eine kritische Migrationsforschung ist es, genau diese Herstellungsprozesse zu untersuchen (vgl. Boatcă/Costa 2010, 82). Gerade in diesem Zusammenhang weist eine rekonstruktive Methodik Erkenntnispotenziale auf, die hypothesenprüfenden Vorgehen aufgrund der dargelegten Vorstrukturierung des Feldes verschlossen bleiben.

## 3.   Das Potenzial des rekonstruktiven Paradigmas für eine kritische Migrationsforschung

Im Gegensatz zu hypothesenprüfenden Verfahren orientiert sich das rekonstruktive Paradigma, um Zugang zu den Relevanzen des Feldes zu bekommen, an den Prinzipien Offenheit und Kommunikation (vgl. Hoffmann-Riem 1980, 343 f.) bzw. an einem zirkulären dynamischen Forschungsprozess (vgl. Flick 2004, 69 ff.). Der gesamte Prozess ist dabei auf Theoriegenerierung ausgerichtet. Im Zentrum rekonstruktiver Forschungsstrategien[5] (vgl. Bohnsack 2007; Przyborski/Wohlrab-Sahr 2008; Nohl 2006), die ihren Ausgang bei wissenssoziologischen und ethnomethodologischen Überlegungen nehmen, stehen die *Strukturen der Praxis*, die im Nachvollzug der Alltagserfahrungen herausgearbeitet werden. Natürlich kann auch diese Methode dabei nicht ganz ohne Konstrukte auskommen. Doch sie versucht, diese nicht von vornherein als gegeben vorauszusetzen, sondern sie aus dem empirischen Material heraus zu generieren.

### 3.1   Forschungsfrage und Forschungsprozess – Offenheit und Zirkularität

Durch den Fokus auf Theoriegenerierung in Kombination mit dem grundsätzlichen Interesse an der Rekonstruktion der Relevanzsysteme der Beforschten ist es erforderlich, dass »die theoretische Strukturierung des Forschungsgegenstandes zurückgestellt [wird], bis sich die Strukturierung des Forschungsgegenstandes durch die Forschungssubjekte herausgebildet hat« (Hoffmann-Riem 1980, 343). Es werden nicht Forschungsfragen gestellt, in denen Formen der Alltagserfahrung in ihrem prüfbaren Inhalt von vornherein klar bestimmt und die Beziehungen zwischen ihnen formuliert sein müssen, sondern Fragen, die

---

5  Zu den rekonstruktiven Verfahren zählen unter anderem die dokumentarische Methode (vgl. u. a. Bohnsack 1997; 2007; Przyborski/Wohlrab-Sahr 2008; Nohl 2001), die Narrationsanalyse (vgl. u. a. Schütze 1983; 1987) und die objektive Hermeneutik (vgl. u. a. Oevermann et al. 1979).

offen lassen, welche Formen der Erfahrung für die Personen in welcher Weise Alltagsrelevanz haben und welche Prozesse durch die jeweils spezifischen Erfahrungen angestoßen werden. Wenn sich im Rahmen der Erhebungen bzw. Auswertungen zeigt, dass die gewählte Forschungsfrage unangemessen ist, wird diese in einem zirkulären Austauschprozess an das Feld adaptiert. Auf diese Weise wird erneut dem Feld und seinen Relevanzen Priorität eingeräumt (vgl. Przyborski / Wohlrab-Sahr 2008, 17). Das Vorgehen mit offenen, nicht gegenstandstheoretisch aufgeladenen Forschungsfragen verringert auf methodologischer Ebene die Gefahr der Vorab-Kategorisierung und Strukturierung der Forschungssubjekte[6].

Im Zentrum rekonstruktiver Forschungsfragen stehen die Erfahrungen und Handlungspraktiken der Beforschten, genauer die Rekonstruktion der *Strukturen der Praxis*. Ausgangspunkt ist die Annahme, dass im Sinne von Schütz sozialwissenschaftliche Konstruktionen sekundäre Konstruktionen »von implizit im alltäglichen Handeln immer schon vollzogenen *Konstruktionen*« (Przyborski / Wohlrab-Sahr 2008, 26) sind. Ziel ist es, diese Konstruktionen des Alltags, die im Handeln vorzufindenden Orientierungen und Handlungsentwürfe, zu rekonstruieren (vgl. Przyborski / Wohlrab-Sahr 2008, 26 f.). Rekonstruktive Forschungsfragen zielen weiters nicht in erster Linie darauf ab festzustellen, was für (gesellschaftliche) Strukturen es gibt, sondern vor allem, wie diese hergestellt werden (vgl. Bohnsack 1997, 193). Dabei wird von einer Seins- und Standortverbundenheit des Denkens und Handelns und vom Niederschlag spezifischer Soziallagen in inkorporierten Sinnstrukturen ausgegangen (vgl. Meuser 2001, 208). Auf die Konstitution dieses Sinnzusammenhangs im Rahmen der konkreten Alltagspraxis und über gemeinsames Handeln und Erleben zielen rekonstruktive Forschungsfragen ab. Durch den rekonstruierenden Modus der (gesellschaftlich) hervorgebrachten Strukturen der Praxis ermöglichen sie im Rahmen einer kritischen Migrationsforschung ein Überschreiten objektivistischer Theorien und reduktionistischer Modelle und ein Anknüpfen an die Alltagserfahrungen der als ›MigrantInnen‹ Subjektivierten.

## 3.2 Erhebung – Alltagsnähe und Eigenstrukturierung

Rekonstruktive Erhebungsverfahren versuchen »sich der Lebendigkeit der Sprache und der in ihr zum Ausdruck kommenden soziohistorischen Verbundenheit der Sinnstrukturen zu stellen« (Przyborski / Wohlrab-Sahr 2008, 31). Ein Verstehen dieser indexikalen Verweisungsstruktur kann nur durch das Erfassen

---

6 Zentral sind hier zudem Raum für Selbstreflexion im Forschungsprozess in Form von Forschungstagebüchern und Forschungswerkstätten.

von Kontext geleistet werden (vgl. Bohnsack 2007, 21). Somit werden als Zugang zu diesen impliziten Wissensvorräten, die das alltägliche Handeln und Leben der Beforschten anleiten, offene und selbstläufige Erhebungsmethoden gewählt: etwa narrative Interviews (Schütze 1983) oder offene Gruppendiskussionen (Bohnsack 2000).[7] Diese bieten Beforschten den Raum, Äußerungen und Handlungen im System ihrer Bezüge – mittels ihrer Sprache und innerhalb ihres Relevanzsystems – zum Ausdruck zu bringen, und ermöglichen auf diese Weise methodisch kontrolliertes Fremdverstehen (vgl. Przyborski / Wohlrab-Sahr 2008, 31).

Im Rahmen hypothesenprüfender Verfahren entwickelte Erhebungsinstrumente beruhen stark auf den Relevanzen der ForscherInnen, die Erforschten können sich nur im Rahmen des Sprachsystems der Forschenden bewegen / äußern. In den Beispielen »Wie sehr fühlst Du Dich als Türkin / Türke?« bzw. »Wie wichtig ist es für Dich Türkin / Türke zu sein?« (Skrobanek 2007, 275) wird ›Türkisch-Sein‹ durch die Forschenden vorab mit einem Gefühl bzw. der Frage der Wichtigkeit verknüpft und damit als relevante Kategorie im Rahmen von Ethnisierungsprozessen vorausgesetzt. Im Gegensatz dazu ist in rekonstruktiven Verfahren die Möglichkeit gegeben, Relevanzsysteme in selbstläufigen Artikulationen, gemäß eigener Strukturierungsprinzipien zum Ausdruck zu bringen. So kann eine Person etwa davon erzählen, was ›Türkisch-Sein‹ für sie bedeutet (oder auch nicht bedeutet), beispielsweise dass ›türkisch‹ im Kontext des österreichischen Alltags vor allem als wahrgenommene Außenperspektive auf sie relevant wird. Was die Fragebogenformulierung hier verschleiert, wäre dann, dass die Frage selbst jenen (unaufgeklärten) Kontext evoziert bzw. ein Epiphänomen jenes Kontexts darstellt, der die fortbestehende Relevanz des ›Türkisch-Seins‹ verbürgt. Durch das rekonstruktiv offene Vorgehen können unerwartete, in den bestehenden Modellen nicht verhandelte Aspekte zum Ausdruck kommen, was für eine kritische Migrationsforschung, die bestehende Modelle und Konzepte immer auch hinterfragen will, von zentraler Bedeutung ist.

## 3.3 Auswertung – Alltagsnähe und Struktur der Praxis

Auf Ebene der rekonstruktiven Auswertung wird das gewonnene Material nun nicht unter bestimmten Gesichtspunkten geordnet und unter vorgefasste Modelle subsumiert, sondern es werden die inhärenten Strukturen herausgearbeitet. Zentral ist, dass die Methode der Interpretation im Rahmen des rekon-

---

7 Ein rekonstruktives Vorgehen impliziert auch den Verzicht auf unumstößliche Leitfäden und strikte Fragefolgen.

struktiven Paradigmas aus den Alltagsmethoden des Verstehens entwickelt wird und damit »gleichermaßen Methode des Alltags der Erforschten wie der Forscher« (Bohnsack 2007, 26) ist. Somit wird, einem Grundgedanken der Ethnomethodologie folgend, der prinzipielle Anspruch auf Überlegenheit wissenschaftlicher Interpretationen gegenüber alltäglichem Verstehen aufgegeben. Zu unterscheiden sind wissenschaftliches und alltägliches Vorgehen lediglich in Bezug auf ihre Analyseeinstellung, die »›natürliche‹ Einstellung des Alltags« steht einer »›genetischen‹ Einstellung des Sozialforschers« (Bohnsack 2007, 27) gegenüber. Letztere zielt darauf ab, den Herstellungsprozess gesellschaftlicher Tatsachen zu beleuchten (vgl. Bohnsack 2007, 26 f. bzw. 58).

Im Folgenden möchte ich den hier interessierenden Aspekt in Bezug auf die dokumentarische Methode genauer ausführen. Auf der Suche nach den Strukturen der Praxis wird in dieser Methode zwischen zwei Sinnebenen unterschieden, einer immanenten und einer dokumentarischen Ebene. Unter immanentem Sinn wird das *Was* einer Äußerung oder Handlung, das wörtlich Gesagte, das tatsächlich Gemachte verstanden. Der Dokumentsinn fasst das *Wie*, also das, was sich in einem Text oder einer Handlung zeigt. Diese zweite Ebene erfasst die handlungsleitenden Orientierungen, die in Text und Handlung eingelagert sind (Przyborski 2004, 46 f.). Diese sind jedoch nicht unmittelbar zugänglich, sondern als ein atheoretisches Wissen repräsentiert bzw. inkorporiert, ohne gleichzeitig reflexiv verfügbar zu sein (vgl. Bohnsack et al. 2001, 9 f.). Somit bewegen sich rekonstruktive Verfahren weg von einem rein reflexiven Wissen und hin zu Handlungspraxis und Habitus. Im Rahmen der rekonstruktiven Interpretation geht es darum, dieses Wissen begrifflich explizit zu machen.

Konkret entsprechen den beiden Sinnebenen zwei Interpretationsschritte. Während es im ersten Schritt darum geht, in möglichst knapper und allgemein verständlicher Sprache wiederzugeben, was gesagt wurde, so geht es auf der Ebene des zweiten Interpretationsschrittes um die Rekonstruktion der handlungsleitenden Orientierungen (vgl. Przyborski 2004, 53 ff.). Wesentliche Prinzipien sind dabei die Sequenzanalyse und die komparative Analyse. Die Sequenzanalyse zielt darauf ab, die zugrunde liegende Regelhaftigkeit der Abfolge von Äußerungen zu explizieren. Die komparative Analyse – die wechselseitige Kontrastierung empirischen Materials – ermöglicht es, die herausgearbeiteten Orientierungen vom Einzelfall abzulösen (vgl. Nohl 2006, 50 ff.).

Beispielhaft möchte ich das Vorgehen nun an zwei kurzen Textbeispielen demonstrieren, die dem Buch *Gesprächsanalyse und dokumentarische Methode* (vgl. Przyborski 2004, 97 ff.) entnommen sind. Es handelt sich um zwei kurze Transkriptausschnitte[8] aus einer Gruppendiskussion mit drei Studentinnen in

---

8 Transkriptionszeichen: Af/Bf/Cf = Sprecherinnen, @ = Lachen, (.) = Pause unter einer Sekunde, L = Überlappung, :: = Dehnung, ° = leise

Berlin, deren Eltern aus der Türkei nach Deutschland migriert sind. Das Thema, über das die jungen Frauen gerade sprechen, ist das der Kontakte und Interaktionen mit Personen des öffentlichen Lebens deutschsprachiger Herkunft.

Af: oder (.) wenn wenn die die kriegen ja meistens ähm schon

Cf:      ᴸmhm

Af: so die sind ja schon geschockt wenn du da so ankommst, (.)

Bf                                                                          ᴸ

   @(.)@

Af: und fließend Deutsch sprichst, dann dann sind die erst

Cf:               ᴸmhm          ᴸJa ja, (.) das ist für die

Af: mal (.) äh fünf Minuten weg,

Cf: ᴸimmer ein Erlebnis

Bf:                       ᴸ@ja::@ @ (.)@

(Przyborski 2004, 98f.)

Im Ausschnitt wird – wie Przyborski herausarbeitet – auf der Ebene des *Was* geäußert, dass VertreterInnen öffentlicher Institutionen »geschockt« reagieren, wenn die Studentinnen »so« – also mit Kopftuch, wie der Kontext zeigt – »ankommen« (Przyborski 2004, 97) und »fließend Deutsch« sprechen. Die Studentinnen erzählen die Geschichte arbeitsteilig, ergänzen und reformulieren sich gegenseitig. Hier wird deutlich, dass etwas den Frauen Gemeinsames – eine gemeinsame Orientierung – zum Ausdruck kommt. Das perfekte Deutsch in Verbindung mit einer bestimmten Erscheinung löst Irritation und Verunsicherung aus. Im Lachen dokumentiert sich, dass diese Möglichkeit der Verunsicherung, Irritation und leichten Provokation ein amüsantes Moment hat, einen positiven Horizont darstellt. Im Folgenden wird der Besuch einer Buchhandlung geschildert.

Af:                      ᴸZum   Beispiel   hier   in   der
   Buchhandlung habe ich mir ein Buch besorgt, ja ich

Bf:                       ᴸ@oh.@ @(.)@

Af: bin da rein gegangen ja guten Tag ich möchte den Emil von
   UTB   Verlag   und   den   Rousseau   also   den   Gesell-
   Gesellschaftsvertrag vom Reclam Verlag. ja hätten sie das.

°ja° °ja° was wollten sie? Ja nochmal, der war er war

Cf:        └er war sprachlos

Af: sofort erstaunt

Bf: └( )    └( )

Cf:      └was die mit Kopftuch liest Émile und

@Rousseau@?

Af: └Ja    └Ja was will, der dachte bestimmt was will die

@damit? ja@

    └@(2)@

Af:     @Bestimmt nicht@

Cf:      └@(2)@

Af:       └@als   Brennholz

oder so@ ne ich möchte ihn lesen ne ich studiere hier und

möchte (°die le-°)

Cf:    └@(.)@ @Kannst du denn überhaupt Deutsch@?

(Przyborski 2004, 101)

Auch in diesem Ausschnitt wird der Moment der Verunsicherung und Irritation hervorgehoben. In der Erfahrung der Frauen ist die Vorstellung, eine Frau mit Kopftuch würde lesen und studieren, für Außenstehende irritierend bzw. macht »sprachlos«. Zwar sind die dem Buchhändler zugeschriebenen Äußerungen (»Kannst du denn überhaupt Deutsch«) abwertend, aber eben auch falsch, was sie letztlich zu Vorurteilen degradiert. »Diejenigen, die Inkompetenz und Unvermögen unterstellen (in ihrer Unterstellung), werden eben dadurch zu Inkompetenten und Unvermögenden« (Przyborski 2004, 102). Die Möglichkeit situativer Rollenumkehr durch Irritationen ist eine implizite handlungspraktische Orientierung (vgl. Przyborski 2004, 97 ff.), eine Umgangsweise mit ethnisierenden Praktiken bzw. Diskursen. Es zeigt sich, dass es sich in diesem Fall um kein passives Erleiden handelt – die jungen Frauen sind in den geschilderten Situationen keinesfalls nur Opfer, sie gehen in ihrer Handlungspraxis durch eine habituelle Praktik des Amüsements über die erzeugte Irritation mit Zuschreibungen um. Deutlich wird an dieser kurzen Passage aber auch, dass ethnisierende Praktiken und Diskurse sich durchaus in die Erfahrungen und Biografien dieser jungen Frauen einschreiben und dort Relevanz haben. Es wird durch eine solche methodische Herangehensweise ein differenzierter Zugang zur Bedeut-

samkeit diskursiver Zuschreibungen und alltäglicher Lebensbedingungen der
›Migrantisierten‹ eröffnet.

Ziel ist es, im Zuge dieses Vorgehens eine gegenstandsfundierte Theorie zu
generieren. Auf der Grundlage der Rekonstruktion der handlungsleitenden
Orientierungen überschreiten rekonstruktive Verfahren dabei die Ebene des
*Was* und wenden sich dem *Wie* zu, also der Frage ihrer (gesellschaftlich) pro-
zesshaften Herstellung. Für eine kritische Migrationsforschung kann ein solches
Vorgehen gewinnbringend sein, da die Analyse bei den spezifischen Erlebnis-
aufschichtungen ansetzt und so eine Erforschung der alltagspraktischen Herstellungsprozesse von Identitäten und Kulturen und v. a. der Einschreibungen
von Ethnisierungen und Rassismen erfolgen kann.

## 4.  Nachbemerkung zu einer kritischen Metatheorie –
##     Postkoloniale Theorien und rekonstruktives Paradigma

Das rekonstruktive Paradigma gewährt durch den Verzicht auf Vorstrukturie-
rungen des Feldes, Theoriegenerierung und Fokussierung auf die Relevanzen
der Beforschten bzw. die Strukturen ihrer Praxis einen größeren Spielraum für
kritische Forschung als Verfahren, die in viel stärkerem Maß Annahmen her-
antragen und diese überprüfen (müssen). Auch richtet es seinen Fokus auf das
Hinterfragen des Common Sense und die Rekonstruktion von Herstellungs-
prozessen gesellschaftlicher Realität. Dabei nimmt die rekonstruktive Sozialforschung als Methodologie selbst aber keinen explizit kritischen Standpunkt
ein. Aus diesem Grund besteht die Notwendigkeit einer metatheoretischen
Fundierung des kritischen Anspruchs im Rahmen der Migrationsforschung. Um
*kritische* Migrationsforschung mit rekonstruktiven Methoden zu betreiben,
könnte das Einnehmen einer postkolonialen Perspektive ein gangbarer Weg
sein. Dazu müssen jedoch zunächst Verbindungsstellen gefunden werden zwischen der stark im Theoretischen verorteten postkolonialen Debatte und einer
sozialwissenschaftlichen Methodendiskussion.

Ein Anknüpfungspunkt zwischen rekonstruktiver Methodologie und post-
kolonialer Perspektive lässt sich im Bestreben der Überwindung objektivistischer Herangehensweisen finden. Postkoloniale Theorien betonen den inter-
subjektiven Herstellungsprozess von Kultur und Identität und kritisieren die
Verwendung verdinglichender Begriffe und reduktionistische Analysen einzelner sozialer Kategorien (vgl. Reuter / Villa 2010, 23). Auch rekonstruktive Methodologie versucht durch ihr Vorgehen, gerade derartig verdinglichende und
von der Erfahrung abgehobene Begriffe zu vermeiden und ganzheitliche pro-
zessorientierte Analysen der Alltagspraxis ohne Vorab-Kategorisierung anzu-

streben (vgl. Nohl 2001, 23 ff.). Postkoloniale Theorie nimmt zusätzlich eine weiterführende historisierende Perspektive ein, indem sie von einer »Prägung der globalen Situation durch Kolonialismus, Dekolonisierung und neokoloniale Tendenzen« (Reuter/Villa 2010, 17) ausgeht und damit auch auf die soziale und politische Verortung von Konzepten, Theorien und Methoden verweist (vgl. Reuter/Villa 2010, 23).

In der Relevanz der Reflexion des eigenen Standortes – im Sinne einer Relationierung und Verortung gibt es erneut Berührungspunkte. Sowohl postkoloniale Theorie als auch rekonstruktive Verfahren gehen von einer Standortgebundenheit des Wissens aus und weisen damit auf gesellschaftliche Bedingtheiten hin (vgl. Reuter/Villa 2010, 23; Bohnsack 2007, 173 ff.). Durch die Forderung, Privilegien kenntlich zu machen und zu reflektieren (vgl. Boatcă/Costa 2010, 12), gehen postkoloniale Ansätze allerdings einen Schritt weiter. Gerade diese Rekonstruktion eigener Privilegien ist für eine kritische Migrationsforschung von zentraler Bedeutung.

Auch bei Überlegungen zu wissenschaftlichem Wissen treffen sich die postkoloniale und die rekonstruktive Perspektive. So problematisieren postkoloniale Theorien die Trennung zwischen reinem wissenschaftlichem Wissen in Form objektiver Aussagen und anderen Formen des Wissens (vgl. Boatcă/Costa 2010, 33 f.). Auch rekonstruktive Methodologie geht nicht davon aus, per se höherwertiges Wissen zu produzieren, sondern nutzt alltägliche Methoden der Interpretation. Sie verfolgt lediglich ein anderes Interesse als im Alltäglichen, nämlich ein Interesse am Herstellungsprozess von Praxis. Was postkoloniale Theorie darüber hinaus thematisiert, ist die »Frage, wer das Wissen produziert, in welchem Kontext und für wen« (Reuter/Villa 2010, 34). In diesem Punkt können rekonstruktive Verfahren im Sinne einer Sensibilisierung für Fragen der Macht und Herrschaft von postkolonialen Ansätzen profitieren.

Sowohl in postkolonialen Ansätzen als auch in rekonstruktiver Methodologie besteht außerdem ein Interesse an der Frage, wie Kultur und Identität als Praktiken »gelebt und erfahren [...] praktiziert und verkörpert« (Reuter/Villa 2010, 35) werden. Sie sehen die Möglichkeit dazu in einem Übergang vom »knowing that« – der Frage, was gesellschaftliche Realität ist, – zum »knowing how« (Reuter/Villa 2010, 36) – der Frage, wie sie praktiziert bzw. hergestellt wird. Rekonstruktive Verfahren bieten eine Möglichkeit, diesen Anspruch des Übergangs zum »knowing how« empirisch und methodisch fundiert zu leisten.

Mit der abschließend angedeuteten Verknüpfung rekonstruktiver Methodologie mit einer postkolonialen Perspektive kann dem Mangel einer explizit kritischen Metatheorie des rekonstruktiven Paradigmas begegnet werden. In dieser Verbindung einer Metatheorie, die das Begriffsrepertoire dekonstruiert, mit einer Methodologie, die auf die Funktionsweise dieser Begriffe im geteilten Erfahrungsbestand der Subjekte zielt, können Machtverhältnisse, aber auch

emanzipatorische Potenziale sichtbar gemacht werden. So kann ein gewinn-
bringender Beitrag zu einer kritischen Migrationsforschung geleistet werden.


## Literatur

Akguel, Gülay / Schmid-Ott, Gerhard 2007: ›Einstellungen gegenüber Psychotherapie in
der deutschen Bevölkerung und bei türkischen Migranten / innen in Deutschland‹, in
Mechthild Neises / Gerhard Schmid-Ott (Hg.): *Gender, kulturelle Identität und Psychotherapie*, Lengerich, 171 – 188.

Bhabha, Homi 2000: *Die Verortung der Kultur*, Tübingen.

Boatcă, Manuela / Costa, Sérgio 2010: ›Postkoloniale Soziologie: ein Programm‹, in Julia
Reuter / Paula-Irene Villa (Hg.): *Postkoloniale Soziologie. Empirische Befunde, theoretische Anschlüsse, politische Interventionen*, Bielefeld, 69 – 90.

Bohnsack, Ralf 1997: ›Dokumentarische Methode‹, in Ronald Hitzler / Anne Honer (Hg.):
*Sozialwissenschaftliche Hermeneutik*, Opladen, 191 – 194.

Bohnsack, Ralf 2000: ›Gruppendiskussion‹, in Uwe Flick / Ernst von Kardoff / Ines Steinke
(Hg.): *Qualitative Forschung. Ein Handbuch*, Reinbek, 369 – 383.

Bohnsack, Ralf 2007: *Rekonstruktive Sozialforschung. Einführung in qualitative Methoden*, Opladen, Farmington.

Bohnsack, Ralf / Nentwig-Gesemann, Iris / Nohl, Arnd-Michael 2001: ›Einleitung: Die
dokumentarische Methode und ihre Forschungspraxis‹, in Ralf Bohnsack / Iris Nentwig-Gesemann / Arnd-Michael Nohl (Hg.): *Die dokumentarische Methode und ihre
Forschungspraxis. Grundlagen qualitativer Sozialforschung*, Opladen, 9 – 24.

Bohnsack, Ralf / Nohl, Arnd-Michael 1998: ›Adoleszenz und Migration. Empirische Zugänge einer praxeologisch fundierten Wissenssoziologie‹, in Ralf Bohnsack / Winfried
Marotzki (Hg.): *Biographieforschung und Kulturanalyse. Transdisziplinäre Zugänge
qualitativer Forschung*, Opladen, 260 – 282.

Bortz, Jürgen / Döring, Nicola 2006: *Forschungsmethoden und Evaluation für Human- und
Sozialwissenschaftler*, Heidelberg.

Flick, Uwe 2004: *Qualitative Sozialforschung. Eine Einführung*, Reinbek.

Georgi, Fabian / Wagner, Fabian 2009: ›Macht Wissen Kontrolle‹, *Kulturrisse. Zeitschrift
für radikaldemokratische Kulturpolitik*, Nr. 1. Zuletzt abgerufen am 12.07.2011 unter
http://kulturrisse.at/ausgaben/012009/oppositionen/macht-wissen-kontrolle.

Grinberg, Leon / Grinberg, Rebecca 1990: *Psychoanalyse der Migration und des Exils*,
München, Wien.

Ha, Kien Nghi 2001: ›Ethnizität, Differenz und Hybridität in der Migration. Eine postkoloniale Perspektive‹, *trend online zeitung*, Nr. 2. Zuletzt abgerufen am 12.07.2011
unter http://www.trend.infopartisan.net/trd0201/t160201.html.

Ha, Kien Nghi 2004: *Ethnizität und Migration Reloaded. Kulturelle Identität, Differenz
und Hybridität im postkolonialen Diskurs*, Berlin.

Ha, Kien Nghi 2010: ›Integration as Colonial Pedagogy of Postcolonial Immigrants and
People of Color‹, in Manuela Boatcă / Sergio Costa / Encarnación Gutíerrez Rodriguez
(Hg.): *Decolonising European Sociology. Transdisciplinary Approaches*, Farnham, 161 –
177.

Hall, Stuart 2004:. ›Wer braucht ›Identität‹?‹, in Stuart Hall: *Ideologie, Identität, Repräsentation*, Hamburg, 167 – 187.

Heitmeyer, Wilhelm / Müller, Joachim / Schröder, Helmut 1997: *Verlockender Fundamentalismus. Türkische Jugendliche in Deutschland*, Frankfurt a.M.

Hess, Sabine / Binder, Jana / Moser, Johannes (Hg.) 2009: *No integration?! Kulturwissenschaftliche Beiträge zur Integrationsdebatte in Europa*, Bielefeld.

Hofer, Manfred / Schmid, Sebastian / Živković, Ilija 2008: ›Schule-Freizeit-Konflikte, Wertorientierungen und motivationale Interferenz in der Freizeit. Eine kulturübergreifende Studie‹, *Zeitschrift für Entwicklungspsychologie und Pädagogische Psychologie*, Jahrgang 40, Heft 2, 55 – 68.

Hoffmann-Riem, Christa 1980: ›Die Sozialforschung einer interpretativen Soziologie. Der Datengewinn‹, *Kölner Zeitschrift für Soziologie und Sozialpsychologie*, Jahrgang 32, 339 – 372.

Kromrey, Helmut 2002: *Empirische Sozialforschung*, Opladen.

Leenaars, Antoon A. / Sayin, Aslıhan / Candansayar, Selçuk / Leenaars, Lindsey / Akar, Taner / Demirel, Birol 2010: ›Suicide in Different Cultures: A Thematic Comparison of Suicide Notes From Turkey and the United States‹, *Journal of Cross-Cultural Psychology*, Jahrgang 41, Nr. 2, 253 – 263.

Meuser, Michael 2001: ›Repräsentationen sozialer Strukturen im Wissen. Dokumentarische Methode und Habitusrekonstruktion‹, in Ralf Bohnsack / Iris Nentwig-Gesemann / Arnd-Michael Nohl (Hg.): *Die dokumentarische Methode und ihre Forschungspraxis. Grundlagen der qualitativen Sozialforschung*, Opladen, 207 – 221.

Nohl, Arnd-Michael 2001: *Migration und Differenzerfahrung. Junge Einheimische und Migranten im rekonstruktiven Milieuvergleich*, Opladen.

Nohl, Arnd-Michael 2006: *Interview und dokumentarische Methode. Anleitungen für die Forschungspraxis*, Wiesbaden.

Oevermann, Ulrich / Allert, Tilmann / Konau, Elisabeth / Krambeck, Jürgen 1979: ›Die Methodologie einer »objektiven Hermeneutik« und ihre allgemeine forschungslogische Bedeutung in den Sozialwissenschaften‹, in Hans-Georg Soeffner (Hg.): *Interpretative Verfahren in den Sozial- und Textwissenschaften*, Stuttgart, 352 – 433.

Przyborski, Aglaja 2004: *Gesprächsanalyse und dokumentarische Methode. Qualitative Auswertung von Gesprächen, Gruppendiskussionen und anderen Diskursen*, Wiesbaden.

Przyborski, Aglaja / Wohlrab-Sahr, Monika 2008: *Qualitative Sozialforschung. Ein Arbeitsbuch*, München.

Reuter, Julia / Villa, Paula-Irene 2010: ›Provincializing Soziologie. Postkoloniale Theorie als Herausforderung‹, in Julia Reuter / Paula-Irene Villa (Hg.): *Postkoloniale Soziologie. Empirische Befunde, theoretische Anschlüsse, politische Interventionen*, Bielefeld, 11 – 46.

Ritter, Kristina M. 2006: *Suizidmotive im Kulturvergleich. Versuch einer kulturanthropologischen Wertestudie*, Wien.

Schreyer, Ina / Petermann, Ulrike 2010: ›Verhaltensauffälligkeiten und Lebensqualität bei Kindern im Vorschulalter und deren Müttern. Ein Vergleich von Kindern mit und ohne Migrationshintergrund‹, *Zeitschrift für Gesundheitspsychologie*, Jahrgang 18, Heft 3, 119 – 129.

Schütze, Fritz 1983: ›Biographieforschung und narratives Interview‹, *Neue Praxis*, Jahrgang 13, Heft 3, 283 – 293.

Schütze, Fritz 1987: *Das narrative Interview in Interaktionsfeldstudien: erzähltheoretische Grundlagen. Teil I*, Studienbrief der Fernuniversität Hagen, Hagen.

Simon, Bernd 2008: ›Einstellung zu Homosexualität. Ausprägungen und psychische Korrelate bei Jugendlichen ohne und mit Migrationshintergrund (ehemalige UdSSR und Türkei)‹, *Zeitschrift für Entwicklungspsychologie und Pädagogische Psychologie*, Jahrgang 40, Heft 2, 87 – 99.

Skrobanek, Jan 2007: ›Wahrgenommene Diskriminierung und (Re)Ethnisierung bei Jugendlichen mit türkischem Migrationshintergrund und jungen Aussiedlern‹, *Zeitschrift für Soziologie der Erziehung und Sozialisation*, Jahrgang 27, Heft 3, 265 – 284.

Stompe, Thomas 1996: ›Current cross-cultural projects in the field of psychiatry‹, in Aloys Sprenger: *Festschrift. Austrian Scholarship in Pakistan. A Symposium dedicated to the memory of Aloys Sprenger*, Islamabad, 276 – 280.

Wallerstein, Immanuel 1992: ›Die Konstruktion von Völkern. Rassismus, Nationalismus und Ethnizität‹, in Etienne Balibar / Immanuel Wallerstein: *Rasse, Klasse, Nation. Ambivalente Identitäten*, Hamburg, 87 – 106.

## Staatsbürgerschaft: Von Einbürgerungen und Ausbürgerungen

Joachim Stern

# *Ius Pecuniae* – Staatsbürgerschaft zwischen ausreichendem Lebensunterhalt, Mindestsicherung und Menschenwürde[1]

## 1. Einleitung

Das Jahr 2010 wurde als europäisches Jahr gegen Armut und soziale Ausgrenzung ausgerufen. Ziel war unter anderem die »Anerkennung des Grundrechts der von Armut und sozialer Ausgrenzung Betroffenen auf ein Leben in Würde und auf umfassende Teilhabe an der Gesellschaft«.[2] Just zu Beginn dieses Jahres wurden diametral dazu die finanziellen Bedingungen für den Erwerb der österreichischen Staatsbürgerschaft stark angehoben. Der Weg zur »umfassende[n] Teilhabe an der Gesellschaft« wurde MigrantInnen damit wesentlich erschwert und in weiten Kreisen verunmöglicht. Denn auch wenn die Bedeutung der Staatsbürgerschaft in Österreich für die Inanspruchnahme von Rechten in den letzten zwei Jahrzehnten gesunken ist (vgl. Stern 2007), bleibt sie doch formelle Grundvoraussetzung für die *Voll*mitgliedschaft in der Gesellschaft, insbesondere im demokratischen Kontext (Perchinig 2004; Valchars 2006).

Während im sozialwissenschaftlichen Kontext spätestens seit *Marshall* eine kritische Analyse des Zusammenhangs von Staatsbürgerschaft und sozialen Rechten existiert, sind kritische juristische Analysen zur Staatsbürgerschaft insbesondere in Österreich kaum vorhanden (vgl. als Ausnahme Pöschl 2006). Der folgende Beitrag soll rechtswissenschaftliche Argumente in die Debatte einbringen. Dabei wird zunächst der Begriff des *ius pecuniae* erklärt und der Umfang des sozialen Ausschlusses rechtlich und statistisch dargestellt. In der Folge werden rechtliche Ansätze für eine Kritik an diesen Bestimmungen ausgelotet. Eine rechtshistorische Betrachtung zeigt, dass die Bestimmung ihren ökonomischen Zweck nicht mehr erfüllt. Weitere Kritikpunkte ergeben sich vor allem aufgrund des verfassungsrechtlichen Sachlichkeitsgebots, des Verbots der

---

1 Der Autor dankt den anonymen GutachterInnen für wertvolle Hinweise.
2 Beschluss 1098 / 2008 / EG des Europäischen Parlaments und des Rates vom 22.10.2008, Amtsblatt L 298 / 20.

Diskriminierung von Frauen, von Flüchtlingen und Staatenlosen sowie von Menschen mit Behinderungen.

## 2.    Das »Ius Pecuniae«

### 2.1    Begriffsdefinition

Der Begriff *ius pecuniae* soll Graustufen in die in Staatsbürgerschaftsfragen oft zur Dichotomie stilisierte Frage »ius soli oder ius sanguinis?« bringen. Da diese bloß auf den Tatbestand der Geburt zugeschnittenen Kategorien in einer immer mobileren Gesellschaft immer öfter eine Zuordnung vornehmen, die nicht (mehr) mit dem gewöhnlichen Aufenthaltsort kongruiert, gewinnt die Frage nach den Kriterien einer *Verleihung* der Staatsbürgerschaft an Gewicht.[3]

Ohne Anspruch auf Vollständigkeit oder wiederum binäre Kodierung kristallisieren sich dabei für Österreich zwei große Kategorien heraus:

Während in anderen Staaten die Frage der strafrechtlichen Vergangenheit mit dem Schlagwort *ius innocentiae* – dem Recht der Unschuld – erfasst werden könnte, muss für Österreich aufgrund der überhöhten Anforderungen und der faktischen Ausschaltung der Tilgung von einem *ius immaculationis* – dem Recht der Unbefleckheit – gesprochen werden (vgl. Stern 2011).[4]

Die zweite Kategorie ist jene, die hier ausführlich betrachtet werden soll. Sie umfasst finanzielle Aspekte der Verleihung der Staatsbürgerschaft. Dabei soll es nicht um die zweifelsohne interessante Frage des Erwerbs der Staatsbürgerschaft aufgrund von »außerordentlichen Leistungen auf wissenschaftlichem, wirtschaftlichem, künstlerischem oder sportlichem Gebiet« gehen, die in letzter Zeit im Zusammenhang mit finanziellen Zuwendungen auch strafgerichtlich thematisiert worden ist (dazu Bauböck 2011). Vielmehr sollen hier die Voraussetzungen, die bei der regulären Einbürgerung für das Einkommen der antragstellenden Person gelten – in diesem Text mit dem Terminus »ius pecuniae« (Recht des Geldes bzw. Vermögens) beschrieben –, einer kritischen Analyse unterzogen werden. Die für die Verleihungen selbst erhobenen Gebühren in Höhe von € 800 bis € 2.100 pro Person je nach Bundesland verstärken die soziale Exklusion. Darauf kann hier jedoch nicht weiter eingegangen werden.

---

3  Das österreichische Staatsbürgerschaftsrecht kennt nur zögerliche Ansätze einer Relevanz des Territoriums bei Geburt. Aufgrund des gleichzeitigen Ausschlusses von unehelichen Kindern aus der männlichen Linie müsste von einem »ius sanguinis matrimoniique« gesprochen werden.

4  Vgl. insbesondere § 10 Absatz (Abs.) 1 Ziffer (Z.) 2 – 6, Abs. 1a, Abs. 2, Staatsbürgerschaftsgesetz (StbG), Bundesgesetzblatt (BGBl) 1985 / 311 in der Fassung BGBl I 2011 / 38. In der Folge zitiert als StbG.

## 2.2 Die finanziellen Bedingungen des Staatsbürgerschaftsgesetzes (StbG) und ihre Verschärfungen 2010

Bis 2006 sah das Staatsbürgerschaftsgesetz als allgemeine Voraussetzung vor, dass die Staatsbürgerschaft nur verliehen werden kann, wenn der Lebensunterhalt der antragstellenden Person ausreichend gesichert ist. Mangelnde finanzielle Absicherung schadete aber nicht, wenn die Notlage nicht selbst verschuldet war (dazu unten 3.1.1).

Mit der Staatsbürgerschaftsrechts-Novelle 2005 (BGBl I 2006/37), die im März 2006 in Kraft trat, wurden diese Rücksichtnahmen auf subjektive Umstände ausnahmslos gestrichen. Während die damals heftig diskutierte Einführung von Sprach- und Wissenstests durch gewisse Ausnahmen für Schulkinder, alte Menschen und nicht handlungsfähige Personen begleitet wurde (vgl. § 10a Abs. 2 StbG), wurden ähnliche Härteklauseln für finanzielle Anforderungen nicht eingefügt. Waren zuvor keine fixen Beträge gefordert, gilt nunmehr der Lebensunterhalt ausnahmslos[5] nur mehr dann als gesichert, wenn »feste und regelmäßige eigene Einkünfte aus Erwerb, Einkommen, gesetzlichen Unterhaltsansprüchen oder Versicherungsleistungen zum Entscheidungszeitpunkt für die letzten drei Jahre« nachgewiesen werden, die eine »Lebensführung ohne Inanspruchnahme von Sozialhilfeleistungen der Gebietskörperschaften ermöglichen und der Höhe nach den Richtsätzen des § 293 des Allgemeinen Sozialversicherungsgesetzes (ASVG) entsprechen«.[6]

Das Gesetz knüpft damit an die Richtsätze der Ausgleichszulagen (»Mindestpension«) an, die 2010 auch als verbindliche Richtschnur für die sogenannte Mindestsicherung festgelegt wurden. Die Beträge lagen 2010 für Paare im gemeinsamen Haushalt bei € 1.175,45, für Einzelpersonen bei € 783,99, für Kinder unter 24 im gemeinsamen Haushalt mit den Eltern bei € 82,16 und für Vollwaisen unter 24 Jahren bei € 432,97.[7]

Mit dem Fremdenrechtsänderungsgesetz 2009 (BGBl I 2009/122) wurde die Bestimmung noch dahingehend verschärft, dass feste und regelmäßige eigene Einkünfte durch regelmäßige Aufwendungen als geschmälert zu betrachten sind, und zwar »insbesondere durch Mietbelastungen, Kreditbelastungen,

---

5  Ausgenommen von dieser Bestimmung sind lediglich gewisse staatenlose Kinder nach § 14 StbG, Opfer des Nationalsozialismus nach § 58c StbG (nicht aber Opfer des Nationalsozialismus nach § 10 Abs. 4 Z. 2 StbG!) sowie Personen, denen die Bundesregierung bestätigt, dass die Verleihung aufgrund von bereits erbrachten oder noch zu erwartenden außerordentlichen Leistungen im besonderen Interesse der Republik liegt (§ 10 Abs. 6 StbG).

6  § 10 Abs. 1 Z. 7 in Verbindung mit § 10 Abs. 5 StbG.

7  Zum Vergleich mit den statistischen Daten wurden die Werte aus dem Jahr 2010 herangezogen. Die Werte von 2011 betragen € 1.189,56 für Paare, € 793,40 für Einzelpersonen, € 122,41 für Kinder unter 24 und € 438,18 für Vollwaisen unter 24 Jahren.

Pfändungen und durch Unterhaltszahlungen an Dritte nicht im gemeinsamen Haushalt lebende Personen«. Dabei bleibt einmalig ein Betrag von € 250,50 unberücksichtigt und führt zu keiner Erhöhung der notwendigen Einkünfte (§ 292 Abs. 3 ASVG, sogenannter »Wert der vollen freien Station«).[8]

Durch diese Erweiterung müssen nicht zwingend, aber in aller Regel noch erheblich höhere Beträge aufgebracht werden. So weist die Statistik Austria für 2009 / 10 als Verbrauchsausgabe für Wohnen und Energie pro Kopf gewichtet einen Betrag von € 462,00 monatlich aus (Statistik Austria 2011c). Wird von diesem Betrag der »Wert der vollen freien Station« abgezogen, bleiben jedenfalls Zusatzkosten von monatlich € 211,50 übrig. Ohne hier ins Detail zu gehen, welche Ausgaben neben den deklaratorisch aufgelisteten noch unter den Begriff der »regelmäßigen Aufwendungen« fallen könnten, und ohne hier den Zweck der Bestimmung zu beleuchten, kann man festhalten, dass somit eine Einzelperson typischerweise mindestens € 995,49 netto monatlich aufzubringen hat, oder € 11.945,88 netto jährlich, um die gesetzlichen Voraussetzungen zu erfüllen.

## 2.3    Der Ausschlussgrund Sozialhilfebezug

Die Verleihung ist gesetzlich aber noch ein weiteres Mal beschränkt: Die Bestimmung, dass die Beträge so hoch sein müssen, dass keine Sozialhilfe bezogen werden kann, wird so ausgelegt, dass auch tatsächlich keine Sozialhilfe bezogen worden sein darf. In der Rechtsprechung wurde ausgeführt, dass kurzfristiger außergewöhnlicher Sozialhilfebezug nicht schade und insbesondere die sogenannten Hilfen in besonderen Lebenslagen in aller Regel kein Versagungsgrund seien. So entschied der Verwaltungsgerichtshof (VwGH) etwa, dass der kurzfristige Aufenthalt in einem Frauenhaus keinen Versagungsgrund darstelle (VwGH 04. 09. 2008, 2008 / 01 / 0494; Fessler et al. 2006, 104 ff.). Damit wurde das Problem aber nur marginal entschärft. So legt etwa das Wiener Sozialhilfegesetz programmatisch fest: Sozialhilfe hat »jenen Menschen die Führung eines menschenwürdigen Lebens zu ermöglichen, die dazu der Hilfe der Gemeinschaft bedürfen«.[9] Insbesondere die Hilfe zur Sicherung des Lebensbedarfs, die generell Ausschlussgrund bleibt, erhält nur, wer den Lebensbedarf nicht oder nicht ausreichend aus eigenen Kräften und Mitteln beschaffen kann, wobei eine Anspannungs- und eine Verwertungspflicht nahezu jeglichen eigenen Vermögens gilt. Schon von den gesetzlichen Voraussetzungen her handelt es sich hier also um einen Ausschluss von Personen, die anderweitig kein »menschenwürdiges Leben« führen können, das heißt von Menschen, die keine andere Handlungs-

---

8 Der Wert der vollen freien Station beträgt 2011 € 253,51.
9 § 1 Wiener Sozialhilfegesetz, Wiener Landesgesetzblatt 1973 / 11 in der Fassung 2010 / 56.

option haben, um Kernelemente ihrer physischen Existenz zu sichern oder gar zu gestalten.

## 2.4  Die finanziellen Erfordernisse in ihrem gesellschaftlichen Kontext

Die StbG-Novelle 2005 hatte ein dramatisches Absinken der Verleihungsquote zur Folge, wie Abbildung 1 zeigt.

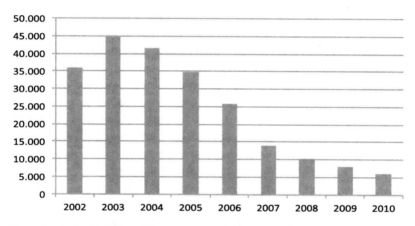

Abb. 1: Anzahl der jährlichen Einbürgerungen in Österreich, 2002 – 2010
Quelle: Statistik Austria 2011b

Erfolgten in den Jahren vor der Gesetzesänderung 2006 etwa 35.000 bis 45.000 Verleihungen jährlich, lässt sich für die Jahre danach ein zunächst abruptes und dann stetiges Abfallen ablesen. 2010 erreichte die Zahl der Einbürgerungen mit 6.135 Personen einen historischen Tiefststand (Statistik Austria 2011b) bei einem gleichzeitig historisch hohen AusländerInnenanteil an der Wohnbevölkerung von 11 % oder 927.612 Personen, davon allein 137.079 Personen, die in Österreich geboren wurden (Stichtag 01.01.2011; Statistik Austria 2011a).

Das Absinken der Verleihungen ist nicht monokausal. Zu welchem Anteil dies auf die Änderungen in finanzieller Hinsicht zurückzuführen ist, kann nicht gesagt werden, insbesondere auch nicht, weil in der Praxis kaum formelle ablehnende Entscheidungen ergehen, sondern von einer Antragstellung abgeraten wird.[10] Um die Vermutung zu belegen, dass ein nicht unerheblicher Teil des

---

10 Diese Praxis wird von Behörden als Service für die AntragstellerInnen verstanden, um ihnen die Gebühren für den negativen Bescheid zu ersparen. Gespräch mit einer Vertreterin der Magistratsabteilung 35 der Stadt Wien, Februar 2010.

Rückgangs auf die Bedingungen des *ius pecuniae* zurückzuführen ist, seien im Folgenden einige gesellschaftliche Rahmenbedingungen und statistische Faktoren aufgezeigt.

Der erst 2009 kollektivvertraglich verankerte Mindestlohn von € 1.000 brutto für Vollzeitarbeit, bei dem Angestellte bei 14 Bezügen im Jahr 2010 ein Jahresnettogehalt von € 11.910,20, ArbeiterInnen von € 11.892,00 erzielten,[11] verdeutlicht, dass die Summen auch bei vollständigem Einsatz der eigenen Arbeitskraft mitunter nicht aufgebracht werden können.

Zu diesem Ergebnis kommt auch eine statistische Einbettung. In der folgenden Tabelle wurde in der ersten Spalte der jedenfalls erforderliche Wert von zwölfmal dem Betrag der Ausgleichszulage für eine Einzelperson aufgelistet, somit € 9.407,88, in der zweiten Spalte derselbe Betrag unter Hinzurechnung des typischen Mehraufwands für Wohnen und Energie, somit € 11.945,88 jährlich. Diese Beträge wurden, nach Geschlecht getrennt, den Personengruppen der Angestellten, ArbeiterInnen und PensionistInnen gegenübergestellt, sodass die Prozentsätze anzeigen, welcher Anteil der jeweiligen Personengruppen weniger als die genannten Beträge erzielt. Daten für typischerweise erzielte Einkommen liegen nur für 2009 vor, sodass für eine Kontextualisierung die ASVG-Werte für 2009 herangezogen werden müssten. Da allerdings die Verbrauchsdaten nur für 2009/10 und die Einkommensdaten lediglich nach Dezil und Quartil gestaffelt vorliegen, kann ohnedies nur eine Zuordnung in diese Kategorien vorgenommen werden. Die geringfügige Differenz wird vernachlässigt.

Tab. 1: Prozentsatz an Personen, die weniger Einkommen erzielen als für die Verleihung der Staatsbürgerschaft notwendig

| Personengruppen | Ausgleichszulage | Ausgleichszulage + Mehraufwand |
|---|---|---|
| | € 9.407,88 | € 11.945,88 |
| *Angestellte* | | |
| Männer | 10 – 20 % | *10 – 20 %* |
| Frauen | 25 – 30 % | *30 – 40 %* |
| *ArbeiterInnen* | | |
| Männer | 25 – 30 % | *30 – 40 %* |
| Frauen | 50 – 60 % | *60 – 70 %* |
| *PensionistInnen* | | |
| Männer | ≈ 10 % | *10 – 20 %* |
| Frauen | 25 – 30 % | *40 – 50 %* |

Quellen: Statistik Austria 2010a; Statistik Austria 2010b

---

11 Berechnung mittels Brutto-Netto-Rechner der Arbeiterkammer: http://bruttonetto.akwien.at/ (31.08.2010).

Arbeitslosengeld und Notstandshilfebezug gelten als Versicherungs- und nicht als Sozialhilfeleistungen und führen nicht per se zur Versagung der Staatsbürgerschaft. Diese Leistungen, für die statistisch nur Durchschnittswerte vorliegen, sind aber regelmäßig so niedrig, dass von einem weitreichenden faktischen Ausschluss gesprochen werden muss. So müsste ein Tagessatz von € 25,76 erzielt werden, um die erste Grenze zu erreichen, von € 32,73 für den realistischeren zweiten Bezugspunkt. In der Praxis liegt sogar der durchschnittliche Betrag weit darunter: so erzielen Frauen einen durchschnittlichen Tagessatz Arbeitslosengeld von € 23,64, Männer von € 28,98. Frauen erhalten durchschnittlich € 17,36 Notstandshilfe, Männer € 21,89.

Diese Daten zeigen eindrucksvoll, dass die Bedingungen kein Merkmal darstellen, bei dessen Nichtvorliegen von einer Nichtintegration in die Mehrheitsgesellschaft ausgegangen werden könnte. Vielmehr sind sie so überhöht, dass ein großer Teil der Bevölkerung insgesamt sie nicht erreichen kann. Betrachtet man nur die ausländische Bevölkerung, müssen zusätzlich Diskriminierungen am Arbeitsmarkt und Lohnscheren zwischen in- und ausländischen ArbeitnehmerInnen berücksichtigt werden. So steht dem durchschnittlichen monatlichen Nettoeinkommen von ÖsterreicherInnen in Höhe von € 1.877 ein Betrag von € 1.537 bei ausländischen ArbeitnehmerInnen gegenüber (Statistik Austria 2011d). Die typische Betroffenheit vom Ausschluss muss also als noch wesentlich weitreichender bezeichnet werden.

## 2.5 Die Beurteilung durch den Verwaltungsgerichtshof

Um die rechtliche Situation nicht nur allgemein darzustellen, seien noch einige Fälle aus der Rechtsprechung angeführt, in denen der Verwaltungsgerichtshof die von der ersten Instanz vorgenommene Versagung der Staatsbürgerschaft jeweils bestätigte. Juristisch vertretbare Versuche, die gesetzliche Definition des gesicherten Lebensunterhalts als exemplarisch zu deuten, lehnte der Verwaltungsgerichtshof ab:

> Mit der zwingenden Verleihungsvoraussetzung eines hinreichend gesicherten Lebensunterhaltes gab der Gesetzgeber zu verstehen, dass er die Staatsbürgerschaft nur an Fremde verliehen wissen will, die ihren Lebensunterhalt in Österreich durch entsprechendes Einkommen (oder gleichzusetzende Leistungen) ohne Inanspruchnahme von Sozialhilfeleistungen der Gebietskörperschaften hinreichend gesichert haben. Diese gesetzlichen Voraussetzungen müssen objektiv erfüllt sein; dass den Verleihungswerber am Fehlen eines hinreichend gesicherten Lebensunterhalts im Sinne der vorgenannten Bestimmungen kein Verschulden trifft, ist nicht von Belang. (VwGH 26.04.2010, 2007/01/0864)

Beispiele betroffener Menschen umfassen etwa anerkannte Flüchtlinge, selbst wenn sie traumatisiert sind oder an Behinderungen leiden (etwa VwGH 26.04.2010,

2007/01/0864), hochbetagte Menschen (etwa VwGH 25.11.2009, 2006/01/0976) und Kinder (etwa VwGH 21.01.2010, 2007/01/1136), selbst wenn sie hier geboren wurden und an Behinderungen leiden (etwa VwGH 16.12.2009, 2007/01/0615).

### 2.6   Die Beurteilung durch den Verfassungsgerichtshof

In einigen der angeführten Verfahren wurde versucht, parallel vor dem Verfassungsgerichtshof (VfGH) die Unsachlichkeit der Regelungen geltend zu machen. Der VfGH lehnte die Behandlung dieser Beschwerden jedoch mit einem lapidaren Hinweis ab:

> Es liegt nämlich im rechtspolitischen Gestaltungsspielraum des Gesetzgebers nur jenen Personen die österreichische Staatsbürgerschaft zu verleihen, die ohne Inanspruchnahme von Sozialhilfeleistungen das Auslangen finden. (VfGH B 1103/07 – 3, 05.12.2007)

## 3.   Verfassungs- und menschenrechtliche Bedenken

Liegt eine solche Regelung tatsächlich im »rechtspolitischen Gestaltungsspielraum des Gesetzgebers«, wie der VfGH, in seiner Begründungslosigkeit eines Höchstgerichts jedenfalls unwürdig, behauptet? Das Staatsbürgerschaftsrecht stellt aus klassischer staatsrechtlicher Perspektive einen Kernbereich nationaler Souveränität und damit letztendlich staatlicher Willkür dar, was sich auch an den lange Zeit vorherrschenden Ermessensspielräumen, mangelnden Rechtsmitteln und an der damit fehlenden Durchsetzbarkeit zeigt (für einen historischen Überblick siehe Bauböck 1996; Thienel 1989, 32 ff.). Die Nichtverleihung wird im Gegensatz zum Entzug der Staatsbürgerschaft auch in aller Regel nicht als Eingriff in das durch die Staatsbürgerschaft vermittelte Grundrecht gesehen (Thienel 2004). Und auch in europarechtlicher Hinsicht hat der Europäische Gerichtshof (EuGH) mit dem Urteil *Rottmann* den Mitgliedstaaten weiterhin große Spielräume zugesichert (EuGH C-135/08, 02.03.2010; siehe dazu Kochenov 2010). Dennoch bestehen gegen finanzielle Kriterien zur Verleihung der Staatsbürgerschaft, wie sie oben beschrieben wurden, maßgebliche verfassungs- und menschenrechtliche Zweifel.

### 3.1   Sachlichkeitsgebot

Seit 1995 hat der Verfassungsgerichtshof das Bundesverfassungsgesetz zur Umsetzung der UN-Rassendiskriminierungskonvention (BGBl 1973/390) als allgemeines Willkürverbot an Gesetzgebung und Verwaltung gedeutet und damit den Gleichheitssatz auf AusländerInnen untereinander erweitert. Eine Regelung muss demnach einen legitimen Zweck verfolgen; als unsachlich gilt insbesondere eine unverhältnismäßige Regelung, eine Regelung also, die nicht auf Einzelfälle Rücksicht nimmt und unterschiedliche Sachverhalte gleich behandelt (Öhlinger 2009, 341 f.). Aus diesem Grunde ist die ausnahmslose Gleichbehandlung von Menschen, die aufgrund von nicht ihrem Einflussbereich unterliegenden, mitunter angeborenen Eigenschaften ausgeschlossen werden, mit Menschen, die prinzipiell in der Lage wären, ihren Lebensunterhalt selbst zu verdienen, dies aber aus selbst zu vertretenden Motiven nicht tun, als problematisch zu bezeichnen. Ganz offensichtlich fehlt zumindest eine Härteklausel.

Viel grundsätzlicher ist aber die Frage nach dem legitimen Zweck des Ausschlusses zu stellen. Dafür ist ein rechtsgeschichtlicher Exkurs erforderlich, wobei aufgezeigt wird, dass finanzielle Erfordernisse im Staatsbürgerschaftsrecht nie Selbstzweck waren, sondern immer nur dem ökonomischen Kalkül einer Vermeidung von Sozial(hilfe)ansprüchen gedient haben.

### 3.1.1 Geschichte der Versagung der Staatsbürgerschaft aus finanziellen Gründen

Das Staatsbürgerschaftsregime des Allgemeinen Bürgerlichen Gesetzbuches (ABGB) kannte zwar erhebliche Anforderungen an die Unbescholtenheit der antragstellenden Person. Finanzielle Voraussetzungen waren aber nur für die außerordentliche Verleihung statuiert (§ 29 ABGB, Justizgesetzsammlung 1811 / 946). Da die automatische Verleihung aufgrund zehnjährigen Wohnsitzes bald in eine im Ermessen der Behörde stehende Antragsmöglichkeit umgedeutet wurde, begannen ökonomische Überlegungen zunehmend Einfluss auf die Verleihungspraxis zu nehmen (Goldemund et al. 1969, 482 f.).

Das Staatsbürgerschaftsrecht war faktisch eng verzahnt mit dem Heimatrecht. Das Heimatrecht konnte nur StaatsbürgerInnen zukommen; es berechtigte zum Aufenthalt und zur Armenversorgung in der Zuständigkeitsgemeinde. Bei der Verleihung des Heimatrechts hatten die Gemeinden anfangs großen Ermessensspielraum. In Hinblick auf den mit der Verleihung verbundenen Versorgungsanspruch hatten diese nur ein sehr geringes Interesse daran, das Heimatrecht Vermögenslosen zu verleihen. Dieses ökonomische Kalkül schlug zunehmend auf die Staatsbürgerschaft durch (Reiter 2000, 56 ff.). Insbesondere als die Gemeinden ab 1896 gezwungen wurden, Personen nach zehnjährigem Aufenthalt in der Gemeinde ohne Rücksicht auf ihr Vermögen das Heimatrecht zu verleihen, wurde das im Staatsbürgerschaftsrecht weiter bestehende Ermessen genutzt, um die Realisierung dieser Ansprüche bei AusländerInnen zu vereiteln: Ohne Staatsbürgerschaft konnte die Anwartschaft auf das Heimatrecht nicht aktualisiert werden, damit konnte die öffentliche Hand finanziellen Folgen ausweichen (Thienel 1989, 41).

Mit dem Staatsbürgerschaftsgesetz 1925 (BGBl 285) wurden Heimatrecht und Staatsbürgerschaftsrecht weiter miteinander verflochten: Nur StaatsbürgerInnen konnten heimatberechtigt sein und damit Versorgung im Armutsfall beanspruchen. Gleichzeitig wurde die zuvor nur als Praxis bestehende Voraussetzung der Zusicherung der Aufnahme in einen Heimatverband für die Staatsbürgerschaftsverleihung gesetzlich festgeschrieben. Auch das ökonomische Kalkül fand nun ausdrücklich Niederschlag im Gesetz. Vor der Verleihung waren nun »die sonstigen Personal- und Familienverhältnisse« zu prüfen; eine Verleihung durfte nicht erfolgen, »wenn diese Beziehungen und Verhältnisse derart sind, daß durch die Einbürgerung für das Land oder den Bund Nachteile zu befürchten sind« (§ 4 Abs. 3 StbG 1925). Die Bestimmungen wurden nach 1945 inhaltlich fortgeführt. Das Heimatrecht war 1938 beseitigt worden[12] und wurde nach 1945 nicht wieder eingeführt. Der Bezug von Sozialhilfeleistungen und auch von der Notstandshilfe war aber weiterhin ÖsterreicherInnen vorbehalten (Bauböck 1988).

Der VfGH erkannte 1952 ausdrücklich, dass »auch die finanzielle Inanspruchnahme des Staates durch die Aufnahmswerber« unter die erwähnten Nachteile für Land oder Bund subsumierbar sei.[13] In der Diktion des VwGH war Zweck der Regelung »die Möglichkeit der Einbürgerung unerwünschter Elemente zu beseitigen«. Damit sollten Menschen ohne eine »gesicherte, den Staat finanziell nicht belastende wirtschaftliche Stellung« vom Versagungstatbestand erfasst sein.[14] Um diese wirtschaftlichen Überlegungen abzusichern, etablierte sich zusätzlich die Praxis, vor der Verleihung die Unterschrift auf einem »Revers« zu verlangen mit dem Text:

> Ich nehme zur Kenntnis, daß die etwaige Verleihung der österreichischen Staatsbürgerschaft weder mich noch die mir in die österreichische Staatsbürgerschaft folgenden Personen berechtigt, aus dem Titel dieser Verleihung irgendwelche Gehalts-, Pensions-, Renten- oder sonstige öffentlich-rechtliche Ansprüche an den österreichischen Staat (Länder, Bezirke, Gemeinden, öffentlich-rechtliche Körperschaften usw.) jemals zu stellen. (abgedruckt bei Hausenbichler 1947, 170; Referenzen in der Judikatur etwa in VwGH 12.06.1951, VwSlg 2151 A)

Mit der Begründung, dass diese Regelung zu Härten führe, wurde 1965 das System maßgeblich geändert: es sollte fortan »lediglich eine vom Fremden selbst

---

12 Gesetzblatt für das Land Österreich 1939/840.
13 Sammlung der Erkenntnisse und wichtigsten Beschlüsse des Verfassungsgerichtshofes 2.409/1952. Im Folgenden im Text zitiert als VfSlg.
14 Sammlung der Erkenntnisse und wichtigsten Beschlüsse des Verwaltungsgerichtshofes, 181/1947. Im Folgenden im Text zitiert als VwSlg.

verschuldete Notlage ein Verleihungshindernis bilden«.[15] Dieses Ziel wurde rechtstechnisch unglücklich umgesetzt: Ausdrücklich wurde nun die Voraussetzung eingefügt, dass der »Lebensunterhalt hinreichend gesichert« sein müsse. Dadurch wurde nicht mehr auf die ökonomischen Konsequenzen der Verleihung abgestellt, sondern direkt auf die finanzielle Lage der Betroffenen. Diese sollte aber nicht mehr relevant sein, wenn der Antragsteller »sich ohne sein Verschulden in einer finanziellen Notlage befindet« (§ 10 Abs. 1 Z 7 StbG 1965 BGBl 250). Diese Bestimmung wurde im StbG 1985 unverändert fortgeführt (§ 10 Abs. 1 Z 7 StbG 1985 BGBl 311) und war bis zur Novelle 2006 maßgebliches Verleihungskriterium.

So waren in zweifacher Hinsicht auf das Individuum zugeschnittene Kriterien statuiert. Die Frage, was »hinreichend« bedeutete, wurde subjektiv ausgelegt und etwa auch bejaht, wenn jemand zwar kein Einkommen hatte, aber einen Beruf erlernt und entsprechende Aussichten auf Ausübung dieses Berufs hatte (Thienel 1990, 187). Zusätzlich schadete die Notlage eben nicht, wenn sie »unverschuldet« war, wenn also die Person aufgrund persönlicher Verhältnisse nicht in der Lage war, die Notlage zu ändern, wobei jedenfalls Alter, Krankheit oder Behinderung ins Treffen geführt werden konnten. Diametral zur heutigen Situation konnte der Bezug von Sozialhilfe für eine Verleihung sprechen: er war Indiz dafür, dass kein Verschulden an der Notlage vorlag, da sonst die Sozialhilfe nicht bewilligt worden wäre. So stellte der VwGH fest:

> Bei hilfsbedürftigen Fremden, denen nach den fürsorgerechtlichen Bestimmungen Fürsorge gewährt wird, ist zwar mit Recht anzunehmen, dass ihr Lebensunterhalt nicht hinreichend gesichert ist, eine verschuldete Notlage ist aber für die Dauer des Bezuges einer solchen Unterstützung zu verneinen. (VwGH 25.04.1972, 0312/71)

Betrachtet man nun die Genesis der Bestimmungen lässt sich festhalten, dass zunächst ökonomische Überlegungen das weitgehend im freien Ermessen stehende Verwaltungshandeln bestimmten, bis 1925 den ökonomischen Überlegungen direkt im Gesetz ein Tor geöffnet wurde. Als der Gesetzgeber die ökonomischen Überlegungen als Härte ansah, wurden Regel und Folge vertauscht. Der ökonomische Konnex wurde aufgelöst, das Erfordernis des gesicherten Lebensunterhalts wurde selbst ins Gesetz übernommen, was zunächst aber unproblematisch war, da über die Verschuldensklausel im Resultat eine Verbesserung der Rechtssituation eintrat. Durch Beseitigung der Verschuldensklausel 2006 wurde die Sicherung des Lebensunterhalts gänzlich aus ihrem ökonomischen Kontext gelöst. Damit wäre nicht nur die Rechtslage von vor 1965 eine Verbesserung, da die Verleihung heute in aller Regel nicht mehr kausal für

---

15 Erläuterung zur Regierungsvorlage, Beilagen zu den Stenographischen Protokollen des Nationalrats 497, 10. Gesetzgebungsperiode.

eine finanzielle Belastung von Gebietskörperschaften ist. Vor allem ist ein Regelungsziel insgesamt nicht mehr erkennbar, wodurch sich der Verdacht der Unsachlichkeit geradezu aufdrängt.

### 3.1.2   Regelungsziel Parallelität im Aufenthaltsrecht?

Die Bundesregierung begründete die Verschärfungen 2006 mit der Notwendigkeit einer Anpassung an das Aufenthaltsrecht.[16] Tatsächlich waren wenig zuvor im Niederlassungs- und Aufenthaltsgesetz (NAG) die finanziellen Voraussetzungen für eine Aufenthaltsbegründung identisch geregelt worden, abgesehen von einigen sprachlichen Differenzen, die insbesondere die Einkommensarten im Staatsbürgerschaftsrecht einzuschränken versuchten, jedoch in der Folge von der Rechtsprechung analog ausgelegt wurden (§ 11 Abs. 2 Z. 4, Abs. 5 NAG, BGBl I 2005/100).

Schon aufenthaltsrechtlich müssen die verlangten Summen aufgrund ihres weitreichenden Überschreitens der Sozialhilferichtsätze als unsachlich gewertet werden (so zu einer ähnlichen Konstellation in den Niederlanden EuGH Rechtssache *Chakroun*).[17]

Die vordergründige Parallelität soll aber vor allem nicht über substanzielle Unterschiede hinwegtäuschen: Während noch bis in die 1980er-Jahre auch nach langjährigem Aufenthalt jederzeit aus finanziellen Gründen ein Aufenthaltsverbot erlassen werden konnte, wurde im Lichte der Judikatur zum Recht auf Privat- und Familienleben des Art. 8 Europäische Menschrechtskonvention (EMRK) die sogenannte Aufenthaltsverfestigung eingeführt. Finanzielle Mittel werden aufenthaltsrechtlich nach fünfjähriger Niederlassung unbeachtlich, wenn die Bestrebung erkennbar ist, die Unterhaltmittel durch Einsatz eigener Kräfte zu sichern, und wenn dies nicht aussichtslos scheint. Spätestens ab achtjähriger Niederlassung ist die Finanzlage gänzlich irrelevant.[18] Von einer Anpassung kann daher nicht gesprochen werden, vielmehr von einem systemimmanenten Wertungswiderspruch.

### 3.1.3   Entwicklungen im Sozialhilferecht

Unmittelbar vor Verabschiedung der Novelle 2006 war die Richtlinie (RL) über langfristig aufenthaltsberechtigte Drittstaatsangehörige umzusetzen gewesen (RL 2003/109/EG). Der damit verbundene Status (»Daueraufenthalt-EG«), der

---

16  Erläuterung zur Regierungsvorlage, Beilagen zu den Stenographischen Protokollen des Nationalrats 1189, 22. Gesetzgebungsperiode, 3.

17  EuGH 04.03.2010, Chakroun, C-578/08.

18  Nunmehr § 64 Fremdenpolizeigesetz, BGBl I 2005/100 in der Fassung I 2011/38.

nach fünf Jahren rechtmäßiger Niederlassung unter Bedingungen, die ihrerseits Kriterien einer Staatsbürgerschaftsverleihung nahekommen, eingeräumt werden muss, verleiht insbesondere in Sozialhilfebelangen einen weitreichenden Gleichbehandlungsanspruch mit Staatsangehörigen (insbesondere Art. 11 Abs. 1 Litera d RL 2003/109/EG, dazu Perchinig 2010, 152 f. sowie jüngst umfassend Acosta 2011). Dieser Status ist letztendlich seinerseits wiederum Ausdruck einer menschenrechtlichen Tendenz, die Unterscheidung aufgrund der Staatsbürgerschaft bei Sozialleistungen als diskriminierende Praxis zu erkennen und zu relativieren. Für Österreich sei dabei insbesondere auf das Urteil *Gaygusuz* des Europäischen Gerichtshofs für Menschenrechte (EGMR) aus dem Jahr 1996 verwiesen,[19] mit dem festgestellt wurde, dass die Einschränkung des Bezugs der Notstandshilfe auf ÖsterreicherInnen eine unzulässige Diskriminierung aufgrund der sozialen Herkunft bei Versicherungsleistungen darstellt (Muzak 2001). 2003 hielt der EGMR schließlich im Fall *Koua Poirrez* fest,[20] dass das Abstellen auf Beitragszahlungen im Fall *Gaygusuz* nicht impliziere, dass ein kategorischer Ausschluss allein aufgrund der Staatsangehörigkeit bei Leistungen ohne Beitragszahlungen legitim sei. Das bedeutet, dass die Konventionsstaaten auch bei Sozialhilfeleistungen dazu verpflichtet sind, den weit verbreiteten kategorischen Ausschluss von AusländerInnen aufzugeben.

Als Anpassung an diese Rechtsprechung und die europarechtlichen Vorgaben muss schließlich die bei der sogenannten »bedarfsorientierten Mindestsicherung« vorgenommene Wende gesehen werden, mit der die Bundesländer erstmals verpflichtet wurden, den Bezug der Sozialhilfe für alle Personen vorzusehen, die zu dauerndem Aufenthalt im Inland berechtigt sind (Art. 4 Abs. 3 Bundesweite Bedarfsorientierte Mindestsicherung, BGBl I 2010/96). Da die dauernde Aufenthaltsberechtigung im Inland auch Voraussetzung für den Staatsbürgerschaftserwerb ist, kann die Verleihung der Staatsbürgerschaft nicht mehr kausal für eine finanzielle Belastung der Gebietskörperschaften sein. Menschen können nun bis zu ihrem Lebensende Sozialhilfeleistungen beziehen, aber nicht mehr ausgewiesen werden. Damit wurde geradezu ein Prototyp eines sozial definierten »Denizen«, also eines Staatsbürgers zweiter Klasse, geschaffen (dazu grundlegend Hammar 1990). Dabei legt auch der zeitliche Konnex nahe, dass über das Staatsbürgerschaftsrecht versucht wurde, einen Sanktionsmechanismus für den nun europa- und menschenrechtlich gebotenen Sozialhilfebezug zu etablieren.

Der VwGH hat in einer wegweisenden Entscheidung die Nichtverleihung der Staatsbürgerschaft aufgrund des Verteilens von Flugzetteln, die der verleihenden Behörde nicht genehm waren, als unzulässigen Eingriff in die Meinungs-

---

19  EGMR-Urteil vom 31.08.1996, Gaygusuz gegen Österreich, Nr. 17371/90.
20  EGMR-Urteil vom 30.09.2003, Koua Poirrez gegen Frankreich, Nr. 40892/98.

freiheit charakterisiert (VwGH 14. 12. 1993, 93/01/0852). Wendet man diese
Ratio auf den gegebenen Sachverhalt an, stellt sich die Frage, inwiefern hier nicht
ein unzulässiger Eingriff in die europa- und menschenrechtlich gebotenen
Gleichbehandlungspflichten vorgenommen wird, wenn an die Ausübung des
Rechts auf Sozialhilfe eine negative Rechtsfolge geknüpft wird.

## 3.2    Genfer Flüchtlingskonvention und Staatenlosenkonvention

Ein weiterer Ansatzpunkt für Kritik an der geltenden österreichischen Regelung
muss in der Genfer Flüchtlingskonvention (GFK) gesehen werden. Für anerkannte Flüchtlinge galt schon lange, dass sie bei Sozialleistungen weitgehend mit
StaatsbürgerInnen gleichzustellen waren und auch ohne Staatsbürgerschaft
Sozialhilfe beziehen konnten. Zusätzlich legt Art. 34 GFK fest, dass die Staaten
»soweit als möglich die Gleichstellung und Einbürgerung von Flüchtlingen er-
leichtern«. Soweit als möglich ist ein subjektiver Begriff (dazu umfassend
Hathaway 2005, 977 ff.). Wie weit solche Erleichterungen für Flüchtlinge möglich sind, hat die österreichische Gesetzgebung aber bereits einmal eindrucksvoll bewiesen. Mit dem Satz »Diese Vertragsbestimmungen sollen für Österreich
keine leeren Worte sein« wurden volksdeutsche Heimatvertriebene unter aus-
drücklichem Hinweis auf deren Flüchtlingseigenschaft 1954 von sämtlichen finanziellen Voraussetzungen bei der Staatsbürgerschaft ausgenommen.[21] Angesichts der wesentlich besseren wirtschaftlichen Lage und der geringeren Anzahl
an Betroffenen kann kaum argumentiert werden, dass Ähnliches heute nicht
möglich sei. In dieser Hinsicht führt auch der Hochkommissar der Vereinten
Nationen für Flüchtlinge (UNHCR – United Nations High Commissioner for
Refugees) aus:

> Auch die Bedingung des Eigenständigkeitsnachweises für einen Antrag auf Einbür-
> gerung wird für bestimmte Flüchtlingskategorien schwer zu erfüllen sein. UNHCR
> appelliert daher an die EU-Mitgliedstaaten, diese Voraussetzungen flexibel anzuwen-
> den, damit auch Flüchtlinge mit besonderen Bedürfnissen unter vernünftigen Vor-
> aussetzungen Aussicht auf Einbürgerung haben. (UNHCR 2007, Z. 43)

Sowohl Flexibilität im Sinne einer Einzelfallgerechtigkeit als auch Vernunft im
Sinne von Rationalität lässt die österreichische Rechtslage vermissen. Darüber
hinaus fehlt ganz grundlegend eine Berücksichtigung der spezifischen Situation
von Menschen ohne Staatsangehörigkeit, für die das von Österreich schlussendlich 2008 ratifizierte Übereinkommen über die Rechtsstellung der Staaten-

---

21 Erläuterung zur Regierungsvorlage, Beilagen zu den Stenographischen Protokollen des
   Nationalrats 252, 7. Gesetzgebungsperiode; BGBl 1954/142.

losen (BGBl III 2008/81) in Art. 32 eine zu Art. 34 GFK parallele Vorschrift vorsieht.

### 3.3 Verbot der Diskriminierung von Frauen

Das Verbot der direkten sowie indirekten Ungleichbehandlung von Frauen ist nicht nur spezifischer Ausfluss des verfassungsrechtlichen Gleichheitssatzes, sondern in Hinblick auf die Staatsbürgerschaft auch explizit völkerrechtlich verankert: Art. 9 des internationalen Übereinkommens über das Verbot der Diskriminierung von Frauen gebietet, dass die Vertragsstaaten Frauen die gleichen Rechte wie Männern in Bezug auf Erwerb, Wechsel oder Beibehaltung ihrer Staatsangehörigkeit gewähren (BGBl 1982/443). In der Statistik über die Verleihungsrückgänge selbst kann eine Signifikanz des Geschlechts nicht nachgewiesen werden, was meines Erachtens auf zwei Aspekte zurückgeführt werden könnte: auf die vermutlich wesentlich höhere Betroffenheit von Männern von den Bedingungen des *ius immaculationis* sowie auf die Tatsache, dass eine Verleihung oder Nicht-Verleihung nach wie vor in der Regel für eine ganze Familie erfolgt. Fakt bleibt, dass Frauen statistisch gesehen substanziell weniger leicht die Bedingungen des *ius pecuniae* erfüllen können. Eine mittelbare Diskriminierung liegt vor,

> wenn dem Anschein nach neutrale Vorschriften, Kriterien oder Verfahren einen wesentlich höheren Anteil der Angehörigen eines Geschlechts benachteiligen, es sei denn, die betreffenden Vorschriften, Kriterien oder Verfahren sind angemessen und notwendig und sind durch nicht auf das Geschlecht bezogene sachliche Gründe gerechtfertigt. (Öhlinger 2009, Randziffer 784 mit weiteren Nachweisen)

Obwohl formell kein Unterschied gemacht wird, ist – wie die statistische Auswertung gezeigt hat – die Wahrscheinlichkeit für Frauen, die finanziellen Bedingungen nicht erfüllen zu können, signifikant höher als für Männer. Wie oben dargelegt können weder Angemessenheit noch Notwendigkeit oder sachliche Gründe für die Vorschrift dargelegt werden. Für eine indirekte Diskriminierung ist keine subjektive Benachteiligungsabsicht erforderlich, sondern die objektive Benachteiligung der Angehörigen eines Geschlechts genügt. Eine solche Diskriminierung hat der VfGH bereits in einer anderen Regelung erkannt, die auf die Spezifika von Teilzeitarbeit, und damit auf die typische Situation von Frauen, keine Rücksicht genommen hat (VfSlg 13.559/1993). Bedenkt man dies, liegt eine indirekte Diskriminierung von Frauen sehr nahe. Jedenfalls muss auch in dieser Hinsicht von den »androzentrischen Grundlagen des neuzeitlichen Staatsbürgerkonzepts« (Appelt 1999, 20) gesprochen werden.

## 3.4  Verbot der Diskriminierung von Menschen mit Behinderungen

Nicht nur naheliegend, sondern offenkundig ist die Diskriminierung von
Menschen mit Behinderungen. Das erst jüngst ratifizierte Übereinkommen über
die Rechte von Menschen mit Behinderungen (BGBl III 2008 / 155) als modernste
der internationalen Menschenrechtskonventionen legt in Art. 18 ausdrücklich
fest, dass auch Menschen mit Behinderungen das Recht zukommt, ihre Staatsangehörigkeit zu wechseln. Wie die oben angeführten Beispiele markant zeigten,
ist dies typischerweise nicht der Fall. Vielmehr führt in Österreich ein Kriterium
ausdrücklich zum Ausschluss, das zu einem großen Teil auf Menschen mit Behinderungen zutrifft, nämlich der Bezug von Sozialhilfe. Die Unvereinbarkeit
mit dem Übereinkommen ist offenkundig. Dabei ist gleichzeitig zu beachten,
dass das Übereinkommen eine auf die spezifische Situation von Menschen mit
Behinderungen zugeschnittene Wiedergabe bestehender Menschenrechte ist
(Schulze 2010, 18 f.). Daraus lässt sich ablesen, dass ein grundlegendes Recht, die
Staatsangehörigkeit zu wechseln, anerkannt ist, und dass Regelungen stets den
Menschen im Wert berücksichtigen müssen, der ihm kraft seines Personseins
zukommt.

## 3.5  Menschenwürde

Ganz grundlegend steht der Verdacht im Raum, dass das *ius pecuniae* in Konflikt
zum verfassungsrechtlichen Konzept der Menschenwürde steht. Zwar ist das
Konzept in Österreich im Vergleich zu Deutschland nicht ausdrücklich textlich
niedergelegt und dogmatisch unterentwickelt.[22] Dennoch erkennt der VfGH den
Grundsatz der Menschenwürde als allgemeinen Wertungsgrundsatz der
Rechtsordnung an, und zwar dahingehend, dass »kein Mensch jemals als bloßes
Mittel für welche Zwecke immer betrachtet und behandelt werden« darf (VfSlg
13.635 / 1993).
   Im deutschen Recht wurde in dieser Hinsicht unter Fortführung von Kants
Verbot der Instrumentalisierung des Menschen (Kant 1797, § 38) die sogenannte
Objektformel etabliert: »Die Menschenwürde ist getroffen, wenn der konkrete
Mensch zum Objekt, zu einem bloßen Mittel, zur vertretbaren Größe herabge-
würdigt wird« (Dürig 1958, Randnummer 28). Dabei ist nicht erforderlich, dass

---

22  Siehe etwa den nunmehr lediglich symbolischen, grundsätzlich aber unauflösbaren Widerspruch des Wiener Sozialhilfegesetzes: § 1: »Die Sozialhilfe hat jenen Menschen die
Führung eines menschenwürdigen Lebens zu ermöglichen, die dazu der Hilfe der Gemeinschaft bedürfen.« § 7a Abs. 1: »Leistungen nach diesem Gesetz stehen grundsätzlich
nur Staatsbürgern zu.«

der Mensch *ausschließlich* als Objekt betrachtet wird. Auch bei der Instrumentalisierung in einem Teilaspekt kann die Menschenwürde verletzt werden.[23]

Ohne jeglichen sachlichen Anhaltspunkt wird mit dem *ius pecuniae* auch Personen, die aufgrund von unbeeinflussbaren Eigenschaften nicht in der Lage sind, das entsprechende Einkommen zu erzielen, verunmöglicht, die Staatsbürgerschaft zu erlangen. Sie sind in dieser Hinsicht nicht Subjekte im Sinne von handlungsfähigen Personen, die über ihren Status entscheiden oder diesen mitgestalten können. Sie werden zu Objekten, zu einem bloßen Mittel der Umsetzung eines politischen Programms. Sie sind, nach der Diktion des VwGH 1947, »unerwünschte Elemente« (vgl. Abschnitt 3.1.1 in diesem Artikel), wobei sich schon in dieser historisch belasteten Begrifflichkeit eine offenkundige Missachtung der Personen in ihrem ureigenen Wert als Menschen zeigt (zum geschichtlichen Kontext dieses Terminus vgl. Gosewinkel 1998).

Diese Verletzung der Menschenwürde wiegt doppelt schwer, weil sie die Menschen just in jener Schlüsselfrage trifft, die über den Schritt in die Vollmitgliedschaft der Gesellschaft entscheidet, somit vor allem auch in demokratischer Hinsicht in der Überwindung des Objektstatus und damit in der Anerkennung als politisches Subjekt.

## 4. Resümee

Das *ius pecuniae* hat aus einer historischen Betrachtung seinen ökonomischen Regelungszweck verloren. Die Regelung wirft in ihrer bislang unerreichten Härte und Blindheit in Bezug auf verschiedenste Lebenssachverhalte zusätzliche Sachlichkeitsbedenken auf, insbesondere in Hinblick auf die Einkommenssituation von Frauen und die spezifischen Bedürfnisse von Menschen mit Behinderungen. Die Erfordernisse sind so ausufernd, dass ein großer Teil der StaatsbürgerInnen sie nicht erfüllen könnte, wodurch auch das Dogma der Staatsbürgerschaftsverleihung als letzter Schritt einer geglückten Integration[24] verblasst (siehe auch Feik 2003). Die Implikationen für die betroffenen Personen wiegen schwer. Sie wiegen auch schwer für die Demokratie als solche, die über Kriterien, die im Wahlrecht vor über hundert Jahren als grundrechtswidrig aufgegeben wurden, indirekt einen nicht zu unterschätzenden Teil ihres Elektorats ausschließt.

---

23 Etwa deutsches Bundesverfassungsgericht 15.12.1970, Sammlung der Entscheidungen des Bundesverfassungsgerichts BVerfGE 30, 1 [26].

24 So die Erläuterungen zur Regierungsvorlage zu den 1998 eingeführten Verschärfungen, Beilagen zu den Stenographischen Protokollen des Nationalrats 1283, 20. Gesetzgebungsperiode, 6.

## Literatur

Acosta, Diego 2011: *The Long-Term Residence Status as a Subsidiary Form of EU Citizenship. An Analysis of Directive 2003/109*, Leiden.

Appelt, Erna 1999: *Geschlecht – Staatsbürgerschaft – Nation. Politische Konstruktionen des Geschlechterverhältnisses in Europa*, Frankfurt a.M.

Bauböck, Rainer 1988: ›Kein zweites soziales Netz für ausländische Arbeiterfamilien‹, in Karl Althaler/Sabine Stadler (Hg.): *Risse im Netz*, Wien, 135–151.

Bauböck, Rainer 1996: ›»Nach Rasse und Sprache verschieden«. Migrationspolitik in Österreich von der Monarchie bis heute‹, *IHS, Reihe Politikwissenschaft, Nr. 31*. Zuletzt abgerufen am 15.08.2011 unter http://www.ihs.ac.at/publications/pol/pw_31.pdf.

Bauböck, Rainer 2011: ›Das Recht des Geldes‹, *Der Standard*, 10.08.2011.

Dürig, Günter 1958. ›Kommentar zu Art 1 GG‹, in Theodor Maunz/Günter Dürig (Hg.): *Grundgesetz. Loseblattsammlung*, München.

Feik, Rudolf 2003: ›Staatsbürgerschaft als Mittel oder als Folge der Integration einer nichtösterreichischen Person?‹, *Journal für Rechtspolitik*, 96–112.

Fessler, Peter/Keller, Christine/Pommerening-Schober, Renate/Szymanski, Wolf 2006: *Das neue österreichische Staatsbürgerschaftsrecht*, Wien.

Goldemund, Ingobert/Ringhofer, Kurt/Theuer, Karl 1969: *Das österreichische Staatsbürgerschaftsrecht mit erläuternden Anmerkungen, einschlägigen Nebengesetzen und der Rechtsprechung der höchsten Gerichtshöfe*, Wien.

Gosewinkel, Dieter 1998: ›»Unerwünschte Elemente‹. Einwanderung und Einbürgerung der Juden in Deutschland 1848–1933‹, in Dan Diner (Hg.): *Historische Migrationsforschung*, Gerlingen, 71–106.

Hammar, Tomas 1990: *Democracy and the nationstate. Aliens, denizens and citizens in a world of international migration*, Aldershot.

Hathaway, James C. 2005: *The Rights of Refugees under International Law*, Cambridge.

Hausenbichler, Franz 1947: *Das Staatsbürgerschaftsrecht der Österreichischen Republik in systematischer Darstellung*, Graz.

Kant, Immanuel 1797: *Die Metaphysik der Sitten. Zweiter Teil*, Königsberg.

Kochenov, Dimitry 2010: ›Two Sovereign States vs. A Human Being: ECJ as a Guardian of Arbitrariness in Citizenship Matters‹, *SSRN eLibrary*. Zuletzt abgerufen am 27.09.2011 unter http://ssrn.com/paper=1593220.

Muzak, Gerhard 2001: ›Notstandshilfe und Staatsbürgerschaft. Neuerlicher Versuch einer verfassungskonformen Lösung‹, *Zeitschrift für Arbeits- und Sozialrecht*, 1–7.

Öhlinger, Theo 2009: *Verfassungsrecht*, Wien.

Perchinig, Bernhard 2004: ›Kein Wahlrecht ohne roten Pass‹, *juridikum*, Nr. 4, 178–181.

Perchinig, Bernhard 2010: ›Von der Fremdarbeit zur Integration? (Arbeits)migrations- und Integrationspolitik in der Zweiten Republik‹, in Initiative Minderheiten (Hg.): *Viel Glück! Migration Heute*, Wien, 142–158.

Pöschl, Magdalena 2006: ›Wahlrecht und Staatsbürgerschaft‹, in Metin Akyürek/Gerhard Baumgartner/Dietmar Jahnel/Georg Lienbacher/Harald Stolzlechner (Hg.): *FS Schäffer. Staat und Recht in europäischer Perspektive*, Wien, 633–667.

Reiter, Ilse 2000: *Ausgewiesen, abgeschoben. Eine Geschichte des Ausweisungsrechts in Österreich vom ausgehenden 18. bis ins 20. Jahrhundert*, Frankfurt a.M.

Schulze, Marianne 2010: *Understanding The UN Convention On The Rights Of Persons With Disabilities,* New York.

Statistik Austria 2010a: ›Einkommen der Pensionisten und Pensionistinnen mit Wohnsitz in Österreich 2009. Lohnsteuerdaten – Sozialstatistische Auswertungen, erstellt am 23. 12. 2010‹. Zuletzt abgerufen am 15. 08. 2011 unter http://www.statistik.at/web_de/statistiken/soziales/personen-einkommen/jaehrliche_personen_einkommen/ 019354.html.

Statistik Austria 2010b: ›Nettojahreseinkommen der unselbständig Erwerbstätigen 2009. Lohnsteuerdaten – Sozialstatistische Auswertungen, erstellt am 23. 12. 2010‹. Zuletzt abgerufen am 15. 08. 2011 unter http://www.statistik.at/web_de/static/nettojahresein-kommen_der_unselbstaendig_erwerbstaetigen_1997_bis_2009_020055.pdf.

Statistik Austria 2011a: ›Bevölkerung seit 2001 nach Staatsangehörigkeit und Geburtsland. Statistik des Bevölkerungsstandes, erstellt am 19. 05. 2011‹. Zuletzt abgerufen am 15. 08. 2011 unter http://www.statistik.at/web_de/statistiken/bevoelkerung/bevoelke-rungsstruktur/bevoelkerung_nach_staatsangehoerigkeit_geburtsland/031396.html.

Statistik Austria 2011b: ›Eingebürgerte Personen seit 2000 nach ausgewählten Merkmalen. Statistik der Einbürgerungen. Revidiertes Ergebnis 2010, erstellt am 21. 06. 2011‹. Zuletzt abgerufen am 15. 08. 2011 unter http://www.statistik.at/web_de/statistiken/bevoelkerung/einbuergerungen/022745.html.

Statistik Austria 2011c: ›Monatliche Verbrauchsausgaben der privaten Haushalte. Konsumerhebung 2009 / 10, erstellt am 12. 04. 2011‹. Zuletzt abgerufen am 15. 8. 2011 unter http://www.statistik.at/web_de/statistiken/soziales/verbrauchsausgaben/konsumer-hebung_2009_2010/055851.html.

Statistik Austria 2011d: ›Nettomonatseinkommen unselbständig Erwerbstätiger nach sozioökonomischen Merkmalen – Jahresdurchschnitt 2009. Mikrozensus-Arbeits-kräfteerhebung, erstellt am 22. 06. 2011‹. Zuletzt abgerufen am 15. 08. 2011 unter http://www.statistik.at/web_de/statistiken/soziales/personen-einkommen/nettomonatsein-kommen/057214.html.

Stern, Joachim 2007: ›Zwischen permanentem Aufenthaltsrecht und Staatsbürgerschaft‹, *MigraLex,* 5, Nr. 3, 91 – 102.

Stern, Joachim 2011: ›Ius Immaculationis oder die Rückkehr des Banalen. Versagung der Staatsbürgerschaft wegen strafrechtlicher Vergangenheit, Gefährdungsprognosen und Verdachtsmomenten‹. in Arno Pilgram / Lorenz Böllinger / Michael Jasch / Susanne Krasmann / Cornelius Prittwitz / Herbert Reinke / Dorothea Rzepka (Hg.): *Einheitliches Recht für die Vielfalt der Kulturen? Strafrecht und Kriminologie in Zeiten transkultu-reller Gesellschaften und transnationalen Rechts,* Berlin, 335 – 357.

Thienel, Rudolf 1989: *Österreichische Staatsbürgerschaft. Band I. Historische Entwicklung und völkerrechtliche Grundlagen,* Wien.

Thienel, Rudolf 1990: *Österreichische Staatsbürgerschaft. Band II. Verfassungsrechtliche Grundlagen und materielles Staatsbürgerschaftsrecht,* Wien.

Thienel, Rudolf 2004: ›Staatsangehörigkeit und Wahlrecht im sich einigenden Europa: Das »Volk« im Sinne des Art 3 1. ZPEMRK‹, in Stefan Hammer / Alexander Somek / Manfred Stelzer / Barbara Weichselbaum (Hg.): *Demokratie und sozialer Rechtsstaat in Europa,* Wien.

UNHCR 2007: *Empfehlung zur Integration von Flüchtlingen in der EU*. Zuletzt abgerufen am 15.08.2011 unter http://www.unhcr.at/no_cache/mandat/dauerhafte-loesungen/integration.html?cid=3479&did=7934&sechash=b82926ea.

Valchars, Gerd 2006: *Defizitäre Demokratie. Staatsbürgerschaft und Wahlrecht im Einwanderungsland Österreich*, Wien.

Ilse Reiter-Zatloukal

# Migration und politisch motivierter Staatsbürgerschaftsentzug im 20. Jahrhundert

## 1. Vorbemerkung

2003 sah der US-amerikanische Entwurf für den »Domestic Security Enhancement Act« (Patriot II) eine »Denationalization« von sowohl eingebürgerten als auch in den USA geborenen Personen vor, die terroristischen Organisationen angehören oder diese unterstützen (vgl. Mariner 2003). 2005 kündigte der britische Premierminister Tony Blair eine Reihe von Antiterrorismusmaßnahmen an, welche auch vorsahen , Einbürgerungen von extremistisch tätigen Eingebürgerten zu widerrufen (vgl. Stone 2005). Ebenfalls 2005 forderte die Schweizerische Volkspartei als Maßnahme gegen die »Verslumung der Schweiz« und die »allgemeine Verrohung« des Alltagsklimas, kriminell gewordenen Eingebürgerten die Staatsangehörigkeit wieder zu entziehen (Reiter 2011, 10). 2007 erregte die niedersächsische SPD-Abgeordnete Isolde Saalmann Aufsehen mit der parlamentarischen Anfrage, ob man Adolf Hitler nicht nachträglich ausbürgern könne (vgl. Bota 2007). 2008 verlangte der polnische Politiker Miroslaw Orzechowski, Vorstandsmitglied der national-katholischen Partei »Liga polnischer Familien« (LPR), vom Staatspräsidenten Lech Kaczynski die Ausbürgerung des in der deutschen Nationalmannschaft spielenden Stürmers Lukas Podolski, nachdem dieser zwei Tore im EM-Spiel gegen sein Herkunftsland Polen geschossen hatte (vgl. ›Ärger um deutschen Torschützen. Polnischer Politiker will Podolski ausbürgern‹ 2008). Ende Juni 2010 betonte der französische Ministerpräsident Nicolas Sarkozy: »Die französische Staatsbürgerschaft muss man sich verdienen, und man muss sich ihrer würdig zeigen« (›Sarkozy will Kriminellen Staatsbürgerschaft entziehen‹ 2010), und Innenminister Brice Hortefeux regte an, eingebürgerten Franzosen und Französinnen für Straftaten von »Symbolcharakter«, die von »fehlender Bereitschaft zur Integration« zeugen, künftig die französische Staatsbürgerschaft abzuerkennen (Klingsieck 2010).

Angesichts dieser ungebrochenen Brisanz des Rechtsinstituts der Ausbürgerung in politischen Kontexten und vor migrantischen Hintergründen stellt sich die Frage nach der Geschichte des politisch motivierten Staatsbürger-schaftsentzugs. Im Folgenden sollen daher die unterschiedlichen Ausprägungen dieses Phänomens skizziert werden,[1] wurde dieses Exklusionsinstrument in Europa doch während des gesamten 20. Jahrhunderts immer wieder eingesetzt, um in Krisen- oder Umbruchszeiten Herrschaftsformen oder Ideologien zu stabilisieren bzw. durchzusetzen, indem unerwünschte Individuen, in der Regel eingebürgerte oder im Ausland befindliche Staatsangehörige, aus dem jeweiligen Staatsvolk zwecks politischer und damit auch ethnisch-religiöser Homo-genisierung ausgeschlossen wurden.

## 2.    Staatsangehörigkeit im Nationalstaat

Voraussetzung für eine Exklusion durch Ausbürgerung bei gleichzeitig inten-dierter innerstaatlicher Inklusionswirkung ist das Konzept des Nationalstaates. War bereits das ausgehende 19. Jahrhundert durch eine massive Nationalisie-rung der europäischen Gesellschaften geprägt, so artete diese im 20. Jahrhundert in eine regelrechte »Tyrannei des Nationalen« (Noiriel 1991, 66) aus. Rechtlich konstituiert wurde und wird die Nationszugehörigkeit seit dem Siegeszug der Nationalstaaten in Form der Verfassungsstaaten des 19. Jahrhunderts durch die Staatsangehörigkeit, und durch deren Entzug fand hinfort der rechtliche Aus-schluss aus der Nation mit allen sekundärrechtlichen Folgen statt. Staatsange-hörigkeit ist also ein Rechtsverhältnis öffentlich-rechtlicher Natur, kraft dessen eine Person Mitglied eines Staates ist. Für diese Mitglieder erzeugt sie ein be-sonderes Gewaltverhältnis, an das politische und soziale Rechte geknüpft sind, aus dem aber auch wechselseitige Pflichten entspringen. Der Staat einerseits hat für den Schutz seiner Angehörigen zu sorgen, der Staatsangehörige andererseits hat eine Treue- und Gehorsamspflicht gegenüber dem Staat. Diese Treupflicht erstreckte sich im 20. Jahrhundert nicht mehr nur auf den strafrechtlichen Staatsschutz, sondern erfasste auch darüber hinausgehende Fälle von Illoyalität. Die Staatsangehörigkeit stellte nun »eine lebendige, wechselseitige Beziehung und nicht nur ein staatsrechtliches Verhältnis« dar, hatte »einen ethischen In-halt«, verlangte »ein politisches Bekenntnis« und für die durch die Staatsange-hörigkeit gewährten Vorteile verlangte der Staat die »Treue« als »Gegenleistung« (Horn 1935, 57). Bei Treueverletzungen konnte der Staat daher das Staatsan-gehörigkeitsverhältnis einseitig auflösen und den damit verbundenen Schutz entziehen. Dieser Schutz manifestiert sich zum einen im Recht auf Aufenthalt im Heimatstaat und auf Einreise in denselben sowie im Verbot von Ausweisung und

---

1  Eine Monografie dazu ist in Vorbereitung. Für die folgenden Ausführungen siehe, sofern nicht anders angegeben, Reiter-Zatloukal 2010.

Auslieferung, zum anderen besteht im Ausland diplomatischer bzw. konsularischer Schutz.

Erworben wurde und wird die Staatsangehörigkeit hauptsächlich auf zwei Wegen: entweder durch Geburt oder durch einen besonderen Rechtsakt, nämlich durch Naturalisation bzw. Verleihung, Anstellung im Staatsdienst, Eintritt in die Armee, Heirat und dergleichen. Vice versa konnte die Staatsangehörigkeit aus diesen Gründen auch verloren gehen, nämlich durch den Erwerb einer anderen Staatsangehörigkeit, Heirat, Anstellung im ausländischen Staatsdienst, Dienst in ausländischen Armeen und dergleichen. Es konnte aber auch eine Zwangsausbürgerung durch aktives behördliches Vorgehen bzw. eine Aberkennung der Staatsangehörigkeit erfolgen. War der Verlust der alten nicht mit dem gleichzeitigen Erwerb einer neuen Staatsangehörigkeit verbunden, trat Staatenlosigkeit ein. Diese stellte im 19. Jahrhundert noch ein bloßes Randproblem dar, während das 20. Jahrhundert dann nachgerade als das Jahrhundert der Staatenlosen bezeichnet werden kann. Viele der zahlreichen Flüchtlinge bzw. EmigrantInnen waren nämlich nicht nur de facto, sondern auch de iure staatenlos, weil ihnen vor oder in der Regel nach ihrer Flucht die Staatsangehörigkeit vom Heimatstaat entzogen worden war. Diese sogenannten Apatriden waren völkerrechtlich »vogelfrei«, wie es Hans Kelsen 1932 auf den Punkt brachte (Kelsen 1932, 5), und oft stellten, so Hannah Arendt, die Internierungslager ihre »einzige patria« (Arendt 1991, 447) dar.

Diese Staatenpraxis wurde und wird vom Völkerrecht geduldet, hat dieses doch stets das Staatsangehörigkeitsrecht als »domaine reservée« der Nationalstaaten betrachtet. Es gab zwar bereits in der Zwischenkriegszeit verschiedene Versuche, die Staatenlosigkeit zu verringern und die Ausbürgerung aus politischen Gründen zu verbieten. Aber erst nach dem Zweiten Weltkrieg konnten insofern Fortschritte erzielt werden, als durch UN-Konventionen von 1951 und 1954 wenigstens die Rechtsstellung der Staatenlosen verbessert wurde, vor allem durch eine deutliche Einschränkung des Ausweisungsrechts. Eine weitere Konvention von 1961 sah dann vor, dass kein Vertragsstaat einer Person die Staatsangehörigkeit mit Konsequenz der Staatenlosigkeit oder aus rassischen, ethnischen, religiösen oder politischen Gründen entziehen dürfe (vgl. Stiller 2011, 151 ff.). Umstritten ist jedoch, ob eine konträr dazu vorgenommene Ausbürgerung völkerrechtlich nur als »unerwünscht« oder als »rechtswidrig« anzusehen ist. Das gegenwärtige Völkerrecht kennt dementsprechend kein generelles Ausbürgerungsverbot und auch keine Pflicht des Staates, einen von ihm ausgebürgerten Staatenlosen zurückzunehmen.

## 3. Historische Erscheinungsformen des politisch motivierten Staatsangehörigkeitsentzugs

Behördliche Zwangsausbürgerung war im 20. Jahrhundert ein häufig einge-setztes politisches und damit im Zusammenhang vielfach ethnisch-religiöses Kampfmittel, das zumeist mit Migrationsvorgängen verbunden war, sei es Zu-wanderung bzw. freiwillige Emigration, sei es Flucht, Vertreibung oder Depor-tation. Dabei können zwei Hauptarten unterschieden werden, nämlich die De-naturalisation, also der Widerruf einer Einbürgerung, und die Aberkennung der Staatsangehörigkeit zu Sicherungs- und Strafzwecken. Richtete sich die Dena-turalisation gegen einstmals zugezogene, eingebürgerte und im Inland wohn-hafte Staatsangehörige, so betraf die Aberkennung in der Regel Personen, die bereits seit Geburt Staatsangehörige des ausbürgernden Staates waren und sich in der Regel zum Zeitpunkt der Aberkennung im Ausland befanden.

Der erste europäische Staat, der die politisch motivierte Denaturalisation einführte, war Großbritannien. 1914 wurde nämlich die Möglichkeit geschaffen, »to revoke a certificate of naturalization«, wenn sich der Eingebürgerte »disaf-fected or disloyal to His Majesty« gezeigt oder während des Kriegs mit Feind-staatsangehörigen Handel getrieben bzw. anderweitigen Kontakt hatte (Hampe 1951, 63). Frankreich normierte 1915 einen ähnlich gestalteten »retrait de na-turalisation« (Hecker / Tomson 1968, 220), nach 1916 folgten etwa Portugal, Italien und Belgien.

Politisch gefärbte Aberkennungen der Staatsangehörigkeit sprach erstmals Deutschland während des Ersten Weltkrieges aus. Die Bestimmung des Staats-angehörigkeitsgesetzes von 1913, nach der einem im Ausland befindlichen Deutschen die Staatsangehörigkeit wegen Verweigerung der Rückkehr im Kriegsfall aberkannt werden konnte, fanden nämlich insbesondere gegen Elsass-Lothringer Anwendung (insgesamt beinahe 8.000 Personen), die sich vor ihrer Einberufung in das deutsche Heer (vor allem) nach Frankreich abgesetzt hatten.

In der Zwischenkriegszeit erreichten die politisch motivierten Ausbürge-rungen in beiden Varianten dann eine große Verbreitung und ein ungeahntes Ausmaß. Zum einen versuchten nun auch die Vereinigten Staaten von Amerika in ihrem Kampf gegen Anarchismus und Gewerkschaftsbewegung vermehrt zu Denaturalisierungen zu greifen (vgl. Preston 1994, 268 ff.), wovon etwa die prominenten AnarchistInnen Emma Goldman und Alexander Berkmann be-troffen waren, die 1919 in ihr Herkunftsland, damals die Sowjetunion, deportiert wurden (vgl. Powers 1995, 26). Zum anderen nahm die Sowjetunion nach dem Ende des Zarismus erstmals eine Massenausbürgerung vor, und zwar im Zu-sammenhang mit der Massenemigration vor dem Bolschewismus. Dem Großteil der russischen EmigrantInnen wurde nämlich 1921 *ipso jure*, also automatisch und ohne Einzelfallprüfung, die Staatsangehörigkeit entzogen. Betroffen waren davon bis zu zwei Millionen Menschen. Seit 1924 wurden in der Sowjetunion auch Personen ausgebürgert, die einem behördlichen Rückkehrgebot nicht nachkamen oder wegen eines gegenrevolutionären Verbrechens zum »Feind der Werktätigen« erklärt worden waren (so etwa die »Grundlagen der UdSSR über die Strafgesetzgebung« 1924, Maurach 1942, 29). Prominentester Fall war Lew D. Trotzki 1932. Im faschistischen Italien konnte seit Jänner 1926 die Staatsangehörigkeit wegen diverser Treueverletzungen aberkannt werden, etwa bei Herabwürdigung des guten Namens oder des Ansehens Italiens, auch wenn diese Tat keine strafbare Handlung war. Seit November 1926 konnten desgleichen alle Personen ausgebürgert werden, die sich im Ausland aufhielten und durch Gerüchte und falsche Nachrichten die innere Beschaffenheit und das öffentliche Ansehen des italienischen Staates im Ausland gefährdeten oder sonstige Staatswidrigkeiten begingen. Allerdings dürfte die Zahl der ausgebürgerten »fuoresciti« nicht sehr groß gewesen sein. 1927 erweiterte auch das demokratische Frankreich seine bereits bestehenden Denaturalisationsmöglichkeiten: Es konnte nun ein Widerruf der Staatsangehörigkeit erfolgen, wenn ein Naturalisierter Handlungen gegen die innere und äußere Sicherheit des französischen Staates vollführte, zum Vorteil eines fremden Landes gegen die Interessen Frankreichs gehandelt oder die Wehrpflicht verweigert hatte.

Das nationalsozialistische Deutschland bürgerte auf Grundlage des Gesetzes über den Widerruf von Einbürgerungen und Aberkennung der deutschen Staatsangehörigkeit (RGBl I 480) zwischen 1933 und 1938 im Ausland befindliche Deutsche dann aus, wenn sie durch Verstöße gegen die »Pflicht zur Treue gegen Volk und Reich« deutsche Belange geschädigt hatten oder einer »Rückkehraufforderung« nicht Folge geleistet hatten, wobei diese Aufforderung ein sogenanntes »verantwortliches Verhör« im Inland bei Verdacht einer staats- oder volksfeindlichen Betätigung bezweckte. Insgesamt wurde auf diese Weise über 39.000 Personen die deutsche Staatsangehörigkeit aberkannt, darunter etwa Thomas Mann und Albert Einstein, Bertolt Brecht, Heinrich und Klaus Mann, Lion Feuchtwanger, Kurt Tucholsky, Erich Maria Remarque und Philipp Scheidemann. Hitler-Deutschland widerrief 1933 aber auch alle Einbürgerungen, die seit der Novemberrevolution (9. November 1918) und der Ernennung Hitlers zum Reichskanzler (30. Jänner 1933) erfolgt waren, wenn diese Einbürgerungen, so die einschlägige Durchführungsverordnung (RGBl I 538), »nach völkisch-nationalen Grundsätzen« als »nicht erwünscht anzusehen« waren, was vor allem auf die sogenannten »Ostjuden« abzielte. Insgesamt wurden auf dieser Rechtsgrundlage fast 10.500 Einbürgerungen widerrufen, davon betrafen fast 7.000 Juden. Von diesen individuell-fakultativen Ausbürgerungen ist freilich die kollektiv-automatische Massenausbürgerung nach der 11. Verordnung zum Reichsbürgergesetz vom November 1941 (RGBl I S 722) zu unterscheiden. Diese betraf nicht nur alle deutschen Juden, die ihren »gewöhnlichen Aufenthalt im Ausland« hatten, also emigriert bzw. geflüchtet waren, sondern auch alle diejenigen, die ihren Aufenthalt nach dem Inkrafttreten der Verordnung am 26. November 1941 ins Ausland verlegten, was nur noch auf die Deportation gemünzt sein konnte, da seit dem 18. Oktober den Juden aufgrund von Himmlers Befehl die Auswanderung verboten war (vgl. Browning 2001, 64). Um jedes Missverständnis hinsichtlich des Begriffes »Ausland« zu vermeiden, wurde mit Rundschreiben des Innenministeriums vom Dezember 1941 erklärt, dass darunter auch die »von den deutschen Truppen besetzten Gebiete« fielen, insbesondere das Generalgouvernement sowie die Reichskommissariate Ostland und Ukraine (vgl. Walk 1996, 358). Das »verfallene Vermögen« sollte nach der Verordnung »zur Förderung aller mit der Lösung der Judenfrage im Zusammenhang stehenden Zwecke dienen«, also der Finanzierung der »Endlösung«.

In Österreich konnte nach deutschem Vorbild seit August 1933 ausgebürgert werden, wer im Ausland »Österreich feindliche Handlungen« unternahm oder sich ohne Ausreisebewilligung ins Deutsche Reich begab. Anlass für diese Regelung war die Massenflucht österreichischer Nationalsozialisten nach dem Parteiverbot im Juni 1933. »Österreich feindlich« war aber nicht nur die Betätigung für die NSDAP, sondern auch für die KPÖ, ebenfalls seit 1933, und seit 1934 für die SDAP. Betroffen von dieser Maßnahme waren über 10.000 Personen (vgl. Reiter 2010; 2006a; 2006b; Rothländer 2007; 2010).

Im März 1938 bürgerte sodann Polen die etwa 50.000 polnischen Juden im Deutschen Reich aus, von denen daraufhin etwa 17.000 in der sogenannten Polenaktion an die polnische Grenze abgeschoben und dort als Staatenlose interniert wurden. Darunter befand sich auch die Familie Herschel Grynszpans, was auslösend für dessen Anschlag auf Botschaftssekretär Ernst Eduard vom Rath war, der als Vorwand für die sogenannte Reichskristallnacht diente. Im September 1938 widerrief Italien die etwa 900 der seit dem 1. Jänner 1919 erfolgten Einbürgerungen von ausländischen Juden und Jüdinnen (vgl. Voigt 1989, 283). In weiterer Folge wurden sodann die deutschen Ausbürgerungsnormen auch in den annektierten Gebieten in Kraft gesetzt, so etwa 1939 im Protektorat Böhmen und Mähren sowie in Österreich. Darüber hinaus waren in Ungarn schon vor Kriegsbeginn ähnliche Bestimmungen ergangen, und im Mai 1939 wurde hier die Denaturalisation von über 700.000 ungarischen Juden durchgeführt. Darüber hinaus normierte Ungarn im August 1939 eine Aberkennung der Staatsangehörigkeit aus Gründen politischer Illoyalität. In der Zwischenkriegszeit praktizierten aber auch andere europäische Staaten Denaturalisierung und Aberkennung der Staatsangehörigkeit. So bürgerte Rumänien die nach dem Ersten Weltkrieg eingebürgerte jüdische Bevölkerung in den neu gewonnenen Gebieten aus (vgl. Müller 2005, 273) und die Türkei »nicht türkisierbare« KurdInnen, KommunistInnen und Juden (vgl. Guttstadt 2008, 272 f.), während in Belgien die Ausbürgerung als Instrument gegen die NS-Infiltration eingesetzt werden sollte (vgl. Tiedau 2007, 449).

Während des Zweiten Weltkrieges und in der unmittelbaren Nachkriegszeit griffen dann viele Staaten zu Ausbürgerungen bzw. bauten ihre rechtlichen Möglichkeiten eines Entzugs der Staatsangehörigkeit aus, dies vor allem im Zusammenhang mit Migrationsvorgängen und Illoyalitätsvorwürfen. So führten die Vereinigten Staaten nach ihrem Kriegseintritt 1941 Denaturalisierungsprozesse gegen die Führer des »Amerika-Deutschen Volksbundes« durch, einer pronazistischen, antikommunistischen und antisemitischen Vereinigung von US-Amerikanern mit deutscher Herkunft (vgl. Diamond 1974, 346 ff.). Auf diese Weise wurde Fritz Julius Kuhn, der »American Fuehrer« des Bundes und bekannteste Antisemit des Landes, gemeinsam mit 20 anderen Bund-Mitgliedern 1943 ausgebürgert, zunächst interniert und nach Kriegsende nach Deutschland abgeschoben (vgl. Canedy 1990, 226 f.). Zahlreiche weitere derartige Denaturalisierungen folgten (Schnödl 2010, 78 ff.). Auch in der Schweiz konnte während des Zweiten Weltkrieges das Schweizerbürgerrecht im Falle von »unschweizerischem Verhalten« bzw. eines Sicherheitsrisikos entzogen werden.

Bereits Ende September 1939 hatte des Weiteren die Slowakei die Möglichkeit der Zwangsausbürgerung von im Ausland befindlichen Staatsangehörigen im Falle der Loyalitätsverletzung eingeführt, 1940 folgten etwa Rumänien und Bulgarien. Seit 1940 wurden dann in Vichy-Frankreich alle diejenigen Franzosen ausgebürgert, die ohne amtlichen Auftrag oder »legitimes Motiv« ausgereist waren, insgesamt 446 Personen, darunter z. B. Charles de Gaulle, Henri Giraud und René Cassin. Darüber hinaus erfolgte nun eine Denaturalisierung von seit 1927 eingebürgerten französischen Staatsangehörigen. Betroffen waren über 15.000 Personen, darunter fast 40 Prozent Juden, also etwa ein Viertel aller zugewanderten und zwischen 1927 und 1940 eingebürgerten Juden.[2]

Nach der Wannseekonferenz erklärten dann 1942 die Slowakei, Kroatien und Rumänien alle »ausgesiedelten«, also in die Vernichtungslager deportierten Juden und Jüdinnen der Staatsangehörigkeit für verlustig. In der Slowakei, die zwar unter deutschem Druck, aber nichtsdestotrotz »als einziges nicht von den deutschen Truppen besetztes Land die Abschiebungen in nationalsozialistische Vernichtungslager in eigener Regie« (Kamenec 1999, 170 f.) sowie mit »eigenen administrativen und politischen Kräften« durchführte (Kamenec 2002, 318),

---

2 Es wird in diesem Fall bewusst nur von Juden und nicht auch von Jüdinnen gesprochen, weil einerseits die diese Zahlen wiedergebende Literatur nicht nach dem Geschlecht differenziert und andererseits Ehefrauen (sowie minderjährige Kinder) in der Regel das staatsbürgerschaftsrechtliche Schicksal der Männer (bzw. Väter) teilten. Es kann daher davon ausgegangen werden, dass diese Ausbürgerungszahlen nur einzelne aktenmäßige Fälle, also primär Männer, erfassen.

waren von diesen Ausbürgerungen über 85.000 bzw. zwei Drittel aller slowaki-schen Juden betroffen (vgl. Kamenec 2007, 181 ff.), während Bulgarien den Entzug der Staatsangehörigkeit auf die etwa 11.500 aus Makedonien und Thrakien deportierten Juden und Jüdinnen beschränkte (vgl. Nissim 2000, 175).

Gegen Ende des Zweiten Weltkrieges und in der unmittelbaren Nachkriegs-zeit richteten sich neue Ausbürgerungsbestimmungen zum einen gegen NS-KollaborateurInnen, wie etwa in Belgien, wo über 1.300 Personen, hauptsächlich Haushaltsvorständen, die Staatsangehörigkeit entzogen wurde. Die Gesamtzahl der Betroffenen dürfte bei etwa 4.000 liegen, von denen sich viele zum Zeitpunkt der Ausbürgerung im Ausland aufhielten (vgl. Tiedau 2007, 474 f.). Zum anderen entzogen die neuen kommunistischen Regimes in Osteuropa darüber hinaus auch den sogenannten Volksdeutschen und RegimegegnerInnen die Staatsan-gehörigkeit. So bürgerte z. B. die Tschechoslowakei parallel zur Vertreibung der Sudetendeutschen im August 1945 den Großteil der etwa 30 Prozent der Ge-samtbevölkerung ausmachenden BürgerInnen deutscher und magyarischer Eth-nizität aus. Insgesamt kam es aufgrund dieses Dekrets bis 1947 zur Ausbürgerung und Enteignung von mehr als zwei Millionen ethnisch Deutschen und Ungarn. Ebenfalls im August 1945 normierte Jugoslawien einerseits eine Aberkennung der Staatsangehörigkeit wegen illoyalen Verhaltens, und zwar sowohl während des Krieges als auch gegenüber der neuen Volksrepublik, wovon im Besonderen im Ausland befindliche jugoslawische Staatsangehörige betroffen waren. An-dererseits sah es die Denaturalisation im Fall von Vergehen zum Nachteil der nationalen und staatlichen Interessen der Volksrepublik vor. In Ungarn wurde im Juli 1946 nicht nur den nun nach Deutschland umgesiedelten ungarischen Staatsangehörigen dieser Status zum Zeitpunkt ihrer Abreise aberkannt, son-dern auch all denjenigen, die bereits vor dem Inkrafttreten dieser Bestimmung nach Deutschland umgesiedelt worden waren. In ähnlicher Weise bürgerte Polen im September 1946 seine Staatsangehörigen deutscher Nationalität aus und vertrieb die nunmehrigen AusländerInnen aus seinem Staatsgebiet.

Nach 1947 gingen sodann die westeuropäischen Staaten von der Zwangs-ausbürgerung gebürtiger Staatsangehöriger ab und beschränkten sich zumeist auf Denaturalisierungen, in der Regel aufgrund von Erschleichungs- und Il-loyalitätstatbeständen. Die sogenannten »Ostblockstaaten« hingegen intensi-vierten ihr Zwangsausbürgerungsrecht und wendeten es massiv gegen Re-gimekritikerInnen an. Sie folgten dabei dem Vorbild der Sowjetunion, wo es seit den späten 1960er-Jahren zu zahlreichen, teils spektakulären Ausbürgerungen durch Sonderdekret des Obersten Sowjets kam, sobald sich die DissidentInnen im Ausland aufhielten. Prominente Beispiele hierfür sind Stalins Tochter Swetlana Allilujewna, Alexander Solschenizyn sowie die beiden russischen Vorzeigekünstler Mistislaw Rostropowitsch und Galina Wischnewskaja. In der Tschechoslowakei wurden ebenfalls seit den 1960er-Jahren im Ausland befindliche Personen ausgebürgert, die sich staatsfeindlich bzw. gegen die Interessen der CSR betätigt oder einem Rückkehrbefehl nicht Folge geleistet hatten, ebenso illegal Ausgereiste. Betroffen von diesen Expatriierungen waren z. B. der Schachgroßmeister Ludek Pachman, eine Symbolfigur des Prager Frühlings, sowie die Schriftsteller Pavel Kohout und Jiří Gruša. Zu ähnlich motivierten Ausbürgerungen kam es in dieser Zeit ebenfalls in Polen und Rumänien, wo etwa 1977 dem dortigen »Vater des rumänischen Dissidententums« (Puhl 1993, 77), dem Schriftsteller Paul Goma, die Staatsangehörigkeit entzogen wurde. In der Deutschen Demokratischen Republik gab es seit 1967 nicht nur die Denaturalisation, sondern auch die Aberkennung der Staatsangehörigkeit bei BürgerInnen mit Aufenthalt außerhalb des Staatsgebietes der DDR, und zwar wegen »grober Verletzung der staatsbürgerlichen Pflichten«. 1972 wurde außerdem allen bisherigen Republikflüchtigen die Staatsangehörigkeit pauschal entzogen. Prominentester Ausbürgerungsfall war 1976 der Liedermacher Wolf Biermann. Weitere Ausbürgerungen folgten, es begann sich »das Ausbürgern einzubürgern in der DDR«, wie es der Schriftsteller Stefan Heym einmal trefflich formulierte (vgl. Fricke 1984, 179).

Aber auch außerhalb des Ostblocks gab es zu dieser Zeit Ausbürgerungen von im Ausland befindlichen RegimekritikerInnen, so etwa in Griechenland nach dem Militärputsch 1967. Zunächst entzog die Regierung im Mai 480 »Kommunisten« und etwa 60.000 Griechen, die nach dem Bürgerkrieg 1949 in Ostblockstaaten geflohen waren, die griechische Staatsangehörigkeit. Das »Revolutionsrecht« schuf sodann die Grundlage für die Expatriierung von Prominenten aus Politik und Kultur Ende Juli 1967, darunter die sich damals in New York aufhaltende Schauspielerin und spätere griechische Kulturministerin Melina Mercouri, die zur »Feindin des Volkes« erklärt wurde. Auf ihre Ausbürgerung durch den Innenminister Pattakos reagierte sie mit den Worten: »Ich bin als Griechin geboren und werde als Griechin sterben. Herr Pattakos ist als Faschist geboren. Er wird als Faschist sterben.« (Mercouri 1974, 178 f.) 61 weitere Ausbürgerungen folgten im Jänner 1968. In gleicher Weise wurde zahlreichen RegimegegnerInnen nach dem Militärputsch in der Türkei 1980 die Staatsangehörigkeit entzogen, so etwa dem Menschenrechtler und Musiker Sanar Yurdatapan, der aus Angst vor Inhaftierung und Folter mit seiner Familie nach Deutschland geflohen war (vgl. Duncker 2007), und dem nach Frankreich geflüchteten Filmemacher und Regisseur des in Cannes 1982 preisgekrönten Filmes »Yol«, Yilmaz Güney (vgl. ›Hässlicher König, sieghafter Rebell‹ 1982).

Zahlreiche Denaturalisierungen im politischen Kontext fanden nach dem Zweiten Weltkrieg aber auch in den Vereinigten Staaten statt, und zwar einerseits von KommunistInnen in der McCarthy-Ära sowie andererseits seit den 1970er-Jahren von NS-KriegsverbrecherInnen. Zum einen begründete nämlich nach der Neufassung des Nationality Act vom September 1950 (vgl. Ferid 1951, 133) die kommunistische Betätigung innerhalb von fünf Jahren nach Einbürgerung die Vermutung arglistiger oder gesetzeswidriger Erschleichung der Einbürgerung. Ein weiterer Widerrufsgrund war die Weigerung des Eingebürgerten, binnen zehn Jahren nach der Einbürgerung in Verfahren vor einem Kongressausschuss als Zeuge auszusagen und eine deswegen erfolgte Verurteilung wegen »Contempt of Court«. Trotz Kritik an diesem weiten Anwendungsbereich der Denaturalisation erklärte erst 1967 der Supreme Court die Praxis »to divest a person of his United States citizenship absent his voluntary renunciation thereof« als verfassungswidrig (Afroyim v. Rusk, 387 U.S. 253, 1967), da angesichts des Fourteenth Amendments »persons born or naturalized in the United States« gleich anderen »citizens of the United States« zu behandeln seien. Folglich waren seitdem Ausbürgerungen auf diejenigen Fälle beschränkt, in denen man Naturalisierten nachweisen konnte, dass sie die Staatsangehörigkeit »illegaly oder fraudulently« erworben hatten.[3] Dieser Tatbestand wurde in weiterer Folge den Ausbürgerungen von NS-KriegsverbrecherInnen zugrunde gelegt. Durch den Fall der KZ-Aufseherin Hermine Braunsteiner-Ryan wurde man sich nämlich 1972 in den USA bewusst, zahlreiche NS-KriegsverbrecherInnen naturalisiert zu haben, die im Rahmen einer größeren Einwanderungswelle zwischen 1948 und 1956 in die USA eingewandert waren. Aufgrund der Recherchen des 1979 vom US-Justizministerium eingerichteten Office für Special Investigations (OSI) wurde seitdem 60 Personen die US-amerikanische Staatsbürgerschaft aberkannt (vgl. MacQueen 1997, 133), darunter etwa 1981 John Demjanjuk (vgl. Benz 2009), der des Mordes an 27.900 Juden im Vernichtungslager Sobibór beschuldigt war, weiters z. B. die KZ-Wachmänner Anton Tittjung (1990) und Josias Kumpf (2005), Alexandras Lileikis, der frühere Chef der litauischen Sicherheitspolizei (Saugumas), und sein Stellvertreter Kazys Gimžauskas (1996) (vgl. Schnödl 2010, 93 ff., 189 ff.).

   Zu Ausbürgerungen geflohener Regimegegner kam es weiters in Chile unter der 1973 installierten Militärdiktatur Augusto Pinochets. Hinweise auf die Praxis eines politisch oder ethnisch motivierten Staatsbürgerschaftsentzug gibt es ebenfalls für viele andere Staaten, z. B. für Sri Lanka nach 1948, für Syrien in den 1960er-Jahren hinsichtlich der kurdischen Bevölkerung, für den Iran während des Chomeini-Regimes seit 1979 sowie für Saudi-Arabien und Armenien in den 1990er-Jahren.

---

3 Alle Zitate stammen aus der Erkenntnis Afroyim v. Rusk, 387 U.S. 253, 1967, siehe http://supreme.justia.com/us/387/253/case.html.

## 4.  Resümee

Der politischen, aber auch ethnisch-religiösen Schließung von Staatsvölkern dient also traditionellerweise nicht nur das Einbürgerungsrecht, sondern seit etwa hundert Jahren auch das Ausbürgerungsrecht, sei es durch die Aberkennung zu Straf- oder Sicherheitszwecken, sei es durch den – mittlerweile üblicheren – Widerruf einer Einbürgerung. Freilich können derartige Denaturalisationen auch dann politisch motiviert sein oder zumindest politische Hintergründe haben, wenn der Grund dafür auf den ersten Blick bzw. von der rechtlichen Begründung her kein explizit politischer ist. Dass dies auch für rezente Reformen zutrifft, zeigten z. B. 2006 die Fragenkataloge für EinbürgerungsbewerberInnen in Deutschland mit ihren auf die politische bzw. weltanschauliche Einstellung abzielenden Fragen, die geeignet waren und sind, gleichsam die Grundlage für spätere Widerrufe wegen unrichtiger Angaben im Einbürgerungsverfahren zu liefern. Da nach wie vor kein grundsätzliches Verbot der Ausbürgerung besteht und das schon so oft beschworene Ende des Nationalstaats wohl noch auf sich warten lassen wird, ist anzunehmen, dass auch das 21. Jahrhundert noch reichlich Anschauungsmaterial zum politisch motivierten Entzug der Staatsangehörigkeit im Kontext von Migrationsvorgängen hervorbringen wird.

## Literatur

›Ärger um deutschen Torschützen. Polnischer Politiker will Podolski ausbürgern‹ 2008 (ohne Autor), Der Tagesspiegel, 11.06.2008. Zuletzt abgerufen am 26.09.2011 unter http://www.tagesspiegel.de/sport/polnischer-politiker-will-podolski-ausbuergern/1823568.html.

Arendt, Hannah 1991: *Elemente und Ursprünge totalitärer Herrschaft*, 2. Auf., Frankfurt a.M.

Benz, Angelika 2009: ›Wer ist John Demjanjuk, und welche Rolle spielten die Trawnikis im Holocaust?‹, *Jahrbuch für Antisemitismusforschung* 18, 251 – 266.

Bota, Alice 2007: ›Berühmt wider Willen‹, *Die Zeit*, 14.03.2007. Zuletzt abgerufen am 26.09.2011 unter http://www.zeit.de/online/2007/11/isolde-saalmann.

Browning, Christopher R. 2001: *Judenmord. NS-Politik, Zwangsarbeit und das Verhalten der Täter*, Frankfurt a.M.

Canedy, Susan 1990: *America's Nazis: A Democratic Dilemma – A History of the German American Bund*, Menlo Park.

Diamond, Sander 1974: *The Nazi Movement in the United States 1924–1941*, London.

Duncker, Anne 2007: ›Raus aus der Sackgasse‹, *amnesty journal Juli / August 2007*. Zuletzt abgerufen am 26.09.2011 unter http://www.amnesty-tuerkei.de/wiki/Anne_Duncker:_Raus_aus_der_Sackgasse.

Ferid, Murad 1951: *Das Staatsangehörigkeitsrecht der Vereinigten Staaten von Nordamerika* (= Sammlung geltender Staatsangehörigkeitsgesetze 7), Frankfurt a.M.

Fricke, Karl Wilhelm 1984: *Opposition und Widerstand in der DDR. Ein politischer Report*, Köln.

Guttstadt, Corry 2008: *Die Türkei, die Juden und der Holocaust*, Berlin.

Hampe, Alexander 1951: *Das Staatsangehörigkeitsrecht von Großbritannien* (= Sammlung geltender Staatsangehörigkeitsgesetze 6), Frankfurt a.M.

›Hässlicher König, sieghafter Rebell‹ 1982 (ohne Autor), *Der Spiegel*, Nr. 48/1982, 29. 11. 1982. Zuletzt abgerufen am 26. 09. 2011 unter http://www.spiegel.de/spiegel/print/d-14356058.html.

Hecker, Hellmuth / Tomson, Edgar 1968: *Das Staatsangehörigkeitsrecht Frankreichs einschließlich der Überseegebiete und ehemaligen Kolonien* (= Sammlung geltender Staatsangehörigkeitsgesetze 29), Frankfurt a.M., Berlin.

Horn, Walther 1935: *Die Zwangsausbürgerung in staats- und völkerrechtlicher Beleuchtung. Eine rechtsvergleichende Studie*, Gießen.

Kamenec, Ivan 1999: ›Die jüdische Frage in der Slowakei während des Zweiten Weltkrieges‹, in Jörg K. Hoensch / Stanislav Biman / L'ubomír Lipták (Hg.): *Judenemanzipation – Antisemitismus – Verfolgung in Deutschland, Österreich-Ungarn, den Böhmischen Ländern und in der Slowakei* (= Veröffentlichungen der Deutsch-Tschechischen und Deutsch-Slowakischen Historikerkommission 6), Tübingen, 165–173.

Kamenec, Ivan 2002: ›Die erfolglosen Versuche zur Wiederaufnahme der Deportationen slowakischer Juden‹, *Terezin Studies and Documents (Theresienstädter Studien und Dokumente)* 9, 318–337.

Kamenec, Ivan 2007: *On the Trial of Tragedy*, Bratislava.

Kelsen, Hans 1932: ›Geleitwort‹, in Heinrich Engländer, *Die Staatenlosen*, Wien.

Klingsieck, Ralf 2010: ›Sarkozy greift wieder zum Hochdruckreiniger‹, *Neues Deutschland*, 03.08.2010. Zuletzt abgerufen am 26. 09. 2011 unter http://www.neues-deutschland.de/artikel/176624.sarkozy-greift-wieder-zum-hochdruckreiniger.html.

MacQueen, Michael 1997: ›Das ‚Office für Special Investigations‹ beim US-Justizministerium. Die Verfolgung von NS-Verbrechern in den Vereinigten Staaten‹, *Dachauer Hefte* 13, 123–134.

Mariner, Joanne 2003: ›Patriot Act II's Attack on Citizenship. Denationalization as Punishment‹, *Counterpunch*, 09. / 10. 03. 2003. Zuletzt abgerufen am 26. 09. 2011 unter http://www.counterpunch.org/mariner03082003.html.

Maurach, Reinhart 1942: *Das Staatsangehörigkeitsrecht der Sowjetunion* (= Schriften des Instituts für Osteuropaforschung an der Albertus-Universität Königsberg [Pr], geisteswiss. Reihe 2), Königsberg (Pr.), Berlin.

Mercouri, Melina 1974: *Ich bin als Griechin geboren*, Reinbek.

Müller, Dietmar 2005: *Staatsbürger auf Widerruf. Juden und Muslime als Alteritätspartner im rumänischen und serbischen Nationscode. Ethnonationale Staatsbürgerschaftskonzepte 1878–1941* (= Balkanologische Veröffentlichungen des Osteuropa-Instituts der Freien Universität Berlin 41), Wiesbaden.

Nissim, Gabriele 2000: *Der Mann, der Hitler stoppte. Dimităr Pešev und die Rettung der bulgarischen Juden*, Berlin.

Noiriel, Gérard 1991: *Die Tyrannei des Nationalen. Sozialgeschichte des Asylrechts in Europa*, Lüneburg.

Powers, Richard Gid 1995: *Not without Honor. The History of American Anticommunism,* New Haven, London.

Preston, William 1994: *Aliens and Dissenters. Federal Suppression of Radicals, 1903 – 1933,* 2. Aufl., Urbana, Chicago.

Puhl, Widmahr 1993: *Dichter für die Freiheit. Von der subversiven Kraft der Literatur in Osteuropa. Mit 100 Kurzbiographien wichtiger Dissidenten,* Frankfurt a.M.

Reiter, Ilse 2006a: ›Nationalstaat und Staatsangehörigkeit in der Zwischenkriegszeit – AusländerInnenausweisung und politische Ausbürgerung in Österreich vor dem Hintergrund des Völkerrechts und der europäischen Staatenpraxis‹, in Sylvia Hahn / Andrea Komlosy / Ilse Reiter (Hg.): *Ausweisung – Abschiebung – Vertreibung in Europa. 16.–20. Jahrhundert* (= Querschnitte 20), Innsbruck, Wien, Bozen, 193 – 218.

Reiter, Ilse 2006b: ›Ausbürgerung. Politisch motivierter Staatsbürgerschaftsverlust im Austrofaschismus (Teil I)‹, *juridikum. zeitschrift im rechtsstaat,* Nr. 4, 173 – 176.

Reiter, Ilse 2010: ›Die Ausbürgerungsverordnung vom 16. August 1933‹, in Ingrid Böhler / Eva Pfanzelter / Thomas Spielbüchler / Rolf Steininger (Hg.): *7. Österreichischer Zeitgeschichtetag 2008: 1968 – Vorgeschichten – Folgen. Bestandsaufnahme der österreichischen Zeitgeschichte,* Innsbruck, Wien, Bozen, 845 – 854.

Reiter, Ilse 2011: ›Denationalisation, Migration und Politik. Zur Praxis des Staatsangehörigkeitsentzugs im 20. Jahrhundert‹, *MigraLex,* Nr. 1, 2 – 10.

Reiter-Zatloukal, Ilse 2010: ›Zwangsausbürgerung aus politischen Gründen: ein Element europäischer Rechtsunkultur im 20. Jahrhundert?‹, in Thomas Olechowski / Christian Neschwara / Alina Lengauer (Hg.): *Grundlagen der österreichischen Rechtskultur. Festschrift für Werner Ogris zum 75. Geburtstag,* Wien, Köln, Weimar, 433 – 458.

Rothländer, Christiane 2007: ›Ausbürgerung. Politisch motivierter Staatsbürgerschaftsverlust im Austrofaschismus (Teil II)‹, *juridikum. zeitschrift im rechtsstaat,* Nr. 1, 21 – 25.

Rothländer, Christiane 2010: ›Die Ausbürgerungspraxis der Wiener Bundespolizeidirektion‹, in Ingrid Böhler / Eva Pfanzelter / Thomas Spielbüchler / Rolf Steininger (Hg.): *7. Österreichischer Zeitgeschichtetag 2008: 1968 – Vorgeschichten – Folgen. Bestandsaufnahme der österreichischen Zeitgeschichte,* Innsbruck, Wien, Bozen, 855 – 865.

Schnödl, Maximilian 2010: *Die »Watch List«-Entscheidung betreffend Dr. Kurt Waldheim – Rechtsgrundlagen und Immigrationsfallrecht mit NS-Bezug,* unveröffentlichte Dissertation, Universität Wien.

›Sarkozy will Kriminellen Staatsbürgerschaft entziehen‹ 2010 (ohne Autor), *Die Presse,* 30.07.2010. Zuletzt abgerufen am 26.09.2011 unter http://diepresse.com/home/politik/aussenpolitik/584632/index.do.

Stiller, Martin 2011: *Eine Völkerrechtsgeschichte der Staatenlosigkeit. Dargestellt anhand ausgewählter Beispiele aus Europa, Russland und den USA,* Wien-New York.

Stone, Geoffrey R. 2005: ›What You Can't Say Will Hurt‹, *New York Times,* 15.08.2005. Zuletzt abgerufen am 26.09.2011 unter http://www.nytimes.com/2005/08/15/opinion/15stone.html.

Tiedau, Ulrich 2007: ›Die Rechtslage der deutschsprachigen Bevölkerung in Belgien nach dem Zweiten Weltkrieg‹, in Manfred Kittel / Horst Möller / Jiři Pešek / Oldřich Tůma (Hg.): *Deutschsprachige Minderheiten 1945. Ein europäischer Vergleich,* München, 435 – 522.

Voigt, Klaus 1989: *Zuflucht auf Widerruf. Exil in Italien 1933 – 1945,* Stuttgart.

Walk, Joseph (Hg.) 1996: *Das Sonderrecht für die Juden im NS-Staat. Eine Sammlung der gesetzlichen Maßnahmen und Richtlinien – Inhalt und Bedeutung,* 2. Aufl., Heidelberg.

Ausschluss per Recht? AsylwerberInnen und Pflegekräfte

Sieglinde Rosenberger

# Integration von AsylwerberInnen? Zur Paradoxie individueller Integrationsleistungen und staatlicher Desintegration

## 1. Einleitung

AsylwerberInnen in Österreich, deren Verfahren negativ beschieden werden, haben seit der im Jahr 2009 in Kraft getretenen Novellierung des Niederlassungs- und Aufenthaltsgesetzes (NAG) das Recht, eine Verlängerung ihres Aufenthalts aus humanitären Gründen zu beantragen – in der politischen Diskussion auch als »Bleiberecht« bezeichnet.[1] Als humanitärer Grund, der zur Erteilung eines beschränkten bzw. unbeschränkten Aufenthalts führen kann, gilt insbesondere die Achtung des Privat- und Familienlebens nach Art. 8 EMRK. In der durch ein Urteil des Verfassungsgerichtshofes ausgelösten Novellierung des NAG ist die Erfüllung von Integrationsbedingungen im Sinne der Selbsterhaltungsfähigkeit vorgesehen. Bedingungen sind eine legale Erwerbstätigkeit, adäquate Wohnung und soziale Beziehungen. Diese Integrationsnachweise sind als notwendige Bedingungen zu verstehen, d. h. sie sind für eine Aufenthaltsbewilligung nicht hinreichend, sondern erst die Voraussetzung dafür. Aber nicht nur die »Bleiberechtsregelung« des Jahres 2009 inkludiert Integrationsgrade als Voraussetzung für eine(n) aus humanitären Gründen gewährte(n) Aufenthalt/Niederlassung für abgelehnte AsylwerberInnen, auch in Entscheidungen des Asylgerichtshofes in Asylverfahren und in Erkenntnissen des Verfassungsgerichtshofes bei Beschwerden zu Asylentscheidungen werden Integrationsleistungen gewürdigt.

Im Zusammenhang mit Asyl kommen vorausgesetzte individuelle Integrationsleistungen etwas überraschend, weil sie im krassen Widerspruch zum gängigen Asylrecht, der konkreten Unterbringungspraxis, aber auch den bisherigen asylpolitischen Positionierungen stehen. So intendieren zum Beispiel die

---

[1] Bundesgesetz, mit dem das Asylgesetz 2005, das Fremdenpolizeigesetz 2005, das Gebührengesetz 1957, das Grundversorgungsgesetz – Bund 2005, das Niederlassungs- und Aufenthaltsgesetz, das Staatsbürgerschaftsgesetz 1985 und das Tilgungsgesetz 1972 geändert werden (Fremdenrechtsgesetz 2009 – FrÄG 2009): BGBl I Nr. 122/2009. Von dieser Möglichkeit können nicht nur AsylwerberInnen Gebrauch machen, sondern alle Drittstaatsangehörigen.

Grundversorgungsleistungen wie Unterbringung und materielle Versorgung, auf die hilfsbedürftige Fremde gesetzlichen Anspruch haben, in keiner Weise *Integration* im Sinne von Teilnahme am gesellschaftlichen oder wirtschaftlichen Leben. Vielmehr schaffen Asylbestimmungen unattraktive Lebens- und Wohnbedingungen, die in weiterer Folge auch als Instrument der Abschreckung verstanden werden können (Thielemann 2004). Asylbestimmungen produzieren materielle wie symbolische Desintegration, Segregation und Exklusion der AsylwerberInnen von der Mehrheitsgesellschaft. Dieser Befund struktureller Desintegration trifft aber keineswegs nur für Österreich zu (Langthaler / Trauner 2009; König / Rosenberger 2010), sondern entspricht einem europäischen Trend (siehe Squire 2009; für Deutschland siehe Täubig 2009 und Pieper 2008).

Eingangs ist festzuhalten, dass mindestens zwei wichtige Gründe dafür sprechen, dass eine integrations- bzw. desintegrationszentrierte asylpolitische Betrachtung gerade in Österreich aufschlussreich ist: Erstens ein relativ hoher Anteil von AsylwerberInnen an der Gesamtzahl der Zugewanderten – im Jahre 2007 waren 27 % der legal Zugewanderten in Österreich AsylwerberInnen (Österreichischer Integrationsfonds 2009, 28). Der zweite Grund liegt in der langen Dauer von Asylverfahren. Über diese liegen zwar keine offiziellen Statistiken, sondern lediglich Schätzungen vor. So sprach im Jahre 2009 die Nationalratsabgeordnete Alev Korun von ca. 12.000 LangzeitasylwerberInnen (d. h. AsylwerberInnen, die vor dem 01.01.2004 Asyl beantragt hatten)[2], und der von Flüchtlings-NGOs verfasste Bleiberechtsbericht nennt mehrere Tausend Verfahren mit einer Dauer von mehr als fünf Jahren (asylkoordination österreich et al. 2010, 3).

Dieser Beitrag beschäftigt sich mit der widersprüchlichen Gleichzeitigkeit der staatlichen Desintegrationspolitik in Bezug auf AsylwerberInnen einerseits und den im Zuge von richterlichen Entscheidungen oder eines Niederlassungsverfahren vorausgesetzten individuellen Integrationsleistungen andererseits. Dieser Widerspruch zwischen politisch-institutioneller Makroebene und individuell-sozialer Mikroebene wird in diesem Beitrag nicht nur aufgezeigt, sondern auch als eine Paradoxie der österreichischen Integrationspolitik, in der individuelle Integrationsleistungen nicht selten als Spielball der Asyl- und Zuwanderungspolitik genutzt werden, diskutiert (Perchinig 2009). Um diese Paradoxie empirisch zu beleuchten, werden in diesem Beitrag (1) rechtliche Grundlagen wie das Ausländerbeschäftigungsgesetz und die Implementierung der Grundversorgungsvereinbarung (BGBl 80 / 2004), die die Grundversorgungsleistungen für AsylwerberInnen definiert, unter dem analytischen Blickwinkel der organisierten Desintegration behandelt. Außerdem werden (2) die Novellierung des Niederlassungs- und Aufenthaltsgesetzes 2009 sowie Urteile

---

2 Pressekonferenz Alev Korun vom 8. Jänner 2009.

des Asyl- und Verfassungsgerichtshofes im Zusammenhang mit Asylanträgen untersucht, und zwar im Hinblick auf die Würdigung von Integrationsgraden bei der Erteilung eines humanitär begründeten Aufenthaltstitels für abgelehnte AsylwerberInnen. Zunächst wird jedoch im folgenden Kapitel der sozialwissenschaftliche Rahmen dargelegt, der es erlaubt, Integration und Desintegration als Widerspruch bzw. Paradoxie zu diskutieren.

## 2. Konzeptionelle Annäherung an Integration und Desintegration

Sowohl in der Forschung als auch in politischen Positionierungen wird Integration häufig als »Zwei-Wege-Ansatz« präsentiert. Diese Form der Annäherung an das Thema impliziert die Aufgabe der Mehrheitsgesellschaft, strukturelle Barrieren zu beseitigen, damit eine vielfältige Bevölkerung an gesellschaftlichen und ökonomischen Ressourcen gleichberechtigt partizipieren kann; sie impliziert weiters, dass Zugewanderte den Integrationswillen zeigen, sich in Lebensformen, Normen und Werte der Aufnahmegesellschaft einzubringen. Mit anderen Worten: Wenn Integration als zweiseitiger Anpassungsprozess an sozialen Wandel interpretiert wird, dann beinhaltet dies sowohl staatlich-strukturelle Bedingungen, die die Voraussetzungen für eine Teilnahme schaffen, als auch die individuelle tatsächliche Teilnahme (ECRE 1999; UNHCR 2009). Der österreichische *Nationale Aktionsplan für Integration* (NAP 2009), erstellt unter Federführung des Bundesministeriums für Inneres (BMI) im März 2009, basiert auf diesem zweiseitigen Integrationsverständnis:

> Integration ist ein wechselseitiger Prozess, der von gegenseitiger Wertschätzung und Respekt geprägt ist [...] Integration zielt auf die Partizipation an wirtschaftlichen, sozialen, politischen und kulturellen Prozessen sowie auf die Einhaltung der damit verbundenen Pflichten ab. Integration ist ein individueller ebenso wie ein gesellschaftlicher Prozess, der durch eigenverantwortliches Engagement sowie durch staatliche Rahmenbedingungen permanent zu gestalten ist. (Bundesministerium für Inneres 2009, 3)

Neben dem Zugang zu Integration als eine zweiseitige Angelegenheit unterscheidet die Integrationsforschung zwischen verschiedenen Dimensionen und Ausprägungen. So differenziert der belgische Sozialwissenschafter Johan Wets (2006) zwischen sozialen, kulturellen und strukturellen Integrationsdimensionen (siehe auch Heckmann 1992). Nach Wets erfasst *soziale Integration* die Interaktionen, die sozialen und privaten Kontakte zwischen MigrantInnen und Aufnahmegesellschaft. *Kulturelle Integration* bezieht sich auf den Aspekt inwieweit MigrantInnen und Aufnahmegesellschaft die gleichen Werte, Normen und Bedürfnisse teilen; *strukturelle Integration* schließlich bezeichnet sozio-ökonomische und politische Aspekte wie Partizipation an Berufsarbeit, Bildung, Wohnen und Politik. Die britischen Migrationsforscher Alastair Ager und Alison Strang (2008) erweitern diese Integrationsdimensionen um eine funktionale Perspektive, die Instrumente (*means*) der Integration benennt, und um strukturelle Grundlagen (*foundation, facilitators, social connections*), die individuelle Integrationsleistungen überhaupt erst erlauben. Die beiden Autoren gehen von der in Forschungen und offiziellen Dokumenten (wie in jenen der UNO / UNHCR) oft gestellten Frage aus, woran Integrationsleistungen eigentlich gemessen werden können. Die häufig gegebene Antwort, dass sich Integration über Indikatoren (*markers*) wie die Teilnahme an sektoralen Aktivitäten wie Erwerbsarbeit oder Weiterbildung bzw. die Verfügung über eine Wohnung messen lasse, wird von Ager / Strang insofern kritisch beurteilt, als diese Integrationsleistungen nicht nur Ausdruck von, sondern gleichzeitig auch Instrument zur Integration sein können. Diese konzeptionell erweiterte Herangehensweise erlaubt es, dass – je nach Situation, Zeit und Person – einzelne dieser *markers* auch als *means*, also Instrumente, analysiert werden können. Gleichzeitigkeiten, Wechselseitigkeiten und Mehrfachfunktionen werden also untersuchbar. Ein konkretes Beispiel zur Illustration: Die Teilnahme am Arbeitsmarkt gilt als individuelle Integrationsleistung; sie kann aber auch instrumentell betrachtet werden, nämlich als Grundlage sozialer Integration. In einem ähnlich wechselseitigen Zusammenhang stehen diese Integrationsindikatoren bzw. -instrumente zur rechtlichen Basis (z. B. dem Zugang zur Staatsbürgerschaft) sowie zu den integrationspolitischen Maßnahmen (*facilitators*) und den sozialen Gegebenheiten (*social connection*), in denen der Integrationsprozess stattfindet (siehe Abb. 1). Dieser konzeptionelle Rahmen macht jedenfalls deutlich, dass individuelle Integrationsergebnisse strukturelle Voraussetzungsketten bedingen – nämlich Rechte, Barrieren beseitigende Maßnahmen sowie horizontale und vertikale soziale Beziehungsgefüge. Integration ist in diesem Ansatz tatsächlich ein zweiseitiger und wechselseitiger Prozess; sie hat analytisch gesehen sowohl starke Struktur- als auch Handlungskomponenten.

Das Gegenkonzept von Integration als strukturelles Phänomen, das Handeln möglich macht, ist Desintegration. In Bezug auf soziale und residenzielle Segregation von AsylwerberInnen in Gemeinschaftsunterkünften in Deutschland arbeitet die Migrationsforscherin Vicki Täubig (2009) mit dem Ansatz der *organisierten Desintegration*. Täubig stützt sich in ihrer Studie über asylpolitische Regeln und Ressourcen auf Erving Goffmans These der totalen Institution, wonach bestimmte Gruppen von der bürgerlichen Gesellschaft ausgeschlossen sind und zudem deren Lebensführung streng formal-bürokratisch reglementiert ist (Goffmann 1973). AsylwerberInnen werde das Recht auf ein Selbst verwehrt, denn auch in kleinsten alltäglichen Belangen wird ihnen keine autonome Ent-

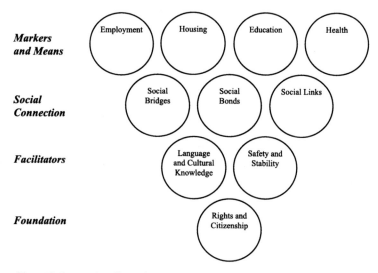

Abb. 1: Ein konzeptioneller Rahmen zur Definition von Schlüsseldomänen der Integration
Quelle: Ager / Strang 2008, 170

scheidungsfähigkeit eingeräumt (Täubig 2009, 55). Täubig entwickelt den Begriff der Desintegration, um das Gegenteil zu Integration auf den Punkt zu bringen:

> Integration bedarf eines Zusammenkommens von Menschen, Asylwerber [...] werden in Gemeinschaftsunterkünften segregiert. Integration bedeutet, die Sprache des Aufnahmelandes zu erlernen; Asylwerber [...] haben keinen Anspruch auf Integrations- und Sprachkurse. Integration heißt, gesellschaftliche Positionen wie Erwerbsarbeit zu besetzen; Asylwerber [...] dürfen nicht arbeiten. (Täubig 2009, 12)

Auf der Grundlage dieser hier skizzierten Überlegungen zu Integration als Zwei-Wege-Ansatz einerseits und der Desintegration als Form staatlicher Segregation werden im nächsten Kapitel strukturelle Lebens- und Integrationsbedingungen von AsylwerberInnen während der Zeit in der Grundversorgung beleuchtet – also jene Lebenslagen und -möglichkeiten, die einem potenziellen Antrag auf humanitäres »Bleiberecht« vorangehen bzw. die in die Entscheidung über einen Aufenthaltstitel nach dem NAG einfließen.

## 3.  Organisierte Desintegration von AsylwerberInnen

Thema dieses Kapitels ist, welche Rechte und Mittel zur *Integration* AsylwerberInnen beanspruchen können bzw. in welchem Ausmaß und mit welchen Mitteln und Bestimmungen Desintegration produziert wird. Ager / Strang (2008,

177) zufolge geraten in diesem Kontext zwei integrationspolitische Komponenten in den Blick, nämlich *facilitators* und *foundation*. Integrationspolitische Maßnahmen (*facilitators*) beseitigen strukturelle Integrationsbarrieren und stellen Ressourcen zur Verfügung, Rechte (*foundation*) bilden die Grundlage für individuelle Integrationsleistungen. Hingegen ist entlang der Perspektive der *organisierten Desintegration* zu fragen, welche Bestimmungen und Mechanismen strukturelle Barrieren gegen den Zugang zu Ressourcen und Einrichtungen aufbauen bzw. welche Rechte, die für das Gelingen individueller Integrationsleistungen grundlegend sind, dezidiert verweigert werden. Im Folgenden behandle ich Bestimmungen und Praktiken, die organisierte Desintegration produzieren. Diese Bestimmungen und Praktiken werden an fehlenden Zugangsrechten (zu Erwerbsarbeit / Lehre, Bildung / Sprache und Freizeiteinrichtungen) und räumlich segregierter Unterbringung von AsylwerberInnen in Grundversorgung festgemacht.

## 3.1    Materielle Desintegration: fehlende Zugangsrechte

Materielle Desintegration erfolgt über asylrechtliche Bestimmungen wie die Grundversorgungsvereinbarung 2004 oder das Bundesbetreuungsgesetz aus dem Jahre 2005, aber auch durch aufenthaltsrechtliche Bestimmungen, die zwei Kategorien von MigrantInnen erzeugen – die Gruppe mit und die Gruppe ohne dauerhaften Aufenthaltsstatus. MigrantInnen ohne dauerhaften Aufenthaltsstatus besitzen keinen Zugang zu Domänen, die gesellschaftliche Integration ermöglichen. Dem Innenministerium (BMI) zufolge sollen lediglich Menschen mit dauerhaftem Aufenthaltsstatus die Möglichkeit zur Integration erhalten (Nationaler Kontaktpunkt Österreich 2005, 39 – 46). AsylwerberInnen sind wie auch SaisonarbeiterInnen als Gruppe ohne dauerhaften Status von integrationspolitischen Maßnahmen, wie zum Beispiel der Integrationsvereinbarung, explizit ausgeschlossen. Mehr noch, für das BMI erscheinen individuelle Aktivitäten, Integration zu leben, sogar verdächtig, da sie einen Versuch darstellen könnten, sich dauerhaft niederzulassen (ebd., 41).

Asyl- und ausländerbeschäftigungsrelevante Regelungen, die auf AsylwerberInnen angewendet werden, bedeuten Unsicherheit im Aufenthaltsstatus, Untätigkeit im Hinblick auf bezahlte Arbeit und soziale Isolation vom Umfeld. Der Zugang zum Arbeitsmarkt ist stark beschränkt, der Zugang zu Berufsausbildung (Lehre) und Weiterbildungseinrichtungen ebenso, die Nutzung von Freizeiteinrichtungen finanziell nicht leistbar (UNHCR 2009). Denn AsylwerberInnen in Grundversorgung, die eine legale unselbstständige Beschäftigung aufnehmen möchten, unterliegen den Bestimmungen des Ausländerbeschäftigungsgesetzes. Erst eine Beschäftigungsbewilligung erlaubt die Aufnahme einer unselbstständigen Tätigkeit – sie wird aber nicht den AsylwerberInnen selbst, sondern dem / der antragstellenden ArbeitgeberIn erteilt und ist von einer Reihe von Voraussetzungen abhängig. So dürfen für eine offene Stelle weder ÖsterreicherInnen noch in den Arbeitsmarkt integrierte AusländerInnen zur Verfügung stehen und darüber hinaus dürfen die Landes- bzw. Bundeshöchstzahlen für Beschäftigungsbewilligungen nicht überschritten werden. Weiters können AsylwerberInnen nur im Bereich der Saisonbeschäftigung angestellt werden (Limberger 2010; Schumacher / Peyrl 2007, 242 ff.). Diese Bestimmungen laufen auch deshalb de facto auf ein Beschäftigungsverbot für AsylwerberInnen hinaus, weil diese strikten Regelungen die ArbeitgeberInnen vor dem für die Anstellung von AsylwerberInnen nötigen bürokratischen Aufwand oft zurückschrecken lassen. Die Grundversorgungsgesetze der Länder sehen die Möglichkeit gemeinnütziger Hilfstätigkeiten für Bund, Land und Kommunen oder in unmittelbarem Zusammenhang mit der Unterkunft vor – ohne dass dadurch aber ein reguläres Arbeitsverhältnis begründet werden würde. Sofern diese Tätigkeiten nicht den persönlichen Wohnbereich betreffen, ist eine »angemessene Entschädigung« vorgesehen, konkret sind dies für kommunale Arbeit drei Euro (geregelt in der Grundversorgungsvereinbarung 2004). Trotz dieser geringen Bezahlung ist die Nachfrage nach diesen Beschäftigungen groß, und Betreuungs-NGOs beurteilen die kommunale Arbeit unter integrationspolitischen Gesichtspunkten überwiegend positiv (Al-ataby / Singer 2010).

Die Beschäftigungsbewilligungen sind auch eine Barriere für den Einstieg in eine Lehrausbildung. Eine Lehre anzutreten ist für AsylwerberInnen nicht möglich, weil, so die Schlussfolgerung, das duale Ausbildungssystem mit Erwerbsarbeit verbunden ist, der Zugang zu Erwerbsarbeit aber, wie bereits erläutert, von einer Reihe von äußeren Bedingungen abhängig ist. Der Zugang zu geförderten Aus- und Weiterbildungsmaßnahmen ist ebenfalls an das Kriterium der Vermittelbarkeit auf dem Arbeitsmarkt geknüpft. Da AsylwerberInnen jedoch nicht in die Vermittlung des Arbeitsmarktservice aufgenommen werden, sind sie vom Zugang zu geförderten Bildungsmaßnahmen faktisch ausgeschlossen (Knapp 2006, 16). Auf Zugang zu Erwachsenenbildungsangeboten legen Politik und Behörden ebenso wenig Wert. Am ehesten werden Deutschkurse angeboten. Als Teil der Grundversorgungsleistung sind diese jedoch nur für unbegleitete minderjährige Flüchtlinge vorgesehen.

Zusammenfassend ist festzuhalten, dass es keineswegs politisches Ziel ist, AsylwerberInnen zu integrieren – obwohl seit den 2000er-Jahren viele Asylverfahren über mehrere Jahre hinweg dauern und folglich der Integrationsaspekt an Relevanz gewinnt. Vielmehr wird eine sichtbare und isolierte Parallelwelt aufgebaut. Dieser Aspekt wird besonders dann deutlich, wenn die Wohnformen und die damit einhergehenden restriktiven Regelungen betrachtet werden.

## 3.2    Residenzielle Segregation

In der symbolischen Ordnung unserer Gesellschaft nehmen AsylwerberInnen
eine marginalisierte soziale Position ein. Obwohl sie über die Grundversorgungsleistungen in gewisser Weise Teil der Gesellschaft sind, werden sie über
spezifische Wohnlagen und Wohnformen, insbesondere durch heimähnliche
Gemeinschaftsunterkünfte, außerhalb der Gesellschaft platziert. Die Situation
des »Draußen im Drinnen« (Kronauer 2010) wird durch strikte Regeln verstärkt,
die meist auch dazu dienen, den persönlichen Kontakt mit der Aufnahmegesellschaft zu beschränken bzw. zu unterbinden.

Wo und wie leben AsylwerberInnen? Vorweg ist festzuhalten, dass die konkrete Unterbringungssituation vom Stand des Asylverfahrens abhängig ist. Sobald ein Asylantrag eingebracht wurde, wird der / die AsylwerberIn einer Erst-
aufnahmestelle (Traiskirchen, Thalham) zugewiesen und unterliegt nach § 15
Asylgesetz einer sogenannten Mitwirkungspflicht, d. h. er oder sie darf die Un-
terbringungseinrichtung 120 Stunden lang nicht verlassen. In diesen ebenso wie
in weiteren Bundesbetreuungseinrichtungen gilt ein dezidiertes Betretungs- und
Aufenthaltsverbot für sogenannte Nichtbefugte.[3] Durch diese Verordnung werden AsylwerberInnen in dieser Phase des Verfahrens umfassend von der Gesellschaft abgeschottet bzw. wird, je nach Blickwinkel, die Gesellschaft von ihnen
isoliert.

Nach der Zulassung zum Verfahren werden die AsylwerberInnen von der
Koordinationsstelle des BMI einem Bundesland zugeteilt. Durch den Quoten-
passus in der Grundversorgungsvereinbarung zwischen Ländern und Bund wird
eine räumliche, der Bevölkerung aliquote Verteilung der AsylwerberInnen über
das Bundesgebiet festgelegt bzw. angestrebt. In den Bundesländern entscheiden
sodann Flüchtlingskoordinationsstellen, wer wohin kommt, also welcher Un-
terkunftsform bzw. -einrichtung die jeweilige Person zugewiesen wird. Die
landesgesetzlichen Bestimmungen legen fest, dass BezieherInnen der Grundversorgung keinen Anspruch auf eine bestimmte Form der Leistung oder der
Unterbringung haben und dass sie folglich keinen Einfluss auf Wohnort und
Wohnform haben.

In Österreich wohnen alle Asylsuchenden im Zulassungsverfahren sowie
etwa die Hälfte der zum Verfahren zugelassenen AsylwerberInnen in Gemeinschaftsunterkünften (König / Rosenberger 2010). In den Bundesländern sind die
Unterbringungsformen sehr unterschiedlich ausgestaltet – im Burgenland, in
Tirol und Kärnten sind die zum Verfahren zugelassenen AsylwerberInnen

---

3 Verordnung der Bundesministerin für Inneres, mit der das unbefugte Betreten und der unbefugte Aufenthalt in den Betreuungseinrichtungen des Bundes verboten wird (Betreu-
   ungseinrichtungen-BetretungsV 2005)

deutlich häufiger in Sammeleinrichtungen untergebracht als in Wien oder in Salzburg, wo mehr Menschen in Privatwohnungen leben (siehe Tab. 1). Eine Unterbringung in einer privaten Wohnung erfolgt ausschließlich mit Zustimmung der zuständigen Landesflüchtlingskoordination. In allen Bundesländern aber ist die Zuweisung als willkürlich zu bewerten, denn es fehlen nachvollziehbare Kriterien, nach denen AsylwerberInnen individuell oder kollektiv untergebracht werden. ExpertInnen der Grundversorgung deuten demnach eine individuelle Unterbringung oft als Privileg bzw. als Form der Belohnung (Kröll et al. 2010).

Tab. 1: Unterbringung der zum Verfahren zugelassenen AsylwerberInnen nach Bundesland (Stichtag: 13.11.2008)

| Bundesland | Zum Verfahren zugelassene AsylwerberInnen (absolut) | Organisierte Unterkünfte (absolut und in Prozenten) | Individuelle Unterkünfte (absolut und in Prozenten) |
|---|---|---|---|
| Vorarlberg | 726 | 659 (91 %) | 67 (9 %) |
| Burgenland | 667 | 560 (84 %) | 107 (16 %) |
| Kärnten | 724 | 560 (77 %) | 164 (23 %) |
| Tirol | 1.152 | 841 (73 %) | 311 (27 %) |
| Steiermark | 2.060 | 1.273 (62 %) | 787 (38 %) |
| Oberösterreich | 3.188 | 1.801 (54 %) | 1.387 (44 %) |
| Niederösterreich | 3.067 | 1.645 (54 %) | 1.422 (46 %) |
| Salzburg | 1.120 | 466 (42 %) | 654 (58 %) |
| Wien | 3.960 | 1.237 (31 %) | 2.723 (69 %) |
| Summe (absolut) | 16.664 | 9.042 (54 %) | 7.622 (46 %) |

Quelle: König / Rosenberger 2010, 278. Anmerkung: In Vorarlberg ist der Großteil der zum Verfahren zugelassenen AsylwerberInnen in von der Caritas angemieteten Wohnungen untergebracht.

Die Unterbringung in privat angemieteten Wohnungen markiert Flüchtlinge weniger als *Flüchtlinge* als etwa die Unterbringung in Gemeinschaftsunterkünften, die sich meist sowohl in architektonischer als auch in sozialer Hinsicht deutlich von üblichen Wohnumgebungen abheben. Das Leben in Gemeinschaftsunterkünften blockiert soziale Interaktionen mit der lokalen Umgebung, aber auch mit NGOs und behindert folglich auch die damit einhergehenden integrativen Mechanismen, ja unterbindet diese und wird so zum Moment der Desintegration und Exklusion.

Eine besondere Rolle im Hinblick auf soziale Integration kommt den Hausordnungen der Unterkünfte zu. Diese reglementieren An- und Abwesenheiten und Besuchsmöglichkeiten und bestimmen so auch über soziale Kontakte zwischen AsylwerberInnen und Menschen außerhalb der Unterkünfte. Bei der

Erlassung von Hausordnungen, aber auch bei deren Anwendung spielen behördliche und individuelle Ermessensspielräume eine große Rolle, wie das Beispiel der Besuchsregelungen zeigt. So variieren in den Bundesländern nicht nur die Besuchszeiten, es ist auch unterschiedlich geregelt, ob explizite Besuchserlaubnisse ausgesprochen werden müssen, ob Rücksprache mit der Heimleitung oder mit den BetreuerInnen gehalten werden muss, ob regelmäßiger Besuch erlaubt ist, ob Übernachtung prinzipiell gestattet ist usw. In Kärnten etwa dürfen hausfremde Personen die Betreuungseinrichtung nur mit Genehmigung des Landesflüchtlingsreferates betreten, sonst gilt das Schild »Zutritt verboten« (Wulz 2010). Neben den Besuchsregelungen sind auch An- und Abwesenheitsregelungen für soziale Kontakte nach außen relevant. In Bundesbetreuungsstellen führen ein unentschuldigtes Fernbleiben sowie eine unbegründete Abwesenheit von über 24 Stunden zur Entlassung aus der Bundesbetreuung. In den meisten Ländern beträgt die maximale Abwesenheitsdauer drei Tage, danach verlieren BewohnerInnen ihren Platz in der Unterkunft. Auswärtige Übernachtungen müssen gemeldet werden, in manchen Fällen ist um Genehmigung bei der Heimleitung oder beim zuständigen Landesflüchtlingsbüro anzusuchen (König / Rosenberger 2010, 286 ff.).

Wenn wir mit Ager / Strang (2008) davon ausgehen, dass individuelle Integrationsgrade wie soziale Beziehungen sowohl als Integrationsergebnisse als auch als Integrationsinstrumente identifiziert werden können, dann hat die Unterbringung in Gemeinschaftsunterkünften mindestens einen doppelt nachteiligen Effekt: Das reglementierte, auf Isolation und Abschottung basierende Leben in Gemeinschaftsunterkünften unterbindet soziale Kontakte mit der lokalen Umgebung. AsylwerberInnen haben folglich kaum eine Chance, soziales Kapital, das bei der Arbeits- und Wohnungssuche unterstützend sein könnte, zu erwerben. Asylunterkünfte, teils als nicht von anderen Personen als den BewohnerInnen begehbarer Raum strukturiert, erlauben nicht nur die Kontrolle der AsylwerberInnen, sie hemmen insbesondere soziale Kontakte. Die materiellen und symbolisch-räumlichen Desintegrationsstrukturen zusammenfassend ist nun zu sagen, dass AsylwerberInnen in Österreich zwar konform der EU-Aufnahmerichtlinie 2003[4] materielle Leistungen wie Wohnen und Essen erhalten, dass die Aufnahmemaßnahmen sie aber nicht in Teilbereiche der österreichischen Gesellschaft integrieren, sondern davon ausschließen. Zudem exponiert die verordnete Untätigkeit AsylwerberInnen als nicht arbeitende Menschen inmitten einer Arbeitsgesellschaft. Die Asylstrukturen, Regeln, Normen und Ressourcen bauen Barrieren auf und bedingen, dass individuelle Integrationsleistungen lediglich unter erschwerten Bedingungen erbracht werden

---

4 Richtlinie 2003 / 9 / EG über Mindestnormen für die Aufnahme von Asylwerbern in den Mitgliedstaaten.

können. Auch wenn dies keine österreichische Besonderheit in Europa ist (siehe Squire 2009), ist dieser Befund im Zusammenhang mit rechtlichen Regelungen, richterlichen Erkenntnissen und behördlichen Entscheidungen für einen dauerhaften Aufenthaltsstatus mehr als relevant, denn wie der folgende Absatz beispielhaft zeigen wird, werden Integrationsleistungen bei diesen vorausgesetzt.

## 4.   Integrationsleistungen und Niederlassung

Das Recht auf einen Verbleib in Österreich aus humanitären Gründen im Sinne des Art. 8 EMRK findet sich zum ersten Mal im Niederlassungs- und Aufenthaltsgesetz 2005 in den §§ 72 bis 75. Dieses sah jedoch nur eine amtliche Prüfung und kein individuelles Antragsrecht vor, was vom Verfassungsgerichthof beanstandet wurde. Der Gesetzgeber novellierte die gesetzliche Regelung daraufhin grundlegend. In dieser Fassung ist kein eigener humanitärer Aufenthaltstitel mehr vorgesehen. Humanitäre und menschenrechtliche Gründe werden vielmehr als Basis für die mögliche Verleihung einer beschränkten (§ 43) oder unbeschränkten Niederlassungsbewilligung (§ 44) angeführt. Um eine unbeschränkte Niederlassungsbewilligung kann dann angesucht werden, wenn ein Nachweis von Deutschkenntnissen entsprechend der Integrationsvereinbarung vorliegt.

Nach § 44 (4) NAG können Menschen, die sich seit längerer Zeit in Österreich aufhalten – betrifft prinzipiell auch AsylwerberInnen – und darüber hinaus eine Reihe weiterer Kriterien erfüllen, bei der Fremdenpolizei um einen unbeschränkten Aufenthaltstitel ansuchen. Das NAG formuliert als Voraussetzung, dass durch die Niederlassung eines Antragstellers / einer Antragstellerin der jeweiligen Gebietskörperschaft keine finanzielle Belastung entsteht, und sieht folglich die Überprüfung des »Grades der Integration« vor (insbesondere die nachgewiesene Selbsterhaltungsfähigkeit in Form einer Arbeitsplatzzusage, der Nachweis einer adäquaten Wohnung und einer Krankenversicherung), die Unbescholtenheit und kein Aufenthaltsverbot.[5] Eine Alternative zu einem eigenen Einkommen ist die Möglichkeit einer Patenschaftserklärung – in diesem Falle bürgen Dritte für etwaig anfallende Kosten (bis hin zu den Kosten der Abschiebung).[6] Allerdings ist insbesondere im Kontext dieses Beitrages zu be-

---

5 Der Bleiberechtsbericht kommt zum Ergebnis, dass »in erster Linie jenen Fällen ein Aufenthaltstitel gewährt wird, in denen eine Ausweisung aus menschenrechtlichen Gründen unzulässig ist, während es für alle anderen humanitären Fälle nach wie vor unüberwindbare Hürden gibt« (asylkoordination österreich et al. 2010, 3).

6 Die Behörde hat dabei den Grad der Integration des Drittstaatsangehörigen, insbesondere die Selbsterhaltungsfähigkeit, die schulische und berufliche Ausbildung, die Beschäftigung und

rücksichtigen, dass eine Patenschaftserklärung soziale Kontakte, Nähe und eine gegenseitig vertrauensvolle Beziehung zu Menschen der Aufnahmegesellschaft voraussetzt – diese aber unter den Bedingungen einer Unterbringung in den oft abgeschotteten Gemeinschaftsunterkünften schwer aufgebaut werden können.

Ähnliches gilt auch für die verlangten Sprachkenntnisse: Wie oben ausgeführt, sind AsylwerberInnen von der Integrationsvereinbarung und den damit einhergehenden Sprachkursen explizit ausgenommen, und doch wird bei Entscheidungen zur unbeschränkten Niederlassung die in der Integrationsvereinbarung vorgesehene Sprachkompetenz vorausgesetzt. Dies ist eine Widersprüchlichkeit auf der Seite des Gesetzgebers.

Aber nicht nur bei Anträgen auf eine unbefristete Niederlassung nach humanitären Überlegungen werden von AsylwerberInnen Integrationsleistungen verlangt, auch in Entscheidungen des Asylgerichtshofes und in Verfassungsgerichtshoferkenntnissen über Asylanträge spielen (fallweise) Integrationsgrade eine Rolle. In einem Spruch des Asylgerichtshofes über eine Beschwerde eines Asylwerbers würdigt dieser die Integrationsleistungen und gibt der Beschwerde statt, wie der folgende Auszug zeigt:

> Sowohl der Beschwerdeführer als auch seine Ehefrau sind [...] sowohl in wirtschaftlicher als auch in sozialer Hinsicht als integrierte Mitglieder der österreichischen Gesellschaft anzusehen. So hat die Ehefrau durch Nachweis einer durchgängigen, länger andauernden Beschäftigung im Rahmen des Ausländerbeschäftigungsgesetzes und den damit verbundenen Bezug regelmäßigen, legalen Einkommens bereits im Erwerbsleben Fuß gefasst. Zudem haben sowohl der Beschwerdeführer als auch seine Ehefrau durch den Besuch bzw. durch das erfolgreiche Ablegen mehrerer Deutschkurse beachtliche Kenntnisse der deutschen Sprache erworben. Insbesondere ist das soziale Engagement [...] als ehrenamtliche Mitarbeiter bei der Caritas hervorzuheben. Darüber hinaus waren und sind der Beschwerdeführer und seine Ehefrau seit Beginn ihres Aufenthalts in Österreich an generell bestrebt, sich in Österreich durch Kontaktaufnahme zu integrieren, was sich durch den großen Freundes- und Bekanntenkreis der Familie eindrucksvoll manifestiert hat.[7]

Umgekehrt werden in der Spruchpraxis des Asylgerichtshofes mangelnde Integrationsbelege insofern berücksichtigt, als Beschwerden gegen negative Asylbescheide u. a. mit Verweisen auf fehlende Integration nicht stattgegeben wird.

> Was die Verfestigung der Beschwerdeführerin in Österreich betrifft, so konnte diese abgesehen von ihrer Unbescholtenheit im Wesentlichen einzig auf die Dauer ihres

---

die Kenntnisse der deutschen Sprache, zu berücksichtigen. Der Nachweis einer oder mehrerer Voraussetzungen des § 11 Abs. 2 Z. 2 bis 4 kann auch durch Vorlage einer Patenschaftserklärung (§ 2 Abs. 1 Z. 18) erbracht werden (FrÄG 2009, § 44 Abs. 4).

7 Asylgerichtshof 2009, Geschäftszahl D9 250688 – 0 / 2008 / 9E, Entscheidungsdatum 05. 10. 2009.

Aufenthalts seit 20.06.2003 im Bundesgebiet verweisen. Gute Deutschkenntnisse konnte sie ebenso wenig nachweisen, wie eine Berufstätigkeit oder eine besondere soziale Integration. Ihr Aufenthalt in Österreich wurde ausschließlich durch einen Asylantrag legitimiert, der sich letztlich als nicht begründet erwiesen hat [...][8]

Welche Integrationsdimensionen werden schließlich bei Entscheidungen von Behörden und Gerichten als relevant berücksichtigt oder gefordert? Eine Analyse von Erkenntnissen und Urteilen ergibt, dass insbesondere zwei Dimensionen der Integration – strukturelle und soziale – herangezogen werden, um einen humanitären Aufenthaltstitel nach Art. 8 EMRK zu prüfen und eventuell zu gewähren (asylkoordination österreich et al. 2010). Als Beleg für die strukturelle Integration werden dabei Faktoren wie legale Erwerbsarbeit bzw. die Zusage eines Arbeitsplatzes, Schulbesuch, Sprachkompetenz sowie eine der Familiengröße entsprechende Wohnungsgröße angeführt. Als Nachweise für soziale Integration gelten Stellungnahmen oder Unterstützungserklärungen und Empfehlungsschreiben von Nachbarn und ArbeitskollegInnen, die bezeugen, dass die Betroffenen in Sachen Integration bereits das eine oder andere geleistet haben.

Schließlich ist anzumerken, dass der grundsätzlich prekäre Aufenthaltsstatus während der oft langen Verfahrensdauer und die damit einhergehenden strukturellen Desintegrationsmechanismen wie die Verpflichtung zur Untätigkeit und die sozial-räumliche Abschottung durch Wohnformen bei der Beurteilung des Integrationsgrades für die Gewährung eines »Bleiberechts« nicht berücksichtigt werden.

## 5. Zusammenfassung

Dieser Beitrag hat die paradoxe Gleichzeitigkeit von staatlicher Desintegration und individuellen Integrationsgraden problematisiert und empirische Evidenz für individuelle Teilnahme trotz staatlicher Schließungsprozesse gegenüber AsylwerberInnen gegeben. Er hat Widersprüchlichkeiten zwischen rechtlichen Bestimmungen und politischen Positionierungen benannt, nämlich:

Erstens: Die österreichische Regierungspolitik lehnt Integration während der Dauer des Asylverfahrens strikt ab und produziert durch beschäftigungspolitische Bestimmungen und administrative Entscheidungen über die Unterbringung organisierte Desintegration. AsylwerberInnen werden materiell grund-

---

8 Asylgerichtshof 2010, Geschäftszahl B5 241.325 – 2/2010/2E, Entscheidungsdatum 02.03. 2010. Letzter Zugriff am 5. November 2010, Bundeskanzleramt Rechtsinformationssystem (RIS).

versorgt, sie sind aber nicht als Individuen mit Rechten auf Teilnahme ausgestattet.

Zweitens: In einer bestimmten Situation werden individuelle Integrationsleistungen erwartet bzw. werden diese konditional, wie die Kriterien für die Niederlassung zeigen. Exklusion kippt in vorausgesetzte Integration. In Erkenntnissen und Entscheidungen über die Gewährung von Asyl bzw. Niederlassung durch das »Bleiberecht« werden Integrationsgrade zum Kriterium – und zwar vor dem Hintergrund von Barrieren.

Drittens: Diese Ambivalenz darf als besonders krasses Beispiel einer »Ein-Weg-Integrationspolitik« gelten. Obwohl der NAP 2009 festhält, dass Integration ein individueller ebenso wie ein gesellschaftlicher Prozess ist, der durch eigenverantwortliches Engagement sowie durch staatliche Rahmenbedingungen permanent zu gestalten sei, mündet die Implementation von Integration am Beispiel der AsylwerberInnen in ein »Ein-Weg«-Verständnis. Dass Integration bei AsylwerberInnen gar nicht erwünscht ist und dass konsequenterweise keine Integrationsmaßnahmen vorgesehen sind, kann diese Kritik nicht entkräften. Denn Integrationsleistungen werden zu einem bestimmten Zeitpunkt erwartet, wiewohl im Vorfeld die Strukturen auf Exklusion gerichtet waren, wodurch Barrieren nicht nur nicht aus dem Weg geräumt, sondern sogar aufgebaut wurden.

Schließlich legen die behördlichen wie richterlichen Entscheidungen den Schluss nahe, dass zwar Integrationsleistungen als Voraussetzungen für positive Entscheidungen gelten, dass diese aber nicht ausreichen, um etwa eine Abschiebung zu verhindern. Diese Praxis ist als Zeichen für die Konditionalität von Integration zu werten. Asylpolitische Maßnahmen und Entscheidungen sind demnach ein weiteres Feld, das das defizitäre Verhältnis der österreichischen Politik zur Integrationsagenda verdeutlicht: Eine Integrationspolitik, die mit Ager / Strang (2008) nicht nur durch fehlende Maßnahmen zur Beseitigung von Barrieren charakterisiert werden kann, sondern die Desintegrationsstrukturen produziert und trotzdem individuelle Integrationsdefizite als Argument gegen einen humanitären Aufenthaltstitel nutzt.

## Literatur

Ager, Alastair / Strang, Alison 2008: ›Understanding Integration: A Conceptual Framework‹, *Journal of Refugee Studies*, Jahrgang 21, Heft 2, 166 – 191.

Al-ataby, Khaldon / Singer, Raffaela 2010: ›Die Grundversorgung in Vorarlberg: Ein Beispiel politischer Kontinuität‹, in Sieglinde Rosenberger (Hg.): *Asylpolitik in Österreich. Unterbringung im Fokus*, Wien, 124 – 143.

Asylgerichtshof 2009: Bundeskanzleramt *Rechtsinformationssystem (RIS), Geschäftszahl*

*D9 250688 – 0 / 2008 / 9E, Entscheidungsdatum 05. 10. 2009.* Zuletzt abgerufen am 05. 11. 2010 unter www.ris.bka.gv.at / AsylGH.

Asylgerichtshof 2010: *Bundeskanzleramt Rechtsinformationssystem (RIS), Geschäftszahl B5 241.325 – 2 / 2010 / 2E, Entscheidungsdatum 02. 03. 2010.* Zuletzt abgerufen am 05. 11. 2010 unter www.ris.bka.gv.at/AsylGH.

asylkoordination österreich, Diakonie Flüchtlingsdienst, SOS Mitmensch, Verein Projekt Integrationshaus, Volkshilfe Österreich 2010: *Ein Jahr »Bleiberecht«. Eine Analyse mit Fallbeispielen.* Zuletzt abgerufen am 05. 11. 2010 unter http://www.asyl.at/fakten_1 bleiberechtsbericht_03_10pdf.

Bundesministerium für Inneres (BMI) 2009: *Nationaler Aktionsplan für Integration. Bericht,* Wien. Zuletzt abgerufen am 16. 10. 2010 unter http://www.integrationsfonds.at/ fileadmin/Integrationsfond/NAP/nap_bericht.pdf.

European Council on Refugees and Exiles (ECRE) 1999: *Position on the Integration of Refugees in Europe.* Zuletzt abgerufen am 15. 08. 2010 unter http://www.ecre.org/posi tions/integ.shtml.

Goffman, Erving 1973: *Asyle: Über die soziale Situation psychiatrischer Patienten und anderer Insassen,* Frankfurt a.M.

Heckmann, Friedrich 1992: *Ethnische Minderheiten, Volk und Nation. Soziologie interethnischer Beziehungen,* Stuttgart.

Knapp, Anny 2006: *ICF II. Länderbericht Österreich.* Zuletzt abgerufen am 19. 05. 2010 unter http://www.asyl.at/projekte/icf2_laenderbericht.pdf.

König, Alexandra / Rosenberger, Sieglinde 2010: ›Desintegration, Dezentralität, Disziplinierung: Grundversorgung im Bundesländervergleich‹, in Sieglinde Rosenberger (Hg.): *Asylpolitik in Österreich. Unterbringung im Fokus,* Wien, 272 – 295.

Kröll, Patricia / Reiner, Pauline / Wieser, Silvia-Maria / Winkler, Jakob 2010: ›Verwaltungsdominanz und politische Kontinuität: Die Grundversorgung von AsylwerberInnen in Tirol‹, in Sieglinde Rosenberger (Hg.): *Asylpolitik in Österreich. Unterbringung im Fokus,* Wien, 144 – 161.

Kronauer, Martin 2010: *Exklusion. Die Gefährdung des Sozialen im hoch entwickelten Kapitalismus,* 2., aktualisierte und erweiterte Aufl., Frankfurt a.M.

Langthaler, Herbert / Trauner, Helene 2009: ›Das österreichische Asylregime unter besonderer Berücksichtigung der Rolle zivilgesellschaftlicher Organisationen‹, *SWS-Rundschau,* Jahrgang 49, Heft 4, 446 – 467.

Limberger, Petra 2010: ›Der Zugang mittelloser AsylwerberInnen zur Grundversorgung: Rechtsgrundlagen in Österreich‹, in Sieglinde Rosenberger (Hg.): *Asylpolitik in Österreich. Unterbringung im Fokus,* Wien, 41 – 61.

Nationaler Kontaktpunkt Österreich 2005: *Integrationspraktiken in Österreich: Eine Landkarte über Integrationspraktiken und -philosophien von Bund, Ländern und Sozialpartnern,* Wien. Zuletzt abgerufen am 10. 07. 2011 unter http://www.iomvienna.at/ images/stories/files/EMN_Integrationspraktiken_in_sterreich_2005.pdf.

Österreichischer Integrationsfonds 2009: *Migration und Integration. Zahlen, Daten, Fakten 2009,* Wien. Zuletzt abgerufen am 22. 11. 2010 unter http://www.integrationsfonds.at/fileadmin/Integrationsfond/5_wissen/Zahlen_Fakten_2009/statistisches_jahrbuch_2009.pdf.

Perchinig, Bernhard 2009. ›Von der Fremdarbeit zur Integration? (Arbeits)migrations-

und Integrationspolitik in der Zweiten Republik‹, *Österreich in Geschichte und Literatur,* Jahrgang 53, Heft 3, 228 – 246.

Pieper, Tobias 2008: *Die Gegenwart der Lager. Zur Mikrophysik der Herrschaft in der deutschen Flüchtlingspolitik,* Münster.

Schumacher, Sebastian / Peyrl, Johannes 2007: *Fremdenrecht. Asyl – Ausländerbeschäftigung – Einbürgerung – Einwanderung – Verwaltungsverfahren.* 3., durchgesehene Aufl., Wien.

Squire, Vicki 2009: *The Exclusionary Politics of Asylum,* Basingstoke.

Täubig, Vicki 2009: *Totale Institution Asyl. Empirische Befunde zu alltäglichen Lebensführungen in der organisierten Desintegration,* München.

Thielemann, Eiko 2004: ›Why Asylum Policy Harmonization Undermines Refugee Burden-Sharing‹, *European Journal of Migration and Law,* Jahrgang 6, Heft 1, 47 – 65.

UNHCR (The UN Refugee Agency): *Global Report 2009.* Zuletzt abgerufen am 22. 11. 2010 unter http://www.unhcr.org/gr09/index.html.

Wets, Johan (2006): ›The Turkish Community in Austria and Belgium. The Challenge of Integration‹, *Turkish Studies,* Jahrgang 7, Heft 1, 85 – 100.

Wulz, Janine 2010: ›An den Rand gedrängt und doch präsent: AsylwerberInnen in Kärnten / Koroška‹, in Sieglinde Rosenberger (Hg.): *Asylpolitik in Österreich. Unterbringung im Fokus,* Wien, 185 – 202.

Andrea Kretschmann / Arno Pilgram

# Verrechtlichung des transnationalen Pflegearbeitsmarkts. Die Versteinerung sozialer Ungleichheit

Seit dem Systemwechsel in den ehemals kommunistischen Nachbarländern Anfang der 1990er-Jahre bildete sich in Österreich ein irregulärer[1] transnationaler Pflegedienstleistungsmarkt für die langfristige Pflege und Betreuung von älteren Menschen im Privathaushalt heraus. Er ist das Resultat eines Zusammenspiels der seitdem vergrößerten Bewegungsfreiheit von Menschen aus den osteuropäischen Ländern, einer restriktiven österreichischen Ausländerbeschäftigungspolitik und einem regulären Pflege- und Betreuungsangebot, das den Ansprüchen und Bedürfnissen vieler Pflegebedürftiger nicht entspricht. Besonders Pflegebedürftige, die eine Vollzeitpflege und / oder -Betreuung benötigten, griffen deshalb immer öfter auf irregulär erbrachte Dienstleistungen zurück. Rund um die Uhr zu leistende Pflege- und Betreuungsarbeit im Privathaushalt wird seitdem vielfach durch CarearbeiterInnen[2] aus den »neuen« EU-Ländern, vorrangig der Slowakei, abgedeckt. Die meisten der Frauen in diesen Arbeitsverhältnissen (nur wenige Männer arbeiten in diesem als weiblich konnotierten Tätigkeitsbereich) pendeln zweiwöchentlich zwischen ihrem Herkunftsort und dem Arbeitsplatz hin und her. Ihren Lebensmittelpunkt in der

---

1 Irreguläre Arbeit besteht außerhalb der Grenzen des gesetzlich Zulässigen. Anders als dem Begriff der Illegalität fehlt ersterem der an strafrechtlichen Kriterien orientierte diskursive Zuschreibungscharakter (Sciortino 2004, 17) und somit seine negative Konnotation. Im Folgenden wird deshalb der Terminus der irregulären Arbeit mit seinem entsprechenden Gegenbegriff, dem der regulären Arbeit, verwendet. Als *bezahlte* Arbeit ist die irreguläre Arbeit zudem von der *unbezahlten* informellen Arbeit abzugrenzen.

2 Der hier verwendete Begriff der Carearbeit trennt nicht zwischen den in der Praxis oft schwer voneinander abgrenzbaren Haushalts- und Sorge-, Pflege- und Betreuungsarbeiten und verweist somit auf den sozialen Charakter aller die Carearbeit umfassenden Aspekte. Im Gegensatz zum Begriff der Pflege fokussiert der Begriff der Carearbeit zudem nicht nur auf die krankenpflegerischen, physischen Anteile der Tätigkeit. Implizit verknüpft mit den Begriffen Betreuung, Vorsorge, Rehabilitation, Beratung, Sorge, Obhut bezieht die Bezeichnung Care ebenso die sozialen Facetten der Arbeit ein. Aus Gründen der Lesbarkeit wird jedoch auch das Begriffspaar Pflege und Betreuung verwendet. Da der Anteil von Männern in diesem Tätigkeitsbereich verschwindend gering ist, wird im Folgenden, wenn von den in der Pflege und Betreuung Beschäftigten die Rede ist, zudem allein auf die weibliche Form verwiesen.

Slowakei behalten sie bei, oder sie bilden mehrere Lebensmittelpunkte aus (vgl. Pries 2001, 49). Sie sind damit als transnationale Migrantinnen zu charakterisieren (vgl. Glick Schiller et al. 1992, 1).

Im Jahr 2006 entstand eine öffentliche Diskussion um diese irregulären Arbeitsverhältnisse – mit einem migrationspolitisch betrachtet ungewöhnlichen Ergebnis: Bis zum Jahr 2009 wurde der Pflegearbeitsmarkt u. a. durch eine Liberalisierung fremdenrechtlicher Beschäftigungsbeschränkungen formal regularisiert. Der durch Verrechtlichung reformierte rechtliche Rahmen soll fortan gewährleisten, dass die Migrantinnen die sogenannte 24-Stunden-Betreuung regulär verrichten und dass Pflegebedürftige die angebotenen Pflege- und Betreuungsdienstleistungen regulär in Anspruch nehmen. Die Debatte um die gesellschaftliche Ausgestaltung dieser Form der Pflege und Betreuung erreichte damit ihren vorläufigen Endpunkt. Das Problem – so der hegemoniale Diskurs – schien zugunsten aller am privaten Pflege- und Betreuungsverhältnis Beteiligter gleichermaßen gelöst: die Pflegebedürftigen könnten fortan regulär gepflegt und/oder betreut werden, die Carearbeiterinnen regulär arbeiten. Angelehnt war und ist der Diskurs damit an eine alltagsweltliche Rechtsauffassung, welche Rechtsetzungen und -novellierungen unter Aussparung ihrer sozialen und politischen Entstehungsbedingungen mit der Zunahme von Gerechtigkeit gleichsetzt (vgl. dazu allgemein Luhmann 1993, 214 ff.). Gleichzeitig stützt der Diskurs sich auf den rechtsdogmatischen Reduktionismus, für Rechtsnormen eine (spezifische) Wirkung immer schon vorauszusetzen (vgl. Baer 2011, 244 f.).

Im Folgenden soll der oben skizzierte Diskurs anhand der Rekonstruktion der Verrechtlichung des transnationalen Pflegearbeitsmarktes mit deren politischen Implikationen und sozialen Effekten konfrontiert werden. Es wird hierfür eine rechtssoziologische Perspektive gewählt. Auf diese Weise lässt sich erfassen, welche Interdependenzen zwischen den Rechtsnormen und den nichtrechtlichen gesellschaftlichen Phänomenen existieren (Hirsch 1966, 25 ff.), um erstere in ihrem sozialen Kontext verstehen zu können (Cotterell 1998, 171). Die Verrechtlichung wird deshalb nicht allein als rechtliches, sondern auch als politisches und soziales Phänomen begriffen (Teubner 1985). Erst vor diesem Hintergrund lässt sich unter Bezugnahme auf migrationssoziologische und pflegewissenschaftliche Befunde argumentieren, dass die mit der Verrechtlichung der 24-Stunden-Pflege und -Betreuung hinzugekommenen Rechte für die Carearbeiterinnen nur in sehr begrenztem Maße größeren Schutz und größere soziale Teilhabe gewährleisten. Vielmehr bleiben schon in der Irregularität existente Ungleichheiten im verrechtlichten Zustand bestehen. Die mit der Verrechtlichung vorgenommene Liberalisierung der Beschäftigungspolitik für MigrantInnen hat somit weniger den Effekt, soziale Positionen der Carearbeiterinnen wesentlich zu stärken. Vielmehr wird mit ihr sichergestellt, dass ein absoluter Bedarf an besonders günstig zu erwerbender migrantischer Arbeitskraft regulär gedeckt werden kann. Im Zusammenspiel mit einer sozialrechtlich prekären Absicherung dieser neuen Arbeitsverhältnisse bildet die Liberalisierung damit die Voraussetzung, die Palette regulärer kommerzieller Pflegeversorgungsangebote unter teilweise neoliberalen Vorzeichen (vgl. Hammer/Österle 2001) verbreitern zu können.

# 1. Verrechtlichung als Regulierung

Die Initiative, den Bereich der 24-Stunden-Pflege und -Betreuung positiv in Recht einzufassen, lässt sich in Anlehnung an Gunther Teubner als Versuch verstehen, gesellschaftliche Verhältnisse durch Recht zu ›steuern‹ (vgl. Teubner 1985, 298). Der transnationale 24-Stunden-Pflegearbeitsmarkt ist dabei ein zunächst selbstregulierter sozialer Bereich, der durch die Anbindung an rechtliche Regeln in spezifischer Weise gestaltet werden soll. Dem Recht wird damit eine *regulatorische* Funktion beigemessen (vgl. Teubner 1985, 311). In diesem Sinne sprechen wir im Bezug auf den Bereich der 24-Stunden-Carearbeit im Folgenden von einer *Verrechtlichung* (vgl. Kübler 1985). Diese ist – wiederum unter Bezugnahme auf Gunther Teubner – mittels zweier analytisch voneinander zu unterscheidender Prozesse zu beschreiben: dem der »politischen« und dem der »sozialen« Verrechtlichung (vgl. Teubner 1985).

Die Verrechtlichung in diesem Bereich hat eine Eigenheit: sie soll dem adressierten gesellschaftlichen Lebensbereich gleichzeitig zu einer Regularisierung verhelfen. Denn die Regulierung der 24-Stunden-Pflege und -Betreuung zielte nicht auf einen Bereich ab, der rechtlich noch gar nicht berücksichtigt war. Der irreguläre Pflegedienstleistungsmarkt war durch das Recht bereits in negativer Weise eingefasst. Zwar sind in Österreich EU-BürgerInnen österreichischen Staatsangehörigen weitgehend sozial- und arbeitsrechtlich gleichgestellt – dies gilt auch für Tätigkeiten als Haushaltshilfe oder Pflege- und Betreuungskraft. Die 24-Stunden-Pflege und -Betreuung wurde jedoch überwiegend von Personen aus den »neuen« EU-Ländern übernommen, für die – aufgrund der arbeitsrechtlichen Restriktionen – diese Gleichstellung noch nicht galt[3] bzw. die eine für sie seit 2004 (und für jene aus den später hinzugekommenen Beitrittsländern Rumänien und Bulgarien seit 2007) existierende europäische rechtliche Regelung nicht nutzten.[4] Von daher verlief die Bereitstellung und die

---

3 Vgl. EU-Erweiterungs-Anpassungsgesetz (BGBl I Nr. 28/2004) und 2. EU-Erweiterungs-Anpassungsgesetz (BGBl I Nr. 85/2006).

4 Mit dem EU-Beitritt der Länder Rumänien, Bulgarien, Tschechien, Estland, Ungarn, Lettland, Litauen, Polen, der Slowakei und Slowenien konnten BürgerInnen aus diesen Staaten aufgrund der für ihre Herkunftsländer geltenden Übergangsregelungen zwar nicht nach nationalem Recht arbeiten. Seit den Beitritten dieser Länder können sich Selbstständige mit einem

Inanspruchnahme von Pflege- und Betreuungsdienstleistungen noch bis vor Kurzem auf irregulärer Grundlage. Konkret bedeutete dies, dass Carearbeiterinnen, da sie in Österreich keine Sozialversicherungsabgaben entrichten konnten, nicht über die für Erwerbstätige allgemein üblichen sozialen Rechte verfügten: Sie erwarben keine Pensionsansprüche und waren nicht über die Arbeit kranken- und unfallversichert. Ebenso wenig verfügten sie über eine Arbeitslosenversicherung. Als irregulär Beschäftigte konnten sie außerdem keine sozialen Rechte in Form eines Kollektivvertrags, einer Mindestlohnregelung oder berufsrechtlicher Errungenschaften in Anspruch nehmen, wie sie in der Regel aus gewerkschaftlichen oder selbstorganisierten Arbeitskämpfen hervorgehen: In Österreich gab und gibt es, anders als in anderen europäischen Ländern,[5] bisher keine gewerkschaftliche Vertretung für Menschen ohne reguläre Arbeitserlaubnis, und auch Selbstorganisationen existierten in diesem Bereich bis zum Zeitpunkt der Verrechtlichung nicht. Dies machte die Arbeitnehmerinnen von ihren ArbeitgeberInnen (den Pflegebedürftigen und / oder ihren Angehörigen) in verschiedener Hinsicht abhängig. Die Verrechtlichung hebt insofern beschränkende rechtliche Vorgaben auf und gesteht den vom Recht Adressierten gewisse soziale und politische Rechte zu. Carearbeiterinnen und Gepflegte (und mehr oder weniger direkt auch ihre Angehörigen) sollen nun mit der Verrechtlichung regulär Rund-um-die-Uhr-Dienstleistungen im Privathaushalt anbieten bzw. in Anspruch nehmen können.

Auf nationaler Ebene entwickelte man eine Gesetzesgrundlage, die es auch BürgerInnen aus den 2004 bzw. 2007 der EU beigetretenen Ländern ermöglichen soll(te), im 24-Stunden-Rhythmus im Privathaushalt regulär zu betreuen.[6] Hierfür wurden mittels einer Serie von Gesetzen und Verordnungen zwischen Oktober 2006 und Januar 2009 Änderungen im Fremdenrecht, im Arbeits- und Steuerrecht, im Sozialversicherungsrecht, im Berufs- und Pflegerecht und im Verfassungsrecht vorgenommen. So wurden mit der Novelle der Ausländerbe-

---

angemeldeten Gewerbe im Herkunftsland jedoch auf die Dienstleistungsfreiheit nach Primärrecht Art. 49 EG-Vertrag berufen, wenn die Beschäftigung *vorübergehender* Natur ist (vgl. Binder 2008, 64). Für den Bereich der Carearbeit stellt sich diese Norm jedoch als nahezu totes Recht dar. Seit Anfang 2011 ist der beschränkte Arbeitsmarktzugang für alle Staatsangehörigen, deren Länder der EU im Jahr 2004 beigetreten sind, allerdings aufgehoben. Lediglich für rumänische und bulgarische Staatsangehörige gilt die Übergangsregelung noch bis zum Jahr 2014.

5 So vertritt beispielsweise die deutsche Gewerkschaft Verdi neuerdings erfolgreich Menschen ohne Aufenthalts- und Arbeitserlaubnis aus dem Bereich der Hausarbeit (Verdi News 2009, 7).

6 Um die für Pflegeberufe festgeschriebenen arbeitsrechtlichen Vorgaben im Hausbetreuungsgesetz (HbeG) umgehen zu können, nimmt die neue gesetzliche Formulierung nur auf Betreuung, aber nicht auf Pflege Bezug, obwohl die Carearbeiterinnen in der Regel nicht nur Betreuungsarbeiten ausführen, sondern zumeist auch pflegerische Tätigkeiten übernehmen. Wenn im Folgenden die gesetzliche Bezeichnung Verwendung findet, so ist diese als Verkürzung zu reflektieren.

schäftigungsverordnung (BGBl II Nr. 405/2006) die Übergangsbestimmungen der EU-ArbeitnehmerInnenfreizügigkeit für solche Menschen aufgehoben, die in Privathaushalten Pflege- und Betreuungsarbeit leisten. Mit der Einführung des Hausbetreuungsgesetzes und der Änderung der Gewerbeordnung (BGBl I Nr. 33/2007) wurde das Betreuen Pflegebedürftiger bzw. ihrer Angehörigen in Privathaushalten im Rahmen der 24-Stunden-Pflege und -Betreuung erlaubt. Mittels des Gesundheitsberufe-Rechtsänderungsgesetzes (BGBl I Nr. 57/2008) wurden die gesetzlichen Rahmenbedingungen für pflegerische Tätigkeiten so geändert, dass nach dem Hausbetreuungsgesetz unter bestimmten Voraussetzungen auch pflegerische Tätigkeiten durchgeführt werden dürfen. Änderungen im Bundespflegegeldgesetz und im Steuerrecht (BGBl I Nr. 34/2007; BGBl I Nr. 51/2007; BGBl I Nr. 128/2008) und die temporäre Aussetzung spezifischer Verwaltungsstrafbestimmungen im Arbeits- und Sozialversicherungsrecht (gemeinhin als Amnestien bezeichnet) (BGBl I Nr. 164/2006; BGBl I Nr. 50/2007) sollten Anreize schaffen, das Arbeitsverhältnis künftig anzumelden. So wurde mit der erstgenannten Regelung, den Änderungen im Bundespflegegeldgesetz, eine finanzielle Teilunterstützung der 24-Stunden-Pflege und -Betreuung für die Pflegebedürftigen bzw. ihre Angehörigen eingeführt. Mit der steuerrechtlichen Novellierung war intendiert, Pflegebedürftige steuerlich mehr zu entlasten. Die Verwaltungsstrafen für irreguläre Beschäftigungen auszusetzen, sollte bei allen Beteiligten – den Pflegebedürftigen, den Angehörigen und den Carearbeiterinnen – etwaige psychologische Barrieren beim Zugang zu den mit der Anmeldung befassten staatlichen Institutionen verringern.

Seitdem gibt es die Möglichkeit, als AngestellteR oder als SelbstständigeR in der 24-Stunden-Personenbetreuung zu arbeiten, wobei der Anteil der Angestellten gegenüber dem der Selbstständigen verschwindend gering ist. Als Ergebnis der rechtlichen Regularisierung entwickelte sich das Selbstständigenmodell zum vorwiegend genutzten regulären Modell; Regularisierung ist also für Carearbeiterinnen quasi gleichbedeutend mit dem Selbstständigenstatus.

## 2.  Verrechtlichung als politischer Prozess

Staatliche politische Akteure reagierten mit der Verrechtlichung auf die Problematisierung der irregulären 24-Stunden-Carearbeit durch die Interessensvertretungen der Pflege-Berufsgruppen, die Ärztekammer und andere in diesem Bereich tätige Organisationen. Die allgemeine Pflegedebatte hatte sich vor diesem Hintergrund ab Ende 2006 auf die Debatte um die 24-Stunden-Pflege und -Betreuung verengt. Diese wurde zum Kristallisationspunkt der Problematisierung auch der regulären Arbeitsverhältnisse innerhalb des als unterfinanziert verstandenen Pflegesystems. Ausgangspunkt der Verrechtlichung war somit

nicht das Rechtssystem und auch nicht der später von der Rechtsreform
adressierte soziale Bereich (vgl. Teubner 1985, 316). Weder der Gesetzgeber oder
die Verwaltung noch die Carearbeiterinnen oder die Angehörigen und Pflegebedürftigen hatten die Debatte angeregt. Vielmehr entstand die nachhaltige
Politisierung der Thematik aus einem politischen Prozess innerhalb des Parteiensystems heraus, der auf den Druck gewerkschaftlich organisierter Inter-
essengruppen – der Interessensvertretungen der Pflegeberufsgruppen – zustande kam und der zusätzlich und in der Folge von einer breiten öffentlichen
Debatte angereizt wurde: Im Rahmen der »24-Stunden-Pflegedebatte« hatten
sich nicht nur die Interessensvertretungen der Pflegeberufsgruppen zu Wort
gemeldet. Auch die verschiedenen Wohlfahrtsverbände bis hin zu betroffenen
Einzelpersonen (Pflegebedürftige bzw. in der Pflege und Betreuung regulär
beschäftigte Personen) waren in ihr präsent.

Die Überführung hegemonialer politischer Positionen aus dem Parteiensystem in die Rechtsform soll nach Teubners Modell der Verrechtlichung hier als
eine »erste Stufe« des letztlich zweistufigen Verrechtlichungsprozesses betrachtet werden (vgl. Teubner 1985). Mit Teubner können wir diesen Vorgang als
Verrechtlichung des politischen Prozesses verstehen. Wir kommen an dieser
Stelle jedoch nicht ohne eine Ergänzung von Teubners Modell aus. Denn was in
dieser ersten Stufe auf politischer Ebene einer Verrechtlichung zugeführt wird
und auf welche Weise dies geschieht, ist in der von Teubner angelegten sys-
temtheoretischen Perspektive allein eine Frage gelingender Kommunikation
zwischen den Systemen. Diese Lesart hat den Nachteil, Macht- und Herrschaftsverhältnisse, gesellschaftliche Konflikte und Kämpfe tendenziell auszu-
blenden. Zudem erschwert eine Blickrichtung, die sich die Analyse gesellschaftlicher Funktionssysteme zum Ziel gesetzt hat, den analytischen Fokus auf
weniger institutionalisierte soziale Formen. Das betrifft in unserem Fall Aktivitäten der Pflegeberufsgruppen und anderer sozialer Akteure, die für die Veränderungen im Bereich der 24-Stunden-Pflege und -Betreuung entscheidend
waren – angefangen bei den Wohlfahrtsverbänden bis hin zu jenen Einzelpersonen ohne institutionelle Anbindung, die innerhalb der Medien Gehör fanden
und den Diskurs mitkonstituierten. Mittels einer stärker auf Machtprozesse
abstellenden Perspektive (vgl. Buckel 2007) soll die Verrechtlichung auf der
politischen Ebene deshalb weniger unter dem Gesichtspunkt gelingender oder
misslingender Kommunikation zwischen den Systemen untersucht werden als
als Ergebnis *gesamtgesellschaftlicher* Auseinandersetzungen innerhalb eines
Feldes von Kräfteverhältnissen. Zum einen kommen so jene nicht oder wenig
institutionalisierten Orte in den Blick, an denen politisches Handeln stattfindet,
zum anderen lassen sich die politischen Aktivitäten innerhalb der jeweils gegebenen Macht- und Herrschaftsverhältnisse analysieren und zueinander in
Beziehung setzen. Teubners Verständnis des politischen Prozesses wird somit an

dieser Stelle erweitert. Die rechtliche Ausgestaltung der Arbeitsverhältnisse wird vor diesem Hintergrund als ein zutiefst *vermachteter* politischer Prozess verstanden, in dem nichtstaatliche mit staatlichen diskursiven und nicht-diskursiven Praktiken in Wechselwirkung treten. Diese wiederum – und hier kehren wir zu Teubners Modell zurück – treffen auf Praktiken des Rechtssystems (mit dessen ganz eigenen, relational autonomen Logiken; Buckel 2007, 255) sowie auf das zu regulierende Soziale.

## 2.1 Gesellschaftliche Rahmenbedingungen der Verrechtlichung

Der politische Prozess orientierte sich maßgeblich an einer postwohlfahrtsstaatlichen Denkweise, die stark am Markt orientiert ist und kein Interesse an einer solidarischen Absicherung der Pflege und Betreuung zeigt. In Zeiten des Um- und Abbaus des Wohlfahrtsstaates sind Bund und Länder nicht bereit, mehr Mittel für die Pflege und Betreuung aufzuwenden (vgl. Mühlberger et al. 2008, 53). Mit dieser Unwilligkeit korrespondiert ein Diskurs, der die Unmöglichkeit der staatlichen Finanzierung dieser Leistungen als Sachzwang darstellt. Die private und teilkommodifiziert organisierte Pflege und Betreuung zu Hause (Österle / Hammer 2004, 13) – von staatlicher Seite gegenüber institutionalisierten Modellen wie beispielsweise Pflegeheimen aus Kostengründen forciert – gerät im Übergang zum Postfordismus (Hirsch / Roth 1986) jedoch endgültig in eine Krise: Prekarisierung und Flexibilisierung von Arbeits- und Lebensbedingungen nehmen allgemein zu (vgl. Preglau 2010, 155; zur Spezifik weiblicher Prekarisierung siehe Stelzer-Orthofer et al. 2008). Die Berufstätigkeit der im Privathaushalt informell Pflegenden und Betreuenden – hauptsächlich Frauen – steigt (Haidinger 2008, 4). Ökonomische und Vereinbarkeitsprobleme für pflegende und betreuende Angehörige intensivieren sich (vgl. Caixeta et al. 2004; Haidinger 2008, 5 f.). Gesellschaftspolitische Rahmenbedingung der Verrechtlichung ist deshalb vor allem das in die Krise gekommene Pflegesystem.

Wurden Caredienstleistungen im Fordismus (Jessop 2002, 55 ff.), also bis Ende der 1970er-, Anfang der 1980er-Jahre, in Österreich nahezu ausschließlich informell in der Familie erbracht oder durch wohlfahrtsstaatliche Angebote institutionell angebunden, so beginnt im Übergang zum Postfordismus die Arbeit von Migrantinnen aus den neuen EU-Ländern in diesem Bereich eine immer wichtigere Rolle zu spielen. Für eine staatliche Politik, die die pflege- und betreuungsbedürftige Generation mit verknappten Mitteln regiert, tritt als das Pflegesystem aufrechterhaltender Grundpfeiler neben die privat erbrachte Pflege- und Betreuungsleistung von Angehörigen die zu günstigen Konditionen angebotene Arbeitskraft von irregulär Beschäftigten. Das Interesse an einer Veränderung dieses Zustands ist vonseiten der Regierung somit erwartungsgemäß gering: sowohl der öffentliche Haushalt als auch Pflege und Betreuung in Anspruch nehmende BürgerInnen profitieren von der Verfügbarkeit der irregulären Arbeitskräfte. Zunächst ist auf das niedrige Einkommen zu verweisen, das die Carearbeiterinnen für ihre Arbeit direkt von den Pflegebedürftigen bzw. den Angehörigen erhalten. Der irreguläre Status der Tätigkeit in Verbindung mit dem Machtungleichgewicht zwischen ArbeitgeberInnen und Arbeitnehmerinnen (Österle/Hammer 2007, 24) sorgt für ein entsprechend niedriges Einkommensniveau – und damit für günstig zu erwerbende Dienstleistungen. Der Staat hat durch die irreguläre Arbeit zwar »Ausfälle« im Bereich steuerlicher Abgaben, ihm entstehen aber auch keine Kosten, da Carearbeiterinnen als irregulär Beschäftigte das Sozialsystem nicht in Anspruch nehmen können (vgl. Gendera/Haidinger 2007, 31). Sie sind nicht kranken- und arbeitslosenversichert und sie erhalten im Alter keine Pension. Überdies kann mit ihnen ein absoluter Bedarf an flexibel einsetzbarer Arbeitskraft abgedeckt werden: vor dem Hintergrund arbeitsrechtlicher Beschränkungen ist der Privathaushalt in Österreich für viele Frauen aus den »neuen« EU-Beitrittsländern eine von wenigen Möglichkeiten, manchmal gar die einzige Option auf einen Arbeitsplatz. Aus diesem Grund können sie nicht in andere Tätigkeitsbereiche abwandern.

Für Saskia Sassen ist die Verfügbarkeit eines ausreichenden Angebots migrantischer Arbeitskraft zu bezahlbaren Konditionen dabei kein Zufall, sondern Ergebnis eines migrationspolitisch produzierten »labor supply-systems« (Sassen 1988, 31 ff.). Ihre Vorstellung eines solchen Systems der Versorgung territorial abgegrenzter Einheiten mit einer ausreichenden Menge an Arbeitskraft beruht auf der Beobachtung, dass staatliche Einwanderungs- und Beschäftigungspolitiken heute nicht in erster Linie auf Repression und Abschottung abzielen. Vielmehr inkludieren sie MigrantInnen im Rahmen eines Migrationsmanagements selektiv und differenziell (siehe auch Mezzadra 2009, 219). Diese Politik hat höchst heterogene Bürgerrechte zur Folge, die wiederum unterschiedliche Zugänge und Entlohnungen auf dem Arbeitsmarkt hervorbringen. Auf diese Weise entsteht ein System von Ein- und Ausschlüssen, das MigrantInnen für den Arbeitsmarkt auf verschiedenen Lohnniveaus in unterschiedlichen Arbeitsbereichen verwertbar macht (vgl. Boutang 2002; Mezzadra 2007, 183; Cuttitta 2010, 28 f.).

In dem Wissen um die Verfügbarkeit solcherart ausbeutbarer Arbeitskraft reduziert sich für die österreichische Pflegepolitik der Druck, den Pflegesektor grundsätzlich umzustrukturieren. Um die durch Verknappung der Mittel staatlich produzierte Finanzierungslücke im Pflegebereich zu kompensieren, stützt die Pflegepolitik sich auf eben jenes durch abgestufte Arbeitsmarktbeschränkungen hervorgerufene *labor supply-system*. Die irregulären Dienstleistungen sind hochgradig kompatibel mit einem Pflegesystem, in dem staatliche Leistungen weniger durch öffentliche Dienstleistungen gewährleistet werden als vorrangig in bedarfsorientierte monetäre Transfers fließen, mittels derer die in die Verantwortung genommenen Familien die Versorgung »ihrer« Pflegebedürftigen organisieren sollen. Da reguläre Angebote bei der Pflege und Betreuung zu Hause durch die staatlichen Zuschüsse weder vollständig abgedeckt werden können (die mobile Pflege ist relativ hochpreisig) noch als bedarfsgerecht empfunden werden, nehmen die Pflegebedürftigen bzw. ihre Angehörigen die irregulären Dienstleistungen in Anspruch (vgl. Ungerson / Yeandle 2007, 189 ff.). Für das Jahr 2006, zu Beginn der Regularisierung, wurde die Zahl der irregulär Beschäftigten in diesem Bereich denn auch auf 40.000 Personen geschätzt.[7]

## 2.2 Charakteristika des politischen Verrechtlichungsprozesses

Die mit der Herausbildung eines irregulären Pflegearbeitsmarktes beschriebene »Politik der Billigung« führte im Zusammenspiel mit der Rede von der Unfinanzierbarkeit der Pflege und dem durch die Pflegedebatte produzierten Handlungsdruck zu einem Verrechtlichungsprozess, der ohne eine grundsätzliche Reflexion und Diskussion der Arbeitsverhältnisse der Carearbeiterinnen auskam. Verhandelt wurde in diesem vor allem die Frage nach der Gewährleistung der Pflege und Betreuung. In diesem Prozess, und dies muss als weiterer entscheidender Aspekt genannt werden, um die Spezifik der Verrechtlichung zu beschreiben, fehlten zudem organisierte Stimmen der Carearbeiterinnen (z. B. vertreten durch Gewerkschaften), von denen arbeitsrechtliche Forderungen hätten aufgestellt werden können, gänzlich (siehe auch Bachinger 2009, 122). Der politische Verrechtlichungsprozess klammerte somit einen Aspekt des zu verrechtlichenden Lebensbereichs komplett aus: den der Arbeitsbedingungen der Carearbeiterinnen. Die Pflegepolitik orientierte sich vielmehr an einer regulären Ausgestaltung der Pflegeversorgung für den Privathaushalt. Deren Bedingungen sollten im Hinblick auf Angebot, Nachfrage, Lohnniveau und Arbeitszeiten mit denen der irregulären Dienstleistungen vergleichbar sein. Hergestellt werden sollte somit die reguläre Positionierung der Carearbeit im *labor*

---

7  Die Schätzzahl von 40.000 Carearbeiterinnen stammt vom Vorstand des Dachverbandes der österreichischen Pflegeheimträger (Lebenswelt Heim) und wurde in der Folge von politischen Akteuren aufgegriffen. Eine exakte Quantifizierung solcher gegen Rechtsnormen verstoßender Beschäftigungsverhältnisse ist jedoch kaum möglich. Alt spricht im Bezug auf solche Quantifizierungen lediglich von der Möglichkeit »intelligenten Ratens« (2003). Auf die Zahl der irregulär beschäftigten Carearbeiterinnen lässt sich weder aus dem Hellfeld der angezeigten Verwaltungsdelikte schließen noch aus den für die Dunkelfeldforschung typischen Befragungen Beteiligter. Weil diese Werte also als fiktive Größe gelten müssen, erfolgt die Bezugnahme auf eine solche Schätzzahl hier unter Vorbehalt.

*supply-system* unter ansonsten konstanten Verhältnissen. Das Resultat ist eine rechtliche Regelung, die in ihrer Neoliberalität in Österreich so bisher ungesehen ist (vgl. Binder / Fürstl-Grasser 2008, 4): Im Angestelltenmodell bleibt, um eine 14-tägige durchgängige Betreuung zu ermöglichen, ein Recht auf Pausen und freie Tage ausgeklammert (vgl. Scherz 2007, 6). Damit entsteht ein »eigenständiges Arbeitszeitmodell [...], das von den bestehenden Arbeitszeitregelungen in wesentlichen Bestimmungen abweicht« (Binder / Fürstl-Grasser 2008, 4). Das Selbstständigenmodell konstruiert demgegenüber abhängige als unabhängige Beschäftigung (vgl. Moritz 2007, 150; Ivansits / Weissensteiner 2008, 397 ff.; Bachinger 2009; Gendera 2011) – mit den aus anderen Tätigkeitsbereichen bereits bekannten, im Folgenden in ihrer Spezifik noch aufzufächernden Konsequenzen für »Scheinselbstständige«.

## 3.    Verrechtlichung des Sozialen?

Mit Blick auf die »zweite Stufe« des Verrechtlichungsprozesses, das Geschehen im adressierten Lebensbereich (Teubner 1985), stellt sich vor diesem Hintergrund die Frage, ob und wie das im politischen Prozess fokussierte Soziale berührt wird. Nicht selten scheitern Rechtsreformen im Sozialen aufgrund der unterschiedlichen Rationalitäten im politischen und sozialen Bereich und des von den Betroffenen nicht immer geteilten staatlichen Steuerungswillens. Verrechtlichungen schlagen sich also nur im »Optimalfall« im Sozialen nieder (vgl. Teubner 1985, 315 f.). In den meisten Fällen dagegen existieren solche Rechtsreformen nur auf dem Papier und finden im Sozialen keinerlei oder nur eine teilweise Umsetzung. Die vom Recht Adressierten beziehen ihre Handlungen in solchen Fällen weiterhin nicht auf die bestehenden rechtlichen Regelungen bzw. agieren bewusst an ihnen vorbei. Während man davon sprechen kann, dass die Verrechtlichung des politischen Prozesses »gelungen« ist – dieser ist in Recht übersetzt worden –, ist der Lebensbereich der Carearbeiterinnen selbst von ihr nur wenig berührt worden. Dies verweist auf Grenzen der Durchsetzung der rechtlichen Regelung.

Damit soll nicht gesagt sein, die Normenentwicklung zeitige keinerlei Effekte im Sozialen. Zum Ende der Verrechtlichung im Jahr 2009 waren fast 20.000 Carearbeiterinnen als aktive Selbstständige angemeldet; über 500 waren als Angestellte registriert. Im Jahr 2010 lag die Zahl bei über 26.500 aktiven, selbstständigen Carearbeiterinnen.[8] Will man der bereits oben genannten

---

8 Die Daten für die aktiven Selbstständigen beruhen auf Zahlen der Mitgliederstatistik der Wirtschaftskammern Österreichs für die Berufsgruppe »Personenbetreuer«. In dieser Gruppe werden allerdings nicht nur Carearbeiterinnen, sondern auch (eine verhältnismäßig kleine

Dunkelziffer von 40.000 Carearbeiterinnen Glauben schenken, so ist mehr als die Hälfte der früher irregulär Beschäftigten heute angemeldet. Auf formaler Ebene fand somit in weiten Teilen eine Regularisierung statt. Doch abgesehen von dem Wechsel ihres rechtlichen Status, der den Carearbeiterinnen mit dem irregulären Arbeitsverhältnis einhergehende Ängste zu nehmen und ihre Bewegungsradien im (Arbeits-)Alltag zu vergrößern vermag, hat sich für sie wenig verändert. Die relativ unveränderte Situation im rechtlich adressierten Lebensbereich ist dabei unterschiedlichen Gründen geschuldet: *Erstens* hat die rechtliche Wirkungsgrenze mit der Integration der Migrantinnen in den Arbeitsmarkt bei gleichzeitiger teilweiser Exklusion von staatsbürgerlichen und sozialen Rechten zu tun. *Zweitens* spielt der nationale Charakter des Rechts in diesem Zusammenhang eine Rolle. Er klammert die überwiegend transnationale Lebensweise der Carearbeiterinnen stillschweigend aus und beschränkt Rechte auf den Raum des nationalen Rechts. *Drittens* sind Wirkungsgrenzen der Verrechtlichung durch die Spezifik der häuslichen Arbeit bedingt. Diese Befunde werden im Folgenden näher erläutert.

1. Die Integration der Carearbeiterinnen in den regulären Arbeitsmarkt bringt zwar einen Zugewinn an Rechten mit sich. Ihr Zusammenspiel mit der teilweisen Exklusion von staatsbürgerlichen und sozialen Rechten führt jedoch dazu, dass dieser kaum zu einer tatsächlichen Verbesserung der Arbeitsbedingungen beiträgt.[9] Zwar hat die Rechtsreform im Bereich der 24-Stunden-Pflege und -Betreuung zu einer erstmaligen Anerkennung der Beschäftigung der Migrantinnen geführt, die in Österreich in diesem Bereich tätig sind. Dennoch blieb ihnen bis zum Ende der EU-Übergangsfristen im Jahr 2011 der freie Zugang zu anderen Tätigkeiten in Österreich verwehrt: Für Pflege und Betreuung im institutionellen Bereich beispielsweise galt, anders als für

---

Gruppe) anderer PersonenbetreuerInnen erfasst. Die hier angegebenen Zahlen sind somit nicht mit der tatsächlichen Anzahl der im Carebereich aktiv Gewerbetreibenden identisch, sondern fallen etwas höher aus. Statistiken allein für den Bereich der Selbstständigen in der häuslichen Carearbeit werden nicht geführt. Die Zahlen für die Angestellten Carearbeiterinnen beruhen auf einer persönlichen Mitteilung aus dem Hauptverband der Österreichischen Sozialversicherungsträger.

9 Der Österreichische Gewerkschaftsbund (ÖGB) hatte sich nach anfänglichen Kriminalisierungsforderungen mit Aufkommen des politischen Verrechtlichungsprozesses schließlich doch für die Regularisierung der Arbeitsverhältnisse ausgesprochen und mit seinem Vorschlag, ein neues Beschäftigungsmodell mit Entlohnung nach Kollektivvertrag zu entwickeln, am weitgehendsten die Interessen der ArbeitnehmerInnen vertreten (Bachinger 2009, 117). Doch erst seit dem Frühjahr 2009 begann der ÖGB (umgesetzt durch die Gewerkschaft der Privatangestellten (GPA djp) und die österreichische Verkehrs- und Dienstleistungsgewerkschaft (VIDA)), sich mit der slowakischen Konföderation der Gewerkschaftsbünde (KOZ SR) im Rahmen des europäischen Kooperationsprojektes ZUWINBAT aktiv für die Belange von Menschen einzusetzen, deren räumliche Bezugsgröße eine transnationale ist, u.a. auch im Bereich der 24-Stunden-»Betreuung« (siehe ZUWINBAT o.J.).

die (24-Stunden-)Personenbetreuung im Privathaushalt, weiterhin das
Ausländerbeschäftigungsgesetz (BGBl I Nr. 218/1975). (Für Beschäftigte aus
den der EU erst im Jahr 2007 beigetretenen Ländern gelten die Übergangs-
fristen hingegen weiterhin – voraussichtlich bis 2014.) Die Gebundenheit der
Carearbeiterinnen an diesen Typ Beschäftigung erhielt bzw. erhält ihre Abhängigkeit innerhalb des *labour supply-systems* somit aufrecht gegenüber
denen, die ihre Dienste in Anspruch nehmen – und reproduziert damit die in
der Irregularität entstandenen Stratifikationen und Machtverhältnisse. Die
Verhandlungsposition der Carearbeiterinnen unterscheidet sich deshalb
kaum von der in der Irregularität. Aufgrund einer geringen arbeitsrechtlichen Absicherung der Beschäftigungen bleiben die Arbeitsbedingungen
weiterhin wesentlich Gegenstand *individueller* Aushandlung. Individuelle
Strategien und Taktiken, Machtasymmetrien zu durchbrechen und so Ar-
beits- und Lebensbedingungen zu verbessern, sind demzufolge denen in der
Irregularität sehr ähnlich. Sie kommen v. a. im Zuge eines sich mit längerem
Aufenthalt in Österreich vergrößernden Erfahrungsraums zustande oder
teilweise auch aufgrund einer geschickten Auswahl der Agenturen, durch die
Carearbeiterinnen sich vermitteln lassen.[10] Generell hängt die Ausgestaltung
der Arbeitsverhältnisse somit weiterhin in weiten Teilen vom Ermessen der
ArbeitgeberInnen ab. Die rechtlichen Wirkungsgrenzen sind hier bedingt
durch einen grundsätzlichen, unverändert bleibenden Umstand: den einer
besonders großen Machtasymmetrie zwischen Carearbeiterinnen und Angehörigen. Diese Machtasymmetrie wird durch die Verrechtlichung nicht
gelöst, sondern lediglich in Recht gesetzt.

2. Eine geringe Absicherung der Carearbeitsverhältnisse ergibt sich zudem
durch die im nationalen Recht lediglich negativ berücksichtigte transnationale Lebensweise der Carearbeiterinnen, die diese *de facto* von Rechten
ausschließt (vgl. Kretschmann 2010a). So bestehen Probleme u. a. bei spezifischen Sozialleistungsbezügen aufgrund der Abhängigkeit von einem regelmäßigen Einkommen. Dies betrifft z. B. den Bezug von Kinderbetreuungsgeld. Leistungen können in Österreich nach einer restriktiven Ausle-
gung der Behörden von den Carearbeiterinnen gegenwärtig vor allem dann
nicht in Anspruch genommen werden, wenn das Arbeitsverhältnis beendet
oder ausgesetzt wird, wie z. B. im Falle einer Geburt. Gleichzeitig bedeutet die
Regularisierung für viele Carearbeiterinnen einen Verlust sozialrechtlicher
Absicherung im Herkunftsland. Der Zugang zu Rechten ist hier formal gewährleistet, in der Praxis aber gibt es große Hürden, diese auch in Anspruch

---

10 Mit selbstermächtigenden Praktiken von in österreichischen Privathaushalten *irregulär*
beschäftigten Carearbeiterinnen hat sich insbesondere Gendera (2007) eingehend beschäftigt.

zu nehmen. Auch bleiben den Carearbeiterinnen gewisse Rechte von vornherein verwehrt. Anspruch auf Mindestsicherung und Arbeitslosengeld
haben sie generell nicht. Obwohl sie in das Sozialsystem einzahlen, können
sie es somit nur teilweise in Anspruch nehmen. Dass mit der neuen gesetzlichen Regelung Aspekte einer sozialrechtlichen Absicherung beachtet werden sollten, bleibt angesichts der Probleme des praktischen Zugriffs auf die
Sozialleistungen zu bezweifeln. Einen Hinweis darauf gibt auch ihre Ansie-
delung im Recht: die selbstständige Personenbetreuung ist allein in der Gewerbeordnung und nicht innerhalb der Sozialversicherungsgesetze geregelt
(Ivansits / Weissensteiner 2008, 387 f.). Mit der neuen Regelung werden somit
spezifische Kosten systematisch individualisiert und so letztlich in das slo-
wakische Sozialsystem ausgelagert.

3. Die Spezifik der Carearbeit erschwert drittens das Treffen klarer Absprachen
   und das Festlegen fest umrissener Aufgabenkataloge in den Haushalten. Der
   ständige Wandel der im Carearbeitsverhältnis anfallenden Anforderungen
   sowie ihre Kontextgebundenheit bis hin zur jeweils unterschiedlichen Interpretation und Umsetzung der gestellten Arbeitsaufgaben durch die Beteiligten bringt es mit sich, dass die Ausgestaltung des Arbeitsbereichs immer
   wieder neu ausgehandelt werden muss (so auch Karakayalı (2010, 50) für den
   deutschen Kontext). Zudem trägt die mit dem affektiven Charakter der Arbeit verbundene Angewiesenheit auf eine positive Atmosphäre am Arbeitsplatz nicht selten dazu bei, die Bedürfnisse der Gepflegten zuungunsten fairer
   Arbeitsbedingungen in den Vordergrund zu stellen. Der Versuch der abstrakten rechtlichen Formalisierung einer nur schwer formalisierbaren Tätigkeit ist vor diesem Hintergrund als besondere Herausforderung anzusehen
   (Kretschmann 2010b). Auch hier erweisen sich – wie in Bezug auf die
   transnationalen Lebensweisen im nationalen Recht – die rechtlichen Vorgaben gegenüber dem sozialen Phänomen einfach als unpassend (vgl.
   Teubner 1985, 290), was ihre eingeschränkte Wirkung erklärt.

## 4. Kommodifikation des Pflegesystems

Die Bedeutung von Wohlfahrtsstaatlichkeit ist stets umkämpft und unterliegt
einem ständigen Wandel (vgl. Lessenich 2009). Politische Reformen sind zudem
nicht selten einer *hidden agenda* verpflichtet (im Bezug auf Migrationspolitiken
siehe Castles 2005, 20). So tragen Verrechtlichungen im Arbeits- und Sozialrecht
nicht notwendig auch zu mehr Sicherheit und Gleichheit bei. Bei Verrechtlichungen stellt sich deshalb die Frage, ob und wie durch Rechtsreformen in der
Praxis eine bessere soziale Position gewährleistet wird (vgl. Teubner 1985, 298)

oder ob durch sie soziale Ungleichheiten lediglich festgeschrieben werden. Von sozialer Ungleichheit kann gesprochen werden, wenn

> die Möglichkeiten des Zugangs zu allgemein verfügbaren und erstrebenswerten sozialen Gütern und / oder zu sozialen Positionen, die mit ungleichen Macht- und / oder Interaktionsmöglichkeiten ausgestattet sind, dauerhafte Einschränkungen erfahren und dadurch die Lebenschancen der Betroffenen Individuen, Gruppen oder Gesellschaften beeinträchtigt bzw. begünstigt werden (Kreckel 1997, 17).

Ist dies der Fall, so ist das regulative Recht als stabilisierendes Moment bestehender Herrschafts- und Machtverhältnisse zu verstehen, in dem sich gesellschaftlich hegemoniale Mentalitäten (Foucault 1976) fortschreiben und festsetzen. Gleichzeitig können selbst innerhalb solcher »Versteinerungen« des Sozialen (Fraenkel 1966 [1932], 255)[11] Schutzfunktionen realisiert werden: Auch wenn mit der Einführung der Rechtssätze soziale Ungleichheiten festgeschrieben werden, ergeben sich aus ihnen potenziell statussichernde Freiheitsrechte.

In Bezug auf die hier betrachtete Rechtsreform gilt dann auch die oben dargestellte Ambivalenz rechtlicher Setzungen: Mit der Regularisierung wechseln die Carearbeiterinnen ihren rechtlichen Status. Damit werden ihnen statussichernde Freiheitsrechte zugestanden. Andererseits schreibt die neue Regelung die ausbeuterischen Arrangements in den Privathaushalten rechtlich fest. Der Arbeitsalltag verändert sich dadurch für sie kaum. Ebenso bleibt ihnen der Zugang zu vielen der neu entstandenen Rechte in der Praxis verwehrt. Ungeachtet der Verrechtlichung bleiben die Carearbeiterinnen weiterhin maßgeblich von ökonomischer und sozialer Teilhabe ausgeschlossen.

Bei den angemeldeten Carearbeitsverhältnissen kann deshalb von einer Regulierung der Beziehungen *zwischen den NormadressatInnen* nur in einem formalen Sinne ausgegangen werden. *Als Gruppe* haben die Angehörigen und Carearbeiterinnen allerdings an der Regularisierung Teil: In weiten Teilen erfolgte eine Regularisierung der vormals irregulären Carearbeitsverhältnisse – und damit auch des Pflegearbeitsmarkts. Mit der Verrechtlichung wird die reguläre Inanspruchnahme kostengünstiger 24-Stunden-Caredienstleistungen zu Hause ermöglicht und damit das Spektrum von Pflegedienstleistungen innerhalb des Systems der Pflegeversorgung erweitert. Vor diesem Hintergrund erscheint die eingeschränkte Wirksamkeit des Rechts im adressierten Lebensbereich kaum als Nebeneffekt, soll doch mit ihr die Integration des vormals irregulären Pflegearbeitsmarkts in das bisherige – seit der Einführung des Pflegegeldes im Jahr 1993 stärker auf Kommodifikation ausgerichtete – Pflegeversorgungssystem gewährleistet werden. Die Verrechtlichung selbst stellt sich

---

11 Mit dem Begriff der »Versteinerung« bezeichnet Ernst Fraenkel die Entpolitisierung der Arbeitsbedingungen durch Verrechtlichung in der Weimarer Republik.

somit als Teil der allgemein fortschreitenden Kommodifizierung des Pflege-systems dar. Diese Veränderungen von vornherein negativ auf Aspekte des neoliberalen Sozialabbaus oder der Deregulierung zu reduzieren, greift indes zu kurz. Denn dort, wo mittels Verrechtlichung Veränderungen beispielsweise im Sozialrecht vorgenommen werden, wird soziale Unterstützung nicht abgebaut, sie wird vielmehr erst geschaffen. Auch von Deregulierung lässt sich nur ein-geschränkt sprechen, denn mittels der Verrechtlichung *wird* reguliert. Es lässt sich jedoch feststellen, dass die Rechtsreform sowohl in Bezug auf die Ausge-staltung der Pflegeversorgung als auch auf jene der Arbeitsverhältnisse teilweise neoliberale Züge trägt.[12]

## 5.   Fazit

Die Verrechtlichung ermöglicht den Carearbeiterinnen einen Zugewinn an Rechten nur auf formaler Ebene und nahezu ohne Effekte im adressierten Le-bensbereich nach sich zu ziehen. Arbeitsbedingungen im Bereich der 24-Stun-den-Pflege und -Betreuung bestehen im Wesentlichen wie in der Irregularität fort. Machtasymmetrien in den Haushalten bleiben nahezu identisch und der Zugang von Carearbeiterinnen zu Rechten bleibt weiterhin reduziert. Die Ver-rechtlichung führt nur sehr bedingt zu einer vergrößerten ökonomischen, so-zialen und politischen Teilhabe der Carearbeiterinnen aus den »neuen« EU-Ländern in Österreich. Dies ist jedoch kein bloßer Nebeneffekt: Auf politischer Ebene wird weniger eine Regulierung der Beziehungen der Individuen im rechtlich adressierten sozialen Bereich vorgenommen. Vielmehr geht es bei der Überführung von Teilen des irregulären Carearbeitsmarktes in das Pflegever-sorgungssystem um die »Ausbesserung« des in die Krise gekommenen Pflege-systems zu möglichst geringen Kosten. Diese »Politik der verknappten Mittel« aber – legitimiert aus dem Zusammenspiel eines von Kosten-Nutzen-Kalkülen geleiteten Migrationsmanagements und der Vorstellung von der Unfinanzier-barkeit der Pflege und Betreuung durch staatliche Gelder – ist nur möglich auf der Grundlage eines Rechts, das in seiner tatsächlichen Wirkung begrenzt bleibt. Es ist vor diesem Hintergrund mehr als fraglich, ob bei der Verrechtlichung von einer für alle Betroffenen gleichermaßen profitablen Lösung gesprochen werden kann, wie dies der hegemoniale Diskurs transportiert. Die Festschreibung des

---

12  So gering der Anteil der 24-Stunden-Carearbeitsverhältnisse im Gesamt der aufgewendeten Pflege- und Betreuungsarbeit auch sein mag: Die neu geschaffenen Strukturen in der 24-Stunden-Pflege und -Betreuung könnten zudem auf den gesamten Pflegearbeitsmarkt aus-strahlen. Beispiele aus anderen Branchen zeigen, dass jene Sektoren, in denen Migrantinnen vormals irregulär arbeiteten, oftmals als »Prototypen« für die Erprobung neuer Beschäfti-gungsstandards fungieren.

Bestehenden im Recht gibt vielmehr Anlass, von einer »Versteinerung« sozialer Ungleichheit zu sprechen (Fraenkel 1966 [1932], 255).

## Literatur

Alt, Jörg 2003: *Leben in der Schattenwelt. Problemkomplex illegale Migration. neue Erkenntnisse zur Lebenssituation ›illegaler‹ Migranten aus München und anderen Orten Deutschlands*, Karlsruhe.

Bachinger, Almut 2009: *Der irreguläre Pflegearbeitsmarkt. Zum Transformationsprozess von unbezahlter in bezahlte Arbeit durch die 24-Stunden-Pflege*, Dissertation, Wien. Zuletzt abgerufen am 02.02.2010 unter http://inex.univie.ac.at/index.php?id=61608.

Baer, Susanne 2011: *Rechtssoziologie. Eine Einführung in die interdisziplinäre Rechtsforschung*, Baden-Baden.

Binder, Hans 2008: ›Hausbetreuungsgesetz Teil 1 und 2‹, in Hans Binder/Margarethe Fürstl-Grasser (Hg.): *Hausbetreuungsgesetz. Kommentar*, Wien, 15–150.

Binder, Hans/Fürstl-Grasser, Margarethe (Hg.) 2008: *Hausbetreuungsgesetz. Kommentar*, Wien.

Boutang, Yann Moulier 2002: ›Nicht länger Reservearmee. Thesen zur Autonomie der Migration und zum notwendigen Ende des Regimes der Arbeitsmigration‹, *Subtropen, Beilage zur Jungle World*, 15/2, 1–3. Zuletzt abgerufen am 03.02.2010 unter http:// www.expertbase.net/forum/reader/boutang.html.

Buckel, Sonja 2007: *Subjektivierung und Kohäsion. Zur Rekonstruktion einer materialistischen Theorie des Rechts*, 2. Aufl., Weilerwist.

Caixeta, Luzenir/Haas, Barbara/Haidinger, Bettina/Rappold, Sonja/Rechling, Daniela/Ripota, Pamela 2004: *Hausarbeit und Pflege: Strategien der Vereinbarkeit in unterschiedlichen Haushalten unter Berücksichtigung von Gender, Klasse und Ethnizität. Österreichbericht im Rahmen des EU-Projektes*, Linz.

Castles, Stephen 2005: ›Warum Migrationspolitiken scheitern‹, *Peripherie, Zeitschrift für Politik und Ökonomie in der Dritten Welt* 25 (97/98), 10–34.

Cotterell, Roger 1998: ›Why must Legal Ideas be interpreted Sociologically?‹, *Journal of Law and Society* 25 (2), 171–192.

Cuttitta, Paolo 2010: ›Das europäische Grenzregime‹ in Sabine Hess/Bernd Kasparek (Hg.): *Grenzregime*, Berlin, Hamburg, 23–40.

Foucault, Michel 1976: *Der Wille zum Wissen. Sexualität und Wahrheit Bd. I*, Frankfurt a.M.

Fraenkel, Ernst 1966 [1932]: ›Die politische Bedeutung des Arbeitsrechts‹, in Thilo Ramm (Hg.): *Arbeitsrecht und Politik*, Neuwied, 247–260.

Gendera, Sandra 2007: *Transnational Care Space Zentraleuropa. Arbeits- und Lebensbedingungen von irregulär beschäftigten Migrantinnen in der häuslichen Pflege*, unveröffentlichte Diplomarbeit, Universität Wien.

Gendera, Sandra 2011: ›Gaining an Insight into Central European transnational Care Spaces: The Case of Migrant Live-in Careworkers in Austria‹, in Guiseppe Sciortino/Michael C. Bommes (Hg.): *Illegal Migration, Foggy Social Structures and the Eastern Enlargement*, Amsterdam, 91–116.

Gendera, Sandra / Haidinger, Bettina 2007: »›Ich kann in Österreich als Putzfrau arbeiten. Vielen Dank, ja.« Bedingungen der bezahlten Haushalts- und Pflegearbeit von Migrantinnen‹, *Grundrisse,* Jahrgang 23, 28 – 40.

Glick Schiller, Nina / Basch, Linda C. / Blanc-Szanton, Christina 1992: ›Transnationalism: A New Analytic Framework for Understanding Migration‹, in Dies. (Hg.): *Towards a Transnational Perspective on Migration: Race, Class, Ethnicity and Nationalism Reconsidered,* New York, 1 – 24.

Haidinger, Bettina 2008: ›Prekarität mit Geschichte: Die Care-Ökonomie der Privathaushalte‹, *Kurswechsel,* Nr. 1, 34 – 45.

Hammer, Elisabeth / Österle, August 2001: ›Neoliberale Gouvernementalität im österreichischen Wohlfahrtsstaat. Von der Reform der Pflegevorsorge 1993 zum Kinderbetreuungsgeld 2002‹, *Kurswechsel,* Nr. 4, 60 – 69.

Hirsch, Ernst E. 1966: *Das Recht im sozialen Ordnungsgefüge* (= Schriftenreihe des Instituts für Rechtssoziologie und Rechtstatsachenforschung an der Freien Universität Berlin, Band 1), Berlin.

Hirsch, Joachim / Roth, Roland 1986: *Das neue Gesicht des Kapitalismus. Vom Fordismus zum Post-Fordismus,* Hamburg.

Ivansits, Helmut / Weissensteiner, Monika (2008): ›Hausbetreuung aus sozialrechtlicher Sicht‹, *Das Recht der Arbeit,* Nr. 5, 394 – 404.

Jessop, Bob 2002: *The Future of the Capitalist State,* Cambridge.

Karakayalı, Juliane 2010: *Transnational Haushalten. Biografische Interviews mit care workers aus Osteuropa,* Wiesbaden.

Kreckel, Reinhard (1997): *Politische Soziologie der sozialen Ungleichheit,* Frankfurt a.M., New York.

Kretschmann, Andrea 2010a: »›Die Legalisierung hat uns überhaupt keine Vorteile gebracht. Die Vorteile gibt es nur für Österreicher.« Effekte national strukturierten Rechts in der transmigrantischen 24-Stunden-Carearbeit‹, in Erna Appelt / Maria Heidegger / Max Preglau / Maria A. Wolf (Hg.): *Who Cares? Pflege und Betreuung in Österreich. Eine geschlechterkritische Perspektive,* Innsbruck, Wien, München, 187 – 195.

Kretschmann, Andrea 2010b: ›Mit Recht regieren? Zur Legalisierung häuslicher 24-Stunden-Carearbeit in Österreich‹, in Kirsten Scheiwe / Johanna Krawietz (Hg.): *Transnationale Sorgearbeit, rechtliche Rahmenbedingungen und gesellschaftliche Praxis,* Weinheim.

Kübler, Friedrich 1985 (Hg.): *Verrechtlichung von Wirtschaft, Arbeit und sozialer Solidarität: vergleichende Analysen,* Frankfurt a.M.

Lessenich, Stephan 2009: *Die Neuerfindung des Sozialen. Der Sozialstaat im flexiblen Kapitalismus,* 2. Aufl., Bielefeld.

Luhmann, Niklas 1993: *Das Recht der Gesellschaft,* Frankfurt a.M.

Mezzadra, Sandro 2007: ›Kapitalismus, Migrationen, Soziale Kämpfe‹, in Marianne Pieper / Thomas Atzert / Serhat Karakayalı / Vassilis Tsianos (Hg.): *Empire und die biopolitische Wende. Die internationale Diskussion im Anschluss an Hardt und Negri,* Frankfurt a.M., 179 – 194.

Mezzadra, Sandro 2009: ›Bürger und Untertanen. Die postkoloniale Herausforderung der Migration in Europa‹, in Sabine Hess / Jana Binder (Hg.): *no integration!? Kulturwis-*

*senschaftliche Beiträge zu Fragen von Migration und Integration in Europa*, Bielefeld, 207 – 227.

Moritz, Ingrid 2007: ›Vom Dienstmädchen zur ausländischen Pflegerin – Kontinuitäten der Rechtlosigkeit‹, *juridikum*, Nr. 3, 148 – 151.

Mühlberger, Ulrike / Knittler, Käthe / Guger, Alois 2008: *Mittel- und langfristige Finanzierung der Pflegevorsorge. Studie des Österreichischen Instituts für Wirtschaftsforschung i. A. des Bundesministeriums für Soziales und Konsumentenschutz*, Wien.

Österle, August / Hammer, Elisabeth 2004: *Zur zukünftigen Betreuung und Pflege älterer Menschen. Rahmenbedingungen, Politikansätze, Entwicklungsperspektiven. Studie im Auftrag der Kardinal König Akademie*, Wien.

Österle, August / Hammer, Elisabeth 2007: ›Care Allowances and the Formalization of Care Arrangements: The Austrian Experience‹, in Claire Ungerson / Sue Yeandle (Hg.): *Cash-for-Care in Developed Welfare States*, Basingstoke, 13 – 31.

Preglau, Max 2010: ›Betreuung und Pflege im Übergang vom »Fordismus« zum »Postfordismus«‹, in Erna Appelt / Maria Heidegger / Max Preglau / Maria A. Wolf (Hg.): *Who Cares? Pflege und Betreuung in Österreich. Eine geschlechterkritische Perspektive*, Innsbruck, Wien, München, 153 – 165.

Pries, Ludger 2001: ›The approach of Transnational Social Spaces: Responding to New Configurations of the Social and the Spatial‹, in Ders. (Hg.): *New Transnational Social Spaces*, London, 3 – 37.

Sassen, Saskia 1988: *The Mobility of Labor and Capital. A study in international investment and capital flow*, Cambridge.

Scherz, Eva 2007: ›Wege aus dem Betreuungsnotstand‹, in GPA-DJP, Interessengemeinschaft work@social (Hg.): *Reader Pflege und Betreuung*, Wien.

Sciortino, Giuseppe 2004: ›Between Phantoms and necessary Evils. Some critical Points in the Study of Irregular Migrations to Western Europe‹, *IMIS-Beiträge*, Nr. 24, 17 – 43.

Stelzer-Orthofer, Christine / Schmidleithner, Irmgard / Rolzhauser-Kanter, Elisabeth 2008 (Hg.): *Zwischen Wischmopp und Laptop. Frauenerwerbstätigkeit und Prekarität*, Wien.

Teubner, Gunther 1985: ›Verrechtlichung – Begriffe, Merkmale, Grenzen, Auswege‹, in Friedrich Kübler (Hg.): *Verrechtlichung von Wirtschaft, Arbeit und sozialer Solidarität: vergleichende Analysen*, Frankfurt a.M., 289 – 344.

Ungerson, Claire / Yeandle, Sue 2007: ›Conclusion: Dilemmas, Contradictions and Change‹, in Claire Ungerson / Sue Yeandle (Hg.): *Cash-for-Care in Developed Welfare States*, Basingstoke, 187 – 206.

Verdi News 2009: ›Das Recht der Schwächeren. Der Fall Ana S. aus Kolumbien – eine Erfolgsgeschichte für Ver.di‹, *Verdi News* 03, 07. 03. 2009.

ZUWINBAT (Zukunftsraum Wien-Niederösterreich-Bratislava-Trnava) o. J.: Homepage. Zuletzt abgerufen am 30. 09. 2011 unter http://www.zuwinbat.at.

# Politische Mobilisierung zwischen Parteipolitik und Zivilgesellschaft

Oliver Gruber

# Zwischen Ideologie und Strategie. Migration und Integration im Wandel elektoraler Politisierung

## 1. Einleitung

Wenngleich Migration und Integration ethnischer Minderheiten historische Konstanten in der österreichischen Geschichte markieren (Fassmann / Münz 1995), so waren die letzten zwei Jahrzehnte doch durch eine markante Intensivierung der öffentlichen Kontroverse darüber gekennzeichnet. Was lange Zeit in den Arkanbereichen außerparlamentarischer Politikentwicklung – v. a. Sozialpartnerschaft und Sozialministerium – verhandelt wurde, ist mittlerweile ins Zentrum des österreichischen Parteienwettbewerbs vorgedrungen (Perchinig 2010). Dort werden Themen auf Basis strategischen Thematisierungskalküls entsprechend einer Wettbewerbslogik aufgegriffen, die insbesondere in Wahlkämpfen als »Phasen komprimierter Thematisierung« (Kamps 2007, 160) auf markante Weise zutage tritt und bei emotionalisierenden Themen wie Migration / Integration eine Orientierung an Formen symbolischer Politik (Bauböck 1996, 17) zur Folge hat. Gerade diese Form elektoraler Politisierung ist jedoch insofern von erheblicher Relevanz, als sie nicht nur mit erhöhtem Aufmerksamkeitszuspruch vonseiten der WählerInnen versehen ist, sondern auch die in demokratisch verfassten Systemen markanteste Form der Gegenüberstellung politischer Programme verkörpert (Downs 1957). Die in Wahlauseinandersetzungen komprimiert vorgebrachten Problemdiagnosen und Maßnahmenvorschläge etablieren und reproduzieren kollektive Deutungsrahmen (Frames) von Migration / Integration, die als kommunikative Grundlage zwischen Parteien und WählerInnen auch Perspektiven einer gemeinsamen »Realität« prägen. Diese beiden »core framing tasks« (Benford / Snow 1988) markieren Grundvoraussetzungen für die Mobilisierung kollektiver Handlung (Gamson / Modigliani 1987; Entman 1993) und bieten somit aufschlussreiche Objekte für die vergleichende Positionsanalyse politischer Parteien.

Vor diesem Hintergrund setzt sich der vorliegende Beitrag mit der Genese elektoraler Politisierung von Migration im Langzeitvergleich auseinander. Mit einem Fokus auf der österreichischen Bundespolitik umfasst die Analyse einen

Zeitraum von knapp vier Jahrzehnten, beginnend mit der Nationalratswahl 1971 in der Hochphase der Gastarbeitermigration bis hin zur bis dato letzten Nationalratswahl 2008. Auf Basis einer Wahlprogrammanalyse[1] werden dabei a) der programmatische Stellenwert der Themenfelder Migration / Integration und b) die Framingstrategien der kandidierenden Parteien nachgezeichnet. Damit soll der Frage nachgegangen werden, welche Akteure für die Etablierung der Themenfelder im Parteienwettbewerbsdiskurs verantwortlich waren / sind, welche Frames sie zur Interpretation der Themenfelder anwenden und inwieweit die Entwicklung dieser Strategien aus dem Blickwinkel einer Parteienwettbewerbslogik erklärt werden kann.

## 2.  Theoretischer Rahmen

### 2.1  Thematischer Stellenwert von Migration und Integration

Die Etablierung repräsentativ-demokratischer Systeme westeuropäischer Prägung im 20. Jahrhundert hat politische Parteien zu den potentesten intermediären Akteuren zwischen politisch-administrativem System und BürgerInnen sowie ihr Konkurrenzverhältnis zur zentralsten Logik des demokratischen Wettbewerbs gemacht (Jarren / Donges 2002). Unter Bedingungen gestiegener Konkurrenz um das »knappe Gut öffentlicher Aufmerksamkeit« (Plasser / Ulram 2004) hat auch für Parteien der Druck zur Komplexitätsreduktion bei der Ausgestaltung des eigenen Themen- und Positionsprofils zugenommen. Insbesondere in Wahlkämpfen verpflichtet dies Parteien zu einem klaren Fokus auf Kernthemen und glaubhafte diesbezügliche Positionen (Mazzoleni / Schulz 1999; Alemann / Marschall 2002). Im Gegensatz zu traditionellen Wettbewerbsverständnissen (d. h. Auffassungen, Parteien würden in Wahlkämpfen grundsätzlich konkurrierende Positionen zu denselben politischen Themenfeldern liefern, vgl. Downs 1957; Pelikaan et al. 2003) charakterisiert die Salienztheorie politischen Wettbewerbs (Budge / Farlie 1983) den Modus der Themen- und Positionswahl politischer Parteien stärker als Strategie der »selective emphasis«: Demzufolge adressieren politische Parteien vordringlich jene Themen, die mit den ihnen zugeschriebenen Stärken korrespondieren – wo sie also

---

1 Elektorale Politisierung beschreibt freilich ein mehrdimensionales Phänomen, denn politische Parteien bedienen sich einer ganzen Reihe von Instrumenten politischer Kommunikation zum Zweck der Wahlwerbung (Strömbäck 2007). Der im vorliegenden Beitrag gewählte Fokus auf Wahlprogramme erklärt sich jedoch aus deren hervorstechender Relevanz als Indikator für das Selbstverständnis einer Partei, ihrer im Unterschied zu anderen Wahlkampfinstrumenten stärkeren Rückbindung an einen kollektiven Parteiwillen sowie ihrer größeren Unabhängigkeit von konkreten Wahlkampfverläufen (Klingemann 1989).

ein hohes Maß an »Issue-Ownership« aufweisen (Petrocik 1996). Andere Themen behandeln sie dagegen nur reduktionistisch, um ihnen so an Wichtigkeit zu nehmen (Budge et al. 1987). Diese Strategien variieren jedoch je nach Typus der Partei: Während »Volksparteien« von ihrem eigenen Anspruch als Catch-all-Parties her ein breiteres Themenspektrum bedienen müssen (Krouwel 2006), sind »Drittparteien« unter Druck, sich durch ein spezifischeres Themen- und Positionsprofil von den etablierten Volksparteien abzugrenzen (Crotty 2006). Dieses Profil entwickeln sie insbesondere auf Ebene jener Themen, die von traditionellen politischen Konfliktlinien (Cleavages) abweichen, da etablierte Parteien dort das geringste Issue Ownership aufweisen (Budge / Farlie 1983). Die seit den 1970er-Jahren konstatierbare Aufweichung traditioneller Konfliktlinien wie »Klasse« und »Religion« (Profil gebend für Sozialdemokratie und Christdemokratie) trug demnach nicht nur zur Entstehung neuer, post-materieller Cleavages bei, also zu einem Konflikt um post-materialistische Forderungen wie die nach gesellschaftlicher Gleichheit und Teilhabe, Meinungsfreiheit, internationaler Solidarität, Umweltschutz etc. (Inglehart 1997). Im österreichischen Kontext mündete dies auch in eine Revitalisierung der alten Konfliktlinie »Nation« (im 19./20. Jahrhundert identitätsstiftend für das »deutschnationale« Dritte Lager), die von der FPÖ erfolgreich in Richtung eines tolerierten Österreich-Patriotismus reformuliert wurde (Pelinka 1998; Rosenberger 2004). Angesichts dieser Transformation – die sich im österreichischen Parteienwettbewerb durch den erstmaligen Einzug der Grünen in den österreichischen Nationalrat 1986 sowie in der Neuausrichtung der infolgedessen wachsenden Freiheitlichen Partei unter Jörg Haider manifestierte – rücken folglich auch die Themenfelder Migration / Integration in den Mittelpunkt dieser nationalen Konfliktlinie (Beck 2002; Dolezal 2005; Ivarsflaten 2008) und legen mit Blick auf die Thematisierungsstrategien österreichischer politischer Parteien folgende Hypothesen nahe:

I)   Einerseits die Erwartung einer *Dominanz der neuen / reformierten Drittparteien gegenüber den etablierten Volksparteien* aufgrund ihrer unterschiedlichen Thematisierungsvoraussetzungen.

II)  Andererseits die *Dominanz rechtspopulistischer Parteien gegenüber dem übrigen Parteienspektrum* aufgrund ihrer Fundierung in einer nationalen Konfliktlinie.

## 2.2    Distanz von Deutungsstrategien

Angesichts der in Österreich zentralen Stellung der beiden traditionellen Volksparteien richtet der Beitrag seinen Blick zudem spezifischer auf das Zentrum des Parteienspektrums. Damit soll an eine jüngere Debatte der Parteien-

forschung angeknüpft werden, die sich mit Reaktionsmustern von Volksparteien auf zunehmenden Erfolg rechtspopulistischer Konkurrenten beschäftigt.
Kern der Diskussion ist die Erklärung von Strategieveränderungen nicht primär
auf der Basis von Policy-Zielen, sondern von Koalitionsoptionen und Wähler-
maximierung (Müller/Strøm 1999). So skizziert Downs (2001) unterschiedliche
Optionen etablierter Mitte-Rechts- und Mitte-Links-Parteien, auf steigenden
rechtspopulistischen Druck zu reagieren, indem er zwischen Strategien des
»disengagement« (»ignorieren« oder »isolieren«) sowie Strategien des »engagement« (d. h. »kooptieren«, »kollaborieren« oder »rechtlich limitieren«) unterscheidet. Während Downs' Befunde relativ allgemein ausfallen, weist Bale
(2003) deutlicher die hohe Bedeutung der radikalen Rechten für die Politik-
formulierung von Mitte-Rechts-Parteien nach, die aufgrund ihrer im Unterschied zu Mitte-Links-Parteien höheren ideologischen Nähe auf erfolgreiche
Rechtsparteien mit Kooptierungsstrategien und inhaltlicher Annäherung reagieren. Diese Annahme gilt insbesondere in Bezug auf Themenfelder wie Migration und Integration, die hohe Relevanz für Rechtsparteien besitzen (Bale
2003; Green-Pedersen/Krogstrup 2008). Darüber hinaus wird jedoch zunehmend auch auf die Rolle sozialdemokratischer Parteien links der Mitte eingegangen, die zum Teil ähnliche Wählersegmente wie rechtspopulistische Parteien
ansprechen und durch deren Erfolg zumeist mit wachsenden Mehrheitsoptio-
nen rechts der Mitte konfrontiert sind. Trotz einer grundsätzlich größeren
ideologischen Distanz erzeugen erfolgreiche rechtspopulistische Parteien daher
auch für sie einen wachsenden Konkurrenzdruck. Die von Bale et al. (2010)
dementsprechend diskutierte Erwartung bezüglich Mitte-Links-Parteien im
Themenfeld Migration/Integration geht von einer verzögerten Reaktion aus, die
langfristig aber durch steigende Distanz gegenüber erfolgreichen rechtspopulistischen Akteuren gekennzeichnet ist. Vor diesem Hintergrund überprüft der
vorliegende Beitrag, ob hinsichtlich der Themenfelder Migration/Integration
die von Bale (2003) sowie Bale et al. (2010) formulierten Erwartungen einer
*inhaltlichen Annäherung der Mitte-Rechts-Partei (ÖVP) an bzw. einer inhaltli-
chen Distanzierung der Mitte-Links-Partei (SPÖ) zur rechtspopulistischen Konkurrenz (FPÖ) infolge deren steigenden Erfolges* bestätigt werden können.


## 3.   Materialbasis und Methodik

Die vorliegenden Daten stammen aus einer Themen- und Frameanalyse der
Wahlprogramme sämtlicher Mandatsparteien in 11 Nationalratswahlen zwischen 1971 und 2008[2], auf deren Basis der programmatische Stellenwert (Sali-

---

2 Berücksichtigt wurden jeweils jene Parteien, die vor und/oder nach dem entsprechenden

enz) der Themenfelder Migration / Integration nachgezeichnet wird. Entsprechend dem theoretischen Konzept selektiver Emphase folgt der Beitrag der Annahme, dass Parteien in ihren Kommunikationsangeboten jenen Themen den größten Raum einräumen, welchen sie die höchste Relevanz beimessen. Demzufolge kann die Salienz der Themenfelder Migration / Integration durch die Messung ihres Umfangs im Vergleich zu anderen Themenfeldern innerhalb eines Dokuments operationalisiert werden. Im vorliegenden Beitrag wurde als Maßeinheit für den Umfang der allgemeine Word-Count herangezogen. Die inhaltliche Codierung wurde schließlich auf Satzebene (Analyseeinheit) vorgenommen, wobei mehrere aufeinanderfolgende Sätze zu einem gemeinsamen Subthema bzw. Frame zusammengefasst wurden. Berücksichtigung fanden dabei ausschließlich jene Abschnitte der Wahlprogramme (Auswahleinheit), die sich explizit auf Formen der grenzüberschreitenden Immigration sowie der Integration ethnischer und / oder religiöser Minderheiten (allochton wie autochton) in Österreich beziehen (pro Analyseeinheit konnte jeweils nur ein Subthema bzw. Frame codiert werden). Die Salienz dieser Analyseeinheiten wurde schließlich wiederum mit dem relativen Wortanteil dieser Abschnitte am Gesamtumfang erhoben.

Die Frame-Analyse systematisierte das Material auf Basis der methodischen Grundlagen von Benford / Snow (1988) bzw. Entman (1993) entlang eines 11-teiligen Frame-Schemas. Dieses wurde in einer Kombination aus theoretischer Deduktion und induktiver Erweiterung auf Basis eines Pre-Tests an ca. 12 % des Materials gewonnen. Der Argumentation von Entman (1993) und Van Gorp (2005) folgend wurden mit »Problemdefinition« und »Maßnahmenvorschlag« zwei obligatorische Elemente zur Bildung eines Frames vorausgesetzt, während weitere fakultative Elemente (»Ursachenzuschreibungen«, »moralische Einbettung«, »sprachliche Strategien«) zur inhaltlichen Verdichtung der gewonnenen Frames verwendet wurden. Diese wurden bis auf eine Ausnahme entlang einer dichotomen Achse zwischen restriktiven und liberalen Positionen angeordnet, um eine grobe Richtungsindikation der Akteure zu ermöglichen.

Aufseiten der liberalen Frames zu den Themenfeldern Migration / Integration lässt sich das im Material identifizierte Spektrum durch fünf – im Folgenden kursorisch dargestellte – Deutungsrahmen erfassen:
- Innerhalb eines *Grund- und Menschenrechtsframes* richten sich die Problemdiagnosen gegen die Nichteinhaltung elementarer Grund- und Menschenrechte in der Asyl- und Integrationspolitik, insbesondere im Bereich

---

Wahlgang über Mandate im österreichischen Nationalrat verfügten. Die Nationalratswahl 1995 blieb unberücksichtigt, da es sich um eine nur kurz nach der regulären Wahl 1994 angesetzte, vorgezogene Neuwahl handelte, die folglich geringeren Wahlkampfumfang sowie geringere Abweichungen aufwies.

Bildung und Soziales. Die daran gebundenen Forderungen umfassen eine allgemeine Stärkung von Menschenrechten, ausgeweitete Minderheitenrechte und nicht zuletzt die Erleichterung/Unterstützung für ethnische Minderheiten, ihr Recht auch geltend zu machen (Fujiwara 2005).

- Jenseits rechtlicher Grundansprüche zielt der *Partizipationsframe* auf stärkeres Empowerment ethnischer Minderheiten durch gesellschaftliche Teilhabe ab und mahnt umfangreichere Integrationsmöglichkeiten an (z. B. Förderungsangebote in der Erwachsenenbildung, Sprachförderung und soziale Verhaltensschulung in der Frühförderung, Hilfestellung bei Behördenwegen etc.). Zentral ist der fakultative Charakter dieser Ermöglichung, der sie von einer verpflichtenden Form der Assimilation unterscheidet (Vliegenthaart 2007).
- Darüber hinaus verweist ein *Multikulturalismusframe*, welcher die Diversität einer Gesellschaft explizit als fördernswerte Chance begreift und bisweilen auf deren historische Relevanz für die österreichische Identitätsbildung Bezug nimmt. Ausgehend von diagnostizierten Assimilationszwängen und fehlender Wertschätzung kultureller Vielfalt werden diversitätspolitische Maßnahmen eingefordert, so etwa die Förderung von Mehrsprachigkeitspotenzialen, die Stärkung interkultureller Kompetenzen bzw. ein politisches und ziviles Bekenntnis zu gesellschaftlicher Heterogenität (Vliegenthaart 2007).
- Im Unterschied dazu artikuliert der *Solidaritätsframe* keine explizite Förderung kultureller Vielfalt, sondern stellt primär Toleranz gegenüber gesellschaftlichen Minderheiten in den Vordergrund – wobei insbesondere die Instrumentalisierung gesellschaftlicher Minderheiten bzw. von Flüchtlingen (»Sündenbock«-Politik) kritisiert wird. Kern der Forderungen ist daher der Anspruch an ein solidarisches Miteinander trotz eines mit gesellschaftlicher Diversität verbundenen Konfliktpotenzials (van Gorp 2005).
- Der *Öffnungsframe* schließlich bezieht sich im Kern auf die Kritik an der diagnostizierten Errichtung einer »Festung Europa« bzw. nationaler Autarkiebestrebungen. Demgegenüber betont er den zeitgemäßen Charakter von Zuwanderung und transnationaler Mobilität aus gesellschaftlicher und wirtschaftlicher Perspektive und knüpft daran Forderungen nach einer liberaleren Zuwanderungs- und Aufenthaltspolitik unter Berücksichtigung der europäischen/globalen Mobilitätsbedingungen des 21. Jahrhunderts.

Demgegenüber finden sich auch im restriktiven Bereich des Diskurses fünf unterscheidbare Positionsframes:
- Im Kontext eines *Sicherheitsframes* wird auf eine Bedrohung durch strafrechtliche Vergehen (etwa im Bereich von Alltags-, Einbruchs-, Suchtmittelkriminalität) verwiesen, die mit spezifischen religiösen und/oder ethnischen

Gruppen in Verbindung gebracht werden. Als Konsequenz werden zahlreiche sicherheitspolitische Maßnahmen (Grenzschutz, Personendatenbanken, Ausweitung polizeilicher Befugnisse etc.) sowie restriktivere Strafrechts- und Aufenthaltsbestimmungen gefordert (Huysmans / Buonfino 2008).

– Unter dem *Leitkulturframe* werden hingegen verschiedene Dimensionen der Leitkulturdebatte adressiert, deren Diagnosen von Verdrängung der kulturellen Identität Österreichs über Kritik an religiös oder kulturell motivierten Verstößen gegen christliche oder liberale Grundwerte bis hin zu Inkompatibilitätsvorwürfen zwischen Mehrheit und Minderheit reichen. Die daran gebundenen Maßnahmenvorschläge sind vor allem Verbote spezifischer religiöser Objekte oder Praktiken, im äußersten Fall Forderungen nach verpflichtender Anpassung an Sprache und Kultur der Mehrheitsgesellschaft (Hell 2005).

– Jenseits der kulturellen Dimension wird mit dem *Genuinitätsframe* zudem ein weitreichender Missbrauch des Sozial-, Rechts- oder Asylsystems durch Personengruppen diagnostiziert, denen der genuine Teilhabeanspruch abgesprochen wird (z. B. arbeitslose AusländerInnen, AsylwerberInnen, ausländische SchwarzarbeiterInnen). Daran werden Forderungen nach restriktiveren Maßnahmen zur Vorbeugung intendierten Missbrauchs geknüpft, etwa strengere Verfahrenskriterien im Asylrecht, erleichterte Abschiebemöglichkeiten, strengere Kontrollen der Schwarzarbeit etc. (Nickels 2007).

– Im Rahmen eines *Entlastungsframes* richten sich die Problemdiagnosen auf ökonomische und demografische Überlastungsszenarien als Konsequenz hoher Zuwanderungszahlen (z. B. Überlastung des Arbeitsmarktes, der Wohnsituation oder des Sozial- und Bildungssystems). Die damit verbundenen Forderungen richten sich dementsprechend in pauschaler Form gegen diese Belastungen und reichen unter anderem von Maßnahmen wie einer europaweiten Akkordierung und Solidarität (insbesondere im Asylbereich) bis hin zu völligem Zuwanderungsstopp (Wengeler 2003).

– Schließlich diagnostiziert ein *Nutzenframe* verschiedene Benachteiligungen der Mehrheitsgesellschaft gegenüber Minderheiten oder Nicht-StaatsbürgerInnen, denen nur durch klaren Vorrang der »heimischen« Bevölkerung (»Österreich zuerst«) sowie eine Unterordnung von Zuwanderung unter ein Nutzenkalkül für die Mehrheitsgesellschaft (z. B. selektive Arbeitsmarktzugänge für Schlüsselkräfte bzw. zu unterbesetzten Branchen) begegnet werden könne (Wengeler 2003; Nickels 2007).

Diese Frames werden schließlich durch einen *Administrationsframe* ergänzt, der vor allem fehlende Gesetze oder personelle Unterbesetzung im Bereich der Zuwanderungs- bzw. Integrationspolitik kritisiert, ohne dies klar an weitere Problemdiagnosen zurückzubinden, wodurch er weder eine klar restriktive

noch eine liberale Tendenz aufweist (Nickels 2007). Auf Basis dieser elf Frames
lässt sich das gesamte programmatische Diskursspektrum im österreichischen
Parteienwettbewerb erfassen und trotz deren inhaltlicher Abstraktion auch ein
notwendiges Grundmaß an Diversität im Deutungswettbewerb nachzeichnen.


## 4.   Empirische Befunde

### 4.1   Allgemeine Themensalienz

Um der Frage nach dem allgemeinen Stellenwert der Themenfelder Migrati-
on/Integration in den Programmen nachzugehen, wurden sowohl der Vergleich
zwischen den untersuchten Parteien als auch die durchschnittliche Salienz der
Themenfelder für das Parteienspektrum insgesamt (berechnet aus dem Mittel
der jeweiligen Partei-Stellenwerte) berücksichtigt.[3]

Auf dieser Basis zeigt die Programmanalyse eine lediglich geringe Salienz der
beiden Themenbereiche während der 1970er- und frühen 1980er-Jahre. Erst mit
den Verschiebungen im österreichischen Parteiensystem 1986 tritt eine steigende Politisierung der beiden Themenbereiche zutage, mit einem ersten Höhepunkt 1994. Während sich in den folgenden Wahlen 1999 und 2002 eine
Stabilisierung des Politisierungsausmaßes einstellt, zeigt sich seit 2006 eine
enorme Zunahme des Migrations-/Integrationsanteils innerhalb der Wahlpro-
grammatik, die seitdem zu den höchsten Politisierungsanteilen im gesamten
Zeitverlauf führt. Erst der Blick auf die Akteure verdeutlicht jedoch die dominanten Träger dieses Diskurses: So geht aus den akteursspezifischen Werten
zunächst die starke Verbindung der Themenfelder Migration/Integration mit
den Drittparteien hervor – d.h. ab 1986 durchgängig FPÖ und Grüne sowie
temporär auch LIF und BZÖ. So dominiert ab 1986 in sechs von sieben untersuchten Wahlen mindestens eine Drittpartei, und auch im Vergleich der Mit-

---

3 Anteile aller folgenden Diagramme berechnet auf Basis von Word-Count für folgende Pro-
grammumfänge pro Wahl/Partei (berücksichtigt wurden ausschließlich inhaltstragende
Abschnitte der Wahlprogramme, formale Abschnitte – Impressum, Verzeichnisse, Foto- oder
AutorInnenhinweise etc. – blieben ausgenommen):
*2008* (SPÖ: 12764, ÖVP: 5846, FPÖ: 4958, Grüne: 5465, BZÖ: 3975); *2006* (SPÖ: 7184, ÖVP:
18600, FPÖ: 3799, Grüne: 8176, BZÖ: 7254); *2002* (SPÖ: 12056, ÖVP: 22621, FPÖ: 27642,
Grüne: 6956); *1999* (SPÖ: 9038, ÖVP: 30052, FPÖ: 13334, Grüne: 10283, LIF: 3016); *1994*
(SPÖ: 10877, ÖVP: 19110, FPÖ: 12408, Grüne: 11148, LIF: 2631); *1990* (SPÖ: 12606, ÖVP:
7602, FPÖ: 10713, Grüne: 27010); *1986* (SPÖ: 7994, ÖVP: 1864, FPÖ: 2186, Grüne: 6050); *1983*
(SPÖ: 13271, ÖVP: 2541, FPÖ: 7136); *1979* (SPÖ: 8481, ÖVP: 2247, FPÖ: 2945); *1975* (SPÖ:
3953, ÖVP: 5615, FPÖ: 1890); *1971* (SPÖ: 2268, ÖVP: 3038, FPÖ: 3920).
Die Wahlprogramme bis 2002 wurden in elektronischer Form zugänglich gemacht durch das
Leibniz-Institut für Sozialwissenschaften (GESIS).

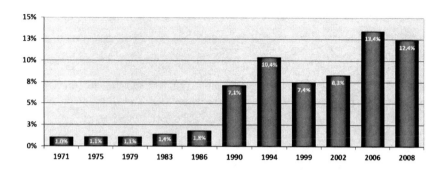

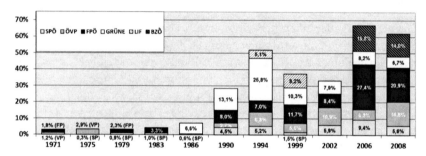

Abb. 1: Anteile der Themenfelder Migration / Integration am Wahlprogramm – Parteiendurchschnitt (oben) / aufsummierte Parteienanteile (unten)

telwerte ergibt sich ein klares Bild: Während ÖVP und SPÖ ab 1986 gemeinsam durchschnittlich lediglich 5,9 %, ihrer Programmkommunikation auf die Themenfelder Migration / Integration verwenden, weisen Drittparteien ihnen im Schnitt mit 10,8 % fast doppelt so hohe Salienz zu. Zwar ist die Dominanz der Drittparteien nicht absolut zu sehen, da in fünf von elf Wahlen zumindest eine der Volksparteien höhere Werte als eine der Drittparteien aufweist – insbesondere die ÖVP, die grundsätzlich eine höhere Politisierung als die SPÖ aufweist. Dennoch lässt sich auf Basis dieser Befunde die *erste Hypothese einer Dominanz der Drittparteien für den Zeitraum 1986–2008* vorläufig akzeptieren.

Entgegen den Erwartungen präsentiert sich hingegen das Verhältnis zwischen den beiden seit 1986 kontinuierlich relevanten Drittparteien selbst: So geht in der Frühphase der Transformation der stärkere programmatische Impuls im Bereich Migration / Integration nicht von der äußeren Rechten (FPÖ) aus, die bis 2006 zwar hohe, aber im Langzeitvergleich immer noch relativ moderate Werte aufweist. Vielmehr ist es in der Frühphase der Parteiensystemtransformation die äußere Linke (Grüne), die den Themen Migration / Integration das höchste programmatische Gewicht einräumt. Seit 1999 deutet sich allerdings insofern eine Verschiebung dieser Trends an, als sich der Stellenwert 1999 / 2002 angleicht, um sich seit 2006 markant umzukehren: Während 2002 noch die ÖVP das höchste Politisierungsausmaß aufweist, erreicht die FPÖ seit ihrer Spaltung ihre bis dato höchsten Anteile im gesamten Untersuchungszeitraum und etabliert mit dem ebenfalls stark politisierenden BZÖ eine grundlegende Dominanz des rechtspopulistischen Spektrums – dies wird insofern verstärkt, als die Politisierung der Grünen seit 1999 deutlich abnimmt. Dennoch ist angesichts des erst verzögerten Übergewichts von FPÖ und BZÖ die *zweite Hypothese einer kontinuierlichen Dominanz rechtspopulistischer Parteien für den Zeitraum 1986–2008 klar zu verwerfen.*

### 4.2    Zum Framing von Migration / Integration.

Erst die Analyse der Inhaltsdimension erlaubt aber letztlich den Rückschluss auf die Richtung der Politisierung und damit auf Veränderungen im Positionsgefüge zwischen den untersuchten Parteien. Abbildung 2 veranschaulicht zunächst die Entwicklung der Programmpositionen in komprimierter Form, indem die Anteile liberaler den Anteilen restriktiver Programmabschnitte gegenübergestellt werden und somit Aufschluss über die jeweilige Parteitendenz gegeben wird – aufgrund der geringen Politisierung bis 1986 ist eine Auswertung jedoch erst ab der Nationalratswahl 1990 praktikabel.

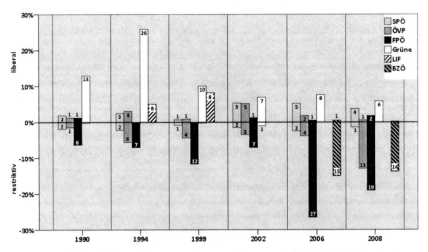

Abb. 2: Anteile liberaler / restriktiver Frames am Wahlprogramm (gerundet in %)

Entsprechend einer solchen dichotomen Zuordnung kristallisiert sich eine grundlegende Veränderung der Politisierung von Migration / Integration heraus, vergleicht man die Wahlgänge der 90er-Jahre mit jenen im neuen Jahrtausend: Zum Einen sticht hervor, dass sämtliche Drittparteien die deutlichsten Tendenzen in ihrer Politisierung aufweisen, sich die Intensität dieser Tendenzen allerdings gegenläufig entwickelt hat. Demgegenüber sind die Anteile liberaler sowie restriktiver Frames bei den beiden Volksparteien zwar in der Regel ausgewogener, allerdings lassen sich auch für sie leichte Tendenzen ausmachen. Während das ÖVP-Framing – bis auf eine Ausnahme – seit 1994 einen restriktiven Überhang aufweist (mit dem markanten Höhepunkt 2008), ist bei der SPÖ erst seit 2002 eine kontinuierliche Tendenz in Richtung liberaler Frames erkennbar. In der Summe zeigt sich insbesondere seit der Wahl 2006 eine markante Verschiebung des Diskursspektrums in Analogie zu den Veränderungen im relevanten Parteienspektrum: Prägnant dafür ist einerseits die Präsenz von nunmehr zwei Akteuren im restriktiven Bereich des Diskurses (FPÖ und BZÖ), die ein immer breiteres Set restriktiver Frames aufnehmen, während sich der Salienz-Rückgang der Grünen im Vergleich zu den frühen 1990er-Jahren verfestigt und zusammen mit dem Ausscheiden des LIF den Anteil liberaler Frames reduziert. Zudem stabilisiert sich andererseits die gegenläufige Entwicklung der Volksparteien. Der Bewegung in Richtung stärkere Restriktivität aufseiten der Mitte-Rechts-Partei (ÖVP) steht eine Tendenz in Richtung liberaler Frames bei der Mitte-Links-Partei (SPÖ) gegenüber.

Genaueren Aufschluss über die Annäherung im Deutungswettbewerb gibt schließlich der direkte Vergleich auf Ebene der Frames. Zu diesem Zweck werden die relativen Anteile einzelner Frames am gesamten Migrations- / Integrationsframing einer Partei erhoben und mit den Frameanteilen konkurrierender Parteien verglichen. Die in Tabelle 1 dargestellten Daten beziehen sich demnach auf das Gesamtausmaß der Überschneidung / Unterscheidung unter Berücksichtigung aller Frames. Zwecks vereinfachter Interpretierbarkeit wird das Distanzmaß (City-Block-Distanz) in der unten stehenden Grafik halbiert, sodass es Werte zwischen 0 (= kein Unterschied der verwendeten Frames, also völlige Konvergenz) und 100 (= völliger Unterschied der verwendeten Frames, also absolute Divergenz) annehmen kann.

| | | SPÖ | ÖVP | FPÖ | Grüne | LIF |
|---|---|---|---|---|---|---|
| **1990** | SPÖ | | 68,6 | 56,6 | 63,2 | |
| | ÖVP | 68,6 | | 66,4 | 52,0 | |
| | FPÖ | 56,6 | 66,4 | | 82,9 | |
| | GREEN | 63,2 | 52,0 | 82,9 | | |
| **1994** | SPÖ | | 48,9 | 75,5 | 51,6 | 57,3 |
| | ÖVP | 48,9 | | 44,7 | 76,0 | 76,0 |
| | FPÖ | 75,5 | 44,7 | | 100,0 | 100,0 |
| | GREEN | 51,6 | 76,0 | 100,0 | | 27,5 |
| | LIF | 57,3 | 76,0 | 100,0 | 27,5 | |
| **1999** | SPÖ | | 76,9 | 60,6 | 80,0 | 82,0 |
| | ÖVP | 76,9 | | 63,8 | 84,7 | 93,5 |
| | FPÖ | 60,6 | 63,8 | | 97,6 | 100,0 |
| | GREEN | 80,0 | 84,7 | 97,6 | | 55,8 |
| | LIF | 82,0 | 93,5 | 100,0 | 55,8 | |

| | | SPÖ | ÖVP | FPÖ | Grüne | BZÖ |
|---|---|---|---|---|---|---|
| **2002** | SPÖ | | 43,8 | 69,6 | 43,3 | |
| | ÖVP | 43,8 | | 52,5 | 61,0 | |
| | FPÖ | 69,6 | 52,5 | | 75,2 | |
| | GRÜNE | 43,3 | 61,0 | 75,2 | | |
| **2006** | SPÖ | | 37,2 | 70,4 | 36,6 | 69,8 |
| | ÖVP | 37,2 | | 48,9 | 64,9 | 40,6 |
| | FPÖ | 70,4 | 48,9 | | 96,7 | 25,9 |
| | GRÜNE | 36,6 | 64,9 | 96,7 | | 94,8 |
| | BZÖ | 69,8 | 40,6 | 25,9 | 94,8 | |
| **2008** | SPÖ | | 67,8 | 73,0 | 55,8 | 74,7 |
| | ÖVP | 67,8 | | 41,7 | 87,7 | 27,4 |
| | FPÖ | 73,0 | 41,7 | | 91,0 | 23,6 |
| | GRÜNE | 55,8 | 87,7 | 91,0 | | 98,4 |
| | BZÖ | 74,7 | 27,4 | 23,6 | 98,4 | |

Tab. 1: Divergenz der Frameanteile zwischen Parteien

Auch mit Blick auf die Überschneidung einzelner Frames zeigt sich schließlich eine vergleichbare Entwicklung:

Zunächst besteht – wenig überraschend – eine hohe Divergenz im Framing der beiden dominanten Drittparteien, Grüne und FPÖ, die über den gesamten Messzeitraum die jeweils höchsten Distanzmaße aufweisen. Diese divergenten Tendenzen gelten gleichermaßen für die beiden übrigen, nur temporär relevanten Drittparteien, die umgekehrt hohe Überschneidungen mit den ihnen ideologisch näher stehenden Drittparteien aufweisen: So zeigt einerseits das LIF in seinem Framing starke Schnittmengen mit den Grünen, insbesondere in Bezug auf ein »Rechte«-Framing, abgeschwächt aber auch in Bezug auf »Solidarität« und »Partizipation«. Diese Nähe der Deutungsstrategien gilt andererseits noch markanter für die Deckung von FPÖ und BZÖ seit 2006. Beide Parteien weisen das grundsätzlich konvergenteste Framing aller Parteien im gesamten Untersuchungszeitraum auf und teilen dabei das gesamte Spektrum restriktiver Frames.

Weniger eindeutig bleibt das Framing der beiden Volksparteien. Für diese ergibt sich während der 1990er-Jahre zunächst ein wechselndes Bild, vor allem, wenn man ihr Verhältnis zum restriktiven Diskurs der FPÖ betrachtet: So wird eine höhere Konvergenz im Framing von SPÖ und FPÖ in den Wahlen 1990 und 1999 kontrastiert durch eine größere Nähe zwischen ÖVP und FPÖ bei der Nationalratswahl 1994. Während sich die SPÖ-FPÖ-Nähe in beiden Fällen durch einen gemeinsamen Fokus auf »Entlastung« erklärt (insbesondere im Hinblick auf die Arbeitsmarktlage, 1990 aber auch grundsätzlicher hinsichtlich Asyl und Zuwanderung aus den östlichen Nachbarländern), deckt sich 1994 bei ÖVP und FPÖ gleich ein breiteres Repertoire an restriktiven Frames (»Entlastung«, »Leitkultur«, »Mißbrauch« sowie »Nutzen«). Die Wasserscheide 1999/2000 und ihre Konsequenzen für das österreichische Parteiensystem markiert schließlich einen Wendepunkt auch in der Politisierung der Themenfelder Migration/Integration. Trotz der teilweise artifiziellen Ausgangsbedingungen der vorgezogenen Neuwahlen 2002 zeichnet sich bereits eine für die kommenden Wahlen charakteristische Entwicklung ab, indem vor allem die beiden Großparteien ihre Positionen der 1990er Jahre verändern: Während die SPÖ sich immer weiter von der FPÖ-Position in Richtung Administrationsframe und liberalerer Frames (»Rechte«, »Partizipation«) wegbewegt, nähert sich die ÖVP immer stärker restriktiven Frames (»Sicherheit«, »Leitkultur«, »Entlastung«) an. Noch deutlicher manifestieren sich diese Entwicklungen schließlich bei der Nationalratswahl 2008, bei der ein fortgesetzter Schwenk zu liberaler Politisierung bei der SPÖ (neben »Partizipation« auch Bezüge zu den Frames »Multikulturalismus« und »Solidarität«) kontrastiert wird vom bisher massivsten Fokus der ÖVP auf restriktive Frames (vor allem »Sicherheit« und »Leitkultur«, aber auch »Entlastung« und »Nutzen«).

Somit verdeutlicht die Detailanalyse, dass sich die Annäherungen nicht nur auf grobe restriktive/liberale Richtungstendenzen beziehen, sondern auch die konkrete Verwendung einzelner Deutungsrahmen betreffen. Dementsprechend ist die dritte Hypothese einer *inhaltlichen Annäherung der Mitte-Rechts-Partei (ÖVP) an bzw. einer inhaltlichen Distanzierung der Mitte-Links-Partei (SPÖ) zur rechtspopulistischen Konkurrenz (FPÖ) infolge steigenden FPÖ-Erfolges* auf wahlprogrammatischer Ebene in jedem Fall zu bestätigen.

## 5.  Conclusio

Elektorale Politisierung von Migration/Integration – das machen die vorliegenden Befunde deutlich – ist nur unter Berücksichtigung intrinsischer Faktoren des Parteiensystems adäquat zu erklären. So vergegenwärtigt die aus der Wahlprogrammanalyse erkennbare Depolitisierung der Themenfelder bis Mitte der 80er-Jahre die unmittelbare Relevanz neuer bzw. reformierter Parteien für die elektorale Thematisierung von Migration und Integration. Dieses Indiz wird zudem durch die konstante Dominanz der Drittparteien, gekoppelt mit einer nur langsamen Intensivierung der Auseinandersetzung vonseiten der Volksparteien, weiters bestätigt. Beide Befunde verweisen auf die Bedeutung ideologischer Konfliktlinien und damit verbundener Themenprofile europäischer Parteifamilien für deren Politisierungsstrategien in Bezug auf Migration und Integration.

Dennoch zeigt der Langzeitvergleich, dass diese Verhaltensmuster keineswegs statisch ausfallen sondern sich im Kontext wettbewerbsstrategischer Transformationen verändern. Erst unter dem Druck erfolgreicher Politisierung der Themenfelder durch Drittparteien beginnen auch die etablierten Volksparteien sich umfangreicher zu positionieren. Diese Positionierung ist zwar grundsätzlich vom ideologischen Hintergrund der Parteien abhängig, bei den Volksparteien jedoch wesentlich ambivalenter als bei den Drittparteien, wie der Blick auf die 1990er-Jahre verdeutlicht. Diese sind noch geprägt von variierendem Verhalten der Volksparteien sowie einem Übergewicht liberalen Framings, angesichts der Präsenz zweier liberal argumentierender Drittparteien und einer markanten Dominanz »Grüner« Politisierung, die gängigen Erwartungen rechtspopulistischer Politisierungshoheit entgegensteht.

Erst im neuen Jahrtausend zeichnen sich markante Veränderungen ab: Die Nationalratswahl 1999 markiert eine Wasserscheide im österreichischen Parteiensystem, die nicht nur in das bis dato höchste Wahlergebnis einer rechtspopulistischen Partei, sondern auch in deren erstmalige Regierungsbeteiligung mündet. Damit ist nicht nur ein neues Verhältnis von Regierung und Opposition geschaffen, sondern auch die ministerielle Verantwortlichkeit für die beiden

Politikfelder verschiebt sich in Richtung ÖVP und FPÖ. Dies wird zudem verstärkt durch das Herausfallen des LIF (2002) aus dem Parlament sowie der Konstituierung eines zweiten rechtspopulistischen Akteurs mit dem BZÖ (2005). Folgerichtig zeitigen diese Veränderungen vor allem mit Blick auf die Politisierung der für die Rechtsparteien zentralen Politikfelder Migration und Integration Konsequenzen – die Veränderung der Framingtendenzen beider Volksparteien ist dafür ein markantes Indiz. Sowohl die SPÖ als auch die ÖVP verändert ihre Positionierung seitdem entsprechend der nach Bale (2003) und Bale et al. (2010) erwartbaren Muster. Während die ideologischen Nachbarn rechts der Mitte wachsende Konvergenz in ihrem Framing aufweisen, nimmt bei der Mitte-Links-Volkspartei SPÖ die Distanz gegenüber dem restriktiven Framing der rechtspopulistischen Parteien zu. Diese Tendenzen bestehen auch nach dem Ende der kleinen Koalition aus ÖVP und FPÖ (bzw. BZÖ) weiter und kennzeichnen das gespannte Verhältnis der seitdem wieder gemeinsam regierenden Volksparteien.

Migration und Integration sind also mittlerweile auch im Zentrum des Parteienspektrums als zentrale wahlprogrammatische Themen etabliert und damit zu einer kennzeichnenden Konfliktlinie des österreichischen Parteiensystems geworden – mit einer zunehmend restriktiven Dominanz. Zwar spiegeln diese Befunde ausschließlich wahlprogrammatische Entwicklungen wider, d.h. sie lassen weder direkte Schlüsse auf andere Ebenen der Wahlkampfkommunikation zu, noch haben sie eine zwingende Entsprechung in den außerelektoralen Routinephasen der Politik. Angesichts der zentralen Bedeutung von Wahlkämpfen für die öffentliche Meinungsbildung gilt aber gerade diese Ebene als zentraler Indikator für den parteipolitischen Stellenwert beider Themenfelder und nicht zuletzt der diesbezüglich vorherrschenden Deutungshegemonien.

## Literatur

Alemann, Ulrich von/Marschall, Stefan (Hg.) 2002: *Parteien in der Mediendemokratie,* Wiesbaden.

Bale, Tim 2003: ›Cinderella and Her Ugly Sisters. The Mainstream and Extreme Right in Europe's Bipolarising Party Systems‹, *West European Politics*, Jahrgang 26, Heft 3, 67–90.

Bale, Tim/Green-Pedersen, Christopher/Krouwel, André/Luther, Kurt R./Sitter, Nick 2010: ›If You Can't Beat Them, Join Them? Explaining Social Democratic Responses to the Challenge from the Populist Radical Right in Western Europe‹, *Political Studies*, Jahrgang 58, Heft 3, 410–426.

Bauböck, Rainer 1996: »Nach Rasse und Sprache verschieden«. Migrationspolitik in Österreich von der Monarchie bis heute, Wien (= *IHS Reihe Politikwissenschaften*, Nr. 31).

Beck, Ulrich 2002: ›The Cosmopolitan Society and its Enemies‹, *Theory, Culture & Society*, Jahrgang. 19, Heft 1 – 2, 17 – 44.

Benford, Robert D. / Snow, David A. 1988: ›Ideology, Frame Resonance, and Participant Mobilization‹, *International Social Movement Research*, Jahrgang 1, 197 – 217.

Budge, Ian / Farlie, Dennis J. 1983: ›Party Competition – Selective Emphasis or Direct Confrontation? An Alternative View with Data‹, in Hans Daalder / Peter Mair (Hg.): *Western European Party Systems. Continuity and Change*, London, 267 – 306.

Budge, Ian / Robertson, David / Hearl, Derek (Hg.) 1987: *Ideology, Strategy and Party Change: Spatial Analyses of Post War Election Programmes in 19 Democracies*. Cambridge.

Crotty, William 2006: ›Party origins and evolution in the United States‹, in Richard S. Katz / William Crotty (Hg.): *Handbook of Party Politics*. London, Thousand Oaks, New Delhi, 25 – 33.

Dolezal, Martin 2005: ›Globalisierung und die Transformation des Parteienwettbewerbs in Österreich. Eine Analyse der Angebotsseite‹, *Österreichische Zeitschrift für Politikwissenschaft*, Jahrgang 34, Heft 2, 163 – 176.

Downs, Anthony 1957: *An economic theory of democracy*. New York.

Downs, William M. 2001: ›Pariahs in their Midst: Belgian and Norwegian Parties React to Extremist Threats‹, *West European Politics*, Jahrgang 24, Heft 3, 23 – 42.

Entman, Robert 1993: ›Framing: Toward Clarification of a Fractured Paradigm‹, *Journal of Communication*, Jahrgang 43, Heft 4, 51 – 58.

Fassmann, Heinz / Münz, Rainer 1995: *Einwanderungsland Österreich?*, Wien.

Fujiwara, Lynn H. 2005: ›Immigrant Rights Are Human Rights: The Reframing of Immigrant Entitlement and Welfare‹, *Social Problems*, Jahrgang 52, Heft 1, 79 – 101.

Gamson, William A. / Modigliani, Andre 1987: ›The changing culture of affirmative action‹, in Richard G. Braungart / Margaret M. Braungart (Hg.): *Research in Political Sociology*, Greenwich (CT), 137 – 177.

Green-Pedersen, Christoffer / Krogstrup, Jesper 2008: ›Immigration as a political issue in Denmark and Sweden‹, *European Journal of Political Research*, Jahrgang 47, Heft 2, 610 – 634.

Hell, Matthias 2005: *Einwanderungsland Deutschland? Die Zuwanderungsdiskussion 1998 – 2002*, Wiesbaden.

Huysmans, Jef / Buonfino, Alessandra 2008: ›Politics of exception and unease. Immigration, asylum and terrorism in parliamentary debates in the UK‹, *Political Studies*, Jahrgang 56, Heft 4, 766 – 788.

Inglehart, Ronald 1997: *Modernization and Postmodernization. Cultural, Economic and Political Change in 43 Societies*, Princeton.

Ivarsflaten, Elisabeth 2008: ›What Unites the Populist Right in Western Europe? Reexamining grievance mobilization models in seven successful cases‹, *Comparative Political Studies*, Jahrgang 41, Heft 1, 3 – 23.

Jarren, Otfried / Donges, Patrick 2002: *Politische Kommunikation in der Mediengesellschaft. Bd.1: Verständnis, Rahmen und Strukturen*, Wiesbaden.

Kamps, Klaus 2007: *Politisches Kommunikationsmanagement. Grundlagen und Professionalisierung moderner Politikvermittlung*, Wiesbaden.

Klingemann, Hans-Dieter 1989: ›Die programmatischen Profile der politischen Parteien in der Bundesrepublik Deutschland. Eine quantitative Inhaltsanalyse der Wahlprogramme von SPD, FDP und CDU von 1949 bis 1987‹, in Dietrich Herzog / Bernhard Weßels (Hg.): *Konfliktpotentiale und Konsenssstrategien. Beiträge zur politischen Soziologie der Bundesrepublik*, Opladen, 98 – 115.

Krouwel, André 2006: ›Party models‹, in Richard S. Katz / William Crotty (Hg.): *Handbook of Party Politics*, London, Thousand Oaks, New Delhi, 249 – 269.

Mazzoleni, Gianpietro / Schulz, Winfried 1999: ›»Mediatization« of Politics: A Challenge for Democracy?‹, *Political Communication*, Jahrgang 16, Heft 3, 247 – 261.

Müller, Wolfgang C. / Strøm, Kaare 1999: *Policy, office, or votes? How political parties in Western Europe make hard decisions*, Cambridge.

Nickels, Henry C. 2007: ›Framing asylum discourse in Luxembourg‹, *Journal of Refugee Studies*, Jahrgang 20, Heft 1, 37 – 59.

Pelikaan, Huib / van der Meer, Tom / de Lange, Sarah 2003: ›The road from a depoliticized to a centrifugal democracy‹, *Acta Politica*, Jahrgang 38, Heft 1, 23 – 49.

Pelinka, Anton 1998: *Austria. Out of the Shadow of the Past*, Boulder (CL).

Perchinig, Bernhard 2010: ›Von der Fremdarbeit zur Integration? Arbeitsmigrations- und Integrationspolitik in der Zweiten Republik‹, *Österreich in Geschichte und Literatur*, Jahrgang 53, Heft 2, 228 – 247.

Petrocik, John R. 1996: ›Issue ownership in presidential elections, with a 1980 case study‹, *American Journal of Political Science*, Jahrgang 40, Heft 3, 825 – 850.

Plasser, Fritz / Ulram, Peter 2004: ›Öffentliche Aufmerksamkeit in der Mediendemokratie‹, in Fritz Plasser (Hg.): *Politische Kommunikation in Österreich. Ein praxisnahes Handbuch*, Wien, 37 – 99.

Rosenberger, Sieglinde 2004: ›The Other Side of the Coin: Populism, Nationalism, and the European Union‹, *Harvard International Review*, Jahrgang 26, Heft 1, 22 – 26.

Strömbäck, Jesper 2007: ›Political Marketing and Professionalized Campaigning: A Conceptual Analysis‹, *Journal of Political Marketing*, Jahrgang 6, Heft 2 / 3, 49 – 67.

Van Gorp, Baldwin 2005: ›Where is the frame? Victims and intruders in the Belgian press coverage of the asylum issue‹, *European Journal of Communication*, Jahrgang 20, Heft 4, 485 – 508.

Vliegenthart, Rens 2007: *Framing Immigration and Integration. Facts, Parliament, Media and Anti-Immigrant Party Support in the Netherlands*, Amsterdam: Vrije Universiteit.

Wengeler, Martin 2003: *Topos und Diskurs: Begründung einer argumentationsanalytischen Methode und ihre Anwendung auf den Migrationsdiskurs (1960 – 1985)*, Tübingen.

Sarah Meyer / Teresa Peintinger

# Pro-immigrantische Akteure im Nachteil? Zivilgesellschaftliche *Gegen*mobilisierung im Kontext österreichischer Migrationspolitik[1]

## 1. Einleitung

Die rechtliche Regulierung von Immigration, Aufenthalt und Asyl ist in vielen europäischen Staaten Gegenstand kontroverser öffentlicher Debatten und politischer Mobilisierung. Als restriktiv klassifizierte Positionen verlangen nach Beschränkungen bzw. einem Zuwanderungsstopp und fokussieren in Fragen der gesellschaftlichen Integration auf von MigrantInnen zu erfüllende Voraussetzungen. Liberale Positionen hingegen, die in der Literatur auch unter dem Label »pro-immigrantisch« zusammengefasst werden, reflektieren ein grundsätzliches Bekenntnis zu Zuwanderung und fordern eine stärkere rechtliche und soziale Gleichstellung von MigrantInnen (vgl. Koopmans / Statham 2000; Statham / Geddes 2006).

Der zentrale Stellenwert und die Polarisierung von Migrationsthemen in der Öffentlichkeit machen das Politikfeld Migration zu einem wesentlichen Faktor im Parteienwettbewerb. Die teils beachtlichen Wahlerfolge rechtspopulistischer Parteien quer durch Europa werden nicht zuletzt auf deren anti-immigrantische Rhetorik zurückgeführt, die offenkundig auf Zustimmung stößt und auch für etablierte Regierungsparteien aus dem politischen Mainstream nicht ohne Konsequenzen bleibt (vgl. Rydgren 2005).

In Österreich war es seit den späten 1980er-Jahren primär die *Freiheitliche Partei Österreichs* (FPÖ), der eine gezielte WählerInnenmobilisierung mit dem »Ausländerthema« gelang. Ihre fremdenfeindlichen und teils offen rassistischen Forderungen nach einer restriktiveren Migrationspolitik beeinflussten in der Folge die Politisierung des Themas maßgeblich. Unter Beteiligung der etablierten Großparteien SPÖ (*Sozialdemokratische Partei Österreichs*) und ÖVP

1 Die Autorinnen möchten sich herzlich bei allen ExpertInnen für ihre Beteiligung an Interviews bzw. einer Fragebogenerhebung bedanken. Weiterer Dank gebührt den TeilnehmerInnen der Ersten Jahrestagung für Migrations- und Integrationsforschung (Wien, Sept. 2010) sowie den Mitgliedern der Forschungsgruppe INEX am Institut für Politikwissenschaft der Universität Wien für hilfreiche Kommentare und konstruktive Kritik.

(*Österreichische Volkspartei*) wurden diese partiell in Form konkreter Gesetze realisiert (vgl. Krzyżanowski / Wodak 2009; Wodak 2005).

Die maßgebliche Rolle der FPÖ spiegelt sich auch in der sozialwissenschaftlichen Forschung wider, die sich bislang weitgehend auf die FPÖ bzw. deren Einfluss auf Mobilisierungsstrategien anderer Parteien beschränkt (vgl. u. a. Wodak / Pelinka 2002; Heinisch 2004; McGann / Kitschelt 2005; Krzyżanowski / Wodak 2009; Wodak 2005). Systematische Untersuchungen der *Gegen*mobilisierung in Österreich durch pro-immigrantische VertreterInnen einer liberalen Migrations- und Asylpolitik fehlen hingegen bislang in der Literatur. Dies ist insofern verblüffend, als die Instrumentalisierung des »Ausländerthemas« durch die FPÖ immer wieder zu öffentlichen Protesten führte. Beispiele sind etwa das Lichtermeer für Solidarität und gegen Fremdenfeindlichkeit im Jänner 1993, an dem in Reaktion auf das umstrittene »Ausländervolksbegehren« der FPÖ weit über 100.000 Menschen teilnahmen, oder auch die zahlreichen Demonstrationen in Reaktion auf die FPÖ-Regierungsbeteiligung im Februar 2000, die sich u. a. gegen Rassismus und Fremdenfeindlichkeit richteten. Die großen Protestkundgebungen wurden dabei überwiegend von zivilgesellschaftlichen Organisationen getragen, die damit in der Politisierung von Migration in Österreich jenseits des Parteienwettbewerbs eine zentrale Rolle einnehmen.[2]

Der vorliegende Beitrag richtet seinen Fokus explizit auf pro-immigrantische Mobilisierung, insbesondere auf die Rolle der organisierten Zivilgesellschaft im Mediendiskurs. Im österreichischen Fall handelt es sich dabei um eine Mobilisierung *gegen* den politischen Mainstream: Forderungen nach einem restriktiven Migrationsregime werden nicht (mehr) nur von der rechtspopulistischen und anti-immigrantischen FPÖ vertreten, sondern finden sich auch bei den Großparteien SPÖ und ÖVP, in der auflagenstarken *Kronen Zeitung* und nicht zuletzt in fremdenfeindlichen Einstellungen eines beträchtlichen Teils der österreichischen Bevölkerung. Zivilgesellschaftliche Organisationen mit primär pro-immigrantischen Anliegen nehmen vor diesem Hintergrund einen besonderen Stellenwert ein, da sie Positionen vertreten, die ansonsten aufgrund des restriktiven Meinungsklimas in der öffentlichen Diskussion untergehen würden.

Empirisch konzentriert sich die Analyse auf mediale Debatten rund um Gesetzesnovellen und Reformpakete im Politikfeld Migration. Gesetzesvorhaben und -entwürfe bringen eine Phase verstärkter öffentlicher Aufmerksamkeit mit sich, die unterschiedlichen Akteuren eine mediale Plattform eröffnet. Exemplarisch wird daher die mediale Berichterstattung rund um zwei umfassende Fremdenrechtsreformpakete in den frühen 1990er-Jahren sowie 2005 analy-

---

2  Siehe auch Langthaler / Trauner 2009 für die Bedeutung zivilgesellschaftlicher Organisationen im Asylbereich.

siert.[3] Die Medienanalyse wird ergänzt durch eine Fragebogenerhebung unter zivilgesellschaftlichen Organisationen, die im Migrations- und Asylbereich tätig sind.

Die Untersuchung basiert auf Forschung zu sozialen Bewegungen, die unterschiedliche Mobilisierungsniveaus auf die Bedeutung struktureller Faktoren zurückführt. Der Beitrag argumentiert, dass es im Zeitverlauf (1) zu einem Bedeutungsverlust pro-immigrantischer zivilgesellschaftlicher Mobilisierung im Mediendiskurs kommt, in dessen Rahmen sich (2) vor allem große und etablierte Organisationen mediales Gehör verschaffen können.

## 2.    Politische Mobilisierung und *political opportunity structures*

Die Analyse politischer Mobilisierung ist ein etablierter Zweig im Forschungsfeld zu sozialen Bewegungen. Im Kontext von Migration zeichnen sich insbesondere zwei Forschungsstränge ab, nämlich Studien zum Aufstieg rechtspopulistischer und fremdenfeindlicher Parteien in Europa (u. a. Rydgren 2005; Hellmann / Koopmans 1998; Kitschelt 1995) und Untersuchungen zur Mobilisierung durch migrantische Minderheiten selbst (u. a. Bojadžijev 2008; Schwenken 2006; Statham 1999). Weitaus weniger Aufmerksamkeit wurde hingegen der Mobilisierung durch die in der Mehrheitsgesellschaft verankerte organisierte Zivilgesellschaft gewidmet.

Die organisierte Zivilgesellschaft fungiert als Bindeglied zwischen ausgewählten BürgerInneninteressen auf der einen und dem politisch-institutionellen System auf der anderen Seite (vgl. Smismans 2006). Anders als etwa Wirtschafts- und Arbeitnehmerverbände haben zivilgesellschaftliche Organisationen in der Regel keinen institutionalisierten Zugang zum Gesetzgebungsprozess, weshalb die Mobilisierung über öffentlichen Protest bzw. Einmischung in die öffentliche Debatte für sie besonders bedeutsam ist (vgl. Kriesi 1993). Massenmedien spielen hierbei eine zentrale Rolle: Indem sie Protest über das Netzwerk der unmittelbar Beteiligten hinaus sichtbar machen, ermöglichen sie überhaupt erst eine breitenwirksame Mobilisierung und gegebenenfalls Solidarisierung mit den Anliegen zivilgesellschaftlicher Organisationen. Unter politischer Mobilisierung werden daher im Folgenden all jene Bestrebungen zivilgesellschaftlicher Akteure verstanden, die auf eine Veränderung bzw. Beeinflussung der Politikgestaltung abzielen und sich hierfür der Öffentlichkeit bedienen.

---

3  Diese umfassen das Asylgesetz 1991 und das Fremden- und das Aufenthaltsgesetz 1992 / 1993 einerseits, andererseits das Fremdenrechtspaket 2005, bestehend aus Asyl-, Niederlassungs- und Aufenthalts- und Fremdenpolizeigesetz 2005, sowie weitere Novellierungen fremdenrechtlicher Bestimmungen. Die Auswahl dieser zwei Reformpakete wird im Abschnitt ›Operationalisierung, Daten, Methodik‹ begründet.

Die Reichweite zivilgesellschaftlicher Mobilisierung wird von einer Vielzahl unterschiedlicher Faktoren beeinflusst (vgl. Hellmann / Koopmans 1998).[4] In der Forschung zu sozialen Bewegungen werden vor allem strukturelle Bedingungen als entscheidender Faktor identifiziert, der für unterschiedliche Ausgangsbedingungen – *political opportunity structures* (POS) – bei der Mobilisierung bestimmter Anliegen sorgt (McAdam et al. 1996). Konstitutiv für diese ist etwa der Zugang nicht-staatlicher Akteure zum politischen Prozess. Ebenso wichtig sind das zu einem bestimmten Thema vorherrschende Meinungsklima und in der Öffentlichkeit bereits etablierte Deutungen. Wenn beispielsweise Migration im öffentlichen Diskurs primär im Zusammenhang mit Kriminalität und Sicherheitserfordernissen diskutiert wird, so erschwert dies Sichtbarkeit und Legitimität einer breitenwirksamen Mobilisierung für einen Ausbau politischer und sozialer Rechte von MigrantInnen (Koopmans / Statham 2000; Statham 2001).

POS wirken kurvenförmig auf Mobilisierungschancen (Statham 1999, 601), d. h. sowohl besonders günstige als auch besonders ungünstige Bedingungen führen tendenziell zu einem niedrigen Mobilisierungsgrad – im ersten Fall aufgrund mangelnder Notwendigkeit, im zweiten aufgrund der starken strukturellen Hemmnisse. Für Österreich ist von tendenziell ungünstigen strukturellen Bedingungen für pro-immigrantische Mobilisierung auszugehen, wie anhand der folgenden drei Faktoren dargelegt wird. Ausschlaggebend sind hierfür die jeweilige Parteien- und Regierungskonstellation, die beobachtete rechtspopulistische Politisierung sowie access points zum politischen Prozess im Politikfeld Migration / Asyl.

*Parteien- und Regierungskonstellation:* Ein wesentlicher Faktor für die Ausgangsbedingungen pro-immigrantischer Mobilisierung ist das politische Kräfteverhältnis im Parteienspektrum, da Parteien mit ähnlicher inhaltlicher Positionierung potenzielle Verbündete für zivilgesellschaftliche Organisationen darstellen. Die Positionierung einer Partei in migrationspolitischen Fragen wird, wenig überraschend, durch ihre generelle programmatische Ausrichtung bestimmt (Statham 2001). Pro-immigrantische Haltungen sind eher von Parteien im linken Bereich des politischen Spektrums – in Österreich von den Grünen und, mit Einschränkungen, der SPÖ – zu erwarten, die ihre Politik an ökonomischer, sozialer und gesellschaftlicher Inklusion orientieren (Alonso / Fonseca 2009, 8).[5]

Im untersuchten Zeitraum kam es zu einschneidenden Veränderungen der

---

4 Dazu zählen Ressourcen von Organisationen (z. B. finanzielle Ausstattung, Vernetzung mit Politik und Medien) ebenso wie gezieltes *agenda setting* einzelner Medien.
5 Da das Liberale Forum erst im Februar 1993 gegründet wurde und im Untersuchungszeitraum 2004 – 05 politisch bereits weitgehend unbedeutend war, bleibt es hier unberücksichtigt.

österreichischen Parteienlandschaft. Während die Fremdenrechtsgesetze der 1990er-Jahre unter einer Großen Koalition (SPÖ/ÖVP) und einem »roten« Innenminister (Franz Löschnak) verabschiedet wurden, geht das Fremdenrechtspaket 2005 auf eine Koalition von ÖVP und FPÖ/BZÖ zurück. Auf der Regierungsebene kam es in Österreich damit zu einem Rechtsruck, der sich seit dem Aufstieg der FPÖ Ende der 1980er-Jahre auch in den Wahlergebnissen widerspiegelt und bei den Nationalratswahlen 1999 seinen (vorläufigen) Höhepunkt fand (vgl. Pelinka 2002). Das Innenministerium war in der schwarz-blauen Koalition der ÖVP (Ernst Strasser bzw. nach dessen Rücktritt im Dezember 2004 Lise Prokop) zugeteilt. Einen weiteren Einschnitt markiert die Abspaltung des BZÖ von der FPÖ im April 2005 – ein zusätzlicher anti-immigrantischer Akteur betrat damit die politische Bühne.

Ungeachtet der wechselnden Koalitionsformen blieb das Abstimmungsverhalten zu Fremdengesetzen im Nationalrat unverändert: Sowohl in den 1990er-Jahren als auch 2005 sind es SPÖ, ÖVP und FPÖ/BZÖ, die gemeinsam Restriktionen im Bereich Migration/Asyl beschließen. Einzig die Grünen untermauern ihre Kritik durch die parlamentarische Ablehnung der Gesetze. Die Positionierung der SPÖ ist in diesem Zusammenhang von besonderem Interesse. Ihr unfreiwilliger Schritt in die Opposition im Jahr 2000 führte nicht zu einer aktiven oppositionellen Haltung gegenüber der Zuwanderungspolitik der Regierung. Anders als in den 1990er-Jahren, als Kritik an gesetzlichen Restriktionen noch durch vereinzelte Gegenstimmen im Parlament untermauert wurde, blieben solche 2005 trotz heftiger innerparteilicher Diskussionen letztendlich aus. In der wahlprogrammatischen Positionierung der SPÖ zeichnet sich hingegen ein deutlicher Trend in Richtung einer liberaleren migrationspolitischen Haltung ab (vgl. Gruber in diesem Band). Die parlamentarische Zustimmung zu gesetzlichen Restriktionen einerseits und die liberale Ausrichtung in der Wahlkampfarena andererseits bestätigen empirische Befunde zu grundlegenden Ambivalenzen der SPÖ im Bereich der Zuwanderungspolitik (vgl. Krzyżanowski/Wodak 2008, 269).

*Rechtspopulistische Politisierung:* In Österreich war es seit Anfang der 1990er-Jahre insbesondere die FPÖ, welche die Themen Migration und Asyl erfolgreich in den Parteiendiskurs einbrachte. Konsequenterweise stellt daher auch die »Ausländerfrage« ein zentrales Wahlmotiv für FPÖ-WählerInnen dar (vgl. Plasser/Ulram 2000). Charakteristisch für die Thematisierung durch die FPÖ ist der Rückgriff auf *Wir vs. die Anderen*-Schemata, wobei MigrantInnen/AsylwerberInnen als *den Anderen* zugehörig klassifiziert werden.[6] Der rechtspopulistische Diskurs stößt auch in der generellen Deutung von Migra-

---

6 Illustrierbar an Slogans wie »Österreich zuerst«, »Stop der Überfremdung«, »Asylbetrug heißt Heimatflug« etc.

tion / Asyl in Österreich auf Widerhall: Dies manifestiert sich in der Thematisierung durch die Großparteien (Krzyżanowski / Wodak 2008, 273; vgl. auch Wodak 2005), der restriktiven Ausrichtung von Gesetzen (vgl. Kraler 2011; Perchinig 2006) und nicht zuletzt in der öffentlichen Meinung bzw. in fremdenfeindlichen Tendenzen innerhalb der Bevölkerung (vgl. Friesl et al. 2010). Die Etablierung alternativer, pro-immigrantischer Deutungen wird dadurch zunehmend erschwert.

*Access points*[7] *zum politischen Prozess im Politikfeld Migration / Asyl:* Die österreichische politische Kultur ist formal durch eine starke konkordanzdemokratische Tradition gekennzeichnet. Bei politischen Entscheidungen wird dabei ein möglichst breiter Konsens angestrebt, beispielsweise durch die Einbindung organisierter Interessen in der vorparlamentarischen Phase des Gesetzgebungsprozesses (vgl. Müller 2006). Seit Beginn der 1990er-Jahre zeigten sich immer mehr zivilgesellschaftliche Organisationen durch ihre zunehmende Etablierung und Professionalisierung befähigt, ihrer Expertise in Migrations- und Asylfragen in Form von Stellungnahmen zu Gesetzesentwürfen im Rahmen des institutionalisierten Begutachtungsverfahrens Ausdruck zu verleihen.[8]

Auf eine tendenziell stärkere Einbindung von ausgewählten VertreterInnen der Zivilgesellschaft in politische Prozesse – insbesondere auf Implementierungsebene – verweist auch die Schaffung neuer Gremien, insbesondere des 1997 gegründeten Integrationsbeirats des Innenministeriums[9], in dem neben zentralen Bundesverwaltungsorganen auch im Migrations- und Integrationsbereich tätige zivilgesellschaftliche Organisationen vertreten waren. Bei der Neukonstituierung des Gremiums als Beirat für Asyl- und Migrationsfragen 2001 wurde die Anzahl der NGO-Vertreter substanziell reduziert[10], ein Umstand, der zu einer Verschlechterung des Verhältnisses zwischen Innenministerium und zivilgesellschaftlichen Organisationen beitrug (Perchinig 2006, 229).

Wie eingangs angedeutet sind die strukturellen Bedingungen für pro-immigrantische Mobilisierung in Österreich also weitestgehend ungünstig: Die mit der Regierungsbeteiligung der FPÖ erfolgte Legitimierung eines rechtspopulistischen politischen Akteurs und die Verfestigung problemzentrierter migra-

---

7  *Access points* sind verfügbare Kanäle, über die auf die Politikgestaltung eingewirkt werden kann.

8  Diese Einschätzung aus einem Experteninterview deckt sich mit den Ergebnissen der Fragebogenerhebung (siehe Abschnitt 4).

9  Jener hatte Beratungsfunktion in Angelegenheiten im Zusammenhang mit Integrationsförderung sowie insbesondere bei Ermessensentscheidungen bei der Gewährung humanitärer Aufenthaltstitel.

10  Im Jahr 2005 waren damit nur noch Caritas Österreich, Diakonie Österreich, Volkshilfe Österreich sowie SOS-Kinderdorf vertreten.

tionspolitischer Deutungsmuster lassen darüber hinaus für 2005 zusätzliche Hürden gegenüber den frühen 1990er-Jahren erwarten.

Einzig die zunehmend stärkere Einbindung zivilgesellschaftlicher Akteure in Prozesse der Politikgestaltung im Bereich Migration und Asyl könnte bessere Ausgangsbedingungen für pro-immigrantische zivilgesellschaftliche Mobilisierung schaffen. Die steigende Nutzung vorhandener institutioneller Möglichkeiten sowie neu geschaffene *access points* könnten sich zumindest für einige Organisationen positiv auswirken, die dadurch eine Stärkung ihrer Position in der öffentlichen Wahrnehmung erlangen.

## 3. Operationalisierung, Daten, Methodik

Die Medienanalyse folgt einem *least likely*-Design und berücksichtigt die Berichterstattung der Tageszeitungen *Der Standard* und *Die Presse:* Es ist davon auszugehen, dass die ungünstigen Bedingungen für pro-immigrantische Gegenmobilisierung in den (liberalen) Qualitätsmedien weniger stark zum Ausdruck kommen als in Boulevardblättern. Zeichnen sie sich allerdings auch hier ab, stützt das die ausgeführte These umso deutlicher. Die Auswahl ermöglicht darüber hinaus eine Berücksichtigung unterschiedlicher Blattlinien.[11] Für einen Zeitraum von jeweils 18 Monaten wurde die gesamte Berichterstattung, die im Zusammenhang mit den beiden Gesetzespaketen der frühen 1990er-Jahre bzw. 2005 steht, herangezogen. Die Konzentration auf eben diese beiden fremdenrechtlichen Reformvorhaben begründet sich in ihrer Ähnlichkeit hinsichtlich Umfang sowie ihrer politischen Ausrichtung: Beide umfassten die Bereiche Asyl, Einreise- und Aufenthaltsbedingungen sowie den Arbeitsmarktzugang für Drittstaatsangehörige und deren Familienangehörige und schufen jeweils ein neues Fundament für die österreichische Migrations- und Asylpolitik. Darüber hinaus verfolgten beide einen restriktiven Grundgedanken, in der Absicht, dauerhafte Drittstaatszuwanderung möglichst gering zu halten, Asylanträge zu reduzieren und den Zugang zum Flüchtlingsstatus zu erschweren (König/Stadler 2003; Fassmann/Reeger 2008; Krzyżanowski/Wodak 2009).

Die Auswahl der Artikel erfolgte mittels definierter Schlüsselbegriffe, um den Bezug zur thematisch relevanten Gesetzgebung zu gewährleisten, und schließt redaktionelle Beiträge, Interviews und Meinungsbeiträge ein. Für die Festlegung der Suchzeiträume (siehe Tab. 1) wurden quantitative Häufungen der Artikelzahl über einen längeren Zeitraum berücksichtigt, um die Phase der intensiven öffentlichen Debatte zu ermitteln.

---

11 *Der Standard* hat eine deutlich liberale Ausrichtung, während *Die Presse* als bürgerlich-liberal bzw. deutlich konservativer zu klassifizieren ist.

Tab. 1: Mediensample

| | Suchzeitraum | Artikelzahl |
|---|---|---|
| 1990er-Jahre | 01.09.1991 – 28.02.1993 | 294 |
| 2005er-Jahre | 01.05.2004 – 31.10.2005 | 471 |

Quelle: eigene Erhebung

Die Analyse basiert auf Techniken der quantitativen und qualitativen Inhaltsanalyse (vgl. Rössler 2005; Kuckartz 2007). Zur Operationalisierung von Mobilisierung wurden alle Akteure codiert, die direkt oder indirekt mit einer implizit oder explizit wertenden Aussage oder Handlung im Zusammenhang mit der Migrations- und Asylpolitik zitiert werden. Dies schließt sowohl verbal artikulierte Kritik oder Zustimmung ein wie auch deren Manifestation in kollektivem Protest (z.B. Demonstrationen). Diese Definition der Akteure bzw. SprecherInnen ist stark angelehnt an die Methodik der Claims-Analyse[12], die in der Forschung zu Mobilisierung häufig angewandt wird (vgl. Koopmans 2002). Folgende Akteurskategorien wurden unterschieden: Akteure aus der Zivilgesellschaft, Parteienvertreter, Mitglieder der Regierung und andere Akteure (z.B. Polizei, Verfassungsdienst, Bundespräsident).

Eine Analyse der codierten Aussagen zivilgesellschaftlicher Akteure ergab, dass diese Gruppe nahezu ausschließlich Forderungen in Richtung liberaler Migrations- und Asylregelungen artikuliert. Sie kann daher eindeutig mit dem Label pro-immigrantisch etikettiert werden.

Zusätzlich zur Medienanalyse wurde eine Fragebogenerhebung unter im Migrations- und Asylbereich tätigen zivilgesellschaftlichen Organisationen durchgeführt, wobei sich von 27 angefragten Organisationen letztlich 11 beteiligten.[13] Der Fragebogen umfasste drei thematische Blöcke unter den Schlagworten *Ressourcen, Einbindung in den politischen Prozess* sowie *Protestaktivitäten und Öffentlichkeitsarbeit*. So konnten zusätzliche Informationen über individuelle Mobilisierungserfahrungen und -versuche jenseits medialer Sichtbarkeit gewonnen werden.

---

12 Mittels dieser Methodik werden *Claims*, d.h. strategische Handlungen und Sprechakte verschiedener Akteure im öffentlichen Raum, analysiert und Politisierungsdynamiken und Protestverläufe nachgezeichnet.

13 Die Liste der Organisationen wurde mithilfe einschlägiger Literatur und Kenntnis des Feldes erstellt und im Rahmen eines Experteninterviews ergänzt. Die Erhebung fand im November bzw. Dezember 2011 statt.

# 4. Empirische Ergebnisse

## 4.1 Präsenz zivilgesellschaftlicher Akteure im medialen Diskurs

Ein erster Blick auf die mediale Präsenz zivilgesellschaftlicher Akteure deutet auf einen deutlichen Rückgang im Zeitverlauf hin (Tab. 2): Kommen jene in den 1990er-Jahren noch in knapp einem Drittel aller untersuchten Artikel zu Wort, reduziert sich dieser Anteil 2004–05 auf 24,9 Prozent. Allerdings zeichnen sich zwischen den beiden Untersuchungszeiträumen auch insgesamt große Verschiebungen in der Intensität der medialen Debatte ab, dokumentiert durch ein weit größeres Sample 2004–05 gegenüber den 1990er-Jahren. Insofern stellt sich die Frage, wie der relative Rückgang in der medialen Präsenz zivilgesellschaftlicher Akteure zu interpretieren ist: Handelt es sich um eine tatsächliche Marginalisierung, kommt also die pro-immigrantische, organisierte Zivilgesellschaft mit ihren Positionen und Forderungen in den Medien nicht mehr durch? Oder ist es ein relativer Bedeutungsverlust gegenüber anderen Akteuren, deren wachsender Stellenwert im Diskurs sich in einer Intensivierung der Debatte, und damit in einer größeren Artikelzahl, widerspiegelt?[14]

Tab. 2: Artikel mit Akteuren der organisierten Zivilgesellschaft (ZG)

|  | 1991–93 |  | 2004–05 |  |
| --- | --- | --- | --- | --- |
| Artikel ZG | 97 | (33,1) | 117 | (24,9) |
| Gesamt | 293 | (100,0) | 470 | (100,0) |

Anmerkung: Prozent in Klammern
Quelle: eigene Erhebung

Wie in Tabelle 2 ersichtlich, ist der Rückgang zivilgesellschaftlicher Medienpräsenz tatsächlich nicht auf eine Marginalisierung gemessen in absoluten Zahlen zurückzuführen. Ganz im Gegenteil verzeichnen diese sogar einen leichten Anstieg. Allerdings zeigen sich hier deutliche Unterschiede zwischen den beiden untersuchten Tageszeitungen: Während zivilgesellschaftliche Akteure im *Standard* im Zeitvergleich in absoluten Zahlen an Bedeutung gewinnen, verzeichnen sie in der *Presse* einen leichten Rückgang.

Entscheidend für die Interpretation der zivilgesellschaftlichen Medienpräsenz ist jedoch nicht nur ihr Anteil am gesamten Mediendiskurs, sondern auch ihr Anteil in Relation zu anderen Akteuren. Hierfür wird in der Folge ein reduziertes Sample herangezogen, d. h. es werden nur jene Artikel berücksichtigt,

---

14 Ein relativer Rückgang der medialen Präsenz zivilgesellschaftlicher Akteure wäre zudem aufgrund von Veränderungen in der Blattlinie der beiden Zeitungen denkbar. Im empirischen Material fanden sich diesbezüglich allerdings keine eindeutigen Hinweise.

in denen überhaupt Akteure aus der politisch-öffentlichen Sphäre mit ihren Anliegen bzw. ihrer Positionierung zu Wort kommen.

Abbildung 1 zeigt den Vergleich des Anteils zivilgesellschaftlicher Akteure mit dem Anteil der Regierungsmitglieder. Dies ist insofern aufschlussreich, als die mediale Präsenz ersterer als pro-immigrantische *Gegen*mobilisierung zu den tendenziell restriktiven migrationspolitischen Reformvorhaben der Regierung zu verstehen ist. Es zeigt sich zum einen, dass 2004 – 05 die Präsenz zivilgesellschaftlicher Akteure um annähernd 10 Prozentpunkte unter jener in den 1990er-Jahren liegt. Zum anderen wird deutlich, dass die mediale Präsenz von Regierungsakteuren zugleich eine klare Zunahme erfährt – ein Trend, der sich in beiden Zeitungen auch in den absoluten Zahlen widerspiegelt.

Grundsätzlich ist ein hoher Stellenwert von Regierungsmitgliedern in der Medienberichterstattung nicht ungewöhnlich: Regierungen haben aufgrund der Exklusivität der von ihnen gelieferten Informationen sowie ihrer hohen gesellschaftlichen Legitimität bei der Nachrichtenselektion gegenüber anderen Akteuren entscheidende Vorteile (vgl. Koopmans 2007). Umso bemerkenswerter ist die überaus starke Präsenz zivilgesellschaftlicher Organisationen in der medialen Debatte Anfang der 1990er-Jahre, die jene der Regierung sogar geringfügig übertrifft. 2004 – 05 kehrt sich das Verhältnis allerdings deutlich zugunsten der Regierung um.

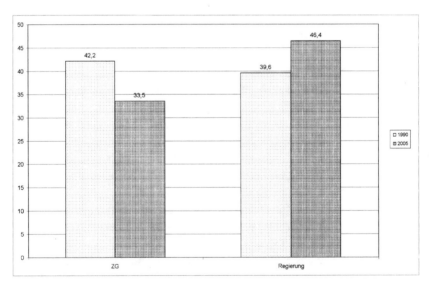

Abb. 1: Zivilgesellschaft und Regierung im Zeitvergleich (in Prozent)
Anmerkung: reduziertes Sample, n=230 (1991 – 93) bzw. 349 (2004 – 05).
Quelle: eigene Erhebung

Der relative Rückgang in der Medienpräsenz zivilgesellschaftlicher Akteure kann einerseits einer abnehmenden Relevanz dieser spezifischen Akteursgruppe geschuldet sein, andererseits aber auch als Bedeutungsverlust liberaler, pro-immigrantischer Forderungen im Mediendiskurs interpretiert werden. Letzteres Argument kann mit Blick auf die Medienpräsenz von Parteien unterschiedlicher politischer Ausrichtung überprüft werden: Ein Rückgang jener Parteien, die tendenziell liberale Positionen zum Thema Migration einnehmen, würde dieses Argument stützen, ebenso wie eine Zunahme von Parteien, die eine restriktive oder gar anti-immigrantische Haltung einnehmen. Genau dies ist Abbildung 2 zufolge der Fall: Sie zeigt die Medienpräsenz der politischen Parteien im Zeitverlauf, angeordnet nach ihrer Positionierung auf der Links-rechts-Achse, die als Indikator für ihre migrationspolitische Positionierung dient (siehe Abschnitt 2). Analog zur Zivilgesellschaft verlieren migrationsfreundliche Parteien tendenziell an Medienpräsenz, während ÖVP und FPÖ deutlich gewinnen.[15]

Verschiebungen in der Präsenz unterschiedlicher Parteien können als Ausdruck veränderter Machtverhältnisse gedeutet werden, die den Zugang kollektiver Akteure zur medialen Berichterstattung beeinflussen. Regierungsverantwortung generell und im Speziellen über das Bundesministerium für Inneres spielt, medialen Selektionslogiken folgend, eine wesentliche Rolle (vgl. Koopmans 2007) und bietet eine plausible Erklärung für die deutlichen Veränderungen bei SPÖ und ÖVP bzw. FPÖ / BZÖ: Hatte die SPÖ zu Beginn der 1990er-Jahre nicht nur Regierungsverantwortung inne, sondern stellte Bundeskanzler und Innenminister, war sie 2004 – 05 auf die Oppositionsrolle beschränkt. Umgekehrt trug die FPÖ (bzw. das BZÖ) 2004 – 05 Regierungsverantwortung, während die ÖVP das Innenressort übernommen hatte.

Der Spitzenwert von FPÖ / BZÖ 2004 – 05 bedarf einer weiteren Erklärung. Da die Abspaltung des BZÖ von der FPÖ mit April 2005 mitten im Untersuchungszeitraum liegt, wurden beide Parteien in Abbildung 2 zusammengefasst. Insofern könnte die deutliche Zunahme auch der Tatsache geschuldet sein, dass mit dem BZÖ ein zusätzlicher Akteur aus dem Parteienspektrum die öffentliche Bühne betrat. Tatsächlich reduziert sich die Medienpräsenz des rechtspopulistischen Lagers auf 33,5 Prozent und liegt damit unterhalb des ÖVP-Werts, wenn ausschließlich SprecherInnen der FPÖ berücksichtigt werden, was allerdings immer noch einen klaren Anstieg bedeutet.

Kurzum: die strukturellen Bedingungen scheinen sich im Zeitverlauf tatsächlich zu einem Mobilisierungsnachteil für pro-immigrantische Forderungen

---

15 Im Falle der Grünen handelt es sich in beiden Zeitungen nur um einen relativen Rückgang, ebenso bei der SPÖ im *Standard*. Der deutliche Anstieg bei ÖVP und FPÖ / BZÖ ist hingegen auch auf eine absolute Zunahme zurückzuführen.

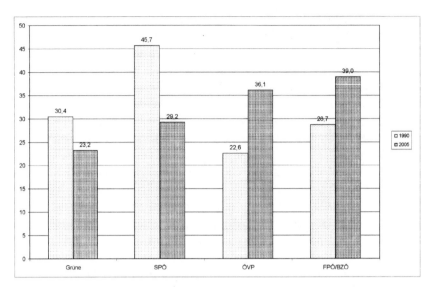

Abb. 2: Politische Parteien im Zeitvergleich (in Prozent)
Anmerkung: reduziertes Sample, n=230 (1991 – 93) bzw. 349 (2004 – 05).
Quelle: eigene Erhebung

verfestigt zu haben. Für Akteure aus der Zivilgesellschaft gilt dies jedoch nicht
uneingeschränkt. Abbildung 3 zeigt, dass mobilisierungsstarke Organisationen
ihre mediale Präsenz teilweise deutlich erhöhen konnten – einzig Amnesty International verzeichnet einen Rückgang. Trotz Gesamtrückgang für Akteure aus
dem Bereich der Zivilgesellschaft erhöht sich also die mediale Präsenz einiger
weniger Organisationen, die damit im medienvermittelten Diskurs 2004 – 05
deutlich an Bedeutung gewinnen.

Die Medienpräsenz offensichtlich erfolgreicher Organisationen scheint vor
dem Hintergrund zunehmend ungünstiger Bedingungen für pro-immigrantische Mobilisierung zunächst überraschend, deuten sich hier doch nicht zuletzt
beachtliche Unterschiede zwischen einzelnen Organisationen an. Im folgenden
Abschnitt wird daher, basierend auf der Fragebogenerhebung, näher auf die
individuellen Erfahrungen zivilgesellschaftlicher Organisationen eingegangen.

## 4.2 Protest und Einbindung aus der Perspektive zivilgesellschaftlicher
Organisationen

Welche Erfahrungen haben zivilgesellschaftliche Organisationen im Zusammenhang mit öffentlichen Protestaktivitäten und aktiver Medienarbeit? Alle elf
befragten Organisationen geben an, Aktivitäten zu setzen, um in der Öffent-

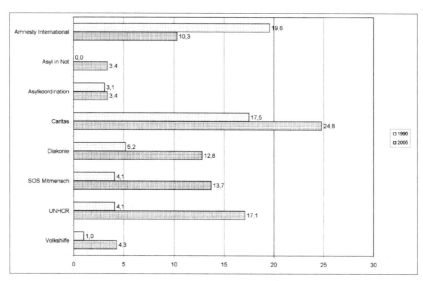

Abb. 3: Mobilisierungsstarke zivilgesellschaftliche Organisationen (in Prozent)
Anmerkung: Anteil gemessen an Artikeln mit SprecherInnen aus der Zivilgesellschaft, n=97
(1991–93); n=117 (2004–05).
Quelle: eigene Erhebung

lichkeit auf ihre Anliegen aufmerksam zu machen, neun davon laut eigenen
Angaben durch eine ausschließlich für Öffentlichkeitsarbeit zuständige Person.
Alle werden zudem immer häufiger von österreichischen Medien kontaktiert
und erhalten Einladungen zu öffentlichen Veranstaltungen (z.B. Podiumsdis-
kussionen, Fernsehdebatten etc.). Diese Ergebnisse deuten darauf hin, dass zivilgesellschaftliche Organisationen die Bedeutung der Medien für die Verwirklichung ihrer Ziele nicht nur erkennen, sondern dieser Erkenntnis auch in ihren
Aktivitäten Rechnung tragen. Gleichzeitig manifestiert sich retrospektiv die
Auffassung, dass es 2005 im Gegensatz zu Beginn der 1990er-Jahre schwieriger
gewesen wäre, mit pro-immigrantischen Anliegen in der öffentlichen Debatte
durchzukommen.

Zivilgesellschaftliche Organisationen können jenseits öffentlichkeitswirksa-
mer Mobilisierung mitunter auch andere Kanäle nutzen, um auf die Politikgestaltung einzuwirken (*access points*). So sind z.B. sieben der befragten Organisationen eingeladen, in vorparlamentarischen Begutachtungsverfahren Stellungnahmen abzugeben – eine Möglichkeit, die auch genutzt wird. Darüber
hinaus sind manche Organisationen in öffentlichen Institutionen (z.B. Beiräten)
vertreten oder werden als ExpertInnen zu den Themen Asyl, Integration oder
Migration in politische Gremien (z.B. Ausschüsse) eingeladen. Einige Organi-

sationen werden im Vorfeld gesetzlicher Reformpläne auch von Regierungs-
vertreterInnen kontaktiert.

Ob diese *access points* Einfluss auf die Mobilisierung bzw. Medienpräsenz
zivilgesellschaftlicher Organisationen haben, ist hier nicht eindeutig zu beantworten. Zwar finden sich unter jenen Organisationen, die 2004 – 05 einen starken
Anstieg in der medialen Präsenz verzeichnen, auch solche mit vergleichsweise
gutem Zugang zum politischen Prozess, allerdings gibt es hier kein eindeutiges
Muster. Abbildung 3 lässt vielmehr vermuten, dass insbesondere die Größe
einer Organisation einen entscheidenden Faktor dafür darstellt, ob sie von den
Medien als relevanter Akteur identifiziert wird: Organisationen mit einer vergleichsweise hohen Medienpräsenz sind tendenziell große Organisationen, die
entweder international eingebettet sind, oder solche, die in Österreich eine lange
Geschichte mit zum Teil breit aufgestelltem sozialen Engagement vorzuweisen
haben.

Dass weder breite Mobilisierung noch Zugang zum politischen Prozess Ga-
ranten für die Verwirklichung der Anliegen zivilgesellschaftlicher Organisationen sind, ist aus der Forschung zu sozialen Bewegungen hinlänglich bekannt
(vgl. u. a. Cornwall et al. 2007). Dies spiegelt sich auch in den Ergebnissen der
Befragung wider, wo prospektiv trotz eigenen Engagements keine Änderungen
in der grundlegend restriktiven Ausrichtung der österreichischen Migrations-
und Asylpolitik erwartet wird.

## 5.   Fazit

Der vorliegende Beitrag untersucht pro-immigrantische Mobilisierung durch
zivilgesellschaftliche Akteure im österreichischen Mediendiskurs und argumentiert, dass diese *Gegen*mobilisierung in Österreich unter ungünstigen
strukturellen Bedingungen stattfindet: Ein grundlegend restriktiv dominierter
Parteiendiskurs, der sich auch in gesetzlichen Regulierungen niederschlägt,
sowie fremdenfeindliche Tendenzen in der Bevölkerung bedingen über die Zeit
einen Bedeutungsverlust pro-immigrantischer zivilgesellschaftlicher Mobilisierung in den Medien. Die Ergebnisse der Medienanalyse stützen dieses Argument: Für die Jahre 2004 – 05 zeigt sich ein Bedeutungsverlust pro-immigrantischer zivilgesellschaftlicher Mobilisierung gegenüber 1991 – 93, während
bei Regierungsakteuren und Parteien des rechten politischen Spektrums ein
gegenläufiger Trend zu verzeichnen ist und sich die mediale Debatte insgesamt
intensiviert. Die Verschiebungen in der Medienpräsenz unterschiedlicher Akteursgruppen spiegeln, so das zentrale Argument, Veränderungen der strukturellen Ausgangsbedingungen, insbesondere der Parteien- und Regierungskon-

stellationen, sowie Nachwirkungen erfolgreicher rechtspopulistischer Politisierung wider.

Jedoch scheinen nicht alle Akteure aus der Zivilgesellschaft von diesen Entwicklungen gleichermaßen betroffen, verzeichnen einige Organisationen doch einen durchaus beachtlichen Anstieg an medialer Präsenz. Eine im Laufe der Jahre stärkere Einbindung in Prozesse der Politikgestaltung bzw. zusätzliche *access points* scheinen hierfür als Erklärungsfaktoren ebenso wenig ausreichend wie die Mobilisierungsbestrebungen einzelner Organisationen. Vielmehr scheint es, dass unter ungünstigen strukturellen Bedingungen insbesondere große und etablierte Organisationen mit breit aufgestelltem sozialem Engagement in den Medien verstärkt für ihre Anliegen mobilisieren können.

Ein interessantes Phänomen stellen vor diesem Hintergrund die zahlreichen Initiativen gegen Abschiebungen dar, die in Österreich jüngst verstärkte mediale Aufmerksamkeit erlangt haben. Diese Form der Mobilisierung weist nennenswerte Unterschiede zu den in diesem Beitrag skizzierten Befunden auf: Den Anlass für Protest und mediale Mobilisierung geben nicht etwa Befürchtungen neuerlicher Restriktionen anlässlich gesetzlicher Reformvorhaben, sondern die Implementierung bestehender Gesetze in konkreten Einzelfällen. Die Mobilisierung entlang dieser Fälle wird zudem weniger von großen Organisationen als von einzelnen BürgerInnen aus dem nachbarschaftlichen Umfeld der von Abschiebung bedrohten MigrantInnen bzw. AsylwerberInnen initiiert und getragen. Inwiefern diese fallbezogenen Proteste Impulse für eine breitere zivilgesellschaftliche Mobilisierung bieten, die auch die österreichische Fremden- und Asylgesetzgebung insgesamt stärker in den Fokus nimmt, und welche Rolle dabei etablierte Organisationen aus dem Migrations- und Asylbereich spielen, stellt eine wichtige und interessante Frage für künftige Forschung zu pro-immigrantischer Gegenmobilisierung dar.

## Literatur

Alonso, Sonia/Fonseca, Sara Claro da 2009: *Immigration, Left and Right* (= Center for Advanced Study in the Social Sciences, Working Paper 247). Zuletzt abgerufen am 31.07.2011 unter http://www.march.es/ceacs/publicaciones/working/archivos/WP247-Alonso-ClarodaFonseca.pdf.

Bojadžijev, Manuela 2008: *Die windige Internationale. Rassismus und Kämpfe der Migration*, Münster.

Cornwall, Marie/King, Brayden/Legerski, Elizabeth/Dahlin, Eric/Schiffman, Kendra 2007: ›Signals or mixed signals: Why opportunities for mobilization are not opportunities for policy reform‹, *Mobilization: An International Quarterly Review*, Jahrgang 12, Heft 3, 239–254.

Fassmann, Heinz/Reeger, Ursula 2008: *Austria: From guest worker migration to a country of immigration* (= IDEA Working Papers, Nr. 1). Zuletzt abgerufen am 31.07.2011 unter http://www.idea6fp.uw.edu.pl/pliki/WP1_Austria.pdf.

Friesl, Christian / Renner, Katharina / Wieser, Renate 2010: ›»Wir« und »die Anderen« – Einstellungen zu »Fremden« und »Fremdenfeindlichkeit« in Österreich‹, *SWS Rundschau*, Nr. 1, 6–32.

Heinisch, Reinhard 2004: ›Die FPÖ – Ein Phänomen im Internationalen Vergleich. Erfolg und Misserfolg des Identitären Rechtspopulismus‹, *Österreichische Zeitschrift für Politikwissenschaft*, Jahrgang 33, Heft 3, 247–61.

Hellmann, Kai-Uwe / Koopmans, Ruud (Hg.) 1998: *Paradigmen der Bewegungsforschung. Entstehung und Entwicklung von Neuen Sozialen Bewegungen und Rechtsextremismus*, Wiesbaden.

Kitschelt, Herbert 1995: *The radical right in Western Europe*, Ann Arbor.

König, Karin / Stadler, Bettina 2003: ›Normative und rechtliche Rahmenbedingungen. Entwicklungstendenzen im öffentlich-rechtlichen und demokratiepolitischen Bereich‹, in Heinz Fassmann / Irene Stacher (Hg.): *Erster Österreichischer Migrations- und Integrationsbericht*, Klagenfurt, Celovec, 226–260.

Koopmans, Ruud 2002: *Codebook for the analysis of political mobilisation and communication in European public spheres*. Zuletzt abgerufen am 15.08.2010 unter http:// europub.wzb.eu/Data/Codebooks%20questionnaires/D2-1-claims-codebook.pdf.

Koopmans, Ruud 2007: ›Who Inhabits the European Public Sphere? Winners and Losers, Supporters and Opponents in Europeanised Political Debates‹, *European Journal of Political Research*, Jahrgang 46, Heft 2, 183–210.

Koopmans, Ruud / Statham, Paul 2000: ›Political Claims-making Against Racism and Discrimination in Britain and Germany‹, in Jessica ter Wal / Maykel Verkuyten (Hg.): *Comparative Perspectives on Racism*, Aldershot, 139–170.

Kraler, Albert 2011: ›Immigrant and Immigration Policy Making in Austria‹, in Giovanna Zincone / Rinus Penninx / Maren Borkert (Hg.): *Migration Policymaking in Europe. The Dynamics of Actors and Contexts in Past and Present*, Amsterdam, 21–59.

Kriesi, Hanspeter 1993: *Political Mobilization and Social Change. The Dutch Case in Comparative Perspective*, Aldershot.

Krzyżanowski, Michał / Wodak, Ruth 2008: ›Migration und Rassismus in Österreich‹, in Bea Gomes / Walter Schicho / Arno Sonderegger (Hg.): *Rassismus. Beiträge zu einem vielgesichtigen Phänomen*, Wien, 246–278.

Krzyżanowski, Michał / Wodak, Ruth 2009: *The Politics of Exclusion. Debating Migration in Austria*, New Brunswick.

Kuckartz, Udo 2007: *Einführung in die computergestützte Analyse qualitativer Daten*, Wiesbaden.

Langthaler, Herbert / Trauner, Helene 2009: ›Das österreichische Asylregime unter besonderer Berücksichtigung der Rolle zivilgesellschaftlicher Organisationen‹, *SWS Rundschau*, Nr. 4, 446–467.

McAdam, Doug / McCarthy, John / Zald, Mayer N. (Hg.) 1996: *Comparative Perspectives on Social Movements: Political Opportunities, Mobilizing Structures, and Cultural Framings*, Cambridge.

McGann, Anthony, J. / Kitschelt, Herbert 2005: ›The Radical Right in the Alps: Evolution of Support for the Swiss SVP and Austrian FPÖ‹, *Party Politics*, Jahrgang 11, Heft 2, 147–71.

Müller, Wolfgang C. 2006: ›Regierung und Kabinettsystem‹, in Herbert Dachs / Peter

Gerlich/Herbert Gottweis/Helmut Kramer/Volkmar Lauber/Wolfgang C. Müller/Emmerich Tálos (Hg.): *Politik in Österreich. Das Handbuch*, Wien, 168–87.

Pelinka, Anton 2002: ›Die FPÖ im internationalen Vergleich. Zwischen Rechtspopulismus, Deutschnationalismus und Österreich-Patriotismus‹, *conflict & communication online*, Jahrgang 1, Nr. 1. Zuletzt abgerufen am 31.07.2011 unter http://www.cco.regener-online.de/2002_1/pdf_2002_1/pelinka.pdf.

Perchinig, Bernhard 2006: ›Einwanderungs- und Integrationspolitik‹, in Emmerich Tálos (Hg.): *Schwarz-Blau. Eine Bilanz des »Neu-Regierens«*, Wien, 295–311.

Plasser, Fritz/Ulram, Peter A. 2000: ›Rechtspopulistische Resonanzen. Die Wählerschaft der FPÖ‹, in Fritz Plasser/Peter A. Ulram/Franz Sommer (Hg.): *Das österreichische Wahlverhalten*, Wien, 225–242.

Rössler, Patrick 2005: *Inhaltsanalyse*, Konstanz.

Rydgren, Jens (Hg.) 2005: *Movements of Exclusion: Radical Right-Wing Populism in the Western World*, New York.

Schwenken, Helen 2006: *Rechtlos, aber nicht ohne Stimme. Politische Mobilisierungen um irreguläre Migration in die Europäische Union*, Bielefeld.

Smismans, Stijn 2006: ›Civil society and European governance: from concepts to research agenda‹, in Stijn Smismans (Hg.): *Civil Society and legitimate European governance*, Cheltenham, 3–19.

Statham, Paul 1999: ›Political Mobilisation by Minorities in Britain: A negative feedback of ›race relations‹?‹, *Journal of Ethnic and Migration Studies*, Jahrgang 25, Nr. 4, 597–626.

Statham, Paul 2001: ›Political Opportunities for Altruism? The role of state policies in influencing British anti-racist and pro-migrant movements‹, in Marco Giugni/Florence Passy (Hg.): *Political Altruism? Solidarity Movements in International Perspective*, New York, 133–158.

Statham, Paul/Geddes, Andrew 2006: ›Elites and Organized Publics: Who Drives British Immigration Politics and in Which Direction?‹, *Western European Politics*, Jahrgang 29, Heft 2, 245–266.

Wodak, Ruth 2005: ›Discourse and Politics: The Rhetoric of Exclusion‹, in Ruth Wodak/Anton Pelinka (Hg.): *The Haider Phenomenon in Austria*, New Brunswick, 33–60.

Wodak, Ruth/Pelinka, Anton (Hg.) 2002: *The Haider Phenomenon in Austria*, New Brunswick.

# Diskriminierung in Theorie und Praxis

Radostin Kaloianov

# Verspätung als migrantische Problemlage. Eine Randbemerkung[1]

Der Versuch, die Probleme von und mit MigrantInnen[2] in den gegenwärtigen Aufnahmegesellschaften des Westens[3] kritisch zu hinterfragen, ist ein Versuch der Standortbestimmung. Allem voran soll es darum gehen, ausgeblendete Probleme in die Landkarte sozialer Problemlagen einzutragen und die Aussichten und Möglichkeiten zur gesellschaftlichen Teilhabe und Integration von MigrantInnen im Lichte solcher unangesprochenen Problematiken zu überprüfen.

Um sich die Art der Problematiken zu vergegenwärtigen, soll hier die gesellschaftliche Liberalisierung, die in soziologischen, philosophischen und politikwissenschaftlichen Theorien oft als Kennzeichen der gesellschaftlichen Modernisierung hervorgehoben wird, zum Ausgangspunkt der Darstellung genommen werden.[4] Diese eignet sich nicht nur dazu, die Probleme in einem größeren Sinnzusammenhang zu betrachten. Die Liberalisierung moderner Gesellschaften ist auch generativ mit den Problemen der Migration in diesen Gesellschaften verbunden, wie unten ausgeführt wird. Diese Verbindung mit einem so fundamentalen Gestaltungsmoment der Moderne erklärt, warum

---

1 Dieser Text basiert auf einer längeren Diskussion migrantischer Problemlagen, die für diesen Aufsatz aus Platzgründen gekürzt werden musste. Das Originalmanuskript ist beim Autor erhältlich.

2 Unter MigrantInnen verstehe ich hier jene Personengruppe, die in Politik und Medien hauptsächlich als solche wahrgenommen wird, also Drittstaatsangehörige, die als ArbeiterInnen nach Westeuropa gekommen sind, d. h. zum Beispiel für Österreich die ImmigrantInnen aus dem ehemaligen Jugoslawien und der Türkei. Auf MigrantInnen aus anderen westlichen Ländern (siehe auch Fußnote 3) ist die unten ausgeführte These der Verspätung nur bedingt anwendbar.

3 Mit gegenwärtigen Aufnahmegesellschaften des Westens sind spätmoderne Gesellschaften (wie die meisten EU-Staaten) gemeint, in welchen in verschiedenen Konstellationen Globalisierung, Spätkapitalismus, kulturelle Postmoderne, postnationale Entwicklungen von Politik und Staatlichkeit und eben Postkolonialismus und Migration aufeinandertreffen und sich kreuzen.

4 Zur Modernisierung als Prozess struktureller und kultureller Veränderungen der westlichen Gesellschaften seit dem 18. Jahrhundert siehe Rosa 2005, 71 ff.; 105 ff.

Probleme wie die Diskriminierung und Verspätung von MigrantInnen nicht schnell gelöst werden können – wenn sie überhaupt »lösbar« sind.

Diagnosen und die Geltendmachung von Problemlagen sind nur in Bezug auf normative Referenzsysteme möglich. Als solche normativen Referenzsysteme lassen sich zwei leitende Semantiken sozialer Gerechtigkeit identifizieren, die in der integrationspolitischen Theorie und Praxis meist vermengt werden und ihren programmatischen Ausdruck in den Ideen von Gleichberechtigung und Chancengleichheit finden. Diese können als tragende Säulen der normativen Infrastruktur der Aufnahmegesellschaften des Westens verstanden werden, da sie in sich etablierte und relativ unumstrittene Normen und Überzeugungen mit allgemeiner Geltungskraft bündeln. Unzählige Forschungsberichte, theoretische Studien, administrative Leitbilder, Positionspapiere, Evaluationsrichtlinien und politische Programme berufen sich auf diese Normen der gleichen Rechte und Chancen. Wie sich im Folgenden zeigen wird, sind beide keine von außen auferlegten Normen, sondern mühevoll in sozialen und politischen Aushandlungen und Kämpfen herausgebildete normative Horizonte, die sich als Fundamente sozialer Gerechtigkeit etabliert haben. Andere Problemlagen bleiben in diesen normativen Konstrukten jedoch ausgeblendet. Dazu zählt meines Erachtens die Verspätung, die im zweiten Teil meiner Ausführungen erklärt werden soll. Zunächst geht es jedoch um das Problem der Diskriminierung, die im engen Zusammenhang mit der Gleichberechtigung steht und klar von der Chancengleichheit und der damit zusammenhängenden Verspätung unterschieden werden muss.


## 1.   Politische Liberalisierung und das Problem der Diskriminierung

Das zentrale Moment der politischen Liberalisierung moderner Gesellschaften liegt in der sozialen wie sachlichen Ausweitung von Rechten und Freiheiten (Marshall 1963). Das heißt, dass immer mehr Bevölkerungsgruppen und soziale Schichten in den Besitz dieser Rechte und Freiheiten gelangen, die gleichzeitig immer mehr Sachverhalte betreffen. Dieser Prozess kann einerseits von sozialen, politischen oder kulturellen Kämpfen vorangetrieben werden, also zum Beispiel von Revolutionen (vgl. Honneth 1998, 186 ff.). Zum anderen kann die politische Liberalisierung als kontinuierliche soziale und politische Aushandlung einen weniger »ruckartigen« Charakter haben (vgl. Benhabib 2008, 46 f.). Der Nationalstaat ist Arena der Prozesse politischer Liberalisierung sowie Verkörperung von deren Errungenschaften (vgl. Kymlicka 2008, 112 ff.). Sowohl die politische Liberalisierung selbst als auch die institutionelle Verkörperung ihrer Errungenschaften im Nationalstaat legen nahe, dass es in diesem Prozess um die individuellen wie kollektiven Zugehörigkeiten politischer, sozialer und kultureller Art geht. Denn mit der Liberalisierung als Ausweitung von Rechten, als Iteration von Rechtsansprüchen steigt unausweichlich die Inklusivität und die Durchlässigkeit von Zugehörigkeiten.

Liberalisierung bedeutet auf dem Gebiet der Politik auch, Probleme zu erfassen und unter Berufung auf die moralische Idee der Gleichberechtigung und das ethische Ideal der Inklusion Lösungen einzuklagen. Prototypisch und virulent sind dabei Probleme wie soziale Exklusion und Diskriminierung bestimmter Gruppen oder Lebensformen. Besonders deutlich zeigen sich diese in politischen Visionen und ethischen Ansprüchen auf Inklusion und eine voll integrierte, vertikal verflachte, randlose Gesellschaft. Das heißt jedoch nicht, dass Exklusion und Diskriminierung auf Prozesse, Handlungssphären und normative Logiken der politischen Liberalisierung beschränkt sein müssen. Vielmehr finden sich diese Probleme auch in ökonomischen Interaktionen und privatwirtschaftlichen Kontexten.

Diskriminierung manifestiert sich in verschiedenen Formen sozialer Ausgrenzung wie Segregation (z. B. urbaner Wohnräume), (kultureller) Marginalisierung und Segmentierung (des Arbeitsmarkts) sowie in verschiedenen Erscheinungsformen sozialer Performanz wie politischer Untervertretung oder wirtschaftlicher *underutilization*. Diskriminierung zeigt sich aber auch als Prozess der Abwertung, die, ob bewusst oder unbewusst reproduziert, Intentionalität im Sinne von John Searles »intentional states« (Searle 1995, 23 ff.) voraussetzt. Diese Intentionalität kann sich in einem sehr breiten Spektrum an Erfahrungsformen ausdrücken, darunter Wünsche, Gedanken, Vorurteile, Annahmen, Erwartungen, Gesten, Sprechakte oder auch kollektive Überzeugungen und Handlungsroutinen, ritualisierte Verfahren und institutionelle Praktiken sowie schließlich Regeln, Gesetze oder informelle Konventionen. In den meisten Fällen sind sich die Akteure ihrer diskriminierenden Absichten oder Handlungskonsequenzen dabei nicht bewusst. Das lässt sich damit erklären, dass »intentional states« im oben angeführten Sinne über Generationen hinweg wirksam bleiben können. Dann mögen sie zwar nicht mehr als »intentional states« im engeren Sinne gedeutet werden, bleiben aber dennoch Intentionalitäten, die passiv reproduziert werden. Das gilt zum Beispiel dann, wenn diskriminierende Annahmen und Handlungsarten oder ausgrenzende Strukturen gegenüber unterlegenen Gruppen einen Hauch von Normalität bekommen und die Diskriminierung solcher Gruppen als eine Naturgesetzlichkeit empfunden und praktiziert wird.

Unabhängig davon, ob mit »Diskriminierung« diskriminierende Strukturen im Unterschied zu diskriminierenden Handlungen und Aussagen bzw. Diskriminierung als Prozess und »matrix of domination« (Collins 2000) im Unterschied zur Diskriminierung als Einzelereignis gemeint sind, ist das Moment der Intentionalität in allen Fällen die notwendige und wichtige Voraussetzung dafür, Diskriminierung anklagen und bekämpfen zu können. Wenn die systematische Diskriminierung, welche die gesellschaftlichen Strukturen und die Lebensorganisation durchdringt, zu Recht von »direkten« Formen von Ereignis- und Verhaltensdiskriminierung unterschieden wird (Williams 2000), mindert der systematische Charakter nicht die Intentionalität. Er besagt vielmehr, dass diese mit System und als System reproduziert wird und sich längst in festen Strukturen materialisiert und in kulturelle *codes* eingeschrieben hat (Terkessidis 1998). Als System umfasst Diskriminierung abwertende Stigmata für und Narrative über Gruppen und Personen, welche sich tief in gesellschaftliche Strukturen, Regeln, Praktiken, Denk- und Wahrnehmungsweisen eingegraben haben und selbst zu Strukturen, zu Normen, Vokabularen und zu nicht hinterfragbaren Tatsachen des sozialen Lebens geworden sind. Im Systemcharakter manifestiert sich also das Ausmaß von Diskriminierung, ihre Überführung in eine anonyme, »naturgesetzlich« autorisierte Systemmacht.

Dass MigrantInnen tatsächlich mit Diskriminierung konfrontiert sind, zeigen sowohl Medienberichte über rassistische Übergriffe auf MigrantInnen als auch regelmäßig erscheinende Monitoringberichte über Rassismus oder Xenophobie, die zumindest einen quantitativen Überblick über systematische Diskriminierung geben. Der systematischen Diskriminierung von MigrantInnen kommt dabei im deutschsprachigen Raum allerdings nicht viel politische, mediale und wissenschaftliche Aufmerksamkeit zu.[5] Im Fokus der Aufmerksamkeit stehen vielmehr offensive Formen der Diskriminierung von MigrantInnen im politischen Wirken und in den Parolen von xenophoben Parteien und Bewegungen (wie etwa in Österreich, der Schweiz, den Niederlanden oder Dänemark). Diese sprechen MigrantInnen generell das Recht darauf ab, in diesen Gesellschaften zu leben.[6] Zuletzt zeigten sich solche Entwicklungen im islamophoben Repertoire rechtspopulistischer Parteien und Bewegungen, darunter die symbolträchtige politische Kampagne zum Minarettverbot in der Schweiz, »Daham statt Islam«-Kampagnen und türkophobe Comics im Wiener Wahlkampf und »Moschee Ba Ba«-Spiele im steirischen Wahlkampf. In solchen und ähnlichen Kampagnen

---

5 Der EU-MIDIS-Bericht zur Diskriminierung von Minderheiten in Europa, einschließlich neuzugewanderter Gruppen, legt Befunde vor, die auf ein systematisches Ausmaß von Diskriminierung hinweisen (EU-MIDIS 2009).

6 Im Vordergrund steht nicht, *wie* die MigrantInnen sind (gebildet / ungebildet, fleißig / faul, integrationswillig oder -unwillig), sondern *dass* die MigrantInnen überhaupt hier, »bei uns«, sind, unabhängig davon *wie* sie sind und was sie beitragen. Nicht das *Wesen*, sondern die *Anwesenheit* von MigrantInnen avanciert zur Zielscheibe gegenwärtiger Diskurse der Diskriminierung von MigrantInnen, was wiederum ohne essenzialisierende Zuschreibungen nicht auskommen kann.

schwingt die Botschaft mit, dass MigrantInnen in den städtischen Räumen, in den Freizeitanlagen, in den Nachbarschaften und in den Schulklassen nicht gewollt sind. Diese diskriminierende Botschaft, die man an der gesellschaftlichen Oberfläche verzeichnen kann, lässt Tiefenstrukturen und -verhältnisse von Diskriminierung erahnen, die weder wissenschaftlich beleuchtet werden, noch politisch zugänglich zu sein scheinen. Vielmehr wird Diskriminierung wissenschaftlich bereits axiomatisch als Erklärungsmöglichkeit ausgeschlossen oder relativiert (siehe dazu Hetfleisch 2010) und politisch als Einzelereignis postuliert, was in den Definitions- und Dokumentierungspraktiken zur Antidiskriminierung unschwer zu sehen ist (siehe dazu die Jahresberichte der Agentur der Europäischen Union für Grundrechte).[7]


## 2. Ökonomische Liberalisierung und die Problematik der Verspätung

Läuft die politische Liberalisierung in der Gestalt des Nationalstaates auf eine institutionalisierte Verfestigung und Steuerung von Zugehörigkeit hinaus, so stößt die ökonomische Liberalisierung mit der Institutionalisierung des »freien Marktes« in die Gegenrichtung einer institutionalisierten Sicherung und Steuerung der Mobilität von Waren, Kapital, Menschen und Ideen.[8] Der Prozess der ökonomischen Liberalisierung, der das Fallen von Transaktions- und Handelseinschränkungen, die Öffnung von Märkten, die diversen Angleichungen von rechtlichen Normen und Qualitätsstandards, die Minimierung von politischen Interventionen, aber auch die technologische Innovation zur Steigerung von Effizienz umfasst, materialisiert sich im System des kapitalistischen Marktes und wird durch die normative Logik der gleichen Chancen der MarktteilnehmerInnen gesteuert (Honneth 2011). Als Gerechtigkeitsmodell der ökonomischen Liberalisierung bringt die normative Logik der Chancengleichheit das unternehmerische Glücksrittertum, die Chancenvermehrung und Chancenverwertung zum Ausdruck. Ebenso wie Rechte als Instrumente von Zutritt zu oder Ausschluss von politischen, sozialen oder kulturellen Räumen fungieren, sind Chancen die Eintrittskarte, um am ökonomischen Wettbewerb teilnehmen zu können, und Chancen sind auch das Vehikel der sozialen Mobilität. Die nor-

---

7 http://fra.europa.eu/fraWebsite/research/publications/publications_en.htm, Stand Oktober 2011.

8 »Mobilität auszulösen, zu fördern und zu verwerten – sie jedoch zugleich auch zu kanalisieren, überschießende Mobilität zu bremsen und unerwünschte Mobilität zu behindern: Das ist der ›ewige‹ Gang der Dinge in der kapitalistischen [...] Lohnarbeitsgesellschaft« (Lessenich 2009, 137–8).

mative Logik der Chancengleichheit dient der Umsetzung des ethischen Ideals der Mobilität von Waren, Kapital, Menschen und Ideen.

Wie oben erläutert, widmet sich die politische Liberalisierung jenen intentionalen bzw. identifizierbaren Handlungen, die ihren prototypischen Ausdruck in der Diskriminierung finden. Die ökonomische Liberalisierung dagegen konzentriert sich auf jene Phänomene mit Systemcharakter, die die Mobilität vereiteln und die Chancengleichheit verletzen. Anders als im politischen Bereich kann jedoch im Bereich der Ökonomie nicht von einer näher lokalisierbaren Intentionalität gesprochen werden. Vielmehr wird das kapitalistische Marktgeschehen als Arena von Systemdynamiken angesehen, die wie durch »invisible hands« (Adam Smith) gesteuert erscheinen. Aus diesem Grunde zeichnet sich auf dem Gebiet der Ökonomie eine andere Art von sozialen Problemen von MigrantInnen ab, die ihren Systemcharakter nicht dem systematischen Ausmaß ihrer Ausbreitung und Naturalisierung verdanken, wie dies bei der systematischen Diskriminierung der Fall ist, sondern systemisch in ihrer »Kausalität« oder »Autorschaft« sind, also nicht so leicht auf einzelne Akteure, wie eine bestimmte Partei, zurückzuführen sind. Unter anonyme Zwänge gesetzt, die auch die Autorschaft ihrer Handlungen massiv beschränken, ist es hier unwesentlich, ob die MarktteilnehmerInnen mit ihren Handlungen einverstanden sind, sich mit diesen identifizieren oder diese nur zwanghaft ausführen (Dörre et al. 2009). Ökonomischen Problemlagen wird stärker ein Systemcharakter beigemessen, auch jenseits einer *laissez-faire*-Orthodoxie, die kapitalistische Märkte als selbstregulierende Systeme anpreist, und auch dann, wenn hinter ökonomischen Problemen (der finanzkapitalistischen Krise, Staatsüberschuldungen usw.) Handlungen von Personen und Gruppen erkennbar sind.

Der Zusammenhang zwischen Migration und den Systemkräften spätkapitalistischer Ökonomie manifestiert sich in der Problemlage der Verspätung. Die Verspätung ist ein Zeitrückstand, Rückfall oder gar eine Abkoppelung von zeitlich definierten sozialen Strukturen, Abläufen und Optionen. Pointierter formuliert, ist das Verspätungsproblem der MigrantInnen ein Problem der abgelaufenen und verpassten Zeit, ein »Negativkapital«, mit welchem man in einen Wirtschafts- und Gesellschaftsrhythmus einsteigt, in dem das »Eintrittskapital« der abgelaufenen Zeit, des Verspätens immer größer wird. Hat man, bildlich gesprochen, den Zug einmal verpasst, kommt auch die ökonomische Mobilität und soziale Teilnahme zum Erlahmen. Alle Verspäteten – und MigrantInnen sind ein Beispiel dafür – können in einem beschleunigten Gesellschaftsleben (Rosa 2005), welches nicht mehr nur in wirtschaftlicher Hinsicht nach dem Muster des kapitalistischen Wettbewerbs organisiert ist und wo Chancen Zeitstrukturen sind und zum richtigen Zeitpunkt zu ergreifen sind, nicht mehr gegen die bereits abgelaufene Zeit antreten.

Mit der Verspätung von MigrantInnen meine ich hier die intuitiv verständliche Tatsache, dass z. B. MigrantInnen der ersten Generation als Jugendliche oder Erwachsene in eine neue Gesellschaft einsteigen und einfach später damit beginnen, gewisse Optionen eines in den Aufnahmegesellschaften strukturell und kulturell normierten Lebensablaufs zu ergreifen. Bildungs- und Arbeitschancen oder Optionen der privaten Lebensführung (wie Familiengründung, Reproduktion) sind in strukturellen Arrangements und kulturellen Verständnissen und Erwartungen zeitlich fixiert, sind zum richtigen Zeitpunkt zu ergreifen und brauchen außerdem selbst Zeit, um realisiert zu werden. Anders gesagt bedeutet das Verspätungsproblem der abgelaufenen Zeit, dass MigrantInnen ungeachtet ihres biologischen Alters in ein Aufnahmeland immer mit einem bereits überschrittenen sozialen Alter eintreten.

Generell kann die Verspätungsproblematik in zwei eng verwobene Richtungen aufgerollt werden – nämlich als *hard fact of life* und als gesellschafts- und gerechtigkeitspolitisches Problem.

(1) Als *hard fact of life* manifestiert sich die Verspätung von MigrantInnen in Bezug auf die zeitlichen Gegebenheiten in der aufnehmenden Gesellschaft, die hier als Leitzeitlichkeit bezeichnet werden soll. Diese Leitzeitlichkeit ist zwar von einer abstrakt-linearen Zeit dominiert, ist aber selbst nicht neutral, sondern strukturell und kulturell hergestellt (Nassehi 2008). Die Leitzeit der modernen kapitalistischen Gesellschaften des Westens ist durch den kapitalistischen Wettbewerb als dominierende soziale Interaktionsform organisiert. Die Wettbewerbszeit richtet sich an die Maßeinheiten der »Rechtzeitigkeit«, der »Zeitrückstände« und der »Zeitvorsprünge« beim Schaffen, Ergreifen und Verwerten von Wettbewerbsoptionen. In Bezug auf die Verspätung von MigrantInnen interessiert an der Wettbewerbszeit vor allem die temporale Metrik von Zeitvorsprüngen und Zeitrückständen. Im Zeitfluss des kapitalistischen Wettbewerbs können Zeitrückstände alle betreffen. Will man die eingegangene Lebenslaufbahn unterbrechen, verändern oder will man umsteigen, sind Zeitrückstände die unvermeidliche Folge. Die Verspätung von Neuzugewanderten kann aber nicht unter den »normalen« Zeitrückständen verbucht werden – das heißt auf eigenverantwortliche Entscheidungen und Handlungen innerhalb einer Wettbewerbssituation zurückgehende Zeitrückstände. Vielmehr ergibt sich diese Verspätung durch den Neueinstieg in eine als Wettbewerb organisierte, funktionierende und normierte Gesellschaft und Temporalität und erfolgt nicht aufgrund von Handlungen innerhalb der vorgefundenen Wettbewerbssituation – einmal in diese eingestiegen können die Einzelhandlungen die Verspätungslasten kaum wettmachen. Offen und strittig bleibt dabei die Frage, inwieweit die Migration selbst, durch welche Personen in die Verspätungsfalle hineinschlittern, eine »autonome« oder erzwungene Handlung ist. Von der Beantwortung dieser Frage hängt ab, ob MigrantInnen sich mit dem Faktum der Verspätung

abzufinden haben oder ob sie und die aufnehmende Gesellschaft der stummen Gewalt migrantischer Verspätung Schritte entgegensetzen müssen.

Als *hard fact of life* kann die Verspätung von MigrantInnen an bestimmten Sozialisationsabläufen erfasst werden. Ein erstes Indiz eines Verspätungsproblems von MigrantInnen liefert das Verständnis, dass die Integration von MigrantInnen mit dem Spracherwerb ansetzen muss, und zwar von der Sprache, mit der man in der Aufnahmegesellschaft vorankommen kann. Sozialisatorisch liegt dieser Schritt – das Erlernen der Leitsprache – in der Anfangsphase der individuellen Entwicklung. Alle, die diesen Schritt erst machen müssen, und zwar nicht im Kleinkindalter, liegen in Zeitverzug. Zusätzlich, um bei diesem Beispiel der Verspätung von MigrantInnen zu bleiben, wird der Prozess des Erwerbs der Leitsprache streng normiert, was den zeitlichen Ablauf und Zeitverbrauch betrifft. So schreibt zum Beispiel die Integrationsvereinbarung in Österreich eine genaue Anzahl an Unterrichtseinheiten für das Erreichen eines bestimmten Sprachniveaus fest. Das heißt, neuzugewanderte MigrantInnen sind gleichzeitig mit Verspätung und Beschleunigung in einer Sozialisationsphase konfrontiert, in der auch viele andere Herausforderungen gemeistert werden müssen.

Ein weiteres Verspätungsmoment betrifft die Qualifizierung. Wird die mitgebrachte Qualifikation gänzlich oder teilweise institutionell nicht anerkannt, was häufig der Fall ist (vgl. Liebig/Widmaier 2009), ist mit Verspätung zu rechnen. Neuzugewanderte sind mit der Notwendigkeit konfrontiert, bereits absolvierte Schritte der Qualifizierung zu wiederholen. Gleichzeitig verliert die vorhandene Qualifikation ihren Wert, wenn man aufgrund der Nicht-Anerkennung oder der nur schleppenden Anerkennung mitgebrachter Qualifikationen eine Weile nicht Teil eines Systems ist, in welchem diese Qualifikationen eingelöst, aufrechterhalten und weiterentwickelt werden können. Werden gesamtgesellschaftliche Trends schnell- und kurzlebiger Qualifikationsprofile und beschleunigter Entwertung von Wissen und Qualifikationen hinzugerechnet, was natürlich nicht nur MigrantInnen trifft, forciert dies zusätzlich zu den anderen Faktoren die Verspätung von MigrantInnen massiv.

(2) Als gesellschaftspolitisches Problem gerät die Verspätung in Konflikt mit der normativen Logik der gleichen Chancen, welche von ihrer ursprünglichen Bestimmung zur Regelung ökonomischer Interaktionen gegenwärtig zu einer gesamtgesellschaftlich akzeptierten Norm avanciert ist. Die Verspätung von MigrantInnen unterminiert die Verfügbarkeit von Chancen als Grundlage sozialer Teilhabe, auch weil Chancen anders als Rechte einen temporalen Charakter haben und die Zeit eine entscheidende Bedingung für das Ergreifen, für die Verwertung und Einlösung von Chancen (und zwar nicht nur von ökonomischen) ist.

Das Prinzip der Chancengleichheit besagt, dass alle Mitglieder einer Gesellschaft die gleichen Bedingungen zum Einstieg und zur Teilnahme am sozialen Leben haben sollen und dass Hindernisse, die nicht selbst verschuldet sind, zusätzlich kompensiert werden müssen (Barry 2005). »Grobe Auslegungen« von Chancengleichheit, welche in die gesellschaftliche Praxis eingegangen sind, verbinden außerdem »soziale Chancen« nicht bloß mit formalen Möglichkeiten, sondern mit Optionen, deren Realität über das tatsächliche Ergreifen von Chancen und über Ergebnisse wahrgenommen wird. Die gesellschaftspolitische Problematik der Verspätung von MigrantInnen lässt sich sowohl anhand der institutionalisierten Gerechtigkeitslogik von Chancengleichheit als auch anhand von niederschwelligen Gerechtigkeitsverständnissen aufzeigen, die eher die Realität von Chancen betonen.

Chancen sind mit der Grammatik sozialer Zeit kodiert, die in etwa besagt, dass mit dem Ergreifen des einen Moments sich weitere und nachfolgende Momente erschließen bzw. durch das Versäumen des einen Moments auch die damit verbundenen Momente versäumt werden. Wenn Verspätete (MigrantInnen) mit einem Negativkapital bereits verpasster Chancen in die Optionen / Zeit-Ketten (der neuen Gesellschaft) einsteigen, sind für sie nicht nur die Momente / Optionen der bereits abgelaufenen Zeit nicht mehr verfügbar, sondern auch die mit diesen verschränkten Momente / Optionen der bevorstehenden Zeit unerreichbar und somit abgelaufen, noch bevor sie angelaufen sind (vgl. zu diesem Problem der sogenannten kumulativen Benachteiligung Barry 2005, 44 ff.). Hier unterminiert die Verspätung vor allem die Realität von Lebensoptionen für die Betroffenen, also ob erstrebenswerte soziale Möglichkeiten zur Bildung, Arbeit usw. überhaupt vorhanden sind.

Das negative Verhältnis zwischen Verspätung und der Verwertung von sozialen Chancen ist auch aus dem Alltag bekannt. Ob fürs Kino, für die Arbeit, für eine Verabredung oder die Antragsstellung hat jede / r irgendwie, irgendwo und irgendwann Erfahrungen mit Verspätung gemacht. Diese alltäglichen Erfahrungen sind durchaus mit der Verspätung von MigrantInnen vergleichbar. Kommt man zu spät ins Kino, muss man mitten in der Vorführung einsteigen, ohne von Anfang an die Handlung verfolgt zu haben und ohne eine Rückspiel- oder Pausenmöglichkeit zu haben. Im Falle eines Films kann man diesen einfach nochmals besuchen. Im wirklichen Leben dagegen gibt es keine solche Wiederholungsmöglichkeit. Wiederholungen scheinen zum Aufholen von Verspätungen unter der Leitzeitlichkeit der Wettbewerbszeit sogar kontraproduktiv zu sein, da diese die Zeitrückstände meist vergrößern und sich auch negativ auf die Öffnung anderer Möglichkeiten auswirken, die während der Wiederholung ausgelassen oder unerkannt bleiben. Die Problematik von Älteren oder Langzeitarbeitslosen lässt diese Aussichtslosigkeit von Wiederholung nur ahnen.

Doch die intuitive Vertrautheit mit Verspätung scheint zur Berücksichtigung des Verspätungsproblems von MigrantInnen wenig beizutragen. Dieses unterscheidet sich nämlich dadurch von den alltäglichen Erfahrungen, dass die Verspätung nicht nur eine einzelne Lebenssituation betrifft, sondern sich auf viele verschiedene Lebensschritte und -episoden mit dem unerbittlichen Bremseffekt der bereits abgelaufenen Zeit für einen bestimmten Schritt, für dieses oder jenes Vorhaben, auswirkt, auch wenn das in vielen konkreten Problemlagen nicht erkannt wird. Unter den Konditionen der Leitzeitlichkeit des kapitalistischen Wettbewerbs werden durch Verspätung Chancen zur sozialen Teilnahme und individuellen Lebensführung vernichtet. Mit einer stummen und unsichtbaren Gewalt stellt sich die Verspätung von MigrantInnen allen politischen Anstrengungen, Chancengleichheit zu implementieren, entgegen. Unerkannt bleibt die Verspätung von MigrantInnen, weil in der temporalen Metrik der Wettbewerbszeit, bei welcher Zeitrückstände zum Grundinventar gehören und keine Ausnahmeerscheinung sind, die Verspätung von MigrantInnen nicht auffällt und auch nicht ins Gewicht fällt. Es wird wenigstens intuitiv damit gerechnet, dass sich irgendwer irgendwo verspätet, in Zeitrückstand liegt, sodass man dann die eigenen Zeitvorsprünge ausspielen kann und eine umkämpfte Option für sich entscheiden kann.

### 3.   Verspätung als Systemphänomen und Beschleunigung als Systemzustand

Wie oben erläutert ist das Problematische an der Verspätung, dass sie in der dominanten Interaktionsform des kapitalistischen Wettbewerbs soziale Chancen zur gesellschaftlichen Teilhabe und persönlichen Selbstverwirklichung tendenziell vernichtet, dadurch Gerechtigkeitserwartungen enttäuscht und sich unerkannterweise gerechtigkeitspolitischen Maßnahmen zur Chancengleichheit widersetzt. Diese Verspätungsproblematik multipliziert sich in der Systemlogik der gesellschaftlichen Beschleunigung dadurch, dass die Verspätung von Verspäteten kontinuierlich wächst.

Hartmut Rosa zeigt in seiner umfangreichen Beschleunigungsstudie (2005) die verschiedenen Facetten, Erscheinungsformen, Ursachen und Konsequenzen der Beschleunigung der kapitalistischen Gesellschaften der Moderne auf, die er als Akzeleration von Lebenstempo, sozialem Wandel sowie von ökonomischer und technologischer Entwicklung theoretisch verfolgt, um in der Beschleunigung die prägendste strukturelle und kulturelle Eigenschaft oder das »Grundprinzip« des sozialen Lebens der Moderne zu erkennen. Seine These lautet, »dass die in der Moderne konstitutiv angelegte soziale Beschleunigung in der ›Spätmoderne‹ einen kritischen Punkt übersteigt, jenseits dessen sich der Anspruch auf gesellschaftliche Synchronisation und soziale Integration nicht mehr aufrechterhalten lässt« (Rosa 2005, 49 f.).

Verspätung kann auch unabhängig von Beschleunigungsstrukturen und -erfahrungen analysiert werden. Doch besteht der Zusammenhang zwischen Verspätung und Beschleunigung darin, dass zeitliche Verspätung nur durch Beschleunigung aufgeholt werden kann. Unter den Bedingungen einer umgreifenden, oder laut Rosa »totalen« gesellschaftlichen Beschleunigung kann nicht einmal die Beschleunigung von Handlungsabläufen verspätungsbedingte Zeitrückstände verringern oder beseitigen, weil alles sich gleichzeitig beschleunigt. Das bedeutet, dass die Verspäteten eine Beschleunigung der Beschleunigung brauchen, um ihren Zeitrückstand aufzuholen. Ob Verspätete und speziell MigrantInnen (insbesondere Neuzugewanderte) die erforderliche Hyperakzeleration bewerkstelligen können, um Schritt zu halten, bleibt fraglich. Viel wahrscheinlicher ist, dass sich unter den Bedingungen umgreifender Akzeleration die Verspätung vergrößert und sich Zeitrückstände akkumulieren. Eine Akkumulation von Zeitrückständen ist auch deshalb wahrscheinlich, weil die kontinuierlichen Zeitabläufe (z. B. die Lebensdauer von Produkten, Qualifikationen, Berufslaufbahnen, institutionellen Zugehörigkeiten usw.), in die man einsteigt, kürzer werden, was wiederum die Zeitrückstände vergrößert. Die systemumgreifende gesellschaftliche Beschleunigung führt zur Vergrößerung von Verspätung, aber auch zur Steigerung des Beschleunigungsdrucks. Wer spät dran ist, muss schneller werden, um die Verspätung aufzuholen, und weil alles schneller wird, wächst exponentiell das Risiko der Verspätung und der Akkumulation von Verspätung.[9] Die Beschleunigung sozialer Vorgänge, das strukturell wie kulturell vorgegebene extrem hohe Tempo verfestigt die Unaufholbarkeit der Verspätung von MigrantInnen. Kaum gelingt ein Schritt nach vorne, liegt man zum gegebenen Zeitpunkt bereits drei Schritte zurück. In dieser Beschleunigungslogik ist die Verspätung ein Chancenkiller, der die soziale Teilnahme von MigrantInnen massiv erschwert.

Dabei trifft die Verspätung nicht nur die neuzugewanderten Generationen von MigrantInnen. Vielmehr kann sie in den Lebensläufen der nachkommenden Generationen akkumuliert werden. Die faktische Verspätung der ersten Generation kann von den nachfolgenden zweiten und dritten Generationen als eine virtuelle Verspätung fortgesetzt werden.[10] Virtualisiert wird die Verspätung

---

9 »Zugleich werden quantitativ große, aber marginalisierte Gruppen, in der so genannten ›Dritten Welt‹, aber durchaus auch in den industrialisierten Gesellschaften, ›desynchronisiert‹, indem sie von den strukturell und kulturell maßgebenden Entwicklungen abgeschnitten werden.« (Rosa 2005, 48 f.)

10 Empirische Anhaltspunkte zur Vererbung der Verspätung an die nachkommenden Generationen von MigrantInnen finden sich beispielsweise in der OECD-Studie zur Arbeits-

dadurch, dass die Optionen, die für die erste Generation aufgrund faktischer Verspätung unerreichbar geblieben sind, weiterhin nicht am Horizont erstrebenswerter Lebensoptionen der zweiten, der dritten oder auch weiterer Generationen erscheinen. Die Beschleunigung des Lebenstempos befördert die Vererbung von faktischer Verspätung insofern, als sie wenig oder keine Zeit zur Verfügung stellt, auf neue, auch zeitaufwendigere Lebensvorhaben umzusteigen und über die vorgezeichneten Lebenslaufbahnen, Erwartungen und Zukunftspläne hinauszudenken, welche die erste MigrantInnengeneration unter den Umständen faktischer Verspätung entwickelt hat. Die nachkommenden Generationen integrieren also die Einschränkungen faktischer Verspätung ihrer Vorfahren in ihre Lebensentwürfe. Die besagten Einschränkungen liegen damit nicht mehr in den Lebensumständen, sondern in den Lebenseinstellungen begründet.

## 4.    Fazit

Mit der Verspätung von MigrantInnen sind Konsequenzen verbunden, die die normative Infrastruktur der Gegenwartsgesellschaften des Westens erschüttern und die Ungerechtigkeit im Leben von MigrantInnen in diesen Gesellschaften multiplizieren.

Als gerechtigkeits- und gesellschaftspolitisches Problem bedeutet die Verspätung von MigrantInnen vor allem, dass dort von Chancengleichheit nicht die Rede sein kann, wo die Verspätung sowohl das Ergreifen von Lebensoptionen vereitelt als auch die normativen Verheißungen, die diesen Prozess steuern. Rechtliche und moralische Normen der Chancengleichheit sowie politische Maßnahmen, die sich an diesen ausrichten, können nicht umgesetzt werden, weil Chancen als Zeitstrukturen, die einer bereits abgelaufenen Zeit angehören, oder aus Zeitverknappung unerreichbar, nicht mehr real oder zugänglich sind.

Zu klären wäre, ob die Zeitorganisation der westlichen Aufnahmegesellschaften, die systemisch Zeitnachteile produziert und verstärkt, dem normativen Selbstverständnis dieser Gesellschaften widerspricht, die mit der Gerechtigkeitslogik der gleichen Rechte und Chancen auf einen Abbau sozialer Benachteiligung abzielen. Oder in anderen Worten: Produziert die »Zeit der Gesellschaft« Schließungen, die die Offenheit der westlichen Gesellschaften als Mythos widerlegen und soziale Gerechtigkeit zur Ideologie werden lassen?

---

marktintegration von Jugendlichen mit Migrationshintergrund in den OECD-Ländern (Liebig/Widmaier 2009).

## Literatur

Barry, Brian 2005: *Why Social Justice Matters,* Cambridge (MA).

Benhabib, Seyla 2008: *Kosmopolitismus und Demokratie. Eine Debatte mit Jeremy Waldron, Bonnie Honig und Will Kymlicka,* Frankfurt a.M.

Collins, Patricia Hill 2000: *Black Feminist Thought. Knowledge, Consciousness, and the Politics of Empowerment,* London.

Dörre, Klaus / Lessenich, Stephan / Rosa, Hartmut 2009: *Soziologie-Kapitalismus-Kritik. Eine Debatte,* Frankfurt a.M.

EU-MIDIS 2009: *European Union Minorities and Discrimination Survey. Main Results Report,* Conference Edition, Wien.

Hetfleisch, Gerhard 2010: ›Die Märkte kennen keine Ehre und keine Kultur. Hartmut Esser: Soziologe, Integrationstheoretiker, neoliberaler Ideologe‹, in Manfred Oberlechner / Gerhard Hetfleisch (Hg.): *Integration, Rassismen und Weltwirtschaftskrise,* Wien, 97 – 125.

Honneth, Axel 1998: *Kampf um Anerkennung. Zur moralischen Grammatik sozialer Konflikte,* Frankfurt a.M.

Honneth, Axel 2011: *Das Recht der Freiheit. Grundriß einer demokratischen Sittlichkeit.* Frankfurt a.M.

Kymlicka, Will 2008: ›Liberale Nationalstaatlichkeit und kosmopolitische Gerechtigkeit‹, in Seyla Benhabib (Hg.): *Kosmopolitismus und Demokratie. Eine Debatte mit Jeremy Waldron, Bonnie Honig und Will Kymlicka,* Frankfurt a.M., 111 – 129.

Lessenich, Stephan 2009: ›Mobilität und Kontrolle. Zur Dialektik der Aktivgesellschaft‹, in Klaus Dörre / Stephan Lessenich / Hartmut Rosa: *Soziologie-Kapitalismus-Kritik. Eine Debatte,* Frankfurt a.M., 126 – 181.

Liebig, Thomas / Widmaier, Sarah 2009: *Children of Immigrants in the Labour Markets of EU and OECD Countries: An Overview* (= OECD Social, Employment and Migration Working Papers 97). Zuletzt abgerufen am 14.09.2011 unter www.oecd.org/els/work ingpapers.

Marshall, Thomas H. 1963: ›Citizenship and Social Class‹, in Thomas H. Marshall (Hg.): *Sociology at the Crossroads,* London, 67 – 127.

Nassehi, Armin 2008: *Die Zeit der Gesellschaft. Auf dem Weg zu einer soziologischen Theorie der Zeit,* Opladen.

Rosa, Hartmut 2005: *Beschleunigung. Die Veränderung der Zeitstrukturen in der Moderne,* Frankfurt a.M.

Searle, John 1995: *The Construction of Social Reality,* New York.

Terkessidis, Mark 1998: *Psychologie des Rassismus,* Opladen, Wiesbaden.

Williams, Melissa S. 2000: ›In Defence of Affirmative Action: North American Discourses for the European Context‹, in Erna Appelt / Monika Jarosch (Hg.): *Combating Racial Discrimination,* Oxford, 61 – 79.

Petra Herczeg

# Geschlossene Gesellschaft: Über Diversität in den Medien, Journalismus und Migration

Das zu untersuchende Phänomen der Diversität in den Medien ist ein relativ neues Forschungsgebiet im deutschsprachigen Raum (vgl. Trebbe 2009; Geißler et al. 2009). In Deutschland sind zu dieser Fragestellung erst drei groß angelegte Studien durchgeführt worden (vgl. Oulios 2009; Röben 2008; Geißler et al. 2009), die allerdings alle ein ähnliches Bild der Lage der JournalistInnen mit Migrationshintergrund zeigen, nämlich, dass diese massiv in der Minorität sind und im journalistischen Produktionsbetrieb nicht gemäß ihrem Gesamtbevölkerungsanteil vertreten sind.

Im Rahmen dieses Beitrages wird eine erste vergleichbare Studie für den österreichischen Raum vorgestellt.[1] Im Zentrum stehen dabei die folgenden Fragen: Wie hoch ist der Anteil von JournalistInnen mit Migrationshintergrund in den österreichischen Printmedien? Wie beurteilen die JournalistInnen mit Migrationshintergrund ihre Situation in den Redaktionen? Und: welchen Beitrag leisten die Medien auf Ebene der Medienschaffenden zur Integration von JournalistInnen mit Migrationshintergrund? Zum besseren Verständnis wird zunächst erläutert, was unter dem Konzept »Diversität in den Medien« zu verstehen ist. Dabei wird auch erörtert, wie die Wissenschaft den Einfluss der Diversität der MedienproduzentInnen auf die Darstellung von MigrantInnen in den Medien bzw. den Einfluss dieser Darstellung auf die Öffentlichkeit einschätzt. Es folgt eine Kurzdarstellung der Ergebnisse bisheriger deutscher Studien zur Diversität von MedienproduzentInnen, die auch als Grundlage für die vorliegende österreichische Studie gedient haben. Deren Ergebnisse werden schließlich am Ende des Beitrags dargestellt.

---

[1] Die Studie wurde im Rahmen eines Seminars unter maßgeblicher Beteiligung der Studierenden im Wintersemester 2009/10 durchgeführt. Besonders hervorgehoben werden soll die Mitarbeit von Oliver Stephan Görland und Florian Haas.

## 1. Konzeptioneller Rahmen: Gesellschaftliche Partizipationsmöglichkeiten und interkulturelle mediale Integration

Beim Diversity-Ansatz wird davon ausgegangen, dass sich ethnische und kulturelle Vielfalt produktiv auf eine Gesellschaft auswirkt und dass dadurch die Grenzziehungen zwischen unterschiedlichen gesellschaftlichen Gruppen zumindest entschärft werden können (vgl. Linder 2007).

Durch eine zielgruppenübergreifende, aktive Anti-Diskriminierungs- und Gleichbehandlungspolitik können sowohl »die individuellen als auch die gesellschaftlichen Ressourcen und Potenziale von Vielfalt« (Linder 2007, 28) berücksichtigt werden.

Diversity bedeutet einerseits eine qualitative Vielfalt von Meinungen und Weltperspektiven und umfasst damit eine emanzipatorische Perspektive, kann aber auch – darauf verweist Linder – eine hegemoniale Praxis verstärken, weil ethnisierende oder auch diskriminierende Positionen zementiert werden können (vgl. Linder 2007, 28). Siapera geht davon aus, dass »cultural diversity« nicht nur, aber primär über Medien verhandelt wird, und: »There is no easy way, no straightforward criteria by which to determine what is more just, fairer, better for all involved« (Siapera 2010, 8). Die diesbezüglichen Diskussionen über Diversity müssen nach den demokratischen Prinzipien der Inklusion, Gleichberechtigung und Freiheit geführt werden (vgl. Siapera 2010)[2].

Diversität in den Medien meint nicht nur die Frage der Repräsentanz von MigrantInnen, sondern es geht auch um die Partizipation an Medien und an gesellschaftlichen Prozessen via Medien. Repräsentative Daten über den Anteil von JournalistInnen mit Migrationshintergrund an den JournalistInnen insgesamt sind eine notwendige Basis, um einerseits die Teilhabemöglichkeiten zu verbessern und um andererseits medienpolitische Maßnahmen setzen zu können (vgl. Röben 2008, 264). Denn:

> Wenn analysiert ist, wie und wo Teilhabechancen eingeschränkt und Diskriminierungen zu verorten sind, können die Veränderungspotenziale und ihre Durchsetzungsmöglichkeiten für verbesserte Teilhabechancen von Migrantinnen im deutschen Journalismus näher erforscht werden (Röben 2010, 276).

Dies gilt genauso für die Situation der JournalistInnen mit Migrationshintergrund in den österreichischen Medien.

---

2 In diesem Zusammenhang soll auf Robert Putnam (2000) verwiesen werden, der mit dem Konzept von »bridging social capital« und »bonding social capital« davon ausgeht, dass Medien eine wichtige Rolle bei der Ermöglichung von Beziehungen zwischen unterschiedlichen Gruppen spielen, und dass Medien auch innerhalb von Gruppen zu Aufbau und Pflege von Beziehungen beitragen können.

Ausgegangen wird – in Anlehnung an Geißler – vom Konzept einer inter-kulturellen medialen Integration, das sich darauf bezieht, dass ethnische Min-derheiten in den wichtigen Institutionen der Gesellschaft – wie dem politischen System, dem Bildungssystem –angemessen vertreten sein sollen (vgl. Geißler 2005, 55 ff.). Dies gilt auch für die Medien – d. h. auch für das Medienpersonal. In ihrem Beitrag »Wenig ethnische Diversität in deutschen Zeitungsredaktionen« beschreiben Geißler et al. (2009) die Partizipation von JournalistInnen mit Migrationshintergrund in dem Sinne, dass JournalistInnen mit Migrations-hintergrund an der Herstellung der pluralistisch-demokratischen Öffentlichkeit mitwirken und dabei »spezifische Informationen, spezifische Perspektiven und Standpunkte sowie ein spezifisches Wissen über ethnische Minderheiten und deren Befindlichkeiten, Probleme und Interessen« (Geißler et al. 2009, 79) ein-bringen. »Die Ethnodimension« sei in dieser Konzeption eine von vielen Di-mensionen, die im Mediensystem einen wichtigen Platz einnehmen sollte. Horst Pöttker geht davon aus, dass Diskriminierungsverbote, die sich auf Medienin-halte beziehen, nicht zielführend sind, medienethische Fragen sollten durch »Diversifikation des Redaktionspersonals« auf struktureller Ebene besprochen werden, um einen »moralisch notwendigen Minderheitenschutz ohne proble-matische Einschränkung der professionell notwendigen Äußerungsfreiheit« (Pöttker 2002, 276) zu erreichen.

»Migration, Medien und Integration« ist ein stark beforschtes Untersu-chungsfeld in der sozialwissenschaftlich orientierten Kommunikations- und Medienwissenschaft im deutschsprachigen Raum. Im sozialwissenschaftlichen Kontext lassen sich dabei aber vor allem – und darauf hat auch Trebbe verwiesen – unverbundene Forschungstraditionen, identifizieren. Vor allem die Befunde, welche Rolle die Massenmedien im Integrationsprozess ethnischer Minderhei-ten spielen,

> sind uneinheitlich bis widersprüchlich. Sie reichen von der Bedeutungslosigkeit bis zur Omnipotenz – eine Entwicklung, die stark an die Geschichte der kommunikations-wissenschaftlichen Medienwirkungsforschung im letzten Jahrhundert erinnert (Trebbe 2009, 9).

In diesem Kontext wird auch die Frage diskutiert, ob durch bessere Repräsen-tation eine bessere Präsentation von MigrantInnen in den Medien zu erzielen ist. Die Darstellung von ethnischen Minderheiten in den Massenmedien hat sowohl Auswirkungen auf die Mehrheitsgesellschaft als auch auf die MigrantInnen, denn – wiederum die Argumentation von Geißler aufgreifend – die Präsentation von ethnischen Minderheiten ist ein wichtiger Faktor der Akzeptanz (vgl. Geißler 2000, 131). Er folgt dabei – und dem schließt sich die Verfasserin an – dem sozialwissenschaftlich akzeptierten »Thomas Theorem«, das besagt, dass »If men define situations as real, they are real in their consequences« (Thomas / Thomas 1928, 572). Es geht vor allem darum, was für ein Bild die RezipientInnen – im konkreten Fall von »den Anderen« – im Kopf haben. Diese Bilder prägen den Umgang mit den Anderen – unabhängig von realen Erfahrungen.

Bonfadelli argumentiert ähnlich, wenn er festhält, dass durch negative Akzentuierungen von ethnischen Minderheiten in den Medien vorgefertigte Bilder und Vorurteile bei der Mehrheitsbevölkerung entstehen können, die

> wiederum die Grundlage für die Bildung, Bestätigung oder Verstärkung von Meinungen und Einstellungen im Sinne von Vorurteilen werden, die sich in einem weiteren Schritt in Form von Diskriminierung auf der Verhaltensebene äußern können (Bonfadelli 2010, 181).

Und er geht auch darauf ein, dass Negativdarstellungen von ethnischen Minderheiten in den Mehrheitsmedien unter anderem darauf zurückgeführt werden können, »dass in den Mehrheitsmedien nur vereinzelt JournalistInnen mit Migrationshintergrund arbeiten« (Bonfadelli / Moser 2007, 12).

Aber wie genau sehen die Bilder aus, die die Medien über MigrantInnen produzieren? Ruhrmann und Demren (2000) haben eine zusammenfassende kritische Bewertung der inhaltsanalytischen deutschsprachigen Untersuchungen zur Berichterstattung über MigrantInnen erstellt, die sich mit der analytischen Darstellung von Daniel Müller (2005) deckt. Sie sind dabei zu folgenden Ergebnissen gekommen:

Einerseits überwiegt das sogenannte »Kriminalitätssyndrom«, d.h. wenn MigrantInnen in der Berichterstattung vorkommen, dann oft im Kontext von kriminellen Handlungen. Die AutorInnen merken an: »Durch die Abweichung von der Norm kann ein geringerer sozialer Status der Migranten leicht rationalisiert werden« (Ruhrmann / Demren 2000, 71). Im europäischen Vergleich zeigt sich ein ähnliches inhaltsanalytisches Ergebnis. Weiters werden unerwünschte Gruppen in der veröffentlichten Meinung überrepräsentiert. Zu den »unerwünschten« Nationalitäten zählen vor allem die Türkei und nichteuropäische Länder Asiens und Afrikas (vgl. Ruhrmann / Demren 2000, 71). In der Berichterstattung über »MigrantInnen« erleben unterschiedliche Semantiken verschiedene Konjunkturwellen: So wurde Anfang der 1980er-Jahre in Deutschland die Konnotation »Migranten – Ausländer« mit einem »Türkenproblem« verbunden, Ende der 1990er-Jahre wurde es zum »Asylantenproblem« und seit Mitte der 1990er-Jahre zu einem »Flüchtlingsproblem«. In den Boulevardmedien werden die »Fremden« als unvertraut und stark überzeichnet dargestellt.

Einen Überblick über die österreichische Forschungssituation hat Joskowicz in einer Sekundäranalyse vorgenommen, in der er Studien zur Darstellung von MigrantInnen in den österreichischen Medien zusammengetragen hat. In seinem Beitrag zum EUMC-Report zeigt er, dass sich nach dem Fall des Eisernen

Vorhangs 1989 die Berichterstattung über MigrantInnen in den österreichischen Medien verändert hat. Fremdenfeindlichkeit wurde zu einem politischen und medialen Thema, das vor allem von der FPÖ und der Kronen Zeitung in einem problematischen negativen Kontext thematisiert wurde (vgl. Gruber et al. 2009). MigrantInnen wurden pauschal als Problem für das Sozialsystem, die Sicherheit und für die ökonomische Stabilität in Österreich dargestellt. Der Begriff »Wirtschaftsflüchtling« wurde zu einem häufigen Topos in der Berichterstattung (Joskowicz 2002, 311). Hilde Weiss stellt in einer vergleichenden Analyse fest, dass unter dem Begriff »Ausländer«

> Illegale, Flüchtlinge, kürzer oder auch länger in Österreich Arbeitende, Personen mit oder ohne österreichische Staatsbürgerschaft, EinwanderInnen der ersten, zweiten oder dritten Generation, TouristInnen, EuropäerInnen oder nur Nicht-EuropäerInnen aus der westlichen oder nicht-westlichen Hemisphäre, etc.

subsumiert wurden (Weiss 2000, 26).

Im dritten Bericht der »European Commission against Racism and Intolerance« (ECRI) (2010) wird Österreich in Bezug auf die Repräsentation von Personen mit Migrationshintergrund in den Medienberufen explizit als eigener Punkt behandelt, und es wird festgehalten, dass der Anteil von JournalistInnen verschwindend gering ist:

> So gibt es bei den Tageszeitungen oder in den Kernsendungen des öffentlich-rechtlichen Fernsehens praktisch keine JournalistInnen, die dieses Profil aufweisen oder ethnischen Minderheiten angehören würden (ECRI 2010, 34).

Die inhaltsanalytische Forschungslage zu »Medien und Migration« in Österreich ist vor allem durch qualitative Einzelstudien geprägt, kontinuierliche quantitative Inhaltsanalysen fehlen weitestgehend[3].

## 2. Zum Forschungsstand in Deutschland

Der Forschungsstand hinsichtlich des Zusammenhangs zwischen MigrantInnen und Medien zeigt ambivalente Ergebnisse. Auch wenn die Inszenierung von Fremdheit in unserer Gesellschaft zu einem wesentlichen Teil über die Medien verläuft (vgl. Röben 2008, 143), ist die ›ethnic diversity‹ in der Medienproduktion noch immer wenig erforscht (vgl. auch Geißler / Pöttker 2006, 17).

Im Rahmen der Studie von Geißler et al. (2009) wurde die »ethnische Diversität in deutschen Zeitungsredaktionen« erhoben. Konkret wurde nach der

---

3 Im Rahmen einer Studie zum Thema »Integration im öffentlichen Diskurs« (vgl. Gruber et al. 2009) wurde anhand des Fallbeispiels Arigona Zogaj eine quantitative Inhaltsanalyse durchgeführt, um quantitative Befunde als Diskussionsgrundlage zu gewinnen.

Anzahl von in deutschen Tageszeitungen vertretenen JournalistInnen mit Migrationshintergrund gefragt, sowie nach deren Positionen und Aufgaben innerhalb der journalistischen Redaktionen. Insgesamt wurden 1.229 Redaktionen, die zu insgesamt 600 Zeitungen gehören, angeschrieben. Die Rücklaufquote betrug 27 Prozent. Um den Rücklauf zu erhöhen, wurde im Anschluss bei den Redaktionen telefonisch nachgefasst, was den Rücklauf auf 41 Prozent steigerte. Die meisten Redaktionen hatten auf die postalische Erhebung nicht reagiert, da »sie diese Thematik nach eigener Einschätzung ›gar nicht betrifft‹. Fast 95 Prozent der telefonisch nachkontaktierten Redaktionen beschäftigen selbst keine Journalisten mit Migrationshintergrund« (Geißler et al. 2009, 88).

| Anteil der Zeitungstitel, die Journalisten mit Migrationshintergrund beschäftigen | | davon Journalisten mit Migrationshintergrund: | |
|---|---|---|---|
| | N | N | % |
| postalische Antworten | 162 | 55 | 34 |
| telefonische Nachfragen bei Antwortverweigerern | 83 | 8 | 9,6 |
| Schätzwerte für Antwortverweigerer, die nicht telefonisch nachkontaktiert wurden | 355 | 34 | 9,6 |
| Schätzwert für alle Zeitungen | 600 | 97 | 16 |

Abb. 1: Anteil Zeitungstitel
Quelle: Geißler et al., 91

Geht man von dem in Abbildung 1 gegebenen Schätzwert für alle Zeitungen (von 16 %) aus, bedeutet dies, dass annähernd 84 % aller Zeitungen monoethnisch arbeiten. Jene 55 Zeitungen, die postalisch JournalistInnen mit Migrationshintergrund angaben, hatten im Durchschnitt 2,4 MigrantInnen in ihrer Zeitung angestellt. Ausgehend von den Angaben von Weischenberg et al. (2006), die für das Jahr 2005 bei den deutschsprachigen Tageszeitungen 16.626 hauptberuflich tätige Journalisten benennen, ergibt das für die Studie von Geißler et al. (2009), dass die geschätzten 200 JournalistInnen mit Migrationshintergrund einen Anteil von 1,2 Prozent ausmachen. Weitere Ergebnisse zur beruflichen Situation der JournalistInnen mit Migrationshintergrund zeigen, dass signifikant weniger JournalistInnen mit Migrationshintergrund (60 %) fest angestellt sind als deutsche (75 %). JournalistInnen mit Migrationshintergrund sind vor allem in den Ressorts Lokales/Regionales, Spezielles/Gesellschaft, Buntes/Lifestyle/Unterhaltung tätig, häufiger sind sie keinem festen Ressort zugeordnet (vgl. Geißler et al. 2009, 105; 108).

In Erweiterung der Ergebnisse von Geißler et al. 2009 soll die qualitative Studie von Miltiadis Oulios 2009 erörtert werden. Oulios befragte Verantwortliche aus den unterschiedlichsten Medien – wie Tagesspiegel, RTL, WDR, ZDF, FAZ – sowie JournalistInnen mit Migrationshintergrund über ihre Erfahrungen im Berufsleben. So fasste Oulios u. a. zusammen:

> Das Bewusstsein über die Diskrepanz zwischen dem Migrantenanteil an der Bevölkerung und ihrem Anteil an der Medienproduktion ist in den Chefetagen der deutschen Massenmedien nicht immer vorhanden (Oulios 2009, 127).

Als Problem für die JournalistInnen mit Migrationshintergrund stellt sich laut Oulios die Reduzierung auf ihre Herkunft (vgl. Oulios 2009, 131) heraus. Mindestens die Hälfte der befragten JournalistInnen hat sich darauf bezogen. Eine Journalistin dazu: »Ich war dann so die Döner-Frau, und es wurden auch ein bisschen Scherze gemacht. Ich habe mich auch um die Türkenthemen gekümmert [...]« (Oulios 2009, 131). Für JournalistInnen mit Einwanderungshintergrund besteht das Problem – dies ist eine Schlussfolgerung der Studie – nicht in der journalistischen Tätigkeit an sich, sondern in der »Einschränkung ihres Themenfeldes« (Oulios 2009, 142).

Röben (2008, 142) geht in ihrer Untersuchung – in Anlehnung an Klaus / Lünenborg 2004 – von einem Grundrecht auf kommunikative und kulturelle Teilhabe aus. Die Marginalisierung von JournalistInnen mit Migrationshintergrund hat – auch in ihrer Studie – eher strukturelle Gründe, als dass dies ein individuell bewusster Vorgang wäre. Die Exklusion von JournalistInnen mit Migrationshintergrund ergibt sich eher daraus, dass der Zugang zum Journalismus durch ihr Qualifikationsprofil erschwert wird, dass sie aufgrund ihrer niedrigen hierarchischen Stellung in den Redaktionen wenig Einfluss- und Entscheidungsmöglichkeiten auf Themen haben und dass die Definitionsmacht, was Journalismus ausmache, auf Informationsjournalisten reduziert sei (vgl. Röben 2008, 155 f.).

MigrantInnen sind also im journalistischen Produktionsbetrieb in Deutschland in der Minorität und ihr Anteil an den JournalistInnen insgesamt ist weit davon entfernt, dem tatsächlichen Anteil von MigrantInnen an der Bevölkerung zu entsprechen. Zum Vergleich: in den USA liegt der Anteil der »minority journalists« bei 9,5 % (vgl. Weaver / Wilhoit 2007, 197). Im Folgenden werden vergleichbare Ergebnisse für Österreich vorgestellt.

### 3.    Ethnische Diversität in den österreichischen Printmedien

Im Rahmen der Untersuchung zur Diversität in österreichischen Printmedien
wurde ein mehrstufiges methodisches Vorgehen gewählt: Einerseits wurde der
Anteil der JournalistInnen mit Migrationshintergrund in den österreichischen
Printmedien erhoben – dazugenommen wurden dabei noch die APA – die
österreichische Presseagentur und der ORF. In die Studie wurden folgende
Medien einbezogen[4]:

– *Überregionale und regionale Tageszeitungen:* Der Standard; Die Presse; Neue
  Kronen Zeitung; Kurier; Österreich; Salzburger Nachrichten; Wiener Zei-
  tung; WirtschaftsBlatt; Kleine Zeitung; Oberösterreichische Nachrichten;
  Salzburger Nachrichten / Regionalausgabe; Tiroler Tageszeitung; Neue Vor-
  arlberger Tageszeitung; Vorarlberger Nachrichten; Neues Volksblatt; Salz-
  burger Volkszeitung; Niederösterreichische Nachrichten
– *Nachrichtenmagazine:* Profil; Format; NEWS
– *Wochenzeitungen:* Falter; Die Furche
– *Wirtschaftspresse:* Gewinn; Trend
– *Special-Interest-Medien:* Die ganze Woche; Wiener; Wienerin; Woman; First;
  Seitenblicke-Magazin; Sportzeitung; SportWoche
– *Gratiszeitung:* Heute
– *Presseagentur:* APA
– *Elektronische Medien:* ORF

In einem ersten Schritt wurden alle Chefredaktionen per E-Mail angeschrieben –
mit der Bitte, die Anzahl ihrer journalistischen MitarbeiterInnen mit Migrationshintergrund bekanntzugeben. In einer zweiten Welle wurde telefonisch
nachgefasst und in einem weiteren Schritt wurden die JournalistInnen mit Migrationshintergrund kontaktiert und um ein Interview (Anonymität wurde
zugesichert) gebeten. Zugleich wurden auch die ChefredakteurInnen angeschrieben, um Interviewtermine zu vereinbaren.

Die Forschungsfragen lauteten:
– Wie hoch ist der Anteil von JournalistInnen mit Migrationshintergrund in
  den österreichischen Medien?
– Lässt sich ein Unterschied zwischen der Anzahl der beschäftigten JournalistInnen mit Migrationshintergrund in den unterschiedlichen Medien finden?

---

4 Dabei ging es vor allem um die Einbeziehung aller österreichischer Tageszeitungen, die
  Orientierung erfolgte an der Struktur der österreichischen Tagespresse; zusätzlich einbezogen wurden Wochenzeitungen wie »Die Furche« und »Falter«, Nachrichtenmagazine, Publikumszeitschriften – vgl. Haas 2008.

- Welches journalistische Selbstverständnis haben die JournalistInnen mit Migrationshintergrund? Welche Rolle spielt der Migrationshintergrund für ihre Tätigkeit?
- Inwiefern fühlen sich JournalistInnen mit Migrationshintergrund an ihrem Arbeitsplatz benachteiligt bzw. diskriminiert?
- Gibt es für JournalistInnen mit Migrationshintergrund Barrieren auf dem Weg zum Journalismus?

Rückmeldungen kamen von 86 % aller kontaktierten Medien, wobei das »Neue Volksblatt« und der ORF keine Angaben machten. Der Chefredakteur des Neuen Volksblattes, Werner Rohrhofer, schrieb in seiner Antwort-E-Mail (vom 3.11. 2009): »Wir geben über persönliche Daten wie z.B. die Herkunft unserer Mitarbeiterinnen und Mitarbeiter prinzipiell keine Auskunft. Ich ersuche um Verständnis.«

Dr. Dorothea Hirsch vom Personalbüro ORF antwortete: »Es tut mir leid, Ihnen mitteilen zu müssen, dass wir derartige Daten weder erheben noch aufbereiten. Ich kann Ihre Frage daher auch nicht beantworten« (E-Mail vom 20.11. 2009).

Mehr als die Hälfte (55,8 %) der kontaktierten Medien beschäftigt in ihren Redaktionen keine JournalistInnen mit Migrationshintergrund. Insgesamt arbeiten in den 35 für die Ergebnisse in Betracht gezogenen Medien 35 JournalistInnen mit Migrationshintergrund, was bei einer Gesamtzahl von 7.100 JournalistInnen in Österreich (als angestellte oder fixe freie, hauptberufliche JournalistInnen) einem Migrantenanteil von 0,49 % in der österreichischen Medienlandschaft entsprechen würde (vgl. Kaltenbrunner et al. 2007). Wie hoch der Anteil der JournalistInnen mit Migrationshintergrund in den erhobenen Medien tatsächlich ist, lässt sich nicht sagen, da – wie auch Röben in ihrer Studie konstatiert – Medienverantwortliche offenbar kein allzu großes Interesse an entsprechenden statistischen Zahlen haben. Das Fehlen der Daten wird – ähnlich wie bei Röben – mit »[…] datenschutzrechtlichen Bestimmungen und Angst vor Stigmatisierung der Mitarbeiterinnen und Mitarbeiter« (Röben 2010, 273) begründet.

Von jenen 35 eruierten JournalistInnen mit Migrationshintergrund arbeiten 15 bei der APA, neun bei Tageszeitungen, acht bei Wochenmagazinen und drei bei monatlich erscheinenden Magazinen. Auffallend ist die relativ hohe Beschäftigungsanzahl von JournalistInnen mit Migrationshintergrund bei der APA und ein vergleichsweise niedriger Anteil bei den österreichischen Tageszeitungen.

Von den 35 ermittelten JournalistInnen haben lediglich neun an der Befragung teilgenommen. Die befragten JournalistInnen unterscheiden sich in Bezug auf das Medium bzw. die Identifikation mit dem Medium, für das sie arbeiten, durch ihre Selbstverantwortung in ihrer Rolle als JournalistInnen, ihre Migrationskontexte sowie die Auswirkungen, die der »Migrationskontext« auf ihr Leben hat. Können die JournalistInnen ihr Ressort frei wählen, zeigt sich in vier von fünf Fällen eine höhere Verantwortung in der Position. Zwar lassen sich aufgrund des zu geringen Samples keine Rückschlüsse ziehen, doch ist anzunehmen, dass das Betriebsklima umso besser und die MitarbeiterInnen umso zufriedener sein müssten, je höher ihre Selbstverantwortung und der Grad der Selbstverwirklichung sind.

Die Printmedien wurden in verschiedene Kategorien unterteilt, um besser darstellen zu können, in welchen Bereichen JournalistInnen mit Migrationshintergrund tätig sind. So arbeiten vier der Befragten bei der überregionalen Qualitätspresse bzw. bei Bundesländerzeitungen (Tiroler Tageszeitung, Salzburger Nachrichten / Österreichausgabe, Wiener Zeitung und Standard), vier von ihnen bei Publikumszeitschriften (Woman und Seitenblicke-Magazin, Sportwoche) und einer bei der Wirtschaftspresse (Gewinn).

Die aus dem Migrationskontext resultierenden Probleme im Beruf beschreiben die Befragten unterschiedlich. Bei fünf von neun Befragten war der Migrationshintergrund schon einmal Thema in der Redaktion, wobei aber nicht klar wurde, von wem die Initiative ausging und welchen Zweck diese Gespräche verfolgten. Die Hälfte der Befragten wanderte selbst nach Österreich ein. Als Grundtenor bei der Frage nach den Schwierigkeiten im Beruf aufgrund des Migrationskontexts stellte sich heraus, dass viele selbst Schwierigkeiten mit der Sprache haben oder vermeintliche Sprachdefizite als Nachteil empfinden. Drei der Befragten meinten, dass Sprachvielfalt auch ein Vorteil sein könne. Allgemein zeigte sich, dass die Schwierigkeiten aufgrund des Migrationshintergrunds eher auf dem Weg zum Beruf als in der gegenwärtigen Beschäftigung selbst liegen.

Die befragten JournalistInnen mit Migrationshintergrund haben zu 88,9 % keine Benachteiligung oder Diskriminierung am Arbeitsplatz erfahren. Die einzige Journalistin, die sich bei ihrer Arbeit benachteiligt fühlt, gibt als Grund dafür Vorurteile gegenüber ihrem Heimatland Türkei an. In sechs von neun Fällen war der Migrationshintergrund Thema in der Redaktion, hat aber anscheinend in nur einem Fall zu Konsequenzen geführt.

Barrieren auf dem Weg zum Journalismus scheinen für MigrantInnen durchaus vorhanden zu sein. Wenn Deutsch nicht die Muttersprache ist, können daraus Schwierigkeiten entstehen. Die meisten ProbandInnen hatten persönlich keine schlechten Erfahrungen gemacht und waren zum Großteil sicher, dass es sowohl Vor- als auch Nachteile für JournalistInnen mit Migrationshintergrund gibt.

## 4.  Diversity Management in den österreichischen Medien[5]

Um die komplexen Zusammenhänge zwischen Medien und Integration aus möglichst unterschiedlichen Blickwinkeln skizzieren zu können, wurden auch die ChefredakteurInnen österreichischer (Print-)Medien zu diesem Thema befragt.

Die Auswahl der jeweiligen Medien erfolgte aufgrund mehrerer Faktoren: einerseits war die Auflagenstärke des jeweiligen Mediums von Bedeutung, andererseits musste der Redaktionssitz in Wien liegen. Außer Tageszeitungen (sowohl Boulevard- als auch Qualitätszeitungen) wurden auch Nachrichtenmagazine und Special-Interest-Medien in die Untersuchung einbezogen. Da bei der Befragung alle ChefredakteurInnen der wichtigsten österreichischen Medien involviert sein sollten, wurden zusätzlich die APA sowie der ORF als öffentlich-rechtliches Unternehmen hinzugenommen.

Insgesamt sieben Interviews wurden durchgeführt, bei 20 angeschriebenen Chefredakteuren entspricht dies einer Rücklaufquote von circa zwei Dritteln. Unabhängig von der tatsächlichen Durchführung eines Interviews haben sich 13 ChefredakteurInnen gemeldet. Keine(r) der angefragten ChefredakteurInnen hat mit einer Absage geantwortet. Manche Chefredakteure avisierten spätere mögliche Interviewtermine, diese konnten jedoch aufgrund fehlender Ressourcen nicht mehr verwirklicht bzw. in das Sample einbezogen werden.

Basierend auf bereits durchgeführten Untersuchungen zur Thematik »Medien und Integration« sowie theoretischen Implikationen in diesem Bereich wurde ein Leitfaden für die Interviews mit den ChefredakteurInnen entwickelt. Ziel des Gesprächs war es, möglichst viele Kategorien des Leitfadens von den ChefredakteurInnen zu erfragen[6]. Befragt wurden:

- Dr. Alexandra Föderl-Schmid, Standard
- Dr. Christoph Kotanko, Kurier[7]
- Dr. Andreas Koller, Salzburger Nachrichten
- Claus Reitan, Die Furche
- Michael Lang, APA
- Dr. Klaus Unterberger, ORF (mit Konrad Mitschka)
- Euke Frank, Woman

Auffällig bei den interviewten ChefredakteurInnen ist das Bewusstsein über die bestehende Unterrepräsentanz von MigrantInnen in den österreichischen Me-

---

5  An diesem Kapitel hat Florian Haas maßgeblich mitgewirkt.
6  Die einzelnen Dimensionen bzw. Operationalisierungen des Leitfadens werden im Beitrag selbst nicht besprochen, sondern nur im Rahmen der Ergebnisaufbereitung dargestellt.
7  Kotanko war zum Zeitpunkt der Befragung noch Chefredakteur des Kurier. Ab September 2011 ist Kotanko politischer Korrespondent der Oberösterreichischen Nachrichten in Wien.

dien. Es wird außer Frage gestellt, dass der Anteil der JournalistInnen mit Migrationshintergrund in den Redaktionen nicht dem Anteil von Personen mit Migrationshintergrund an der Gesellschaft entspricht. Weiters sind sich die Chefredakteure einig, dass sich dieses Faktum in naher Zukunft ändern wird, es brauche aber noch Zeit, bis MigrantInnen in großer Zahl in Medienbetrieben arbeiten.

Obwohl es – aus Sicht der ChefredakteurInnen – genügend junge, gut qualifizierte Menschen mit Migrationshintergrund gibt, die in den Journalismus drängen, werden insbesondere Sprache und Ausbildung als Gründe für die Diskrepanz zwischen dem Migrantenanteil an der Bevölkerung und ihrem Anteil an der Medienproduktion angeführt. Laut Claus Reitan tragen auch kulturelle Merkmale, eine andere Lebensführung, ein anderes Weltbild und ein anderes Menschenbild zur Unterrepräsentanz bei: »Natürlich ist es so, dass Damen und Herren, die irgendwo aufgewachsen sind, sich natürlich leichter tun in eine massenmediale Struktur, also den Beruf des Journalismus, organisch hineinzuwachsen, als diejenigen, die von außen kommen«.

Dass es Vorbehalte gegen JournalistInnen mit Migrationshintergrund gäbe, verneinten alle Chefredakteure bis auf Andreas Koller, der davon ausgeht, dass es keine Gleichberechtigung gibt, sondern Vorbehalte gegenüber MigrantInnen, und dies nicht nur in den Redaktionen des journalistischen Produktionsbetriebes.

Einigkeit hingegen herrschte bei der Benennung der Barrieren: Die Sprache sei das Um und Auf in der Medienbranche, ebenso die korrekte und sehr gute Beherrschung der Grammatik und Rechtschreibung. Es bestehe keine Chance, im Medienbereich zu arbeiten, wenn man diese essenziellen Anforderungen nicht erfülle. Dies gelte für ÖsterreicherInnen genauso und ist demzufolge kein spezifisches Problem der MigrantInnen. Überdies meint Christoph Kotanko, dass der älteren Generation der MigrantInnen das Selbstbewusstsein fehle. Sie würden sich nicht zutrauen, als JournalistInnen tätig zu sein.

Sechs von sieben ChefredakteurInnen sind sich auch über einen weiteren Punkt einig: Die perfekte Beherrschung einer Fremdsprache einer Mitarbeiterin oder eines Mitarbeiters sei ein immenser Vorteil für die Redaktion, vor allem bei der Berichterstattung über Nachbarländer, aber auch in der Wirtschafts-, der Außenpolitik- und der Sportredaktion.

Die ChefredakteurInnen sind sich bezüglich der Vielfalt in den Redaktionen einig: Diversity wird als positiv für die Redaktionen gesehen. Nachwuchsförderung zur Unterstützung von angehenden JournalistInnen mit Migrationshintergrund und Mentoring-Programme werden von allen als sehr sinnvoll erachtet. Claus Reitan sieht es als Aufgabe der Politik an, Maßnahmen zur Förderung von MigrantInnen zu ergreifen. Euke Frank, Klaus Unterberger sowie Konrad Mitschka und Michael Lang bieten in den Redaktionen Ausbildungsprogramme an, nicht nur für MitarbeiterInnen mit Migrationshintergrund, sondern für alle.

Auf die Frage, ob MigrantInnen insbesondere für Migrationsthemen eingesetzt werden sollen, sind sich alle ChefredakteurInnen einig, eine solche Einteilung würde nicht zur Integration von MigrantInnen in den Medien beitragen.

Beim »Kurier« wird ein leichter Fokus auf MigrantInnen als Zielgruppe gelegt.

Interessant ist, dass der Großteil der Befragten eine explizite, positive Berichterstattung über Migrationsthemen als sinnvoll erachtet, um ein Problembewusstsein in der Öffentlichkeit zu fördern. Ähnlich sind auch die Versuche von der deutschen Tageszeitung »taz« zu bewerten, die im Jahr 2010 eine Artikelserie über »Erfolgreiche Migranten« startete, um einen Gegenpol zur öffentlichen Diskussion über gescheiterte Integration zu positionieren (vgl. auch Hepp et al. 2011). Aber es geht vor allem, ausgehend von den Aufgaben, die Massenmedien in der Gesellschaft erfüllen sollen, um eine faire und ausgewogene Berichterstattung über Migrations- und Integrationsthemen, die in der Öffentlichkeit diskutiert werden und »das Miteinander von Menschen unterschiedlicher Herkunft prägen« (Wolf 2011, 68).

## 5. Schlussfolgerungen

Die vorgestellte Studie zeigt, dass die JournalistInnen in den österreichischen Medien – wie auch in den deutschen Vergleichsstudien – herkunftsmäßig »unter sich« sind, dass JournalistInnen mit Migrationshintergrund so gut wie keine Rolle im österreichischen Printjournalismus spielen. Es ist eine geschlossene Gesellschaft, die sich zwar der Geschlossenheit bewusst ist, aber erst zögerlich konkrete Schritte zur Öffnung macht. Auffällig ist auch, dass die ChefredakteurInnen ein diffuses, aber positiv besetztes Bild von Diversity haben. Gefragt ist eine multiethnische Öffnung des österreichischen Mediensystems im Sinne der Einbeziehung der MacherInnen und des Publikums.

Damit ist es jedoch nicht getan. Folgen wir Geißler und Pöttker (vgl. 2005, 76; Röben 2010, 275), dann gibt es keinen inhärenten wissenschaftlich empirischen Zusammenhang zwischen Produktion und Inhalt in Bezug auf MigrantInnen im Journalismus. Röben zitiert Wellgraf, (2008) der auf Basis einer Analyse von Entstehungszusammenhängen medialer Migrationsbilder im Rahmen ihrer Produktionsbedingungen in Fernsehen, Radio und Printmedien festhält, dass die Forderung nach mehr JournalistInnen mit Migrationshintergrund zu kurz greifen würde. Es gehe nicht nur um bloße Beteiligung, sondern darum, Deutungsmöglichkeiten innerhalb des medialen Feldes durchzusetzen und damit die medialen Spielregeln mitzugestalten (vgl. Röben 2010, 275). Aus Sicht von

Röben – die in ihren Ausführungen auch die Genderperspektive und Fragen der Diskriminierung thematisiert – sind drei Schritte notwendig, um die Ungleichheitslagen zu verändern:

1. Bestandsaufnahme: datengestützter Nachweis von Benachteiligungen
2. Analyse von Differenz(setzung)en: Zusammenhang zwischen Redaktionspersonal (z. B. Zusammensetzung, Hierarchisierung) und Medientexten (z. B. Inhalte, Perspektiven, Kommunikationsstile)
3. Untersuchung der Konstruktion dieser Differenzsetzungen / Deutungszuweisungen entlang der Grenzziehungen Ethnie, Geschlecht, Schicht etc.: z. B. Zugangsvoraussetzungen / Qualifikationsanforderungen, Arbeitsabläufe, Nachrichtenselektionsfaktoren, journalistisches Selbstverständnis. (Röben 2010, 276)

Diese Maßnahmen können auch als ein Forderungskatalog an die österreichischen Akteure aus den unterschiedlichsten Medienbereichen formuliert werden – der Bogen reicht hier von den medienpolitischen bis zu journalistischen Entscheidungsträgern –, um Teilhabechancen auf einer strukturellen Ebene zu bestimmen.

## Literatur

Bonfadelli, Heinz 2010: ›Rundfunk, Migration und Integration‹, in Daniel Müller / Tobias Eberwein (Hg.): *Journalismus und Öffentlichkeit. Eine Profession und ihr gesellschaftlicher Auftrag*, Wiesbaden, 181 – 192.

Bonfadelli, Heinz / Moser, Heinz (Hg.) 2007: *Medien und Migration. Europa als multikultureller Raum?*, Wiesbaden.

ECRI – European Commission against Racism and Intolerance 2010: *Ecri Report on Austria*, Strasburg. Zuletzt abgerufen am 17. 08. 2011 unter http://www.coe.int/t/dghl/monitoring/ecri/country-by-country/austria/AUT-CbC-IV-2010-002-ENG.pdf.

Geißler, Rainer 2000: ›Bessere Präsentation durch bessere Repräsentation. Anmerkungen zur medialen Integration von ethnischen Minderheiten‹, in Heribert Schatz / Christina Holtz-Bacha / Jörg-Uwe Nieland (Hg.): *Migranten und Medien. Neue Herausforderungen an die Integrationsfunktion von Presse und Rundfunk*, Wiesbaden, 129 – 146.

Geißler, Rainer 2005: ›Interkulturelle Integration von Migranten – ein humaner Mittelweg zwischen Assimilation und Segregation‹, in Rainer Geißler / Horst Pöttker (Hg.): *Massenmedien und die Integration ethnischer Minderheiten in Deutschland. Problemaufriss. Forschungsstand. Bibliographie*, Bielefeld, 45 – 71.

Geißler, Rainer / Enders, Kristina / Reuter, Verena 2009: ›Wenig ethnische Diversität in deutschen Zeitungsredaktionen‹, in Rainer Geißler / Horst Pöttker (Hg.): *Massenmedien und die Integration ethnischer Minderheiten in Deutschland. Forschungsbefunde*, Bielefeld, 79 – 117.

Geißler, Rainer / Pöttker, Horst 2006: ›Mediale Integration von Migranten. Ein Problemaufriss‹, in Rainer Geißler/Horst Pöttker (Hg.): *Integration durch Massenmedien. Mass-Media Integration. Medien und Migration im internationalen Vergleich. Media and Migration: A Comparative Perspective*, Bielefeld, 13 – 44.

Gruber, Oliver/Herczeg, Petra/Wallner, Cornelia 2009: *Integration im öffentlichen Diskurs: Gesellschaftliche Ausverhandlungsprozesse in der massenmedialen Öffentlichkeit. Analysiert anhand des Fallbeispiels ›Arigona Zogaj‹*, unveröffentlichter Projektbericht, Universität Wien.

Haas, Hannes 2008: *Medienkunde. Grundlagen, Strukturen, Perspektiven*, 2., überarbeitete und erweiterte Auflage, Wien.

Hepp, Andreas/Bozdag, Cigdem/Suna, Laura 2011: *Mediale Migranten. Mediatisierung und die kommunikative Vernetzung der Diaspora*, Wiesbaden.

Joskowicz, Alexander 2002: ›Austria (OE)‹, in Jessika ter Wal (Hg.): *Racism and Cultural Diversity in the Mass Media. An overview of research and examples of good practice in the EU Member States 1995 – 2000*, Wien, 311 – 326. Zuletzt abgerufen am 17.08.2011 unter http://fra.europa.eu/fraWebsite/attachments/MR-CH4-15-United-Kingdom.pdf.

Kaltenbrunner, Andy/Karmasin, Matthias/Kraus, Daniela/Zimmermann, Astrid 2007: *Der Journalisten-Report: Österreichs Medien und ihre Macher. Eine empirische Erhebung*, Wien.

Klaus, Elisabeth/Lünenborg, Margreth 2004: ›Cultural Citizenship. Ein kommunikationswissenschaftliches Konzept zur Bestimmung kultureller Teilhabe in der Mediengesellschaft‹, *Medien und Kommunikationswissenschaft*, Jahrgang 52, Heft 2, 193 – 213.

Linder, Andreas 2007: *Medien zwischen Diskriminierung und Diversity.* Zuletzt abgerufen am 03.08.2011 unter http://www.migration-boell.de/web/diversity/48_1217.asp.

Müller, Daniel 2005: ›Die Darstellung ethnischer Minderheiten in deutschen Massenmedien‹, in Rainer Geißler/Horst Pöttker (Hg.): *Massenmedien und die Integration ethnischer Minderheiten in Deutschland. Problemaufriss. Forschungsstand. Bibliographie*, Bielefeld, 83 – 126.

Oulios, Miltadis 2009: ›Weshalb gibt es so wenig Journalisten mit Einwanderungshintergrund in deutschen Massenmedien?‹, in Rainer Geißler/Horst Pöttker (Hg.): *Massenmedien und die Integration ethnischer Minderheiten in Deutschland. Forschungsbefunde*, Bielefeld, 119 – 144.

Pöttker, Horst 2002: ›Wann dürfen Journalisten Türken Türken nennen? Zu Aufgaben und Systematik der Berufsethik am Beispiel des Diskriminierungsverbots‹, *Publizistik*, Jahrgang 47, Heft 3, 265 – 279.

Putnam, Robert 2000: *Bowling Alone. The Collapse and Revival of American Community*, New York.

Röben, Bärbel 2008: ›Migrantinnen in den Medien. Diversität in der journalistischen Produktion – am Beispiel Frankfurt/Main‹, in Ulla Wischermann/Tanja Thomas (Hg.): *Medien – Diversität – Ungleichheit. Zur medialen Konstruktion sozialer Differenz*, Wiesbaden, 141 – 159.

Röben, Bärbel 2010: ›Migrantinnen im deutschen Journalismus – ein weißer Fleck. Forschungsüberblick und Perspektiven‹, in Tobias Eberwein/Daniel Müller (Hg.): *Journalismus und Öffentlichkeit. Eine Profession und ihr gesellschaftlicher Auftrag. Festschrift für Horst Pöttker*, Wiesbaden, 263 – 279.

Ruhrmann, Georg/Demren, Songül 2000: ›Wie Medien über Migranten berichten‹, in Heribert Schatz/Christina Holtz-Bacha/Jörg-Uwe Nieland (Hg.): *Migranten und*

*Medien. Neue Herausforderungen an die Integrationsfunktion von Presse und Rund-funk*, Wiesbaden, 69 – 81.

Siapera, Eugenia 2010: *Cultural Diversity and Global Media. The Mediation of Difference*, Chichester.

Thomas, William Isaac / Thomas, Dorothy Swaine 1928: *The Child in America. Behavior Problems and Programs*, New York.

Trebbe, Joachim 2009: *Ethnische Minderheiten, Massenmedien und Integration. Eine Untersuchung zu massenmedialer Repräsentation und Medienwirkungen*, Wiesbaden.

Weaver, David H. / Wilhoit, G. Cleveland 2007: *The American Journalist in the 21st Century. U.S. News People at the Dawn of a new Millennium*, Mahwah (NJ).

Weischenberg, Siegfried / Malik, Maja / Scholl, Armin 2006: ›Journalismus in Deutschland 2005. Zentrale Befunde der aktuellen Repräsentativbefragung deutscher Journalisten‹, *Media Perspektiven*, Heft 7, 346 – 361.

Weiss, Hilde 2000: ›Alte und neue Minderheiten. Zum Einstellungswandel in Österreich (1984 – 1998)‹, *SWS-Rundschau*, Jahrgang 40, Heft 1, 25 – 42.

Wellgraf, Stefan 2008: *Migration und Medien. Wie Fernsehen, Radio und Print auf die Anderen blicken*, Berlin.

Wolf, Frederike 2011: *Interkulturelle Integration als Aufgabe des öffentlich-rechtlichen Fernsehens. Die Einwanderungsländer Deutschland und Großbritannien im Vergleich*, Wiesbaden.

Irene Messinger

# Intersektionalität in der Migrationsforschung: Theoriegeschichte und -anwendung am Beispiel der Verfahren wegen des Eingehens einer ›Aufenthaltsehe‹

Intersektionalitätstheorien und deren Herkunft sowie ihre Anwendung als möglicher Gewinn für die Migrationsforschung sind Thema dieses Artikels. Als empirisches Beispiel für eine intersektionelle Analyse werden dazu die quantitativen Ergebnisse meiner Dissertation dargestellt, die sich mit der staatlichen Konstruktion der ›Scheinehe‹ durch fremdenpolizeiliche Verdächtigungen und gerichtliche Verfahren wegen des Eingehens einer ›Aufenthaltsehe‹ beschäftigt.[1] Zudem wird auf die Kategorie Aufenthaltsstatus eingegangen, die in der Migrationsforschung bedeutend sein kann.

Die Dissertation selbst will eine Analyse des Phänomens ›Scheinehe‹ leisten in Hinblick darauf, wie diese in Österreich auf rechtlichem Wege zu verhindern versucht wurde (und wird) und welche intersektionellen Unterdrückungsmechanismen dadurch wirksam werden konnten. Das bedeutet einerseits der Geschichte der Konstruktion nachzugehen, und zwar primär in den juristischen Diskursen staatlicher Akteure vor allem seit den 1990er-Jahren. Andererseits beinhaltet es die Untersuchung der konkreten Auswirkungen des österreichischen Fremdenrechtspakets 2005 auf Ehen zwischen ÖsterreicherInnen und Drittstaatsangehörigen[2] – durch dieses Gesetz wurde das Eingehen einer ›Aufenthaltsehe‹ erstmals zum strafrechtlichen Delikt[3].

Ehen zwischen österreichischen StaatsbürgerInnen bzw. niederlassungsberechtigen Fremden und Drittstaatsangehörigen können zur Folge haben, dass

---

1 Diese Ergebnisse wurden erstmals in Messinger 2010 veröffentlicht.

2 Die gesetzlich definierten Begriffsbestimmungen wie Drittstaatsangehörige bzw. Fremde werden wegen ihrer juristischen Präzision in den beschriebenen Gesetzestexten trotz ihrer exkludierenden Kategorisierung übernommen. Als Fremde werden daher Menschen ohne österreichische Staatsangehörigkeit bezeichnet, als Drittstaatsangehörige Fremde, die nicht Staatsangehörige eines EWR-Mitgliedslands sind (vgl. § 2 Abs. 1 Fremdenpolizeigesetz 2005, BGBl Nr. 100/2005).

3 Die angedrohte Strafe beträgt für die österreichischen oder aufenthaltsberechtigten EhepartnerInnen eine Geldstrafe oder – bei Ehen, bei denen ein finanzieller Vorteil nachgewiesen werden konnte – eine Gefängnisstrafe von bis zu einem Jahr; die ausländischen PartnerInnen erhalten ein Aufenthalts- bzw. Rückkehrverbot.

letztere dadurch fremdenrechtliche Vorteile in Österreich erlangen und / oder sich diese sichern, wodurch beide EhepartnerInnen einer ›Aufenthaltsehe‹ verdächtigt werden können.[4] Kritisch zu hinterfragen ist die im Fremdenrechtspaket normierte Ausweitung der Möglichkeiten staatlicher Kontrolle sowie gesellschaftlicher Normierung und der gesetzlich legitimierte Eingriff in das Privatleben der Betroffenen.

Kontrollen vermuteter ›Aufenthaltspartnerschaften‹ gleichgeschlechtlicher Paare konnten nicht in die Analyse einbezogen werden, da die betreffende Regelung erst 2010 in Kraft getreten ist: Das österreichische Gesetz zur eingetragenen Partnerschaft entspricht – abgesehen von Diskriminierungen im Namens- und Adoptionsrecht – inhaltlich dem österreichischen Eherecht. Die fremdenrechtliche Gleichstellung mit der Ehe führte zu gleichen Voraussetzungen für das Aufenthaltsrecht der ausländischen PartnerInnen und damit auch zur Kriminalisierung der ›Aufenthaltspartnerschaft‹.

Um der komplexen Architektur von gesellschaftlichen Differenzen gerecht werden zu können, dient als theoretische Fundierung primär das Konzept der Intersektionalität. Als intersektionell werden Analysen von Ungleichheitsverhältnissen bezeichnet, die nicht auf die isolierte Untersuchung einzelner Kategorien reduziert werden, da angenommen wird, dass sich die Faktoren wechselseitig verstärken, abschwächen oder verändern können. Das ursprünglich dem US-amerikanischen Kontext zugeschriebene Theoriekonzept wird anhand eines empirischen Beispiels aus der Migrationsforschung bearbeitet. Dazu müssen die üblichen Kategorien Geschlecht, Ethnizität / Nationalität und Klasse um den Aufenthaltsstatus ergänzt werden, da davon auszugehen ist, dass dieser für den Untersuchungsgegenstand relevant ist. Dieser Zugang erlaubt, die Konstruktion des Phänomens ›Scheinehe‹ auf der individuellen, symbolischen und strukturellen Ebene intersektionell in ihren Entstehungs- und Bedingungszusammenhängen zu erfassen, wobei in diesem Artikel aus Platzgründen auf die Bearbeitung der symbolischen Ebene verzichtet werden muss.

---

4 Das Fremdenpolizeigesetz 2005 beschreibt in §117 Abs. 1 und 2 den Straftatbestand ›Aufenthaltsehe‹ folgendermaßen: »Ein Österreicher oder ein zur Niederlassung im Bundesgebiet berechtigter Fremder, der eine Ehe mit einem Fremden eingeht, ohne ein gemeinsames Familienleben im Sinn des Art. 8 EMRK führen zu wollen, und weiß oder wissen musste, dass sich der Fremde für die Erteilung oder Beibehaltung eines Aufenthaltstitels, für den Erwerb der österreichischen Staatsbürgerschaft oder zur Hintanhaltung aufenthaltsbeendender Maßnahmen auf diese Ehe berufen will.« Inzwischen wurde diese Beschreibung um Aufenthaltspartnerschaften sowie das unionsrechtliche Aufenthaltsrecht ergänzt.

## 1. Theoriegeschichte(n) der Intersektionalität

In diesem Abschnitt wird das Konzept der Intersektionalität vorgestellt, das nicht nur in der Geschlechter-, sondern auch in der Migrationsforschung zu einem neuen Paradigma avanciert. Das Konzept wurde im US-amerikanischen feministischen Kontext entwickelt; im Folgenden werden jedoch auch Interventionen von MigrantInnen im deutschsprachigen Raum aufgezeigt.

Die US-amerikanische Rechtswissenschafterin Crenshaw prägte Mitte der 1980er-Jahre den Begriff »Intersectionality«. Sie zeigte anhand der Diskriminierung von Schwarzen[5] Frauen in Bereichen wie häuslicher Gewalt oder Einstellungspolitiken von Firmen auf, wie hier die Kategorien Gender und Race in spezifischer Weise zusammenwirken – ein Phänomen, das rechtlich nicht erfassbar war und das sie als »Intersectionality« bezeichnete (Crenshaw 1991). Der theoretische Hype rund um Crenshaw wird oftmals mit dem Verweis auf die ausgeblendete Bedeutung der Frauen- und BürgerInnenrechtsbewegungen relativiert (Davis 2008, 72), welche die Basis der Kämpfe Schwarzer Feministinnen bildeten (Degele / Winker 2009, 11). Denn bereits vor dem Hype haben TheoretikerInnen und aktivistische Gruppen das Ineinandergreifen von Rassismus, Sexismus und Klassenhierarchie problematisiert und theoretisiert: Als Beispiele seien Angela Davis und das »Combahee River Collective« mit dem 1977 publizierten »Black Feminist Statement« genannt (The Combahee River Collective 1977), die sowohl den Androzentrismus der Schwarzen BürgerInnenrechtsbewegung als auch die Dominanz Weißer Mittelschichtsfrauen in feministischen Diskursen kritisierten.

Das Konzept der Intersektionalität wird im US-amerikanischen Kontext mit Schwarzer feministischer Theorie und »Critical Race Studies« assoziiert. Es wurde dort als politisches Projekt konzipiert, um die Verhältnisse zwischen Race, Gender und Class zu theoretisieren. Race wird als primäre Differenzlinie gezeichnet, in die weitere eingeschrieben werden (Davis 2008). In feministischen Diskursen in Westeuropa dominierte hingegen die Kategorie des Geschlechts als primäre und / oder einzige Analysekategorie, hinter der andere Kategorien als nachträgliche Differenzierung galten. In der feministischen Theoriebildung der 1990er-Jahre wurde diese Fokussierung u. a. durch die Queer Studies sowie von der Migrations- und Ungleichheitsforschung infrage gestellt (Degele / Winker 2009) und stellte damit eine »perspektivische Revolution« (Knapp 2005, 96) dar.

Im deutschsprachigen Raum entstand die Auseinandersetzung mit Intersektionalität in den 1990er-Jahren und fand rasch ihren Eingang in feministische, akademische Diskurse. Nur selten wird davon ausgegangen, dass die

---

5  Die Großschreibung des Begriffs ›Schwarz‹ bzw. ›Weiß‹ soll ihn von biologistischen Deutungen abgrenzen und seine soziale Konstruiertheit verdeutlichen.

Theorien Schwarzer Wissenschafterinnen aus dem afroamerikanischen Kontext direkt auf österreichische Verhältnisse übertragen werden können, da es sich nicht »um vergleichbare Kämpfe« handle (Hamid 2006, 18). Der Großteil der TheoretikerInnen erklärt, dass das Konzept nicht ohne zusätzliche Übersetzungsleistung übernommen werden kann (Dietze 2001, Klinger / Knapp 2008). Untermauert wurde dies von Knapp (2005) etwa mit der von Edward Said (1983, 157) geprägten Metapher der Theorien auf Wanderschaft (»travelling theory«). Dieses Bild beinhaltet die Vorstellung, dass Theorien in sozialen und kulturellen Praktiken eingebettet und dadurch Teil politischer Kämpfe sind. Durch die zunehmende Globalisierung und die damit einhergehenden Reisen von Theorien muss vermehrt auf den (historischen) Entstehungskontext und die Übersetzung geachtet werden (Knapp 2005, 89 f.). Die Übersetzung betrifft einerseits die Begrifflichkeiten, denn die Begriffe haben je nach kulturellem Kontext einen anderen Bedeutungszusammenhang: So ist Klasse im deutschsprachigen Raum viel deutlicher als im englischen an marxistische Theorietraditionen gebunden. »Race« ist in der deutschen Übersetzung durch seine biologistische Bedeutung in der NS-Zeit aufgeladen und wird daher kaum verwendet (Knapp 2005, 99 f.). Andererseits ist es notwendig, das Konzept in die europäischen Kontexte zu transformieren, was dessen Adaption an die hiesigen historisch gewachsenen Machtverhältnisse und Ausschlussmechanismen wie auch die Realität zunehmender Migration nach Europa erfordert.

Für die Erklärung mehrdimensionaler Unterdrückungen und Ungleichheiten wurde nun im deutschsprachigen Raum auf das US-amerikanische Konzept »Intersectionality« und nicht auf bereits bestehende Ansätze in Deutschland oder Österreich lebender (Schwarzer) MigrantInnen zurückgegriffen. Denn bereits in den 1980er-Jahren wurde die Trias der Kategorien für die Analyse der sozialen Verortung von MigrantInnen in der BRD herangezogen, was aber nur von wenigen ForscherInnen zur Kenntnis genommen wurde (Lutz 2007, 220). Walgenbach (2007) spricht von »vielfältigen Genealogien« und führt die Interventionen von »MigrantInnen, Schwarzen Frauen, Jüdinnen, Lesben und Frauen mit Behinderung« an (Walgenbach 2007, 25, ohne die beiden letztgenannten Gruppen: Rommelspacher 2006, 2). Doch jene im deutschen Feminismus von minorisierten Frauen angeführten Debatten der 1980er- und 1990er-Jahre wurden verschwiegen, da diese Interventionen als politische Auseinandersetzung ohne theoretischen Wert klassifiziert wurden (Erel 2007, 239). Ähnlich verhielt es sich in Österreich: So war die Kritik (selbstorganisierter) MigrantInnen(-hilfs-)organisationen an den gesetzlichen Verschärfungen der 1990er-Jahre durchaus intersektionell formuliert, verwendete jedoch nicht diesen Begriff, der deswegen auch keinen Eingang in den wissenschaftlichen Mainstream fand. Erst im Kontext akademischer feministischer Rassismuskritik Mitte der 1990er-Jahre begannen Debatten über die damals als Interdependenz, Überschneidungs- und Zwischenraumansätze bezeichneten Verknüpfungen. Hier kann auf das Symposium »Rassismen und Sexismen. Differenzen und Machtverhältnisse zwischen Frauen, politische Solidarität und feministische Visionen« der ARGE Ethnologinnen im Jahr 1994 hingewiesen werden, dessen Beiträge im gleichnamigen Buch (Fuchs / Habinger 1996) dokumentiert wurden. Anliegen des Symposiums war es, Debatten über Rassismus in der feministischen Theorie und Praxis zu forcieren (Kossek 1996, 12). Ein weiteres Beispiel für die Untersuchung der Zusammenhänge zwischen Rassismus und Sexismus stellen Studien zur Diskriminierung Schwarzer Frauen von Ishraga Mustafa Hamid aus den Jahren 1997 und 2001 dar, die u. a. den Statusverlust am Arbeitsmarkt thematisierten (Hamid 2006). Abseits des üblichen akademischen Felds Weißer HistorikerInnen konnte die »Recherchegruppe zu Schwarzer österreichischer Geschichte« verdrängtes Wissen über die Schwarze österreichische Geschichte entdecken und dadurch – »befreit von gängigen Rassismen und Sexismen« – neu schreiben (Recherchegruppe zu Schwarzer österreichischer Geschichte 2006, 3).

Während diese Entwicklungen im deutschsprachigen Raum kaum Eingang in die deutschsprachige wissenschaftliche Diskussion zum Thema Intersektionalität finden, wird der Bezug auf die US-amerikanischen Gründungsnarrative in beinahe jedem Einführungsartikel zu Intersektionalität aufgegriffen, wobei auch hier vorwiegend auf Crenshaw Bezug genommen und die politische Entstehungsgeschichte ausgeblendet wird.

## 2. Migrationsrelevante Themenstellungen in Intersektionalitätsdebatten

Es werden nun einige in den Debatten um Intersektionalität wiederkehrende Themenfelder angeschnitten, die für die Migrationsforschung relevant sein können. Die kontroversiell diskutierten Ansätze hinsichtlich der Rechtfertigung von Kategorien stehen am Anfang dieses Kapitels und führen letztlich zu der Frage, welche Kategorisierungen auf welchen Ebenen analysierbar sind. In methodischer Hinsicht sind die notwendigen Differenzierungen der Analyseebenen herauszuarbeiten; hierfür wird das Konzept der Mehrebenenanalyse vorgestellt.

Intersektionalität wird in der gängigen Migrationsforschung im deutschsprachigen Raum mehrheitlich nicht explizit als solche angewandt, auch wenn deren Zugänge in manchen Forschungsarbeiten umgesetzt wurden. Die österreichische Migrationsforschung fokussierte zunächst primär auf Nationalität oder Ethnizität (Preglau 2008, 57), in der Folge konnte zwar die Kategorie Klasse integriert werden, die des Geschlechts blieb jedoch weiterhin ausgespart, wie Max Preglau anhand der beiden »Österreichischen Migrations- und Integrationsberichte« aufzeigte (ebd., 63 f.). Einige aktuelle kritische österreichische Forschungsarbeiten beziehen hingegen intersektionelle Ansätze ein (z. B. Sauer/Strasser 2009, Scheibelhofer 2011).

## 2.1    Problematisierung der Definition von Kategorien

In poststrukturalistischen Debatten wird jede Kategorisierung als an sich bereits problematisch angesehen, da jede Kategorie dadurch mitgeneriert, aufs Neue hervorgebracht und bestärkt wird. Das Ziel sei vielmehr die Dekonstruktion von Identitätskategorien. Dennoch ist es für sozialwissenschaftliches Arbeiten oder politische Analysen unumgänglich, mit Kategorien, Kategorisierungen und Klassifizierungen zu arbeiten, um zu einem Forschungsergebnis zu kommen. Es ist jedoch wichtig, sich vor Augen zu führen, dass auch Kategorien konstruiert werden, d.h. dass beispielsweise Sprache kategoriale Realitäten schafft – und nicht umgekehrt. Der Begriff »MigrantIn« ist ein gutes Beispiel dafür, dass (selbst)kritisch zu hinterfragen ist, ob und wie Migrationsforschung auf Basis von Kategorien und Kategorisierungssystemen erst Differenzierungen schafft und Ungleichheiten hervorbringt.

## 2.2    Auswahl der Kategorien und ihre Gewichtung

Während im US-amerikanischen Raum zumeist mit Class, Race und Gender gearbeitet wird, war im europäischen Raum die Offenheit dafür größer, das Konzept um weitere Kategorien zu ergänzen. Aktuell wird diskutiert, wie viele und welche Kategorien Berücksichtigung finden sollen, um noch praktikabel zu sein. Die Vorschläge zur Erweiterung betreffen beispielsweise Heteronormativität (Erel 2007), Behinderung bzw. Disability/Ability (Raab 2007, Price 2007), Körper (Degele/Winker 2009) oder Religion (Dietze 2006). Leiprecht/Lutz führen dreizehn Kategorien bzw. zentrale Grunddualismen an, die es sich als Linien der Differenz zu untersuchen lohnt (Leiprecht/Lutz 2005, 22).Die Stimmen, die dennoch an den drei Dominanzachsen festhalten, sind jedoch ebenso fundiert wie zahlreich. Ihnen zufolge handelt es sich dabei um zentrale Strukturkategorien, die auf eine lange, historisch verwobene Entstehungsgeschichte verweisen und besonders wirkmächtig sind.

Mit der Frage der Auswahl der Kategorien hängt auch die ihnen zugeschriebene Bedeutsamkeit zusammen, die oftmals durch die Reihenfolge der Aufzählung zum Ausdruck kommt (Walgenbach 2007, 41). Degele/Winker konstatieren, dass »die Relevanz der Kategorien zum einen vom Untersuchungsgegenstand, zum anderen von der jeweiligen Untersuchungsebene« (Degele/Winker 2007, 3) abhängt. Auch Dietze et al. plädieren für eine Einschränkung der zu untersuchenden Kategorien: Sie argumentieren, dass »für bestimmte Fragestellungen auch immer bestimmte Differenzpunkte privilegiert werden müssen« (Dietze et al. 2007, 138). Einen Kompromiss schlagen Leiprecht/Lutz vor, indem sie Ethnizität, Klasse und Geschlecht als Mindeststandards für intersektionelle Analysen sehen, denen bei Bedarf und nach Notwendigkeit für das Forschungsinteresse weitere hinzugefügt werden können (Leiprecht/Lutz 2005). Ein Beispiel dafür ist die in der Migrationsforschung bedeutsame Kategorie Aufenthaltsstatus, die bei einer intersektionellen Analyse berücksichtigt werden sollte. Eine detailliertere Auseinandersetzung mit der Bedeutung dieser Kategorie findet sich weiter unten.

## 2.3 Analyseebenen

Die Theorie der Intersektionalität versucht, nicht nur unterschiedliche Kategorien, sondern auch verschiedene Analyseebenen miteinander zu verknüpfen, um die Komplexität sozialer Problemstellungen erfassen und gesellschaftstheoretisch fundieren zu können. In diesem Sinne gehen zahlreiche AutorInnen von der Notwendigkeit einer Mehrebenenanalyse aus: Die strukturelle Makroebene betrifft gesellschaftliche Strukturen, die Mesoebene widmet sich den kulturellen Symboliken und ihren Bedeutungen und die Mikroebene verhandelt Prozesse der Identitätsbildung (Degele/Winker 2007, 2). Betont wird der Zusammenhang zwischen individueller und struktureller Ebene, da sich das Ausmaß und die Bedeutung von Strukturen, beispielsweise von Gesetzen, erst im Einzelfall erfassen lässt (ebd., 11). Strukturelle Kategorien der Ungleichheit wirken sich also auf Individuen aus, was diese wiederum auf institutioneller bzw. struktureller Ebene benachteiligen kann. Klinger kritisiert, dass bei intersektionellen Analysen nun oftmals die unterdrückten und marginalisierten Gruppen ins Zentrum der Aufmerksamkeit gerückt werden, dass sie aber keinem sie unterdrückenden mächtigen Gegenpol gegenübergestellt werden, da die Herrschaftsverhältnisse nicht mehr untersucht würden (Klinger 2008, 38). Daher wird auf der Mikroebene die Unabschließbarkeit und die Offenheit für neue und andere Erfahrungen als bereichernd erfahren, während auf der Makroebene die Arbeit mit drei Kategorien als sinnvoll erachtet wird (ebd., 41) und auf die Strukturebene fokussiert werden soll.

Für Fragen der Migrationsforschung bedeutet dies eine Hinwendung zur Analyse ungleichheitsgenerierender gesetzlicher Strukturen und ihrer Geschichte, wie sie sich beispielsweise in postkolonialen Ansätzen (Steyerl/Gutiérrez Rodríguez 2003 und darin insbes. Ha, Castro Varela / Dhawan 2005) oder in der Erforschung der Schwarzen Geschichte in Österreich findet. Zudem wäre es interessant, die Perspektive zu wechseln und sich den Kämpfen von MigrantInnen, die genau an jener Ungleichheit und dem zugrunde liegenden institutionalisierten Rassismus etwas zu ändern versuchten, zuzuwenden (vgl. für Deutschland Bojadzijev 2008, für Österreich ansatzweise die Ausstellung Gastarbajteri 2004 (Gürses et al. 2004)).

## 3.  Staatliche Regulation von ›Aufenthaltsehen‹

Gerade für intersektionelle empirische Analysen in der Migrationsforschung wäre die Anwendung eines quantitativen Ansatzes interessant, bei dem systematisch auf multivariate Verfahren zurückgegriffen wird und dadurch der quantitativ messbare Einfluss der Variablen Klasse, Geschlecht und Ethnizität abgeschätzt werden kann (Preglau 2008, 70). Dies würde jedoch eine Stichprobenanzahl erfordern, die weit über den in meiner Dissertation vorliegenden Fallzahlen liegt.

### 3.1  Datenmaterial und Kategorien

Das dieser Untersuchung zugrunde liegende Datenmaterial besteht aus 98 Fremdenpolizeilichen Erhebungsbögen und 57 Gerichtsakten. In Kooperation mit der Wiener Fremdenpolizei wurde 2007 zwei Monate lang erhoben, wer wegen des Verdachts auf ›Aufenthaltsehe‹ kontrolliert wurde. Die Gerichtsakten umfassen fast alle Verfahren an Wiener Bezirksgerichten in den ersten $1\frac{3}{4}$ Jahren seit Inkrafttreten des Gesetzes, also von Januar 2006 bis Ende September 2007.

Aus den Akten konnte folgendes Schema eines Verlaufs staatlicher Interventionen entwickelt werden: Die Fremdenpolizei, welche die Daten durch die Standesämter übermittelt bekommt, wählt aufgrund bestimmter Verdachtsmomente Fälle aus, die durch Hausbesuche, getrennte Befragungen und weitere Verfahren kontrolliert werden, die Indizien für die Erfüllung fremdenpolizeilicher Ehevorstellungen aufdecken sollen. Überprüft wird das eheliche Zusammenleben, dessen Finanzierung und das gemeinsame soziale Leben. Ist aus Sicht der Fremdenpolizei der Verdacht auf ›Aufenthaltsehe‹ bestätigt, wird Anzeige bei der Staatsanwaltschaft erstattet, die das Verfahren an die Bezirksgerichte verweisen kann. Der Nachweis einer ›Aufenthaltsehe‹ ist in den meisten Fällen schwierig bis unmöglich. Es zeigt sich eine unterschiedliche Interpretation des Verständnisses von ›Aufenthaltsehe‹, die Bezirksgerichte folgten nur selten der

Argumentation der Fremdenpolizei und urteilten vorsichtiger: Nur wer von sich aus gesteht, eine ›Aufenthaltsehe‹ eingegangen zu sein, kann verurteilt werden. Intersektionellen Denklogiken folgend wird davon ausgegangen, dass das Zusammentreffen unterschiedlicher benachteiligender Faktoren die Wahrscheinlichkeit verstärkt, als verdächtig eingestuft und kontrolliert zu werden sowie dann ein Verfahren wegen des Eingehens einer ›Aufenthaltsehe‹ zu haben und verurteilt zu werden. Überprüft wird, ob bestimmte Paarkonstellationen häufiger angezeigt bzw. verurteilt werden als der Eheschließungsstatistik zufolge vermutet werden könnte. Es geht jedoch nicht um einen additiven Ansatz hinsichtlich eines quantifizierbaren Diskriminierungsrisikos (Kerner 2009, 355), sondern darum, differenziert andere Diskriminierungsarten aufzuzeigen.

Die Analyse wird zeigen, dass die herrschenden, u.a. gesetzgebenden Eliten ein Bild von Normalität und Devianz von Ehe prägen, das gleichzeitig handlungsleitend für die ausführenden Behörden ist. Ein intersektioneller Blick auf die normproduzierenden staatlichen Akteure zeigt, dass diese mehrheitlich männlich, Weiß bzw. Angehörige der (christlichen) Mehrheitsgesellschaft sowie der Mittel- bzw. oberen Klasse sind. Dies gilt auch für den Bereich der Migrationskontrolle. Binationale Ehepaare haben den Vorstellungen dieser Akteure von Ehe zu entsprechen, um als Ehepaar glaubwürdig zu sein und aufenthaltsrechtliche Vorteile erlangen zu können.

Für meine Dissertation wurden folgende Kategorien als relevant erachtet und untersucht: Geschlecht (mit dem Schwerpunkt geschlechtsspezifischer Altersdifferenzen der Paare), Nationalität/Ethnizität (operationalisiert durch Staatsbürgerschaft, Geburtsland und ethnische Zuschreibungen durch Institutionen), Klasse (durch Angaben zu Bildung und Einkommen) und Aufenthaltsstatus – die besondere Bedeutung dieser letzten Kategorie für die Migrationsforschung wird nun ausführlicher diskutiert.

## 3.2 Zur Kategorie Aufenthaltsstatus

In der Statistik wie auch in der österreichischen Migrationsforschung wird häufig die Tatsache, dass eine Person (oder deren Eltern) in einem anderen Staat geboren wurde, nach Österreich zugewandert oder geflüchtet ist und sich hier längerfristig niedergelassen hat, unter dem sehr allgemeinen Begriff »Migrationshintergrund« zusammengefasst. In der offiziellen statistischen Erfassung wird diese Gruppe in drei Kategorien unterteilt: Unterschieden wird zwischen »AusländerInnen«, also Personen mit anderer als der österreichischen Staatsangehörigkeit, der »Bevölkerung ausländischer Herkunft«, die im Ausland geboren und inzwischen eingebürgert wurde, sowie zusätzlich jenen Menschen, deren Eltern im Ausland geboren wurden (Statistik Austria 2010, 18 f.). Daneben veröffentlicht das Bundesministerium für Inneres Statistiken zu der Anzahl der erteilten Aufenthaltstitel und der aufenthaltsbeendenden Maßnahmen (Bundesministerium für Inneres o. J.). Diese sind jedoch wenig aussagekräftig, da weitere Differenzierungen abseits der Zahlen unterbleiben. Die Personen, denen ein Aufenthaltsstatus zugeschrieben wird, werden von vornherein als »fremd« und nicht zugehörig wahrgenommen. Zusätzlich ist die Kategorisierung nicht neutral, sondern wird vergeschlechtlicht, rassifiziert und mit sozialen Statuszuweisungen verknüpft.

Trotz der Tatsache, dass es sich bei der Kategorie Aufenthaltstatus um eine staatliche Kategorisierung handelt, ist es notwendig, sie bei intersektionellen Analysen im Migrationsbereich zu berücksichtigen, da sie über rechtliche Möglichkeiten und individuelle Lebenschancen bestimmt. Crenshaw unterstreicht die Bedeutung dieser Kategorie anhand des 1986 in den USA eingeführten »Immigration Marriage Fraud Amendments Acts«, der zum Ziel hatte, Scheinehen zu verhindern: Erst nach zweijähriger Probefrist konnte ein eigenständiger Aufenthaltstitel für den / die Fremde beantragt werden. Durch diese restriktive Bestimmung waren insbesondere Schwarze Frauen gefährdet, über diesen Zeitraum häusliche Gewalt ertragen zu müssen, wenn sie in den USA bleiben und aufgrund des fehlenden Aufenthaltstitels nicht abgeschoben werden wollten (Crenshaw 1991, 1247).

Es handelt sich beim Aufenthaltsstatus um eine sehr dynamische Kategorie, denn auf struktureller Ebene werden in Österreich gerade Fremdengesetze ständig novelliert, auf individueller Ebene können behördliche Entscheidungen im asyl- oder fremdenpolizeilichen Verfahren bzw. dagegen eingebrachte Rechtsmittel einen Statuswechsel nach sich ziehen, beides in rascher zeitlicher Abfolge.

Während In- und Exklusionen lange Zeit entlang der Achse der Staatsbürgerschaft vollzogen wurden, finden diese Statuszuweisungen vermehrt entlang des Aufenthaltsstatus statt. Eine erste konkretere Differenzierung brachte das Aufenthaltsgesetz im Jahr 1992, das unterschiedliche Aufenthaltszwecke definierte – die Wissenschaft spricht in diesem Zusammenhang auch von der Einführung des »Klassifikations- und Selektionsprinzips« (Ataç / Kraler 2006, 25). Die Klassifikation des Aufenthaltsstatus in unterschiedliche Aufenthaltszwecke und die daran geknüpften Rechte wurden im Fremdengesetz 1997 und im Fremdenrechtspaket 2005 noch verfeinert. Diese Gesetze selektierten und differenzierten MigrantInnen entlang von Staatsbürgerschaft (EU- / Drittstaatsangehörige), Aufenthaltstitel (kurz- / langfristig), Aufenthaltszweck und sozioökonomischem Status (Schlüsselkräfte / Saisoniers) (Ataç / Kraler 2006). Diese Kategorisierungsaktivitäten werden teilweise durch die (quantitative) Migrationsforschung reproduziert: MigrantInnen werden als Objekte und Zahlen gesehen und nach (aufenthaltsrechtlichen) Kategorien sortiert.

In meiner Studie wurde bei der Kategorie Aufenthaltsstatus in einem ersten Schritt eine grobe Unterteilung getroffen: 1) (relativ) sichere Aufenthaltstitel (wie z. B. unbefristeter Aufenthalt, Niederlassung, etc.), 2) prekäre Aufenthaltstitel (wie z. B. befristeter Aufenthalt, vorläufiger Aufenthaltsstatus im Zulassungs- oder Asylverfahren) und 3) kein Aufenthaltstitel. Für die Untersuchung stellte es sich zudem als sinnvoll heraus, die Kategorie »AsylwerberInnen« innerhalb der Gruppe der prekär Aufhältigen gesondert zu analysieren, denn die gesetzlichen Bestimmungen des Fremdenrechtspakets 2005 erschweren Ehen mit Asylsuchenden.

Es ist zu bedenken, dass sowohl die staatliche als auch die von mir getätigte Zuordnung zu einem bestimmten Aufenthaltsstatus nicht unbedingt dem individuellen Lebensentwurf entspricht oder gar identitätsstiftend ist. Vielleicht stellt sie nur die subjektiv beste oder einzig mögliche Legalisierung- bzw. Einwanderungsmöglichkeit dar. Das kann auch für den Status als EhepartnerIn gelten.

## 3.3    Ergebnisse nach Kategorien

Die deskriptive Statistik erlaubt, Datenmaterial mithilfe von Verhältniszahlen, Prozentwerten, Häufigkeitsverteilungen usw. zusammenfassend darzustellen (Atteslander 2006, 241) und den Zusammenhang von Merkmalen mithilfe von Korrelationen oder Chi-Quadrat-Tests zu beschreiben. Damit ist die Statistik in den Sozialwissenschaften zwar »sehr wesentliches Hilfsmittel«, um Einblick in unüberschaubar gewordene Zusammenhänge zu geben, aber ihre Bedeutung sollte nicht überschätzt werden, da, so Atteslander, »keine absolut gültigen, umfassenden und überzeitlichen Erkenntnisse« möglich sind (Atteslander 2006, 231). In diesem Sinne möchte ich den statistischen Teil verstanden wissen. Vorausgeschickt sei zudem, dass behördliche und gerichtliche Diskurse nachgezeichnet werden und dass deren Urteile nicht als Untersuchung über tatsächliche ›Aufenthaltsehen‹ zu interpretieren sind.

*Geschlecht:* Von den fremdenpolizeilichen Verdächtigungen und Anzeigen sind etwas über 60 % Ehen zwischen Österreicherinnen und Drittstaatsangehörigen. Der Anteil steigt auf rund 70 % bei den Verfahren an den Wiener Bezirksgerichten und auf über 80 % bei den Verurteilungen. Das Geschlecht ist damit der signifikante Faktor der Differenz. Das verdeutlicht der Vergleich mit der Eheschließungsstatistik 2006: Unter den Ehen mit Drittstaatsangehörigen waren nur 45,2 % Ehen von Österreicherinnen mit Männern aus Drittstaaten (vgl. Abb. 1). (Verein Fibel 2007, 93)

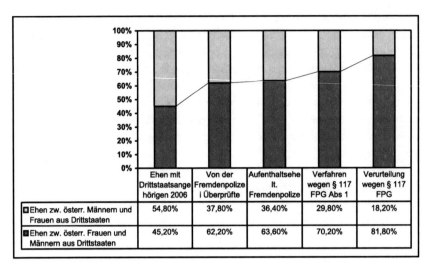

| | Ehen mit Drittstaatsange hörigen 2006 | Von der Fremdenpolize i Überprüfte | Aufenthaltsehe lt. Fremdenpolize | Verfahren wegen § 117 FPG Abs 1 | Verurteilung wegen § 117 FPG |
|---|---|---|---|---|---|
| ☐ Ehen zw. österr. Männern und Frauen aus Drittstaaten | 54,80% | 37,80% | 36,40% | 29,80% | 18,20% |
| ■ Ehen zw. österr. Frauen und Männern aus Drittstaaten | 45,20% | 62,20% | 63,60% | 70,20% | 81,80% |

Abb. 1: Geschlechterverhältnis der Ehen mit Drittstaatsangehörigen in der Eheschließungs-statistik 2006 im Vergleich zu den Daten bei der fremdenpolizeilichen Kontrolle und Anzeige sowie bezirksgerichtlichen Verfahren und Verurteilungen

*Geburtsland / Migrationshintergrund:* Das zweite signifikante Ergebnis stellt der Migrationshintergrund der ÖsterreicherInnen dar. Sowohl bei der frem-denpolizeilichen Kontrolle als auch in den Gerichtsverfahren liegt der Anteil jener EhepartnerInnen mit österreichischer Staatsbürgerschaft, die nicht in Österreich geboren wurden, bei rund 40 %, was ein recht hoher Anteil ist. Bei den Verurteilten liegt dieser jedoch nur bei 27 %. In der österreichischen Be-völkerung macht diese Gruppe dagegen nur 6 % aus. Personen mit Migrati-onshintergrund werden also zwar verdächtigt und angezeigt, aber im Verfahren wegen des Eingehens einer ›Aufenthaltsehe‹ seltenst verurteilt.

*Klasse:* Fokussiert wird auf Menschen mit geringer Ausbildung, die unter bzw. an der Armutsgrenze leben. Es kann davon ausgegangen werden, dass in der sozialen Unterschicht dem Verdacht eher nachgegangen wird.

*Aufenthaltsstatus:* Während die Fremdenpolizei zu fast einem Viertel Per-sonen mit legalem Aufenthaltstitel, der vermutlich aufgrund der Ehe erlangt wurde, verdächtigt und anzeigt, wird bei dieser Gruppe in nur einem Fall ein Verfahren eingeleitet und in keinem einzigen Fall eine Verurteilung ausge-sprochen – es wird also zumeist ohne spätere Bestätigung des Verdachts kon-trolliert. Die Kontrollen nach mehrjährigem Aufenthalt zeigen, dass Aufent-haltssicherheit nie erreicht ist.

## 3.4    Ausschnitt einer intersektionellen Analyse

Es lässt sich zusammenfassen, dass das Ergebnis hinsichtlich der verdächtigten und verurteilten Personengruppe, die alle eine niedrige soziale Position innehaben, entlang der Achse des Geschlechts und der Herkunft signifikant differenziert ist. Es könnte nun überlegt werden, ob diese Diskriminierung als Sexismus gegen österreichische Frauen oder als Rassismus gegen Männer aus Drittstaaten bestimmt wird. Hier wird jedoch die These vertreten, dass genau dieses Zusammentreffen die besondere Unterdrückung ausmacht, die sich zusätzlich entlang der Achsen von Staatsbürgerschaft (und Zuschreibung der aus der Staatsbürgerschaft ableitbaren Rechte), ethnischer Herkunft und Aufenthaltsstatus differenzieren lässt.

Zu Erörterung der These sei hier beispielhaft auf Ehepaare verwiesen, bei denen eine Person die Staatsangehörigkeit Nigerias oder Serbiens hat. Beide befinden sich immer wieder außerhalb der statistischen Normbereiche. Und genau dorthin müssen wir schauen, insbesondere in der Intersektionalitätsforschung, wenn wir nicht nur eine Datenflut generieren wollen, sondern aussagekräftige Ergebnisse.

Statistisch auffällig wurden Ehen zwischen Österreicherinnen und Männern aus Nigeria, die fast ausschließlich Asylwerber sind. Hier treffen mehrere gesellschaftliche Diskriminierungsmomente zusammen: Nigerianer, Schwarzer und Asylwerber. Nigerianer werden in Österreich als Drogendealer stigmatisiert (Kravagna 2005; Hadj-Abdou 2003), es wird also nicht nur aufgrund der Herkunft diskriminiert, sondern diese wird durch rassifizierende Zuschreibungen verstärkt. Insbesondere die »schwarze Hautfarbe« erleichterte das polizeiliche »Ethnic Profiling« und ist damit Teil des strukturellen »Anti-Schwarze-Rassismus« im Polizei- und Justizsystem (Inou/Achaleke 2009). Zusätzlich erfolgt wegen des prekären Aufenthaltsstatus ein gesellschaftlicher Ausschluss auf mehreren Ebenen, etwa beim Zugang zum Arbeits- und Wohnungsmarkt (Inou/Achaleke 2009, ZARA 2010) oder bei der für alle nicht legal eingereisten Personen notwendigen Antragstellung um legalen Aufenthalt aus dem Ausland, was primär Asylsuchende betrifft. Das staatliche Interesse, diese Personengruppe auszuschließen, spiegelt sich im Zusammenhang mit Scheinehekontrollen beispielsweise darin wider, dass diese Paarkonstellation häufiger als andere *vor* der Eheschließung kontrolliert wird. Dadurch könnte eventuell die Eheschließung durch eine Abschiebung verhindert werden.

Bei Ehen zwischen ÖsterreicherInnen und SerbInnen sind die ÖsterreicherInnen mehrheitlich im Gebiet des ehemaligen Jugoslawiens geboren. Einzubeziehen sind die historisch gewachsenen Ressentiments gegenüber SerbInnen bzw. muslimischen Kosovo-AlbanerInnen genauso wie die Tatsache, dass sie in Wien die größte Minderheit darstellen, einerseits aufgrund der lang zurückreichenden Migrationsgeschichte, andererseits als Folge des Krieges. Der Verdacht auf ›Scheinehe‹ kann bei diesen Paaren genutzt werden, um auf SerbInnen, die aufgrund ihrer österreichischen Staatsangehörigkeit fremdenrechtlicher Kontrolle entzogen sind, erneut staatliche Macht und Kontrolle ausüben zu können.

Beide Konstellationen, also Ehen von ÖsterreicherInnen mit Nigerianern oder SerbInnen, sind in je besonderen Formen mit rassistischen Zuschreibungen verknüpft, die sich nicht nur an der Staatsbürgerschaft und dem Migrationshintergrund festmachen lassen. Es handelt sich u. a. um eine Folge von Zuschreibungen hinsichtlich des Aufenthaltsstatus.

## 5.   Conclusio

Der Beitrag hat intersektionelle Ansätze von aktivistischen Beiträgen Schwarzer Frauen bis zu jüngsten Publikationen im deutschsprachigen Raum nachgezeichnet und diese auf das Feld der Migrationspolitik angewandt. Gezeigt wurde dabei, dass die Kategorie Aufenthaltsstatus (neben den herkömmlichen Kategorien) gerade bei der Kontrolle binationaler Ehen ihre eigene Relevanz entwickelt und auch für andere Studien im Bereich der Migrationsforschung geeignet scheint.

Besonders Ehen zwischen einer österreichischen Frau aus der ›unteren‹ sozialen Klasse und einem Drittstaatsangehörigen (z. B. mit dem Aufenthaltsstatus Asylwerber) – beides mehrfach diskriminierte Personengruppen – unterliegen dem Verdacht, allein für den Aufenthaltsvorteil eingegangen worden zu sein, obwohl dieser aufgrund der erforderlichen Einkommensgrenzen nicht erlangt werden konnte. In der Praxis wird jene Konstellation häufiger kontrolliert und von den Gerichten verurteilt als andere Konstellationen. Die statistisch weitaus häufigere Konstellation der Ehen zwischen Österreichern und Drittstaatsangehörigen, konkret asiatischen Frauen, trat hingegen weder in fremdenpolizeilichen noch in gerichtlichen Praktiken auf.

Angesichts des Anspruchs, eindimensionale Machtverhältnisse zu überwinden, kann zwar festgestellt werden, dass das Geschlecht die primäre Differenzkategorie bei der Selektion der Verdächtigungen und der Gerichtsfälle darstellt, diese aber nur kontextualisiert und mit sich überlappenden Ausgrenzungen in ihrer Komplexität sichtbar gemacht werden kann. Über die Fokussierung auf Paarkonstellationen mit weiblichen Verdächtigen bzw. angeklagten Frauen lässt sich zeigen, dass diese Asymmetrie über andere Merkmale sozialer Positionierung wie Staatsangehörigkeit, Klasse und Aufenthaltsstatus abgeschwächt oder auch verstärkt werden kann. Am Beispiel zweier statistisch auffälliger Gruppen – Ehen zwischen Nigerianern und Österreicherinnen sowie zwischen SerbInnen und eingebürgerten ÖsterreicherInnen serbischer Herkunft – konnten die unterschiedlichen Zuschreibungen und verschieden wirkenden, diskriminierenden Faktoren aufgezeigt werden.

Intersektionalität als analytisches Werkzeug konnte sichtbar machen, wie gesellschaftliche Machtverhältnisse an der rechtlichen Konstruktionen von ›Scheinehe‹ im Fremdenrecht und durch deren Kontrolle mittels Fokussierung auf bestimmte Personengruppen dar- und hergestellt werden.

## Literatur

Ataç, Ilker / Kraler, Albert 2006: ›Gewünschte, Geduldete und Unerwünschte. Klassifizieren, Selektieren, Stratifizieren. Migrationspolitik als Strategie des Filterns‹, *Malmoe* 33, 25 – 26.

Atteslander, Peter 2006: *Methoden der empirischen Sozialforschung*, Berlin.

Bojadzijev, Manuela 2008: *Die windige Internationale. Rassismus und Kämpfe der Migration*, Münster.

Bundesministerium für Inneres o. J.: *Niederlassung und Aufenthalt. Statistiken.* Zuletzt abgerufen am 01.09.2010 unter http://www.bmi.gv.at/cms/BMI_Niederlassung/statistiken/.

Castro Varela, María do Mar / Dhawan, Nikita 2005: *Postkoloniale Theorie. Eine kritische Einführung*, Bielefeld.

Crenshaw, Kimberlé 1991: ›Mapping the Margins: Intersectionality, Identity Politics, and Violence Against Women of Color‹, *Stanford Law Review*, Nr. 6, 1241 – 1299.

Davis, Kathy 2008: ›Intersectionality in Transatlantic Perspective‹, in Cornelia Klinger / Gudrun-Axeli Knapp (Hg.): *ÜberKreuzungen. Fremdheit, Ungleichheit, Differenz*, Münster, 19 – 35.

Degele, Nina / Winker, Gabriele 2007: *Intersektionalität. Zur Analyse sozialer Ungleichheiten.* Zuletzt abgerufen am 01.08.2011 unter http://www.tu-harburg.de/agentec/winker/pdf/Intersektionalitaet_Mehrebenen.pdf.

Degele, Nina / Winker, Gabriele 2009: *Intersektionalität: Zur Analyse sozialer Ungleichheiten*, Bielefeld.

Dietze, Gabriele 2001: ›Race Class Gender. Differenzen und Interdependenzen am amerikanischen Beispiel‹, *Die Philosophin. Forum für feministische Theorie und Philosophie*, Jahrgang 12, Heft 13, 30 – 49.

Dietze, Gabriele 2006: ›Critical Whiteness Theory und Kritischer Okzidentalismus‹, in Daniela Hrzán / Gabriele Dietze / Jana Husmann-Kastein / Martina Tißberger (Hg.): *Weiß – Weißsein – Whiteness. Kritische Studien zu Gender und Rassismus*, Frankfurt a.M., 219 – 247.

Dietze, Gabriele / Hashemi, Elahe / Michaelis, Beatrice 2007: »›Checks and Balances‹. Zum Verhältnis von Queer Theory und Intersektionalität‹, in Gabriele Dietze / Antje Hornscheidt / Kerstin Palm / Katharina Walgenbach (Hg.): *Gender als interdependente Kategorie. Neue Perspektiven auf Intersektionalität, Diversität und Heterogenität*, Opladen, 107 – 141.

Erel, Umut 2007: ›Transnationale Migration, intime Beziehungen und BürgerInnenrechte‹, in Jutta Hartmann / Bettina Fritzsche / Kristina Hackmann / Christian Klesse / Peter Wagenknecht (Hg.): *Heteronormativität. Empirische Studien zu Geschlecht, Sexualität und Macht,* Wiesbaden, 251 – 267.

Fuchs, Brigitte / Habinger, Gabriele (Hg.) 1996: *Rassismen und Feminismen: Differenzen, Machtverhältnisse und Solidarität zwischen Frauen,* Wien.

Gürses, Hakan / Kogoj, Cornelia / Mattl, Sylvia (Hg.) 2004: *Gastarbajteri. 40 Jahre Arbeitsmigration,* Wien.

Ha, Kien Nghi 2003: ›Die kolonialen Muster deutscher Arbeitsmarktpolitik‹, in Hito Steyerl / Encarnación Gutiérrez Rodríguez (Hg.): *Spricht die Subalterne deutsch? Migration und postkoloniale Kritik,* Münster, 56 – 107.

Hadj-Abdou, Leila 2003: *Polizeilicher Rassismus in Österreich. Der Umgang der Exekutive mit Menschen ausländischer Herkunft,* unveröffentlichte Diplomarbeit, Universität Wien.

Hamid, Ishraga Mustafa 2006: *Auf dem Weg zur Befreiung? Empowerment-Prozesse schwarzer Frauen afrikanischer Herkunft in Wien,* unveröffentlichte Dissertation, Universität Wien.

Inou, Simon / Achaleke, Beatrice 2009: *Schwarze Menschen in Österreich. Lagebericht,* Wien.

Kerner, Ina 2009: *Differenzen und Macht. Zur Anatomie von Rassismus und Sexismus,* Frankfurt a.M.

Klinger, Cornelia 2008: ›Überkreuzende Identitäten – Ineinandergreifende Strukturen. Plädoyer für einen Kurswechsel in der Intersektionalitätsdebatte‹, in Cornelia Klinger / Gudrun-Axeli Knapp (Hg.): *ÜberKreuzungen. Fremdheit, Ungleichheit, Differenz,* Münster, 38 – 67.

Klinger, Cornelia / Knapp, Gudrun-Axeli (Hg.) 2008: *ÜberKreuzungen. Fremdheit, Ungleichheit, Differenz,* Münster.

Knapp, Gudrun-Axeli 2005: ›Traveling Theories: Anmerkungen zur neueren Diskussion über »Race, Class, and Gender«‹, *Österreichische Zeitschrift für Geschichtswissenschaften,* Jahrgang 16, Heft 1, 88 – 110.

Kossek, Brigitte 1996: ›Rassismen & Feminismen‹, in Brigitte Fuchs / Gabriele Habinger (Hg.): *Rassismen und Feminismen: Differenzen, Machtverhältnisse und Solidarität zwischen Frauen,* Wien, 11 – 22.

Kravagna, Simon 2005: *Schwarze Dealer – weiße Behörden. Untersuchung der Strafverfolgung afrikanischer Drogendealer in Wien,* unveröffentlichte Dissertation, Universität Wien.

Leiprecht, Rudolf / Lutz, Helma 2005: ›Intersektionalität im Klassenzimmer: Ethnizität, Klasse, Geschlecht‹, in Rudolf Leiprecht / Anne Kerber (Hg.): *Schule in der Einwanderungsgesellschaft. Ein Handbuch,* Schwalbach / Taunus, 218 – 234.

Lutz, Helma 2007: ›»Die 24-Stunden-Polin«. Eine intersektionelle Analyse transnationaler Dienstleistungen‹, in Cornelia Klinger / Gudrun-Axeli Knapp / Birgit Sauer (Hg.): *Achsen der Ungleichheit – Achsen der Differenz: Verhältnisbestimmungen von Klasse, Geschlecht, »Rasse« / Ethnizität,* Frankfurt a.M., 210 – 234.

Messinger, Irene 2010: ›Kriminalisierung von Aufenthaltsehen in Österreich‹, *KrimJ. Kriminologisches Journal Hamburg,* Jahrgang 42, Heft 3, 205 – 217.

Preglau, Max 2008: ›»Ethnizität«, »Klasse / Schicht« und »Gender« als Kategorien der

Migrations- und Integrationsforschung‹, *Kulturwissenschaftliches Jahrbuch Moderne*, Jahrgang 4, 57–72.

Price, Janet 2007: ›Engaging disability‹, *Feminist Theory*, Jahrgang 8, Heft 1, 77–89.

Raab, Heike 2007: ›Intersektionalität in den Disability Studies. Zur Interdependenz von Behinderung, Heteronormativität und Geschlecht‹, in Werner Schneider/Anne Waldschmidt (Hg.): *Disability Studies, Kultursoziologie der Behinderung*, Bielefeld, 127–148.

Recherchegruppe zu Schwarzer österreichischer Geschichte 2006: *Selbst erzählen statt erzählt zu werden. Die Bedeutung von Schwarzer österreichischer Geschichtsschreibung.* Zuletzt abgerufen am 01.08.2011 unter http://m1.antville.org/files/writing+black+austrian+history.

Rommelspacher, Birgit 2006: *Interdependenzen- Geschlecht, Klasse und Ethnizität.* Zuletzt abgerufen am 01.08.2011 unter www.birgit-rommelspacher.de/intedependenzen.pdf.

Said, Edward 1983: *The world, the text, and the critic*, Cambridge/Mass.

Sauer, Birgit/Strasser, Sabine 2009 (Hg.): *Zwangsfreiheiten. Multikulturalität und Feminismus*, Wien.

Scheibelhofer, Paul 2011: ›Intersektionalität, Männlichkeit und Migration. Wege zur Analyse eines komplizierten Verhältnisses‹, in Manuela Barth/Sabine Hess/Nikola Langreiter/Elisabeth Timm (Hg.): *Intersectionality Revisited: Empirische, theoretische und methodische Erkundungen*, 149–174.

Statistik Austria 2010: *Integration. Zahlen. Daten. Fakten 2010*, Wien.

Steyerl, Hito/Gutiérrez Rodríguez, Encarnación 2003 (Hg.): *Spricht die Subalterne deutsch? Migration und postkoloniale Kritik*, Münster.

The Combahee River Collective 1977: ›A Black Feminist Statement‹, in Linda Nicholson (Hg.): *The Second Wave. A Reader in Feminist Theory*, London, 63–70.

Verein Fibel 2007: *Jahresbericht 2007*, Wien.

Walgenbach, Katharina 2007: ›Gender als interdependente Kategorie‹, in Gabriele Dietze/Antje Hornscheidt/Kerstin Palm/Katharina Walgenbach (Hg.): *Gender als interdependente Kategorie. Neue Perspektiven auf Intersektionalität, Diversität und Heterogenität*, Opladen, 23–64.

ZARA (Zivilcourage und Antirassismus-Arbeit) 2010: *Rassismus Report 2009*, Wien.

# Perspektivenwechsel

Edith Enzenhofer / Diana Braakmann

# Angst und Bedrohung aus der Perspektive von MigrantInnen: Ergebnisse des Forschungsprojekts SALOMON Next Step

Die Themen Migration und Integration werden im öffentlichen und politischen Diskurs in Österreich häufig mit sicherheitspolitischen Diskussionen kombiniert. Diese Verknüpfung erfolgt zumeist einseitig: MigrantInnen werden als Bedrohung für die Aufnahmegesellschaft und Zuwanderung wird als Gefährdung der inneren Sicherheit betrachtet (Perchinig 2006; Bauböck 2004; Pilgram 2003). Unsicherheit und Bedrohung aus der Perspektive von MigrantInnen hingegen wurden bislang kaum erforscht. Die Forschungsprojekte SALOMON (Braakmann et al. 2009) und SALOMON Next Step (Enzenhofer et al. 2009)[1] stellten erstmalig die subjektive Bedrohungswahrnehmung von MigrantInnen in den Mittelpunkt. Es sollte damit ein Beitrag dazu geleistet werden, dem gängigen Sicherheitsdiskurs die Perspektive der Bevölkerung mit Migrationshintergrund gegenüberzustellen.

Der vorliegende Beitrag stellt die Zielsetzung, den theoretischen Zugang und die empirische Umsetzung der Studie SALOMON Next Step vor. Anschließend werden wesentliche Auszüge der umfassenden Ergebnisse dargestellt.

## 1.  Zielsetzung und theoretische Konzeption

Die Zielsetzung von SALOMON Next Step war es, das subjektive Erleben von Unsicherheit, Angst und Bedrohung bei Menschen mit Migrationshintergrund explorativ zu untersuchen. Es galt zu erarbeiten, welche Aspekte von Unsicherheit, Angst und Bedrohung für Menschen mit Migrationshintergrund subjektiv relevant sind und welche Faktoren die Qualität und das Ausmaß des

1 SALOMON und SALOMON Next Step wurden im Rahmen des österreichischen Sicherheitsforschungs-Förderprogramms KIRAS (www.kiras.at) – einer Initiative des Bundesministeriums für Verkehr, Innovation und Technologie (BMVIT) realisiert. SALOMON wurde vom Forschungsinstitut des Roten Kreuzes in Kooperation mit der Sigmund Freud Privatuniversität Wien durchgeführt; an SALOMON Next Step wirkte neben diesen Instituten auch das SORA (Institute for Social Research and Analysis) mit.

Bedrohungserlebens beeinflussen. Ein Vergleich mit dem Unsicherheitserleben der Mehrheitsbevölkerung war jedoch nicht intendiert.

Im Mittelpunkt der Forschung standen Menschen mit unterschiedlichem Aufenthaltstitel, die entweder selbst zugewandert sind bzw. die aus einer Familie stammen, in der die Elterngeneration Migration erlebt hat. Die Heterogenität dieser Zielgruppe erfordert einen Bezug zur (Un-)Sicherheitsthematik, welcher für die Lebenssituation von unterschiedlichen Menschen mit Migrationshintergrund angemessen ist. Daher wurde ein umfassender Sicherheits- bzw. Unsicherheitsbegriff gewählt, welcher soziale, psychologische, gesellschaftliche, politische, wirtschaftliche, ökologische und kulturelle Dimensionen integriert. Aufgrund der Dynamik von Migrationsbiografien erschien es sinnvoll, einen Ansatz zu verfolgen, der nicht nur isolierte Risikoaspekte, sondern auch komplexe Risikokonstellationen berücksichtigt.

## 2.    Unsicherheit, Angst und Bedrohung als komplexer Prozess

Dem Forschungsprojekt liegt ein multifaktorielles Entstehungsmodell des Unsicherheits-, Angst- und Bedrohungserlebens zugrunde. Dieses mehrdimensionale Verständnis umfasst sowohl die Ebene des politischen und ökonomischen Systems als auch die Ebene des Individuums und dessen Unversehrtheit in physischer, psychischer und gesellschaftlicher Hinsicht. Auch die möglichen Wechselwirkungen zwischen diesen Ebenen werden einbezogen. Um den Blick für die Handlungsfähigkeit von MigrantInnen zu schärfen, wurden auch persönliche Bewältigungsstrategien und Ressourcen der Betroffenen erfasst.

Als theoretischer Bezugspunkt wurde die Konzeption der komplexen Unsicherheit nach Reinprecht (2006; in Anlehnung an Bauman 2000) gewählt. Reinprecht unterscheidet die Dimensionen *Ungesichertheit*, *Ungewissheit* und *Ungeschütztheit*:

- *Ungesichertheit* umfasst rechtliche, soziale und materielle Aspekte der Unsicherheit.
- *Ungewissheit* bezieht sich auf Faktoren der (vorhandenen oder fehlenden) Planbarkeit und Antizipierbarkeit der Zukunft.
- *Ungeschütztheit* schließlich beschreibt das Ausgesetztsein gegenüber Übergriffen und Gefährdungen.

Reinprechts Ansatz diente als Rahmen, um Unsicherheit und Bedrohung in der Lebenssituation von Menschen mit Migrationshintergrund theoretisch einzuordnen. Als Erweiterung dieser Konzeption wurden ausgewählte psychologische Aspekte der Unsicherheit sowie deren Begleiterscheinungen und Langzeitauswirkungen einbezogen. Betrachtet wurden insbesondere der Umgang mit migrationsbedingtem Stress (Kizilhan 2007; Borde 2007; Sluzki 2001), migrationsbedingte posttraumatische Störungen (Kronsteiner 2009; Wohlfahrt/ Zaumseil 2006) sowie mögliche psychische Auswirkungen des aufenthaltsrechtlichen Status (Carbonell 2005).

Reinprechts Konzeption hat den Vorteil, nicht in einer allfälligen Dichotomisierung von systembezogenen (»objektiven«) Unsicherheitssituationen und individuellen (»subjektiven«) Unsicherheitswahrnehmungen verhaftet zu bleiben, sondern eine Verschränkung dieser Faktoren zu ermöglichen. Das individuelle Erleben von Unsicherheit, Angst und Bedrohung von Menschen mit Migrationshintergrund kann nur vor dem Hintergrund möglicher komplexer Unsicherheitskonstellationen verstanden werden. Ein mögliches Spannungsfeld zwischen diesen Ebenen wurde bei der Analyse berücksichtigt.

Unsicherheitserleben bei MigrantInnen ist dynamisch zu verstehen: Einflussfaktoren können entweder zeitlich überdauernd (z. B. Aufenthaltsstatus, Armut) oder aber akut auftreten (z. B. in Form eines rassistischen Erlebnisses in der U-Bahn). Zeitlich überdauernde und akut auftretende Einflussfaktoren stehen in enger Wechselwirkung zueinander. Das Erleben eines rassistischen Übergriffs im öffentlichen Raum kann etwa dazu führen, dass bei den Betroffenen eine anhaltende Angst vor ähnlichen Erlebnissen entsteht. Persönliche und soziale Ressourcen und Bewältigungsstrategien können das Ausmaß des Erlebens von Angst und Bedrohung mildern, wobei auch diese Wirkung prozesshaft zu verstehen ist.

## 3.  Methodik

Da zum Zeitpunkt der Untersuchung kaum Forschung zur subjektiven Unsicherheitssituation von Personen mit Migrationshintergrund vorlag, wurde eine explorative Herangehensweise mittels problemzentrierter, qualitativer Interviews (Witzel 2000) gewählt.

Die Samplingkriterien orientierten sich nicht am Herkunftsland, sondern an konkreten Unsicherheitskonstellationen, Risikopotenzialen und soziodemografischen Faktoren. Insbesondere die Kategorien Ungesichertheit und Ungeschütztheit des komplexen Sicherheitsbegriffs nach Reinprecht (2006) dienten zur Ableitung solcher Kriterien, deren Relevanz in ExpertInneninterviews mit WissenschafterInnen und PraktikerInnen aus dem Migrationsbereich vertiefend reflektiert wurde. Unter Berücksichtigung ökonomischer Limitationen (Maximum von realisierbaren Interviews) wurden folgende vier Samplingkriterien ausgewählt:
1. *Aufenthaltsrechtlicher Status (3 Abstufungen)*
   Für den Forschungszweck wurde die juristische Komplexität auf drei Abstufungen reduziert: maximale Gesichertheit (z. B. zweite Generation, Ein-

gebürgerte/r, Anerkannter Flüchtling), mittlere Gesichertheit (z.B. Studierende/r, Familienangehörige/r, Saisonarbeitskraft) und maximale Ungesichertheit (z.B. AsylwerberIn, subsidiär Schutzberechtigte/r$^2$, undokumentierte/r MigrantIn).

2. *Geschlecht (2 Abstufungen)*
Um zu untersuchen, inwieweit sich migrationsspezifische Unsicherheitsfaktoren und Bedrohungspotenziale für Frauen anders gestalten als für Männer, wurde das Geschlecht als Auswahlkategorie einbezogen.

3. *Alter (3 Abstufungen)*
Zur Berücksichtigung von Kohorten- oder Generationseffekten sowie spezifischen Risiken im Alter wurden drei Altersgruppen befragt (bis 25 Jahre, 26 bis 59 Jahre und über 60 Jahre).

4. *Sichtbares Zeichen von »Andersartigkeit« (2 Abstufungen)*
Ein wesentliches Samplingkriterium war das sichtbare Zeichen der (zugeschriebenen) »Andersartigkeit«. Bei Personen, welche aufgrund spezifischer Merkmale leicht als »andersartig« erkennbar sind und daher eher als Projektionsfläche für Rassismus und Fremdenfeindlichkeit dienen können, wurde von einem erhöhten Bedrohungsrisiko im Sinne der Ungeschütztheit ausgegangen. Das Kriterium wurde in zwei Stufen berücksichtigt (vorhanden/nicht vorhanden) und umfasste in erster Linie eine dunkle Hautfarbe bzw. das Tragen eines Kopftuchs.

Im Zuge der Datenerhebung wurden im Zeitraum von April bis Juni 2009 36 qualitative Interviews (Länge ca. 1–1,5 Stunden) mit GesprächspartnerInnen aus der Türkei, Ex-Jugoslawien sowie Ländern aus den geografischen Räumen Osteuropa, Afrika, Lateinamerika, Südasien und dem mittleren Osten durchgeführt.[3] Um allen befragten Personen die Möglichkeit zu geben, ihrem Erleben nuanciert Ausdruck zu verleihen, wurden die Interviews in den überwiegenden Fällen in der Muttersprache der Betroffenen durchgeführt.

Angesichts des Themas war ein besonders sensibler Umgang mit forschungsethischen Fragen nötig (zur Assoziation zwischen Interviews und Befragungen im Asylverfahren siehe Thielen 2009; zum Thema undokumentierte

---

2 Subsidiär Schutzberechtigte (§§ 8, 52 AsylG) sind Personen, deren Antrag auf Asyl abgewiesen wurde, deren Abschiebung in das Herkunftsland jedoch aufgrund des völkerrechtlichen Grundsatzes des »non-refoulement« (§ 50 FPG) unzulässig ist. Dieses bezeichnet das Verbot, Personen zwangsweise in einen Staat zu befördern, in welchem sie schwerwiegenden Menschenrechtsverletzungen ausgesetzt würden. Subsidiärer Schutz kann bei Wegfall des Abschiebehindernisses aberkannt werden (Schumacher/Peyrl 2007, 255 f., 324 ff.)

3 Um die Anonymität der GesprächspartnerInnen sicherzustellen, wurden die Herkunftsländer mit Ausnahme der Türkei und Ex-Jugoslawiens zu größeren geografischen Kategorien zusammengefasst.

Migration Alt 2003). Das Setting der Befragung wurde so gestaltet, dass den Sicherheitsbedürfnissen der GesprächspartnerInnen möglichst weitgehend Rechnung getragen wurde (dies beinhaltete z. B. das Angebot, anonym zu bleiben, oder die freie Wahl des Intervieworts). Bei der Auswahl und dem Briefing der InterviewerInnen wurde der Umstand bedacht, dass Migrationsbiografien sehr oft mit Traumatisierung verbunden sind und daher spezifische Anforderungen an die Gesprächsführung stellen (siehe auch Loch 2008).

Die Interviews folgten einem problemzentrierten Leitfaden, der folgende Themen umfasste: das Leben in Österreich allgemein, Sprache und Information, die aufenthaltsrechtliche Situation, der Zugang zum Arbeitsmarkt, materielle Absicherung und Armut, Erfahrungen mit Rassismus und Fremdenfeindlichkeit, der Umgang mit Behörden und der Polizei, Gewalt im sozialen Nahraum, Traumatisierung sowie die Planbarkeit der Zukunft. Ein übergeordnetes Thema in allen genannten Bereichen waren Ressourcen und Bewältigungsstrategien.

Der Schwerpunkt der Datenanalyse lag auf einer thematisch-fallübergreifenden Inhaltsanalyse der transkribierten und gegebenenfalls in übersetzter Form vorliegenden Interviews in Anlehnung an Witzel (2000). Die Datenanalyse erfolgte mit Unterstützung der Software MAXQDA. Das Ziel der thematisch-fallübergreifenden Analyse bestand darin, Erkenntnisse über die Beschaffenheit und das Ausmaß der Sicherheits- und Unsicherheitsfaktoren und deren Interaktion zu gewinnen.

## 4. Ergebnisse und Diskussion

Nachfolgend werden exemplarisch ausgewählte Einflussfaktoren vorgestellt, welche sich als wesentlich für das subjektive Erleben von Unsicherheit, Angst und Bedrohung herausstellten.

### 4.1 Aufenthaltsrechtliche Situation

Einen der grundlegenden Einflussfaktoren auf die subjektiv erlebte Sicherheit von Menschen mit Migrationshintergrund stellt die aufenthaltsrechtliche Situation dar. Der Aufenthaltstitel an sich hat bereits eine sehr große Bedeutung im Sinne der rechtlichen (Un-)Gesichertheit, er ist aber auch deshalb so zentral, weil von ihm weitere Faktoren abhängen, welche die Lebenssituation von Personen mit Migrationshintergrund maßgeblich beeinflussen. So sind etwa eine materielle Ungesichertheit aufgrund des Verbots der Erwerbsarbeit, die daraus resultierende Abhängigkeit von Unterstützungseinrichtungen und ein damit in Zusammenhang stehendes Hilflosigkeitsgefühl, aber auch Angst und Verunsicherung im Umgang mit Behörden oder der Polizei oft nur vor dem Hintergrund der konkreten aufenthaltsrechtlichen Lage zu verstehen.

Viele der befragten MigrantInnen leiden erheblich unter ihrer Ungesichertheit und der Ungewissheit ihres Aufenthalts. Als psychisch überaus belastend erweist sich die jahrelange quälende Wartezeit und die erzwungene Untätigkeit, mit der AsylwerberInnen oft konfrontiert sind. Angesichts eines jederzeit widerrufbaren Aufenthaltsrechts (»Leben auf Zeit«) wird jegliche Berufsplanung, aber auch die Gestaltung eines Familienlebens unmöglich. Die ständig bestehende Möglichkeit einer Abschiebung ist als besonders gravierender Unsicherheitsfaktor zu werten und löst massive Ängste aus. Die folgenden Zitate zweier AsylwerberInnen sollen die emotionale Not verdeutlichen, die mit dieser Situation verbunden sein kann.

B: Vielleicht bin ich schon nicht mehr dicht. Ich bin müde, da ich nicht mehr weiß, wer ich bin. Denn du musst warten und warten, dieses ewige Warten, ob du bleiben darfst oder abgeschoben wirst. Zwei Mal haben wir schon Negativ bekommen. Beim zweiten Mal hat man uns gesagt, dass wir jetzt zurück müssen.

(weiblich, ca. 60 Jahre, Asylwerberin, kein sichtbares Zeichen, Interview 33)

B: Ich bin nicht glücklich. Ich bin nicht glücklich. ... Ich bin nicht glücklich.
I: Können Sie es mir beschreiben, wie Sie sich da fühlen und warum Sie sich so fühlen?
I: Weil ... ich hier bin, um nur ... um nur herumzusitzen. Wissen Sie. Einmal denke ich über etwas sehr lange nach, ohne es tun zu können ... Und dann auch lange Zeit, jedes Mal ohne ... ich denke und ich denke, weil ich nichts haben, ich habe keine Arbeit. Und ich habe ja Familie. Und ich denke an meine Familie dort und ich bin hier. Und das schon so lange. Und ich bin auch ... auch bin ich verwirrt. Ich bin nicht glücklich.

(männlich, ca. 45 Jahre, Asylwerber, sichtbares Zeichen, Interview 28b)

Auch subsidiärer Schutz wird von den Betroffenen keineswegs als Sicherheit stiftender Faktor, sondern lediglich als Aufschub der Abschiebung wahrgenommen.

Als wesentliche Quelle von Ungewissheit erweist sich auch die Instabilität im Bereich des Fremdenrechts (siehe Schumacher / Peyrl 2007, 15 f.; 49; 158 f.). Sie belastet insbesondere Personen, die über einen befristeten Aufenthaltstitel verfügen und daher auf eine genaue Kenntnis der Rechtslage angewiesen sind, um ihren Aufenthalt sichern zu können. Ein Studierender bringt dies auf den Punkt:

I: Ja, es ist unklar. Jedes Jahr habe ich große Ängste, um das Visum zu verlängern. Weil, ich weiß es nicht, jedes Jahr ist ein neues Gesetz.

(männlich, ca. 35 Jahre, Student, sichtbares Zeichen, Interview 16)

Die mangelnde Konstanz des Fremdenrechts erschwert es den Betroffenen, einen aktuellen Informationsstand bezüglich ihrer Rechte und Pflichten aufrechtzuerhalten und den gesetzlichen Vorgaben nachzukommen. Es trotz bestem Bemühen nicht richtigmachen zu können, löst gerade bei pro-aktiv orientierten Personen große Hilflosigkeit aus.

I: Dann habe ich zum ersten Mal mir [sic!] den Gedanken gehabt, dass ich die Gesetze von Österreich nicht kenne und wie wichtig das ist, und ich verstehe, ich kann das jetzt nicht lernen und das bringt auch nicht viel, weil es ändert sich ständig und ich kann wahrscheinlich nur in solchen Situationen das lernen oder die Leute fragen. Wirklich diese Angst, dass du etwas falsch machst, ohne das zu wissen.

(weiblich, ca. 30 Jahre, Familienangehörige[4] / Studentin, kein sichtbares Zeichen, Interview 21)

Langfristige Perspektiven des Aufenthalts, insbesondere die österreichische Staatsbürgerschaft oder der Status als anerkannter Flüchtling, tragen wesentlich zur subjektiven Sicherheit von MigrantInnen bei. Die Interviews zeigen, dass jene Personen, die relativ rasch Klarheit über ihren weiteren Aufenthalt in Österreich erhalten, etwa durch Anerkennung als Flüchtling oder in der Vergangenheit als GastarbeiterIn, sich aktiv und zielgerichtet der Bewältigung der Herausforderungen in Österreich zuwenden können.

Der österreichischen Staatsbürgerschaft kommt grundsätzlich eine starke sicherheitsstiftende Funktion zu. In der konkreten Ausgestaltung zeigen sich deutliche Unterschiede nach dem Alter bzw. nach dem vorangegangenen Aufenthaltsstatus. In Österreich geborene und aufgewachsene junge Personen (»Zweite Generation«) nehmen zwar einen Sicherheit stiftenden Effekt der Staatsbürgerschaft wahr, können diesen aber oft nicht konkretisieren. Bewusst wird ihnen die Bedeutung der Staatsbürgerschaft am ehesten im Umgang mit Behörden und anderen Institutionen sowie mit der Polizei. Eine junge Österreicherin, die ein Kopftuch trägt und von daher als Person mit Migrationshintergrund erkennbar ist, macht sich etwa Gedanken, ob sie ohne die österreichische Staatsbürgerschaft mit Nachteilen oder Schwierigkeiten konfrontiert sein könnte, wobei sie diese nicht näher benennt:

---

4 Der Aufenthaltstitel »Familienangehörige/r« nach § 47, 48 NAG umfasst EhegattInnen und minderjährige unverheiratete Kinder einschließlich Adoptiv- und Stiefkinder.

I: Und was heißt es für dich, dass du österreichische Staatsbürgerin bist? [...]

B: Ja natürlich, also von den Rechten her kann es mir Sicherheit geben, aber ja keine Ahnung, ich hab's nie als etwas Besonderes angesehen.

[...] Also bis jetzt hab ich noch nie etwas erlebt, das mir diesen Unterschied zu spüren gegeben hat, aber natürlich, wenn man jetzt einen Antrag auf etwas stellt, oder weiß nicht, ein gewöhnliches Formular ausfüllt und eben auch eintragen muss, welcher Staatsangehörigkeit man zugehört und wenn ich da dann eben österreichische Staatsbürgerin eintrage, dann ist auch so ein Gefühl der Erleichterung in mir. Also weiß nicht, jetzt nicht wirklich als Vorteil, aber ähm wenn ich jetzt eine andere Staatsangehörigkeit eintragen müsste, dann könnte sich das als Nachteil erweisen, also denk ich mir manchmal.

(weiblich, ca. 25 Jahre, in Österreich geboren und eingebürgert, sichtbares Zeichen, Interview 8a)

Für im Laufe ihres Lebens zugewanderte Personen, etwa ältere (ehemalige) GastarbeiterInnen, gestaltet sich der sicherheitsstiftende Effekt anders. Bei dieser Personengruppe stehen eher konkrete Vorteile im Sinne der materiellen Absicherung im Vordergrund, insbesondere der Zugang zu leistbarem Wohnraum in Form von Gemeindewohnungen, welcher früher an die Staatsbürgerschaft geknüpft war, oder die Absicherung im Alter. Darüber hinaus erleben viele die Einbürgerung auch als Zeichen ihrer Zugehörigkeit zu Österreich. Sie schafft eine persönliche Klarheit bezüglich des zukünftigen Lebensmittelpunkts. Andere Personen der »GastarbeiterInnen«-Generation hingegen drücken sehr deutlich aus, dass der formale Akt der Erlangung der Staatsbürgerschaft nicht ihr Erleben von Fremdheit und Ausgrenzung lindern konnte, was sie als sehr schmerzhaft erleben.

I: Was hat sich geändert für Sie? Wie war es vor und nach der Staatsbürgerschaftsverleihung?

B: Ich glaube, einiges hat sich geändert. Ich weiß es nicht was [Pause].

I: War das Leben leichter für Sie?

B: Nein, nein. Du bist noch immer eine Fremde, überall wo du bist. Immer wirst du schief angeschaut. Du bist Fremde, du bist Einwanderer.

(weiblich, ca. 55 Jahre, eingebürgert, kein sichtbares Zeichen, Interview 9a)

## 4.2    Arbeit, Arbeitsmarktzugang und materielle Situation

Arbeit und materielle Absicherung sind Themen, die grundsätzlich auch Personen ohne Migrationshintergrund betreffen, jedoch gestaltet sich die (un-) sicherheitsstiftende Wirkung im Migrationskontext anders. Ein Arbeitsmarktzugang ist die unverzichtbare Voraussetzung für ein Leben in Legalität und Normalität. Legale Erwerbsarbeit ist die Basis für materielle Gesichertheit, darüber hinaus sind die damit verbundenen Aufgaben sowie der daraus bezogene Selbstwert und soziale Status wesentliche psychische Stabilisierungsfaktoren. Den prinzipiell als positiv bewerteten beruflichen Chancen in Österreich stehen vielfältige Diskriminierungserfahrungen entgegen. So ist es etwa für islamische Frauen mit Kopftuch ungeachtet ihrer Qualifikationen überaus schwer, Arbeit zu finden, was das Risiko einer materiellen Ungesichertheit erhöht.

Wenngleich das österreichische Arbeitsrecht den Beschäftigten eine gute Grundlage für Absicherung bietet, müssen auch jene MigrantInnen, die zur Erwerbsarbeit berechtigt sind, oft schlechte Arbeitsbedingungen in Kauf nehmen, um ihren Lebensunterhalt zu sichern. Mehrere Befragte berichten über Arbeitsunfälle oder dauerhafte Gesundheitsschäden aufgrund von schwerer körperlicher Arbeit. Sehr präsent ist auch die Angst, im Falle eines Krankenstandes die Arbeit zu verlieren.

Viele der befragten MigrantInnen, sowohl mit als auch ohne Arbeitsmarktzugang, kennen materielle Ungesichertheit in unterschiedlichen Abstufungen. Ehemalige GastarbeiterInnen waren in der Vergangenheit zum Teil mit erheblicher Armut konfrontiert, auch Studierende leiden unter ihrer unzureichenden materiellen Absicherung. Besonders drastisch sind jedoch die Schilderungen von AsylwerberInnen, welche von legaler Erwerbsarbeit ausgeschlossen sind und lediglich über 40 Euro im Monat frei verfügen können. Das folgende Zitat einer Asylwerberin verdeutlicht das erlebte Ausmaß der Existenzbedrohung:

B: Dort haben wir dann in einem kleinen Zimmer ohne Fenster gewohnt. Wir haben auch kein Geld bekommen. Selten hat man uns bei einem Buffet mithelfen lassen, mich und die Frau meines Sohnes. Für zwei oder drei Stunden Arbeit hat man uns 8 bis 10 Euro bezahlt. Und von diesem Geld sollten wir dann unsere Familie versorgen. Mein Mann hat dann auch angefangen, unsere Sachen zu verkaufen, damit wir mehr Geld haben. Ich kann mich noch erinnern, dass ich einmal beim Putzen mitgeholfen habe und 10 Euro als Belohnung bekommen habe. Ich und meine Schwiegertochter rauchen. Wir sind bei einem Zigarettenautomat vorbeigegangen und haben uns gedacht, dass wir uns selbst auch belohnen könnten und uns ein Päckchen kaufen. Für den Rest kaufen wir Brot und Kartoffeln, damit wir für das Abendessen etwas haben. Ich habe dann 10 Euro in den Automaten hineingesteckt und er hat dann drei Packungen rausgeworfen [fängt zu weinen an]. Wir wussten nicht, was wir tun sollten, denn wir hatten nun kein Geld mehr für das Abendessen.

(weiblich, ca. 60 Jahre, Asylwerberin, kein sichtbares Zeichen, Interview 33)

Diese Verknüpfung zwischen Aufenthaltsstatus und Armut verdeutlicht die Wechselwirkung zwischen rechtlicher und materieller Ungesichertheit.

Umgekehrt leistet das relativ hohe Niveau der sozialen Absicherung in

Österreich einen wichtigen Beitrag zum Sicherheitserleben jener Menschen mit Migrationshintergrund, die rechtlichen Zugang zu diesen Leistungen haben. Verlässlich ausbezahlte Sozialleistungen schaffen nicht nur eine materielle Basis zur Sicherung des Lebensunterhalts, sondern ermöglichen auch eine Planbarkeit der Ausgaben, was zur Reduktion von Ungewissheit beiträgt.

## 4.3    Rassismus und Fremdenfeindlichkeit

Die Dimension der Ungeschütztheit nimmt einen zentralen Stellenwert im Unsicherheitserleben von Menschen mit Migrationshintergrund ein. Erfahrungen mit Rassismus und Fremdenfeindlichkeit in den unterschiedlichen Lebensbereichen sind wesentliche Quellen von Angst und Bedrohung. Verbale Verletzungen der Würde stellen einen ständig präsenten Belastungsfaktor für Menschen mit Migrationshintergrund dar. Praktisch alle Befragten sind bereits Opfer von Beleidigungen und Beschimpfungen gewesen, manche auch von tätlichen Übergriffen. Solche Vorfälle finden im öffentlichen Raum und insbesondere auch im unmittelbaren Wohnumfeld statt, wodurch den Betroffenen ihre persönliche Rückzugsmöglichkeit und der damit verbundene Schutz genommen sind. Weiters wird häufig über Diskriminierung am Arbeitsplatz oder bei der Arbeitssuche berichtet.

Die Wahrscheinlichkeit, Übergriffe zu erleben, steigt dramatisch, wenn der Migrationshintergrund der Betroffenen äußerlich erkennbar ist. Diskriminierung, Fremdenfeindlichkeit und Rassismus konzentrieren sich besonders auf Personen, die als »anders« klassifiziert werden. Personen mit dunkler Hautfarbe und Frauen, die ein Kopftuch tragen, sind somit als überaus gefährdete Zielgruppen anzusehen. Frauen mit dunkler Hautfarbe sind zudem einem erhöhten Risiko von sexuellen Übergriffen ausgesetzt.

Rassistische Erlebnisse verstärken das Erleben von Unsicherheit, Angst und Bedrohung erheblich. Selbst die positive und stabilisierende Wirkung von Sicherheitsfaktoren wie einem gesicherten Aufenthalt wird durch die tägliche Angst vor Herabwürdigungen und Übergriffen erheblich abgeschwächt. Somit sind auch eingebürgerte oder hier geborene Personen einem merklich höheren Bedrohungsrisiko ausgesetzt, wenn ihr Migrationshintergrund erkennbar ist.

Als besonders alarmierend ist zu werten, dass viele Befragte einen grundlegenden Alltagsrassismus in Österreich wahrnehmen. Die Häufigkeit der berichteten Vorfälle unterstreicht dies (siehe auch ZARA 2001–2009; Ulram 2009). Ein Interviewpartner beschreibt dies folgendermaßen:

B: Natürlich hat man als Ausländer auf der Straße gewisse Probleme. Es gibt leider in Wien viele ausländerfeindliche Leute, die einen grundlos beschimpfen. Wirklich bedroht hatte ich mich bisher nicht gefühlt, aber Beleidigungen gegenüber Ausländern bei vielen Menschen in Wien ist quasi Normalität.

(männlich, ca. 25 Jahre, Subsidiärschutz, kein sichtbares Zeichen, Interview 25b)

Charakteristisch ist, dass MigrantInnen in diesen Situationen in der Regel keine polizeiliche Hilfe in Anspruch nehmen, sondern die Bedrohung eher erdulden, da sie die Erfahrung gemacht haben oder befürchten, sich nicht wehren zu können oder im Kontakt mit der Polizei gar eine erneute Diskriminierung zu erfahren. Ein Student mit dunkler Hautfarbe berichtet über das demütigende Erlebnis, bespuckt zu werden:

B: Ich bin ein Rapid-Fan. Ich bin hingegangen am Rathausplatz und jemand hat auf mein Gesicht ausgespuckt.

I: Gespuckt?

B: Ja. Was konnte ich tun. Wenn ich sowieso was sage, dann ja Afrikaner sind immer aggressiv, und ich war ganz alleine und er mit anderen und wenn ich reüssiere, vielleicht bin ich tot. Lieber nichts sagen, ich bin dann gegangen. Ich habe meine Kamera mit. Ich hatte viel Fotos gemacht und ich bin nach Hause gefahren. Ich habe so gemacht [sic!]. Aber trotzdem. Es ist mir passiert, aber immer wenn die Pokale holen, gehe ich dort am Rathausplatz.

I: Das Gefühl ist noch da, meinst du?

B: Ja. Weil ich habe ihm nichts angetan. Ich habe nichts getan.

(männlich, ca. 35 Jahre, Student, sichtbares Zeichen, Interview 16)

Neben Verzweiflung, Traurigkeit und Angst vor körperlichen Übergriffen ist der Rückzug von Interaktionen mit Mitgliedern der Mehrheitsgesellschaft eine häufige Folge, mit der zudem oft depressive Episoden einhergehen. Auch die Tendenz, sich um einen Wohnsitz in einem Bezirk mit hohem MigrantInnenanteil zu bemühen, welche in mehreren Interviews zur Sprache kommt, ist in diesem Zusammenhang eine nachvollziehbare Bewältigungsstrategie.

## 4.4 Verhältnis zur Polizei sowie zu Behörden und öffentlichen Institutionen

Das Verhältnis zu Behörden und öffentlichen Institutionen ist deshalb für so viele MigrantInnen in hohem Maße relevant für das Erleben von Sicherheit, weil zahlreiche der Betroffenen aufgrund ihrer aufenthaltsrechtlichen oder materiellen Ungesichertheit auf institutionelle Hilfe angewiesen sind. Behörden und andere Unterstützungseinrichtungen stellen das konkrete Bindeglied zum Angebot sozialer Leistungen dar.

Das Verhältnis zur österreichischen Polizei sowie zu Behörden und öffentlichen Institutionen wird in den Interviews als überaus ambivalent geschildert. Einerseits bringen MigrantInnen der österreichischen Polizei und anderen öffentlichen Institutionen durchaus Vertrauen entgegen, was sie oft mit einem Vergleich mit der im Herkunftsland erlebten Willkür begründen. Andererseits führt die Angst vor Rassismus dazu, dass sich Menschen mit Migrationshintergrund nicht selbstverständlich an die Polizei oder Behörden wenden. Dies kann auf konkreten negativen Erfahrungen basieren oder sich auf einen allgemeinen, atmosphärischen Eindruck beziehen. Zahlreiche InterviewpartnerInnen berichten von nicht angemessenem Verhalten wie Respektlosigkeit und einem groben Umgangston bei MitarbeiterInnen von Behörden und öffentlichen Institutionen. Die Betroffenen selbst führen dies oft auf Verständigungsschwierigkeiten zurück; die Kombination mit dem rechtlich ungesicherten Status als AsylwerberIn wird dabei als besonders verunsichernd erlebt.

Persönliche Erfahrungen mit Polizeiübergriffen werden in der vorliegenden Studie zwar nicht erwähnt, die Angst davor ist jedoch in vielen Interviews präsent, wie die beiden nachfolgenden Zitate illustrieren. Die erste Frau ist der Gruppe mit sichtbarem Zeichen der »Andersartigkeit« zuzuzählen, die zweite ist optisch »unauffällig«. Dennoch aktiviert auch bei Letzterer die Möglichkeit, bei einer Ausweiskontrolle als »Migrantin« identifiziert zu werden, Ängste vor potenziellem Rassismus.

I:  Und gibt es Situationen, in denen du Angst hast vor der Polizei?

B:  Hmm, ääähm, also da ich nicht wirklich was mit der Polizei zu tun hab, aber wenn man jetzt Auto fährt und die Polizei sieht, keine Ahnung, man hört ja, dass es auch rassistische Polizisten gibt, und man angehalten wird, egal aus welchem Grund, dann macht man sich schon Gedanken so: »Ja hoffentlich ist das jetzt kein Rassistischer«, also ja, solche Gedanken hab ich dann. Aber so direkt, dass ich einfach Angst hab, nicht, nein.

(weiblich, ca. 25 Jahre, in Österreich geboren und eingebürgert, sichtbares Zeichen,
Interview 8a)

B:  Weiß nicht, also generell, ich hab kein Vertrauen zur Polizei. Also ... nein nicht. Also jetzt nicht unbedingt wegen Ausländer sein und so, aber man hört so viele Sachen, und zum Beispiel, wir waren auf ein Konzert und die Polizei hat uns aufgehalten, weil wir zu viele waren im Auto, und die eine Freundin wollt, dass uns dann die Polizei weiterführt nach Hause, ich hätt' nie zugestimmt, da geh ich lieber bei dem Regen zu Fuß nach Hause.

I:  O.k., aber woher kommt dieses Misstrauen jetzt genauer?

B:  Ich weiß es nicht, ich hab das irgendwie in mir drin so.

I:  Aber jetzt, wegen, weil du Angst hast?

B:  Ja.

I: Und was können sie dir tun?

B: Ja, weiß ich nicht, dass sie vielleicht merken, keine Ahnung, dass ich Ausländerin bin, weil jetzt vielleicht merkt niemand, dass ich Ausländerin bin, aber dann wenn sie mich fragen oder nach meinen Namen fragen und sie merken dann doch, ich bin eine, keine Ahnung, können sie ja machen, verprügeln und so. Ich mein, das hört man ja oft genug solche Sachen. Das gilt jetzt nicht für alle, aber so generell hab ich diese Kälte, dieses Misstrauen gegenüber der österreichischen Polizei. Also ich mag sie jetzt nicht, aber natürlich gilt das nicht für alle.

(weiblich, ca. 25 Jahre, in Österreich geboren und eingebürgert, kein sichtbares Zeichen, Interview 7a)

Nicht zuletzt sei festgehalten, dass für das Sicherheitsgefühl nicht nur das, was die Polizei oder die Behörden tun, ausschlaggebend ist, sondern auch das, was sie nicht tun. Dass, zum Beispiel, im Fall von Gewalt gegen Frauen oft nicht eingeschritten wird, unterminiert das Sicherheitserleben von Frauen mit Migrationshintergrund wesentlich. Eine junge Frau, die mehrmals vergeblich die Polizei kontaktiert hatte, um häusliche Gewalt durch ihren gewalttätigen Vater zu unterbinden, musste letztendlich ins Frauenhaus fliehen. In dieser Situation musste sie erneut mangelnde Unterstützung durch die Polizei erleben:

B: Und eines Tages war ich bei XX [Ort] […] Auf jeden Fall war das am Abend, und dann hab ich ein Auto gesehen, das hat mich so beobachtet, und ich hab geglaubt, das sind mein Bruder und mein Vater drin, weil damals hatte ich sehr extreme Angst, dass sie jetzt wollen, dass ich nach Hause komme, […] und dann hab ich geglaubt, das sind sie, und dann bin ich halt, hab ich, war ich ur in Panik und bin gelaufen und dann hab ich Leute gesehen. Dann hab ich ihnen gesagt, dass mich jemand verfolgt. Und ich weiß nicht, jetzt ist das alles nicht mehr so real für mich, aber damals, ich hab sehr viel Angst gehabt. Und diese Leute, ich hab schon geweint, und diese Leute waren so nett, und die haben mich dann zur Polizei gebracht. Und als ich bei der Polizei war, dann hat der gesagt: »Ja, und was soll ich jetzt für dich machen? Was glaubst du, was ich für dich machen soll?« Ich hab ihm gesagt, naja, ich wohn im Frauenhaus, und ob er mich da hinbringen kann, denn ich trau mich jetzt nicht noch mal rausgehen. Und da hat er, »Ah, soll ich für dich Taxi spielen oder was?«, hat er mir gesagt und dann hab ich schon das Gefühl gehabt, naja, die wollen jetzt nicht. Die … ja, und dann bin ich, dann hat er gesagt: »Ok, setz dich dahin, da kommt jemand«. Dann hab ich ein bisschen gewartet und dann hab mir gedacht »naja« und dann bin ich gegangen, von alleine. Ja, ich weiß nicht, ich glaub nicht [lacht] an die Polizei.

(weiblich, ca. 25 Jahre, eingebürgert, kein sichtbares Zeichen, Interview 7)

## 4.5    Ressourcen und Bewältigungsstrategien

Die zahlreichen Unsicherheiten, Ängste und Belastungen im Rahmen des Migrationsprozesses fordern Betroffene zu einer aktiven Form der Bewältigung heraus. Menschen mit Migrationshintergrund verfügen über ein breites Spektrum von Ressourcen und Bewältigungsstrategien, wobei die Art der Nutzung individuell sehr unterschiedlich ist. Die Bewältigungsformen reichen von aktiven Problemlösestrategien und der Suche nach emotionaler und professioneller Unterstützung über ein Erdulden von schwierigen Situationen und ängstlichen Rückzug bis hin zum Herunterspielen der Bedeutung von Problemen, dem kontinuierlichen Ausblenden von Gefühlen und zum Einsatz von Humor. Die folgende Interviewpassage, in der eine ältere Frau über ihr Ankommen in Österreich als Ehefrau eines Gastarbeiters berichtet, zeigt, wie sie Erfahrungen der materiellen Entbehrung verarbeitet.

B:  … aber ich bin gekommen und hier war ein Haus, um es Haus zu nennen, braucht es 40 Zeugen. Schuppen! [lacht]
I:  Schuppen! [lachend]
B:  Schuppen! [lachend] Ja, aber wirklich. An so einen Ort bin ich gekommen, wirklich. Ich hatte einen Schock, einen Schock. […] Menschenskind, er hat mich hergebracht, ist gekommen und ich habe geschaut, Allahallah, er hat dort ein Bett aufgestellt, einen Tisch, einen Sessel, das Haus ist voll. Ein winziger Platz. Weder Wasser gibt es im Haus noch sonst etwas, es gibt nichts. Ich habe so geweint, ich habe so geweint. Dann – haa [holt tief Luft und bläst die Luft aus] dann haben wir Haus, ein Haus gesucht. Erst nach einem Jahr haben wir ein Haus gefunden. Und das hat wieder kein Wasser. Dann habe ich mit Kübeln das Wasser ins Haus geholt. Mit so Kübeln habe ich das Wasser getragen von einem anderen Ort … vom Garten habe ich Wasser ins Haus getragen. So habe ich wieder so gewohnt ein paar Jahre, dann haben wir Wasser ins Haus eingeleitet, ohne zu fragen. Wir haben selbst Wasser eingeleitet. Mein Gatte hat gearbeitet, hat so einen Kanal gegraben, von dort haben wir Wasser geholt. Dann haben wir uns erleichtert gefühlt, wir haben dort gewohnt. […] Soll heißen, in so ein Haus hat mich mein Mann gebracht [lachend]. Ich habe sehr gelitten [lachend].

(weiblich, ca. 60 Jahre, eingebürgert, sichtbares Zeichen, Interview 12)

Eine besondere Bedeutung haben unterstützende soziale Kontakte. Hierzu zählen Freundschaften sowohl mit Personen aus Österreich als auch aus der Community des eigenen Herkunftslands oder aus anderen Ländern. Stabile Partnerschaften oder sichere Bindungen in der Familie (z.B. nach erfolgter Familienzusammenführung) haben das Potenzial, einen Teil der allgemeinen Verunsicherung im Migrationsprozess abzufedern, und werden als emotional sehr bedeutsam empfunden.

## 5.  Ausgewählte Impulse für Forschung, Politik und Praxis im Bereich Migration und Integration

Im Sinne eines zusammenfassenden Ausblicks wurden auf Basis der Forschungsergebnisse folgende Impulse (1) für die Forschung, (2) für Institutionen und Beratungseinrichtungen sowie (3) für die Politik formuliert:

(1) Unsicherheit, Angst und Bedrohung im Migrationskontext sind als komplexe, mehrdimensionale und dynamische Phänomene zu verstehen. Dies impliziert die Anwendung eines umfassenden (Un-)Sicherheitsbegriffs ebenso wie die Verschränkung der subjektiven Perspektive mit objektiven sicherheitsbezogenen Rahmenbedingungen (z. B. Staatsform, gesetzlichen und ökonomischen Rahmenbedingungen). Dabei sollten sowohl die Dynamik unterschiedlicher Phasen der Migrationsbiografie als auch die Veränderungen der gesellschaftlichen Rahmenbedingungen berücksichtigt werden.

(2) In Hinblick auf den institutionellen Bereich scheint eine Erhöhung interkultureller Kompetenzen und eine Ausweitung diesbezüglicher Sensibilisierungsmaßnahmen in allen Institutionen wesentlich, insbesondere in der Aus- und Weiterbildung von VertreterInnen der Exekutive und anderer öffentlicher und staatlicher Einrichtungen. Auch die verstärkte Beschäftigung von Personen mit Migrationshintergrund kann einen wichtigen Beitrag leisten.

(3) Impulse für politische EntscheidungsträgerInnen betreffen insbesondere politisch-rechtliche Rahmenbedingungen. Gerade im Fall von AsylwerberInnen, bei denen die oft jahrelange Ungewissheit eine hohe psychische Belastung verursacht, wären unter Beibehaltung der menschenrechtlichen Standards raschere Entscheidungen über den aufenthaltsrechtlichen Status wünschenswert. Zur Gewährleistung der materiellen Absicherung sollten Rahmenbedingungen geschaffen werden, die es ZuwanderInnen rasch ermöglichen, ihren eigenen Lebensunterhalt zu verdienen. Um Menschen mit Migrationshintergrund eine verlässlichere Zukunftsplanung zu ermöglichen, sollten die Bemühungen zur längerfristigen Stabilisierung der Rechtslage verstärkt werden. Nicht zuletzt sollten auf unterschiedlichen Ebenen Maßnahmen gegen Rassismus initiiert werden.

## Literatur

Alt, Jörg 2003: *Leben in der Schattenwelt. Problemkomplex »illegale« Migration*, Karlsruhe.

Bauböck, Rainer 2004: ›Migration und innere Sicherheit. Komplexe Zusammenhänge, paradoxe Effekte und politische Simplifizierungen‹, *Österreichische Zeitschrift für Politikwissenschaft* 33 / 1, 49 – 66.

Bauman, Zygmunt 2000: *Die Krise der Politik. Fluch und Chance einer neuen Öffentlichkeit*, Hamburg.

Borde, Theda 2007: ›Psychosoziale Potentiale und Belastungen der Migration – globale, institutionelle und individuelle Perspektiven‹, in Theda Borde / Matthias David (Hg.): *Migration und psychische Gesundheit. Belastungen und Potentiale*, Frankfurt a.m., 193 – 212.

Braakmann, Diana / Spicker, Ingrid / Enzenhofer, Edith / Tosic, Jelena / Gelo, Omar 2009: *SALOMON. Entwicklung einer Forschungsmethodik zur Erfassung individueller und kollektiver Bedrohungswahrnehmungen von MigrantInnen. Projektendbericht*, Wien.

Carbonell, Sonia 2005: ›Immigration and hardship: Living with fear‹, in William George / Kimberly Barrett (Hg.): *Race, culture, psychology, and law*, Thousand Oaks, 435 – 445.

Enzenhofer, Edith / Braakmann, Diana / Spicker, Ingrid / Kien, Christina 2009: *SALOMON Next Step. Bedrohungswahrnehmung von MigrantInnen. Eine Studie im Rahmen der österreichischen Sicherheitsforschung. Projektendbericht*, Wien.

Kizilhan, Ilhan 2007: ›Potentiale und Belastungen psychosozialer Netzwerke in der Migration‹, in Theda Borde / Matthias David (Hg.): *Migration und psychische Gesundheit. Belastungen und Potentiale*, Frankfurt a.m., 53 – 67.

Kronsteiner, Ruth 2009: ›Migrationsprozess – Trauma – Gesundheit. Theoretische Grundlagen der psychosozialen Versorgung von MigrantInnen‹, in Maria Six-Hohenbalken / Jelena Tošić (Hg.) *Anthropologie der Migration. Theoretische Grundlagen und interdisziplinäre Aspekte*, Wien, 322 – 342.

Loch, Ulrike 2008: ›Spuren von Traumatisierungen in narrativen Interviews‹, *Forum: Qualitative Sozialforschung / Forum: Qualitative Social Research*, Jahrgang 9, Heft 1, Art. 54. Zuletzt abgerufen am 11.06.2009 unter http://www.qualitative-research.net/index.php/fqs/article/view/320.

Perchinig, Bernhard 2006: ›Einwanderungs- und Integrationspolitik‹, in Emmerich Talos (Hg.): *Schwarz-Blau. Eine Bilanz des »Neu-Regierens«*, Münster, 295 – 312.

Pilgram, Arno 2003: ›Migration und Innere Sicherheit‹, in Heinz Fassmann / Irene Stacher (Hg.): *Österreichischer Migrations- und Integrationsbericht*, Klagenfurt, 305 – 341.

Reinprecht, Christoph 2006: *Nach der Gastarbeit. Prekäres Altern in der Einwanderungsgesellschaft*, Wien.

Schumacher, Sebastian / Peyrl, Johannes 2007: *Fremdenrecht*, Wien.

Sluzki, Carlos E. 2001: ›Psychologische Phasen der Migration und ihrer Auswirkungen‹, in Thomas Hegemann / Ramazan Salman (Hg.): *Transkulturelle Psychiatrie. Konzepte für die Arbeit mit Menschen aus anderen Kulturen*, Bonn, 101 – 115.

Thielen, Marc 2009: ›Freies Erzählen im totalen Raum? – Machtprozeduren des Asylverfahrens in ihrer Bedeutung für biografische Interviews mit Flüchtlingen‹, *Forum:*

*Qualitative Sozialforschung / Forum: Qualitative Social Research,* Jahrgang 10, Heft 1, Art. 39. Zuletzt abgerufen am 02.10.2009 unter http://www.qualitative-research.net/ index.php/fqs/article/view/1223.

Ulram, Peter A. 2009: *Integration in Österreich. Einstellungen, Orientierungen und Erfahrungen von MigrantInnen und Angehörigen der Mehrheitsbevölkerung,* Wien.

Witzel, Andreas 2000: ›Das problemzentrierte Interview‹, *Forum: Qualitative Sozialforschung / Forum: Qualitative Social Research,* Jahrgang 1, Heft 1, Art. 22. Zuletzt abgerufen am 05.04.2009 unter http://www.qualitative-research.net/index.php/fqs/article/ view/1132/2519.

Wohlfahrt, Ernestine / Zaumseil, Manfred 2006: *Transkulturelle Psychiatrie – Interkulturelle Psychotherapie. Interdisziplinäre Theorie und Praxis,* Heidelberg.

ZARA (Zivilcourage und Antirassismus-Arbeit) 2001 – 2009: *Rassismus-Reports. Einzelfall-Bericht über rassistische Übergriffe und Strukturen in Österreich,* Wien. Zuletzt abgerufen am 15.07.2010 unter http://www.zara.or.at/index.php/beratung/rassismusreport.

Erol Yildiz / Marc Hill

## Migration ist Normalität. Ihr Beitrag zur Urbanisierung am Beispiel des Griesviertels in Graz

Weil Migrationsbewegungen so alt sind wie die Menschheit, kann die Weltge-
schichte auch als Geschichte von Wanderungen gelesen werden (vgl. Bade 2002;
Fassmann 2007). Auch in der Gegenwart gehören Migrationen (weltweit) zur
Normalität. Seit Beginn des 21. Jahrhunderts sind jedoch neue Migrationspfade
und -profile entstanden, geografische Distanzen konnten leichter überbrückt
werden. Vor allem nach dem Fall des Eisernen Vorhangs ist sowohl in Europa
(vgl. Fassmann / Münz 2000) als auch weltweit eine gewisse »Diversifizierung
globaler Migrationsbewegungen« und »Heterogenisierung der Herkunftsländer« zu beobachten (vgl. Kraler 2007, 28). So ist Migration gleichsam zu ihrem
eigenen Symbol geworden – als Voraussetzung und Konsequenz von Globalisierung.

Ein wichtiges Motiv, das die Menschen vor allem im europäischen und historischen Kontext zur Wanderung bewog, war die fortschreitende Industrialisierung. Migrationsbewegungen trieben Verstädterungs- und Urbanisierungs-
prozesse voran. Im Laufe der Industrialisierung und Urbanisierung entstanden
in den Städten neue Arbeiterquartiere, in denen Zuwanderer unter zum Teil
desolaten Bedingungen ihr Leben fristeten. Aus diesem Blickwinkel werden auch
Stadtgeschichten als Wanderungsgeschichten geschrieben.

Heute wird MigrantInnen und deren Nachkommen, die sich scheinbar nicht
schnell genug in die Gesellschaft einfügen, oft genug ›Fremdheit‹ und ›Inte-
grationsresistenz‹ vorgeworfen. Bei dieser Reduktion auf kulturelle und ethnische Eigenschaften handelt es sich um »kategoriale Klassifikationen«, die mit
abwertenden Zuschreibungen einhergehen, »kategoriale Exklusivitäten« bilden
(Neckel / Sutterlüty 2008, 20) und den Zugang zu wichtigen gesellschaftlichen
Ressourcen limitieren (können).

In unserem Beitrag werden wir kleinräumig vorgehen und unseren Blick auf
das Leben in einem Stadtviertel richten, das in der lokalen Öffentlichkeit wegen
seines hohen MigrantInnenanteils nicht selten als problematisch wahrgenommen wird, nämlich das Griesviertel in Graz. Bevor wir die konkrete Lebenspraxis
vor Ort beschreiben, werden wir im ersten Abschnitt kurz den konventionellen

Umgang mit Migration und MigrantInnen diskutieren, um anschließend eine andere Sicht auf »Migration und Stadt« aufzuzeigen. Danach werden wir die vorläufigen Ergebnisse unserer qualitativen Studien im Griesviertel präsentieren und schließlich Schlussfolgerungen für die weitere Diskussion ziehen.

## 1.   Der konventionelle Umgang mit Migration

Wenn heute von Stadtvierteln die Rede ist, die »migrantisch geprägt« sind, dann tauchen häufig Begriffe wie ›Getto‹ oder ›Parallelgesellschaft‹ auf. Oftmals gelten sie als verlorene Territorien oder als »panische Räume« (Ronneberger / Tsianos 2009). Im Diskurs um ›Parallelgesellschaft‹ oder ›Getto‹ verschränken sich Themen wie Kriminalität, rechtsfreie Zone und Drogenproblematik sowie Verwahrlosung und Armut. Der Diskurs folgt dabei der »Figur des explosiven Raums« (Ronneberger 2002). Eine Folge dieser Diskussion ist es, dass MigrantInnen einseitig im Kontext einer negativ und defizitär bewerteten Lebenssituation wahrgenommen werden. Damit wird die »Komplexität der Präsenz von Einwanderern« (Caglar 2001, 334) auf Abweichung und Bedrohung reduziert und eine Panikstimmung erzeugt. In diesem Zusammenhang ist von der Überschreitung von Toleranzschwellen oder Belastungsgrenzen die Rede.

Obwohl zur Beschreibung der Lebenssituation von MigrantInnen auch andere Perspektiven denkbar sind, sehen wir uns im öffentlichen Diskurs eher mit einem »normalistischen Blick« (Lanz 2007) konfrontiert. Diese Art des Sehens hat in den letzten Jahrzehnten ein Wahrnehmungsstereotyp nach sich gezogen, das fast ausschließlich Bilder einer ›unangepassten‹ und ›problematischen‹ Migration entwarf. Dabei werden politische Umstände und soziale Kontexte meist ebenso ignoriert wie die differenzierten Lebenswirklichkeiten von migrantischen Gruppen. Diese Art der Thematisierung macht es auch schwer, eine konstruktive Debatte über Migration und Integration zu führen (vgl. Münz 1996, 160).

Der emotional besetzte und auf Konfliktsituationen fokussierte öffentliche Diskurs schafft eine eigene Wirklichkeit und stellt die Grundlage für weitere pädagogische oder politische Maßnahmen dar. Auf diese Weise ist ein ethnisches Rezeptwissen entstanden, das in unterschiedlichen Kontexten weiter reproduziert und bestätigt wird. Diese Macht-Wissen-Konstellation wird von Michel Foucault (1978) in einem anderen Zusammenhang als »Dispositiv« bezeichnet. Dabei handelt es sich um einen gesellschaftlichen Wissensbestand, der als Deutungsressource, als Wegweiser der Wahrnehmung in relevanten Bereichen der Gesellschaft fungiert und in die alltägliche Praxis eingebunden ist.

Diese Repräsentationspraxis interpretiert die urbane Realität nach Herkunftskriterien und ethnisch-religiösen Aspekten, reduziert die vielfältigen und vielschichtigen urbanen Lebenskontexte auf ›Wir‹ und die ›ethnisch Anderen‹ und erzeugt so eine Art »Folklore des Halbwissens« (Beck-Gernsheim 2004, 11). Das folgende Zitat aus einer im Jahr 2009 im Auftrag des Innenministeriums erstellten Studie zur Integration in Österreich ist ein deutliches Beispiel dafür, wie es zur (Re)Produktion jener »Folklore des Halbwissens« bzw. des ethnischen Rezeptwissens kommt. In der Einleitung heißt es:

> Die entsprechenden Punkte dürften einander verstärken, so dass hier durchaus Ansätze einer Parallelgesellschaft vorfindbar sind. Dies gilt im Übrigen gerade für Angehörige der zweiten Migrantengeneration. (Ulram 2009, 5)

Die Befunde der Studie lassen jedoch diese Schlussfolgerung kaum zu, weil die Mehrheit der befragten MigrantInnen und deren Nachkommen sich nach eigenen Aussagen in Österreich ›integriert‹ fühlen und ähnliche Zukunftsvisionen haben wie die ›einheimische‹ Bevölkerung. Hier gewinnt man den Eindruck, dass bestimmte Grundsätze und Entscheidungen im Vorfeld der Studie getroffen und die Ergebnisse der Untersuchung dementsprechend interpretiert worden sind, wie die folgende Stelle zeigt:

> »Zielsetzung einer umfassenden und »dichten« Integrationspolitik sollte sein, nicht nur die Einhaltung der geltenden rechtlichen Vorschriften einzufordern, sondern die Zuwanderer auch zu Akzeptanz und Übernahme zentraler gesellschaftlicher und politischer Grundwerte hinzuführen.« (Ulram 2009, 7)

Bei dem Begriff ›Parallelgesellschaft‹, der in den oben zitierten Passagen genannt wird, handelt es sich um eine Raumideologie. Mit ›Ideologie‹ ist hier nicht ein ›falsches Bewusstsein‹ gemeint, sondern es geht um die Dominanz einer Sichtweise, die andere Deutungen ignoriert oder marginalisiert. Der Diskurs um ›Parallelgesellschaft‹ charakterisiert eine spezifische Repräsentationsform der Einwanderung, stellt eine bestimmte Version zur Verfügung, um über Migration und migrationsgeprägte Stadtteile zu sprechen. Gleichzeitig begrenzt der Parallelgesellschaftsdiskurs alle anderen Versionen des Diskurses über solche Räume. So werden beispielsweise bestimmte Stadtteile als ›Ausländerviertel‹ oder ›Türkenviertel‹ tituliert und abgewertet.

Es fällt auf, dass das Leben in migrationsgeprägten Stadtteilen durch seine Abweichung von der ›Mehrheitsgesellschaft‹ bzw. von der ›Mittelschicht‹ charakterisiert wird. Die Parallelgesellschaft wird als ›desorganisiertes‹ soziales Gebilde betrachtet und mit Begriffen des Mangels und der Schwäche analysiert. Die Begriffe ›Mehrheitsgesellschaft‹ oder ›Mittelschicht‹ werden nicht definiert, sondern als implizite Normalität vorausgesetzt. Aus dieser Sicht werden diese Viertel »als Horte versammelter Regellosigkeit, Abweichung und Anomie« betrachtet, wie Wacquant (1998, 201) in Bezug auf amerikanische ›Gettos‹ schreibt. In Anlehnung an Edward Said (1978) könnte man hier von einem *urbanen*

*Orientalismus* sprechen, einer Art imaginärer Stadtgeografie. Said beschreibt in seiner Studie »Orientalismus«, wie im Laufe der Geschichte im Westen bestimmte exotisierende Bilder und Raumvorstellungen über den Orient entstanden sind, und spricht in diesem Kontext von einer »imaginären Geografie«. Ähnliche Vorstellungen existieren auch über migrationsgeprägte Stadtteile oder Straßenzüge, die als ›Getto‹ in Verruf geraten sind. Solche Diskurse korrespondieren kaum mit den Lebenswirklichkeiten in diesen Stadtvierteln und erzeugen ›Gettos im Kopf‹.

Auch der Begriff ›ethnische Kolonie‹, der in stadtsoziologischen Analysen immer noch verwendet wird, sagt wenig aus über die differenzierten Lebenswirklichkeiten von MigrantInnen, auch wenn diese Kategorie wie bei Hartmut Häußermann eher positive Konnotationen aufweist:

> Die ethnischen Kolonien, die es in jeder großen Stadt gibt, können für die Zuwanderer einen Schutzraum darstellen, in dem sie sich auf der Grundlage der Anerkennung ihrer mitgebrachten Identität, eingebettet in dichte Netze, mit der neuen Heimat auseinandersetzen können [...]. (Häußermann 2006, 304)

Insgesamt zeichnen solche Debatten und Analysen, die einer differenzierten Darstellung wenig Platz einräumen, ein äußerst düsteres Bild des urbanen Zusammenlebens in migrationsgeprägten Stadtteilen. Die Beschreibung migrationsgeprägter Stadtteile mit ethnischen Kategorien hat mehr Schaden angerichtet als Erhellung gebracht. Insofern ist die Indifferenz der Analysen gegenüber positiven Entwicklungen in solchen Vierteln überraschend. Daher stellt Rolf Lindner zu recht fest:

> Durch die unreflektierte Übernahme solcher Bilder und Begriffe werden nämlich die Zustände, die sie abzubilden behaupten, überhaupt erst diskursiv hergestellt. (Lindner 2004, 196)

Die Skandalisierung migrationsgeprägter Stadtviertel als ›Parallelgesellschaften‹ oder ›soziale Brennpunkte‹ haben negative Auswirkungen auf die Infrastruktur in solchen Stadtteilen. Sie fällt als Stigmatisierung auf die BewohnerInnen zurück und erschwert ihnen das Leben zusätzlich.


## 2.    Eine andere Sicht auf Migration und Stadt

Über Jahrhunderte wurden die Städte Europas von unterschiedlichen Migrationsbewegungen geprägt. Im Grunde sind Stadtentwicklung und Urbanität ohne Migration nicht denkbar (vgl. Yildiz / Mattausch 2008; Siebel 1997). Im Verlauf der Industrialisierung entstanden zahlreiche neue Städte: Um 1800 gab es in Europa ca. 23 Großstädte, in denen insgesamt 5,5 Millionen Menschen lebten.

Unter den Großstädten wuchsen im Verlauf des 19. Jahrhunderts London um 340 %, Paris um 345 %, Wien um 490 %, Köln um 500 % und Berlin sogar um 872 % (vgl. Bade 2002, 73). Zu Beginn des 20. Jahrhunderts gab es bereits 135 europäische Städte, in denen sich 46 Millionen Menschen aufhielten. »Europäische Metropolen sind immer das Ergebnis von Zuwanderung. Ohne Migration wären sie Klein- und Mittelstädte geblieben«, so beschreiben Heinz Fassmann, Josef Kohlbacher und Ursula Reeger die Relevanz der Zuwanderung für die Entstehung und Stabilität von europäischen Metropolen (2002, 9).

Die Vergangenheit Amsterdams zum Beispiel gilt als eine Erfolgsgeschichte von unterschiedlichen Migrationsbewegungen, die die wirtschaftliche Entwicklung vorangetrieben haben und unlösbar mit dem Wohlstand und dem Wohlergehen dieser Stadt verbunden sind (Deben / van de Ven 2008, 42 ff.). In anderen Großstädten sehen die Entwicklungen ähnlich aus. Erwin Orywal (2007) analysiert aus historisch-ethnografischer Perspektive die Migrationsgeschichte Kölns, die die Sozialgeschichte und Alltagskultur der Stadt wesentlich geprägt und eine Diversität hervorgebracht hat, die durchaus als Ergebnis einer zweitausendjährigen Migrationsgeschichte angesehen werden kann. In welchem Maß beispielsweise München durch Migrationsbewegungen geprägt ist, dokumentieren eine Ausstellung und ein zugehöriger Sammelband anschaulich (vgl. Bayer et al. 2009).

Auch die Beiträge der Dokumentation der 217. Sonderausstellung des Historischen Museums der Stadt Wien im Jahr 1996 zur Geschichte und Gegenwart der Zuwanderung nach Wien belegen aus unterschiedlichen Perspektiven, welche Rolle Migrationsbewegungen für die Entwicklung und Urbanisierung von Wien gespielt haben. So notiert Peter Eppel in seiner Einleitung:

> Gerade das typisch Wienerische hat viel mit der Randlage und Brückenfunktion dieser Stadt zu tun, mit den vielen Migrationsströmen, die ihre tiefen Spuren hinterlassen haben, ja unser Selbstverständnis bis heute prägen – auch wenn wir uns dessen oft nicht bewusst sind [...]. Im Alltagsleben der Wienerinnen und Wiener von heute kommt diese multiethnische Bevölkerungsentwicklung vor allem in der Sprache, Familiennamen, Straßennamen, Bräuchen und in der ›Wiener Küche‹ zum lebendigen Ausdruck. In sehr vielen Fällen auch durch den Stammbaum der eigenen Familie. (Eppel 1996)

Die historische Einsicht, dass Migration in der von Anfang an kosmopolitisch orientierten Metropole Wien eine urbane Normalität darstellt (vgl. Csáky 2010), kommt im öffentlichen, immer noch nationalstaatlich orientierten Integrations- bzw. Assimilationsdiskurs kaum vor. Dazu formuliert Rainer Münz:

> Die Alternative zur vollständigen Assimilation wäre ein wieder stärker kosmopolitisches Wien: eine Metropole, die das kulturelle und sprachliche Potential der Zugewanderten nicht restlos einebnet oder diskriminiert, sondern zu einem ihrer Be-

standteile macht. So verstandene Multikulturalität wäre nicht die folkloristische Tarnung einer entlang ethnischer Grenzen gespaltenen Stadtgesellschaft. Sie wäre die Basis kosmopolitischer Vielfalt. (Münz 1996, 160)

Diese und andere Beispiele legen nahe, dass Sesshaftigkeit im urbanen Kontext über mehrere Generationen ein Mythos ist. Mobilitätserfahrungen und die damit verbundene Diversität / Heterogenität haben das urbane Zusammenleben immer schon geprägt. Wenn wir heute von Großstadt sprechen, dann auch von ›Weltstadt‹, denn – wie die vorläufigen Ergebnisse unserer Studien zeigen – nationalstaatliche Grenzen verlieren für viele Menschen an Signifikanz. In der Gegenwart erlangen Phänomene wie Sesshaftigkeit und Nomadentum völlig neue Bedeutungen. Lokale Geschichten sind heutzutage immer eingebettet in weltweite Zusammenhänge. Infolge der geografischen Mobilität haben fast alle Menschen Verwandte oder Bekannte in verschiedenen Ländern, ihre Biografien weisen weltweite Bezüge auf, was man mit Ulrich Beck eine Art »banalen Kosmopolitismus« nennen könnte (Beck 2003, 33).

## 3.   Das Griesviertel in Graz – Vom hegemonialen Diskurs zur Alltagspraxis

Der Ausgangspunkt unserer Studie ist, dass Städte immer schon Orte waren, an denen die Konfrontation mit (migrationsbedingter) Vielfalt zum normalen Alltag gehörte. Sie sind Orte des Mannigfaltigen und Differenten, an denen sich Funktionssysteme räumlich manifestieren, unterschiedliche Lebensstile, Lebensformen und Milieus entstehen und an denen immer wieder neue öffentliche Umgangsweisen erfunden und ausprobiert und mithin »urbane Kompetenzen« (Ipsen 2004, 267) entwickelt werden: »Indem Orte die Kommunikation des Verschiedenen ermöglichen, tragen sie dazu bei, den Umgang mit dem Anderen zu erlernen« (Ipsen 2004, 267).

### 3.1   Methodischer Zugang

Das zentrale Interesse unserer Studie besteht darin, das Leben vor Ort mit seinen unterschiedlichen Facetten vom Standpunkt der Bewohner aus zu verstehen und zu analysieren. Zunächst geht es uns darum, Einblicke in die soziale Grammatik eines durch Migration geprägten Stadtviertels zu gewinnen. Diese Einblicke lassen in ihrer Alltäglichkeit überhaupt erst sichtbar werden, was im öffentlichen Diskurs oft ausgeblendet oder marginalisiert wird – wie nämlich Menschen in einem durch Migration geprägten Stadtviertel lebenspraktisch miteinander umgehen. Unser Blick richtet sich auf ›Niederungen des Alltags‹, auf Strategien, die Menschen im gewöhnlichen Alltagsleben anwenden (vgl. Bourdieu 1997, 779). Daher gehen wir methodisch qualitativ vor und führen – neben ethnografischen Beobachtungen – halb-biografische Interviews mit Bewohnern des Griesviertels. Bisher wurden zwanzig Interviews geführt und fünf davon exemplarisch für diesen Artikel ausgewertet. Die Auswahl der Gesprächspartner erfolgte zum Teil durch persönliche Kontakte, teilweise zufällig oder auf Empfehlung von Interviewpartnern. Darüber hinaus wurden einige Medienberichte über das Griesviertel analysiert. Es handelt sich bei unseren Ausführungen um vorläufige Interpretationen bzw. Zwischenergebnisse vor dem Hintergrund unserer theoretischen Perspektive. In der Auswertung orientieren wir uns weitgehend an der »grounded theory« von Glaser und Strauss (1998) und am Konzept des »verstehenden Interviews« von Kaufmann (1999).

Auch wenn in Interviewsituationen – im Gegensatz zu alltäglichen Interaktionen – das reine Erkenntnisinteresse im Mittelpunkt steht, stellen sie doch eine soziale Beziehung dar, die Ergebnisse und Interpretationen wesentlich prägen. Darüber hinaus eröffnet eine Interviewsituation Menschen, mit denen wir Gespräche führen, Möglichkeiten, ihre Sicht der Dinge, ihre Empfindungen und ihre Probleme zur Sprache zu bringen, die sie oft erst in der Gesprächssituation entdecken. So werden Meinungen, Wahrnehmungen und Standpunkte sichtbar gemacht, von denen aus sich Menschen gesellschaftlich positionieren.

Außerdem interessierte uns die Repräsentation des Griesviertels im Internet. Bei der Auswahl der Internetquellen ging es uns vor allem um öffentliche Assoziationen mit dem Griesviertel. Auf der Grundlage unseres theoretischen Vorwissens über Marginalisierungsprozesse und den Umgang mit Migration haben wir in der gängigen Suchmaschine »Google« nach den Kategorien ›Ausländeranteil‹, Kriminalität und ›Parallelgesellschaft‹ in Verbindung mit Graz sowie Gries gesucht. Die gefundenen Dokumente wurden für diesen Artikel mittels Codes theoriegeleitet ausgewertet und interpretiert.

## 3.2    Der Stadtbezirk Gries aus einer historischen Perspektive

Gries, der V. Stadtbezirk, liegt auf der rechten Murseite, die historisch einen nachteiligen Ruf hatte, da sie nicht von Anfang an zur Stadt Graz gehörte. Dort fanden erst im 15. Jahrhundert erste Ansiedlungen statt, während Graz bereits im 12. Jahrhundert erstmals urkundlich als Stadt genannt wurde. Am rechten Murufer, dort, wo es feinen Schottersand gab, den sogenannten Gries, ist damals eine Vorstadt entstanden, die heute im historischen Kontext Murvorstadt genannt wird und neben dem heutigen Grazer Stadtbezirk Gries auch den IV. Stadtbezirk Lend umfasst. Die Murvorstadt wird in der Literatur als Wohnort der untersten Sozialschichten beschrieben. Hier wohnte das so genannte Proletariat, insbesondere in der Grazer Elendgasse (heute in Idlhofgasse umbenannt) und am Gries- sowie Lendplatz (vgl. Dienes / Kubinzky 1988, 12). Seit der Entstehung des urbanen Lebens auf der rechten Murseite wird diese als gesellschaftlich randständig wahrgenommen. Als ein historischer Beleg dafür kann beispielsweise der frühere Straßenname Elendgasse gedeutet werden.

Gries war über eine lange Zeit hinweg für Ansiedlungen eher ungeeignet. Der Standort war aufgrund der sich mehrfach verändernden Seitenarme der Mur ein waldiges Auengebiet, das ständigen Überschwemmungen ausgesetzt war. Erst ab dem 13. Jahrhundert entstanden die ersten kleinen Siedlungen und es entwickelte sich über die Jahrhunderte eine Murvorstadt (vgl. Dienes / Kubinzky 1988, 4). Als vorgelagerter Raum hatte Gries immer etwas Schutzloses vor den Toren der eigentlichen Stadt und bot härtere Lebensumstände. Eine Art Verfallssemantik, wie sie oftmals über Vorstädte und Orte auf der anderen Flussseite der früheren Städte kursieren, ist auch für die Region Gries leicht zu finden. Armut, Krankheiten, moralischer Verfall und Kriminalität sind die historischen Begleiter des Griesviertels, das unter widrigen Umständen entstanden ist.

Im V. Stadtbezirk Gries leben heute 26.139 von den insgesamt 262.566 Grazer EinwohnerInnen (Magistrat Graz 2011, 13). Laut einer Volkszählung von 2001 leben u. a. im Stadtbezirk Gries 1.007 BürgerInnen aus Bosnien und Herzegowina, 685 BürgerInnen aus Kroatien, 952 BürgerInnen aus der Türkei und 458 BürgerInnen aus Serbien und Montenegro (vgl. Stadt Graz 2011b). Das Viertel befindet sich heute in Bahnhofsnähe, grenzt unmittelbar an die innere Stadt, weist viele kleine gastronomische Betriebe aus der MigrantInnenökonomie auf, verfügt über mehrere soziale Einrichtungen und ist als Rotlichtviertel bekannt.

EU-Förderprogramme im Stadtbezirk Gries, die sich mit mangelnder Infrastruktur und sozialen sowie ökonomischen Problemen im urbanen Kontext beschäftigen, deuten aktuell auf die strukturellen Schwierigkeiten, aber auch auf die von der Stadtpolitik als randständig eingeschätzte Lage von Gries hin. Von 1996 bis 2001 befand sich der Stadtbezirk im EU-Programm »URBAN I«, von 2000 bis 2006 im EU-Programm »Urban II« und jetzt im Fortsetzungsprogramm »Urban_Link Graz-West«. Die Programme dienen vor allem der Wiederbelebung des Griesviertels (vgl. Stadt Graz 2011a). Die Förderprogramme haben einen emanzipatorischen Charakter, lassen eine Bürgerbeteiligung zu und orientieren sich an den strukturellen Problemen. Der überdurchschnittlich hohe ausländische Bevölkerungsanteil im Griesviertel von etwa 30 % (EU-BürgerInnen und Nicht-EU-BürgerInnen zusammengezählt) war nur einer von mehreren Gründen für die Maßnahmen. In den Förderprogrammen wird neben dem hohen ausländischen Bevölkerungsanteil explizit noch auf andere wichtige Aspekte des urbanen Zusammenlebens hingewiesen. Weitere Gründe, den Stadtbezirk Gries zu fördern, waren beispielsweise ein geringes Ausbildungsniveau in der Wohnbevölkerung, ein überdurchschnittlich hoher Anteil von Bewohnern über 60 Jahre, zu wenige Kinder und Jugendliche sowie eine große Zahl von Sozialhilfeempfängern.

Im öffentlichen Diskurs taucht aber nach wie vor hauptsächlich der hohe ausländische Bevölkerungsanteil des Bezirks auf. Dies haben Interessensvertreter aus Gries erkannt und reagieren mit positiven Berichten aus dem Griesviertel. Schließlich haben sich im Rahmen der Aufwertung und Wiederbelebung attraktive Standorte ergeben, sodass sich heute vermehrt ein lebendiges wirtschaftliches, künstlerisches, touristisches und intellektuelles Leben entfalten kann. Ein Beispiel sind die Entwicklungen im Rahmen des Kulturhauptstadttitels 2003. Auf der Griesgasse entstand eine Flaniermeile mit Geschäften und kleinen Ladenlokalen, die sich in unmittelbarer Nähe des neuen und imposanten Kunsthauses Graz befinden. Ein Stück weiter auf der Griesgasse in Richtung Griesplatz ist der Stadtbezirk weiterhin in Verruf. Teilweise wird dieses Image durch neue und hohe Bürokomplexe wieder durchbrochen, die Bahnhofsnähe und die negative Interpretation des hohen ›Ausländeranteils‹, leere Ladenlokale und mangelhafte Bausubstanz sowie die zahlreichen Bordelle, erhöhte Verkehrsbelastung und der historisch hinterlassene Makel lassen das urbane Griesviertel aus einer normativ-bürgerlich-romantischen Perspektive jedoch weiterhin im Zwielicht erscheinen.

Es gibt aber auch einen ganz anderen Blick von außen auf das Griesviertel, nämlich auf die verbindende Funktion zwischen Stadt und Umland in der Vorstadtzeit. Damals wie heute hat Gries etwas von einem Türöffner zur Welt. Der ehemalige Kulturreferent, Helmut Strobl, hat dies im Vorwort einer Broschüre zur Bezirksausstellung von 1988 folgendermaßen betont: »Den Gries ohne Graz, das könnte man sich zur Not vorstellen; Graz ohne den Gries dagegen unmöglich« (Dienes / Kubinzky 1988, 2).

## 3.3 Das Griesviertel im hegemonialen Diskurs

Die oben beschriebene undifferenzierte Außenwahrnehmung des Griesviertels wird von den Medien immer wieder aufgegriffen, besonders im Zusammenhang mit türkischen MigrantInnen. Dies zeigt die mediale Repräsentation des Stadtviertels im Internet. In einem am 12.11.2010 zuletzt aktualisierten Online-Artikel auf der Homepage von kleinezeitung.at liest man die Schlagzeile: »Lokalaugenschein in den Grazer ›Türkenviertel‹«. Der Artikel leitet ein:

> Die türkische Gemeinde belebt die Grazer Bezirke Gries und Lend: Die vom Botschafter ihrer alten Heimat losgetretene Integrationsdebatte[1] bestimmt ihren Alltag kaum. Sie wollen sich als Österreicher fühlen. (Gaisch 2010)

Auch wenn der Autor dieses Berichtes beabsichtigt, die Lebenspraxis im Gries positiv und ›objektiv‹ darzustellen, fällt zunächst die ethnische Perspektive auf. Obwohl es sich um ein Viertel handelt, in dem unterschiedliche Menschen, Gruppen und Milieus leben, wird der Stadtteil fast reflexartig als »Türkenviertel« tituliert, obwohl die Mehrheit der MigrantInnen nicht aus der Türkei stammt, sondern aus Bosnien und Herzegowina, Kroatien, Serbien und Montenegro. Durch diese mediale Sicht wird eine Normalität erzeugt, die mit den Lebenswirklichkeiten der im Stadtteil wohnenden Menschen kaum korrespondiert. Diese wird zusätzlich durch die Wiedergabe von Alltagsszenen aus den entsprechenden Vierteln unterstützt. In dem oben genannten Artikel wird exemplarisch ein türkischer Händler aus Graz zitiert:

> 80 Prozent meiner Kunden sind Österreicher«, erklärt der Mann auf die Frage, wie es denn den Türken in Graz geht, wiegt dabei Granatäpfel und macht der Frau, die Grazer Dialekt spricht, »einen guten Preis«. Alle paar Jahre fahre er mit der Familie auf Urlaub in die Türkei, »aber wenn wir gestorben sind, sind wir auf dem Zentralfriedhof«. Die türkische Herkunft sei kein Nachteil. (ebd.)

Dieser Artikel »Lokalaugenschein in den Grazer ›Türkenvierteln‹« wurde bisher 42 Mal kommentiert. Eine exemplarische Reaktion, die insgesamt von neun Online-Lesern als lesenswert eingestuft wurde, beinhaltet sämtliche Kategorien aus dem ethnischen Rezeptwissen über türkische MigrantInnen. Der Kommentar lautet:

> Druckt die Wahrheit. Die Wahrheit über die Türken: Schächten in den Stiegenhäuser Lärm, Dreck und Gestank Ihre Geschäfte kümmern sichnicht um unser Gesetze und vorschriften (Hygiene, Öffnungszeiten usw.) Ihre Jugendlichen dea len und die Frauen arbeiten nicht sondern setzen nur ein Kind nach dem anderen auf die welt um unser Sozialsystem ausnutzen zu können Ganz zu schweigen von radikalen Islam dem sie frönen – siehe Kopftuch. Und wer das alles nicht glaubt gehe zur Gewerbebehörde, der Polizei, dem Sozialamt und den Hausverwaltungen. [sic] (Lendplatzx 2011)

Das Türkenbild im Zusammenhang mit marginalisierten Stadtvierteln taucht in unterschiedlichen Varianten auf. Es ist mal die Rede vom ›Türkenviertel‹, dann

---

1 Kadri Ecvet Tezcan ist seit 2009 türkischer Botschafter in Wien. In einem Interview in der Print-Ausgabe von »Die Presse« (Interview mit Kadri Ecvet Tezcan 2010) äußerte er sich zur Integrationspolitik in Österreich. In der breiten Öffentlichkeit wurde seine Aussage bekannt, dass die Österreicher sich, außer im Urlaub, nicht für andere Kulturen interessieren würden. Dies wurde in der Folge lebhaft diskutiert. Die Äußerung schwächte den Botschafter in seiner diplomatischen Position und führte zu politischen Rücktrittforderungen und mehreren Medienberichterstattungen.

von Drogendelikten und wiederholt wird der Umgang mit Frauen thematisiert. Dies zeigt, wie medial bestimmte Bilder explizit oder implizit transportiert werden und wie sich auf diese Weise Metaphern wie »Türkenviertel« schrittweise normalisieren.

Andererseits werden auch Widerstandspotenziale sichtbar. Beispiele sind die künstlerischen Auseinandersetzungen mit dem negativen Ruf des Stadtviertels. Das »Theater im Bahnhof« befindet sich mitten im Gries und spielt mit dem negativen Image des Viertels. Negative Zuschreibungen, die den öffentlichen Raum vor der eigenen Haustür betreffen, wurden in der Saison 2007/2008 in der von Johanna und Pia Hierzegger sowie Gabriela Hiti zusammengestellten Audiotour »Gries Connection« für Besucher aufgegriffen. Im Programm heißt es:

> Gries Connection ist eine Erzählung aus Gerüchten, Vorurteilen und Geschichten über und aus dem Bezirk Gries. Eine Geschichte, die im gefährlichsten Bezirk von Graz stattgefunden haben könnte. Die ZuschauerInnen werden einzeln, nur mit einem Walkman als Routenführer ausgestattet, durch den Bezirk geschickt. (Gries Connection 2011)

Diese Form der künstlerischen Auseinandersetzung mit marginalisierten Räumen ist eine subversive Strategie zur Bekämpfung von Marginalisierung. Negative Zuschreibung und ethnisches Rezeptwissen werden aufgegriffen und umgedeutet. Es wird hier der Versuch unternommen, einen Perspektivenwechsel bei den Besuchern herbeizuführen. Dieses Agieren trifft exakt die Schnittstelle zwischen einer Außen- und Innenperspektive. Es nimmt unter anderem eine Vermittlungsrolle zwischen Alltagswirklichkeit und öffentlicher Wahrnehmung ein. Eine solche Gegenstrategie lässt sich gerade im Bezug auf Gries häufiger finden. Die Stadtzeitung »Falter« berichtete ebenfalls über Gries und zitiert auf ihrer Homepage eine Frau aus diesem Viertel. Die Befragte sagt in dem online veröffentlichten Artikel »Heisses Pflaster« aus der Falter-Ausgabe 43/2005 vom 26.10.2005 folgendes:

> Susanne Piok ist hier geboren, aufgewachsen – und hier wird sie bleiben. »Ich geh net weg. Ich keif die Türken schon hinaus«, meint die Gastronomin. Was sie an den Ausländern stört? Sie erzählt von ihrer achtjährigen Tochter: »Die hat weißblondes Haar.« Der Gang durch die Griesgasse sei für das Mädchen dementsprechend belästigend. (Brodnig 2005)

Dieses Zitat spielt ebenfalls auf das Türkenbild an. Dieser Fall ist jedoch in eine vorherige Auseinandersetzung mit der Murvorstadt und zahlreichen Hinweisen auf die vielen Nationen im Viertel eingebettet.

## 3.4 Griesviertel aus einer Innenperspektive

Das negative Bild des Griesviertels hat sich in den Köpfen festgesetzt, wie es auch die Zeitung »Steirische Wirtschaft« aus einer ökonomischen Perspektive formuliert. Ihr Lead lautet:

> Wer Gries hört, denkt an Rotlicht-Milieu und Ausländer. Das hat sich in den Hirnen der Grazer »festgefressen«. Wer Gries hört, denkt nicht an den stärksten Grazer Wirtschaftsbezirk (über 2.000 Betriebe), an die Bezirks-Erfolgsquartiere City-Park, Nikolaiplatz und Innovationspark Süd. (›Ein Quartier denkt bis 2010‹ 2003, 15)

Die Antworten von Bewohnern auf die Frage, wie ihr Viertel in der Öffentlichkeit gesehen wird, ähneln einander sehr. Sie thematisieren im Grunde alle die kategoriale negative Klassifikation und setzen sich damit auseinander, wie das folgende Zitat exemplarisch zeigt:

> Wir fühlen uns, ich denke mal, die Migranten fühlen sich hier ein Stück weit heimisch. Für Alteingesessene, denke ich mal, ist es ein Dorn im Auge. (Frau Jakowska, Geschäftsfrau aus dem Griesviertel in Graz)

Ein Bewohner bringt die reduzierte und pauschale öffentliche Wahrnehmung so zum Ausdruck:

> Es gibt in der Mitte der Griesgasse ein paar recht baufällige Häuser, die schon leer sind, wo auch ziemlich viel Dreck da herum liegt. Das wird immer wieder in so Gratisblättern thematisiert, wie schief das ist. (Herr Huber, Bewohner aus dem Griesviertel in Graz)

Die Bewohner selbst sehen ihr Viertel dagegen mit anderen Augen. Gerade die lebendige urbane Atmosphäre macht für viele Bewohner einen Anziehungspunkt aus, was sich in nachfolgender Aussage einer Bewohnerin widerspiegelt:

> Ich glaube, dass der Bezirk sehr interessant ist für Leute, die jetzt nicht diese, nicht zu diesen Landesmuseen gehören oder so. Also gerade jetzt für Kulturschaffende ist es einfach sehr chic geworden, in Gries zu sein. Und ich glaube, das hat schon auch mit der Lebendigkeit von dem Bezirk zu tun. Weil, also so von Graz her würde ich sagen, dass Gries eigentlich so der Bezirk ist, wo ich am ehesten das Gefühl habe, ich bin in einer Stadt. (Frau Miller, Bewohnerin aus dem Griesviertel in Graz)

Für Touristen scheint Gries, obwohl es eine interessante Geschichte als Murvorstadt aufzuweisen hat, nur von geringer Bedeutung zu sein. Herr Radek, Betreiber eines kleinen gastronomischen Betriebes im Gries, sagt dazu:

> Zum Gries kommen nie gute Bekannte von mir. Sie sagen, der Gries ist schlecht. Touristen kommen auch nicht. Touristen sind beim Hauptplatz oder in der Herrengasse.

Ansonsten ist sein Geschäft auf lokaler Ebene bei Arbeitern und Angestellten sowie Bewohnern bekannt für gute und schnelle Küche aus den Regionen des ehemaligen Jugoslawien. Herr Radek ist seit fünf Jahren in Graz, seit zwei Jahren ist er im Bezirk Gries selbstständig. Unter mühsamen Umständen und für seine finanziellen Verhältnisse hohen Investitionen ist er durch einen befreundeten Gastronomen an sein Ladenlokal gekommen. Beide lebten schon früher, im ehemaligen Jugoslawien, nicht sehr weit auseinander. Herr Radek kommt aus Kroatien und sein befreundeter und nunmehr benachbarter Gastronom aus Bosnien und Herzegowina. Die gegenseitige informelle Unterstützung ist angesichts der schwierigen Bedingungen notwendig. Das für die Geschäftsgrundlagen benötigte soziale, ökonomische und kulturelle Kapital kann auf diese Weise einigermaßen sichergestellt werden.

Schon immer waren Menschen auf der Suche nach persönlichen Perspektiven bzw. dem Aufbau einer Existenz nach Gries gekommen, um zu arbeiten und zu leben. Im Zeitalter der Industrialisierung ebenso wie heute. Das Griesviertel bietet MigrantInnen heute Anknüpfungspunkte in kultureller, ökonomischer und sozialer Sicht. Hier finden sie eine Infrastruktur, mit der sie aus eigener Kraft beginnen können, ihr Leben einzurichten, wenn auch unter restriktiven Bedingungen. Ein guter Beleg für eine pragmatische Strategie ist die Eröffnung eines Geschäftes, das die Bedürfnisse vor Ort abdeckt. In Gries benötigen die hier sesshaften MigrantInnen beispielsweise Satelliten, um Fernsehberichte aus ihren Herkunftsländern und in ihrer Sprache zu verfolgen. Zumindest ist genau das der Grund, warum Frau Jakoswka im Griesviertel mit einer solchen Art von Geschäft erfolgreich ist. Auf die Frage, warum sie das Griesviertel als Standort gewählt hat, antwortete sie:

> Also das Griesviertel kenne ich, seit ich in Österreich bin. Aber, ja, seit ich 15 bin so richtig. Und jetzt, also hier ist multikulti, es sind viele Emigranten hier und wo wir das Geschäft aufgemacht haben, haben wir uns gedacht, ja, dass wir eine möglichst große Zielgruppe haben und dass vor allem die ausländischen, sage ich mal, ausländischen Kunden eher heimatbezogen sind und wollen gerne auch etwas von ihrem Heimatland sehen. Und deswegen haben wir uns gedacht, Gries ist optimal. (Frau Jakowska, Geschäftsfrau aus dem Griesviertel in Graz)

Dass diese Form der Selbstständigkeit ohne die Unterstützung von Fördermitteln auskommt und in harter Konkurrenz mit Einkaufszentren steht, wird meistens übersehen. Es ist eine Selbstständigkeit aus der Situation, oftmals aus prekären Lebensumständen heraus. Dennoch schaffen es MigrantInnen, sich mit pragmatischen Strategien und durch Nutzung informeller Ressourcen zu etablieren oder zumindest eine Grundlage für die nächsten Generationen zu schaffen. Auf diese Weise entstehen Ladenlokale, Cafés, Kulturvereine und andere Treffpunkte von MigrantInnen.

Dabei spielen die Qualität der angebotenen Waren und die längeren Öffnungszeiten eine wesentliche Rolle für den Erfolg von Ladenlokalen. Der Nutzen, den die einheimische Bevölkerung aus dem Vorhandensein des migrantischen Kleingewerbes für sich zieht, soll mit abschließender Aussage eines alteingesessenen Gries-Bewohners deutlich werden:

> Also für den täglichen Bedarf gibt es kein besseres Viertel in Graz. Weil ich alle Supermärkte habe plus die ganzen kleinen Geschäfte von den Migranten. (Herr Huber, Bewohner aus dem Griesviertel)

## 4.    Schlussfolgerung für weitere Diskussion

Die Zwischenergebnisse unserer Studie zeigen, dass urbane Alltagsnormalitäten und die öffentliche Wahrnehmung zunehmend auseinanderklaffen. Die hier zitierten Interviewpassagen veranschaulichen, wie Menschen das Leben in ihrem Stadtteil wahrnehmen, wie sie mit alltäglichen Dingen umgehen, sich mit ihren Bedingungen und mit dem negativen Image ihres Lebensraumes auseinandersetzen, wie sie sich dabei positionieren und welche Lebensentwürfe und Zukunftsvisionen sichtbar werden. In diesem Kontext plädiert Wolf-Dietrich Bukow zu recht für einen Perspektivenwechsel und für eine Neuausrichtung der Debatte (2010, 55). Die negativen Zuschreibungen und ethnischen Deutungen gehen dagegen an den Alltagswirklichkeiten vorbei, wirken kontraproduktiv und verstärken den negativen Ruf solcher Stadtteile. Es ist nicht weiter verwunderlich, wenn auf einer solchen Grundlage fragwürdige politische Entscheidungen getroffen werden.

Stadtpolitische Fördermaßnahmen in sogenannten ›sozialen Brennpunkten‹ legitimieren ihre Intervention häufig, indem sie mit einem hohen ›Ausländeranteil‹ argumentieren, der u. a. für die strukturellen Probleme im Stadtviertel verantwortlich gemacht wird. Die Wohnqualität in solchen Vierteln wird an der Zahl der MigrantInnen gemessen. So fordern viele Kommunalpolitiker, solche Stadtteile vor einem ›ungesteuerten Zuzug‹ zu bewahren, um der Entstehung von ›Parallelgesellschaften‹ entgegenzuwirken.

Zusammenfassend kann festgehalten werden, dass kognitive, räumliche und soziale Mobilität Grunderfahrungen in einer globalisierten Welt darstellen, die vor allem in alltagsweltlicher Vielfalt zum Ausdruck kommen. Man kann das migrantisch geprägte Leben im Griesviertel als lokale Manifestation globaler Entwicklungen, als einen kleinen Ausschnitt weltweiter Migration bzw. von deren Folgen betrachten.

Gesellschaftliche Institutionen nehmen diese Entwicklungen kaum wahr und reagieren darauf eher mit einer nationalzentrierten Deutungsgrammatik. Das Ergebnis dieses Umgangs ist, dass die von Menschen im Alltag entwickelten Kompetenzen sozialer und kultureller Art nicht als solche anerkannt und als

Ressource genutzt werden. Migrationsprozesse werden auch in Zukunft das Leben in Städten prägen. Es ist höchste Zeit, Migrationsprozesse als urbane Ressourcen zu betrachten und sie in der Stadtentwicklungspolitik zu nutzen. Mark Terkessidis bringt dies folgendermaßen auf den Punkt:

> Die historischen Fäden verlaufen in alle möglichen Richtungen. [...] Was existiert, ist die gemeinsame Zukunft. Es ist egal, woher die Menschen kommen, die sich zu einem bestimmten Zeitpunkt in der Polis aufhalten. Wenn erst einmal die Zukunft im Vordergrund steht, dann kommt es nur darauf an, dass sie jetzt, in diesem Moment anwesend sind und zur gemeinsamen Zukunft beitragen. (Terkessidis 2010, 220)

## Literatur

Bade, Klaus J. 2002: *Europa in Bewegung. Migration in Geschichte und Gegenwart*, München.

Bayer, Natalie / Engl, Andrea / Hess, Sabine / Moser, Johannes (Hg.) 2009: *Crossing Munich. Beiträge aus Kunst, Wissenschaft und Aktivismus*, München.

Beck, Ulrich 2003: ›Verwurzelter Kosmopolitismus: Entwicklung eines Konzeptes aus rivalisierenden Begriffsoptionen‹, in Ulrich Beck / Nathan Sznaider / Rainer Winter (Hg.): *Globales Amerika? Die kulturellen Folgen der Globalisierung*, Bielefeld, 25–43.

Beck-Gernsheim, Elisabeth 2004: *Wir und die Anderen*, Frankfurt a.M.

Bourdieu, Pierre 1997: ›Verstehen‹, in Pierre Bourdieu(Hg.): *Das Elend der Welt. Zeugnisse und Diagnosen alltäglichen Leidens an der Gesellschaft*, Konstanz, 779–822.

Brodnig, Ingrid 2005: ›Heisses Pflaster‹, *Falter*, 43 / 2005. Zuletzt abgerufen am 25.08.2011 unter http://www.falter.at/web/print/detail.php?id=167.

Bukow, Wolf-Dietrich 2010: *Urbanes Zusammenleben. Zum Umgang mit Migration und Mobilität in europäischen Stadtgesellschaften*, Wiesbaden.

Caglar, Ayse 2001: ›Stigmatisierende Metaphern und die Transnationalisierung sozialer Räume‹, in Frank Gesemann (Hg.): *Migration und Integration in Berlin. Wissenschaftliche Analysen und politische Perspektiven*, Opladen, 333–346.

Csáky, Moritz 2010: *Das Gedächtnis der Städte. Kulturelle Verflechtungen – Wien und die urbanen Milieus in Zentraleuropa*, Wien, Köln, Weimar.

Deben, Leon / van de Ven, Jacques 2008: ›Fünfhundert Jahre Erfolg durch Immigration. Eine kurze Chronik Amsterdams‹, in Erol Yildiz / Birgit Mattausch (Hg.): *Urban Recycling. Migration als Großstadt-Ressource*, Basel, Boston, Berlin, 42–51.

Dienes, Gerhard / Kubinzky, Karl 1988: *Der Gries und seine Geschichte. Broschüre zur gleichnamigen Bezirksausstellung*, Graz.

›Ein Quartier denkt bis 2010‹ 2003 (ohne Autor), *Steirische Wirtschaft*, 12.12.2003, 15.

Eppel, Peter 1996: ›Einleitung‹, in Museen der Stadt Wien (Hg.): *WIR. Zur Geschichte und Gegenwart der Zuwanderung nach Wien. 217. Sonderausstellung des Historischen Museums der Stadt Wien, 19. September bis 29. Dezember 1996*, Wien.

Fassmann, Heinz 2007: ›Europäische Migration im 19. und 20. Jahrhundert‹, in Albert Kraler / Karl Husa / Veronika Bilger / Irene Stacher (Hg.): *Migrationen. Globale Entwicklungen seit 1850*, Wien, 32–53.

Fassmann, Heinz/Kohlbacher, Josef/Reeger, Ursula 2002: ›Einleitung‹, in Heinz Fassmann/Josef Kohlbacher/Ursula Reeger (Hg.): *Zuwanderung und Segregation. Europäische Metropolen im Vergleich*, Klagenfurt, 9–10.

Fassmann, Heinz/Münz, Rainer (Hg.) 2000: *Ost-West-Wanderung in Europa*, Wien, Köln, Weimar.

Foucault, Michel 1978: *Dispositive der Macht*, Berlin.

Gaisch, Hannes 2010: ›Lokalaugenschein in den Grazer»Türkenvierteln«‹, *Keine Zeitung*, 12.11.2010. Zuletzt abgerufen am 25.08.2011 unter http://www.kleinezeitung.at/steiermark/graz/graz/2553480/lokalaugenschein-den-grazer-tuerkenviertel.story#forummain.

Glaser, Barney G./Strauss, Anselm L. 1998: *Grounded Theory. Strategien qualitativer Forschung*, Bern u.a.

Gries Connection 2011: *Theater im Bahnhof, Programm 2007/2008*. Zuletzt abgerufen am 27.08.2011 unter www.buehnen-graz.com/schauspielhaus/download.php?id=922.

Häußermann, Hartmut 2006: ›Die Krise der»sozialen Stadt«. Warum der sozialräumliche Wandel der Städte eine eigenständige Ursache für Ausgrenzung ist‹, in Heinz Bude/Andreas Willisch (Hg.): *Das Problem der Exklusion*, Hamburg, 294–313.

›Interview mit Kadri Ecvet Tezcan‹ 2010 (ohne Autor), *Die Presse*, 10.11.2010.

Ipsen, Detlev 2004: ›Babylon in Folge – wie kann der städtische Raum dazu beitragen, kulturelle Komplexität produktiv zu wenden‹, in Walter Siebel (Hg.): *Die europäische Stadt*, Frankfurt a.M., 253–269.

Kaufmann, Jean-Claude 1999: *Das verstehende Interview. Theorie und Praxis*, Konstanz.

Kraler, Albert 2007: ›Zur Einführung: Migration und Globalgeschichte‹, in Albert Kraler/Karl Husa/Veronika Bilger/Irene Stacher (Hg.): *Migrationen. Globale Entwicklungen seit 1850*, Wien, 10–31.

Lanz, Stephan 2007: *Berlin aufgemischt: abendländisch – multikulturell – kosmopolitisch? Die politische Konstruktion einer Einwanderungsstadt*, Bielefeld.

Lendplatzx 2011: *Druckt die Wahrheit, kleine Zeitung*. Zuletzt abgerufen am 25.08.2011 http://www.kleinezeitung.at/steiermark/graz/graz/2553480/lokalaugenschein-den-grazer-tuerkenviertel.story#forummain.

Lindner, Rolf 2004: *Walks on the wild side. Eine Geschichte der Stadtforschung*, Frankfurt a.M., New York.

Magistrat Graz 2011: *Graz in Zahlen*, Graz.

Münz, Rainer 1996: ›Wanderungspolitik als Entscheidung über unsere Zukunft‹, in Museen der Stadt Wien (Hg): *WIR. Zur Geschichte und Gegenwart der Zuwanderung nach Wien. 217. Sonderausstellung des Historischen Museums der Stadt Wien, 19. September bis 29. Dezember 1996*, Wien, 160–161.

Neckel, Sighard/Sutterlüty, Ferdinand 2008: ›Negative Klassifikationen und die symbolische Ordnung sozialer Ungleichheit‹, in: Sighard Necke/Hans-Georg Soeffner (Hg.): *Mittendrin im Abseits. Ethnische Gruppenbeziehungen im lokalen Kontext*, Wiesbaden, 15–26.

Orywal, Erwin 2007: *Kölner Stammbaum. Zeitreise durch 2000 Jahre Migrationsgeschichte*, Köln.

Piening, Günter 2011: ›Stadtgeschichte als Migrationsgeschichte erkennbar machen‹, in Der Beauftragte des Senats für Integration und Migration (Hg.): *Stadt ist Migration. Die Berliner Route der Migration – Grundlagen, Kommentare, Skizzen*, Berlin, 6–7.

Ronneberger, Klaus 2002: ›Sprengkraft des Sozialen. Deutsche Städte: sicher und sauber statt sozial‹, in Christian Holl (Hg.): *Soziale Stadt. Ein politisches Programm in der Diskussion*, Stuttgart, München, 15 – 20.

Ronneberger, Klaus / Tsianos, Vassilis 2009: ›Panische Räume. Das Ghetto und die »Parallelgesellschaft«‹, in Sabine Hess / Jana Binder / Johannes Moser (Hg.): *No Integration?! Kulturwissenschaftliche Beiträge zur Integrationsdebatte in Europa*, Bielefeld, 137 – 152.

Said, Edward W. 1978: *Orientalism*, New York.

Siebel, Walter 1997: ›Die Stadt und die Zuwanderer‹, in Hartmut Häußermann / Ingrid Oswald (Hg.): *Zuwanderung und Stadtentwicklung* (= Leviathan, Sonderheft 17 / 1997), Opladen, Wiesbaden, 30 – 41.

Stadt Graz 2011a: *Die EU- Gemeinschaftsinitiative URBAN*, Graz. Zuletzt abgerufen am 15. 08. 2011 unter http://www.graz.at/urban/gries.htm.

Stadt Graz 2011b: *Volkszählung 2001: Grazer Stadtbezirke nach Staatsangehörigkeit*, Graz. Zuletzt abgerufen am 15. 08. 2011 unter www.graz.at/cms/dokumente/10022937_415557/7d555d96/Statistik_VZ 2001_Staatsangehörigkeit.pdf.

Terkessidis, Mark 2010: *Interkultur*, Frankfurt a.M.

Ulram, Peter A. 2009: *Integration in Österreich. Einstellungen, Orientierungen, und Erfahrungen von MigrantInnen und Angehörigen der Mehrheitsbevölkerung. Studie von GfK-Austria GmbH im Auftrag des Bundesministeriums für Inneres*, Wien.

Wacquant, Loic J. D. 1998: ›Drei irreführende Prämissen bei der Untersuchung der amerikanischen Ghettos‹, in Wilhelm Heitmeyer / Rainer Dollase / Otto Backes (Hg.): *Die Krise der Städte*, Frankfurt a.M., 194 – 210.

Yildiz, Erol / Mattausch, Birgit (Hg.) 2008: *Urban Recycling. Migration als Großstadt-Ressource*, Basel, Boston, Berlin.

Zoltán Péter

# Lajos Kassáks künstlerische Wandlung im Zuge des Exils – Migrationssoziologische Aspekte einer transdisziplinären Studie zum Thema Avantgarde der 1920er-Jahre

Sofern maßgebliche gesellschaftliche Unterschiede zwischen dem verlassenen und dem als neue Heimat gewählten Land vorliegen, lassen sich im Lebens- und Berufsverlauf eines jeden, der im jüngeren Erwachsenenalter seine ursprüngliche Heimat für längere Zeit (wie etwa hier für sieben Jahre) verlässt, relevante Änderungen registrieren. Dieser Beitrag hat das Ziel, anhand eines konkreten historischen Falles einige Aspekte einer solchen Wandlung vorzustellen. Hierzu werden die migrationsspezifischen Aspekte meiner kürzlich veröffentlichten literatursoziologischen Monografie (Péter 2010) herangezogen, in der es um die Frage der Bedingungen einer radikalen Änderung der künstlerischen Einstellung im Zuge des Exils geht.[1] Die Fragestellung der Untersuchung lautet: Welche sozialen Bedingungen und persönlichen Dispositionen führten dazu, dass ein 33-jähriger Schriftsteller, der 1920 von Budapest nach Wien übersiedelte, bereits nach einem Jahr über die Kunst wesentlich anders dachte und andersartige Kunstwerke schuf als zuvor? Dass er anders dachte und handelte, manifestiert sich zum einen in der Ausklammerung der politischen Klassifizierungsweisen aus seiner literarischen, essayistischen Sprache, zum anderen in seiner Hinwendung zur Malerei. Er griff im Exil auf sein frühes malerisches Talent zurück und nach einer kurzen dadaistischen Phase entwickelte er seinen eigenen konstruktivistischen Ansatz, den er als »Bildarchitektur« bezeichnete.

Meine Studie basiert auf Pierre Bourdieus Untersuchungen zum künstlerischen Feld, die im Folgenden kurz vorgestellt werden, wobei ich den nationalen Blick Bourdieus um eine transnationale Perspektive ergänze. Diese ist notwendig, um die Veränderungen in Lajos Kassáks künstlerischem Schaffen im Exil, um die es anschließend gehen wird, zu verstehen.

---

1 Sofern nicht anders angegeben, beziehen sich meine Ausführungen auf diesen Text.

## 1.    Theoretischer und methodischer Hintergrund

Pierre Bourdieus Theorie der künstlerischen Felder (Bourdieu 1999; 2011) hat
sich in den letzten Jahren und vor allem nach Bourdieus Tod im Jahr 2002 zu
einer der wichtigsten Kulturtheorien entwickelt (vgl. z. B. Jurt 2008; 2010). Sie
postuliert, dass der Künstler oder die Künstlerin nicht der alleinige »Schöpfer«
des Kunstwerks ist. Vielmehr ist Kunst ein Produkt aller, die an der Existenz von
Kunst interessiert sind. Die Analyse der Kunst sollte von daher das Kunstwerk
selbst (Stil, Form, Ausdruck etc.), den Autor und den gesamten Betrieb, in dem
das Werk entstanden ist, erfassen. Der Autor wird dabei als ein »System von
Erzeugungsschemata«, als Habitus verstanden, mit dem »alle Gedanken,
Wahrnehmungen und Handlungen, und nur diese, frei hervorgebracht werden
[können], die innerhalb der Grenzen der besonderen Bedingungen seiner eigenen Hervorbringungen liegen« (Bourdieu 1993, 102). Der Habitus ist demnach ein praktischer und produktiver Koordinator menschlichen Handelns,
dessen Grenzen und Möglichkeiten zwar vorgezeichnet, aber nicht determiniert
sind von seinen Entstehungsverhältnissen (vom familiären Mikrokosmos, von
den ihm in der gesellschaftlichen Hierarchie und im Berufsfeld zukommenden
Positionen).

Im Sinne Bourdieus betrachte ich das literarische oder künstlerische Feld als
ein Netzwerk großer Anziehungskraft, in dem sich die Beteiligten aufgrund ihres
außerordentlichen Interesses an der »schöpferischen Arbeit«, an der »Wahr-
heitsfindung«, »Freiheit« oder an der Hervorbringung des »Schönen« zusam-
mengefunden haben, um sich der Kunst, einem für sie äußerst wichtigen Bereich
des Lebens, zu widmen und diese gesellschaftlich oder global durchzusetzen,
d. h. ihr mehr Prestige, Autorität und Macht (in Bourdieus Terminologie sym-
bolisches Kapital) zu verleihen. Denn der Wert einer jeden Kapitalsorte (und
auch Kunst ist eine Art von Kapital) rührt von dem Grad seiner Anerkanntheit
her, von dem »symbolischen Effekt des Kapitals« (Bourdieu 2001, 311).[2]

Obgleich die Theorie am Beispiel der französischen Moderne entwickelt
wurde, stellt sie doch reichlich Thesen und methodische Instrumente bereit, die
auch auf die mitteleuropäische Moderne anwendbar sind, mit etwas Anpassung
auch auf die Literatur und Kunst von Ländern, deren Kunst ohne die Berücksichtigung der bestimmenden internationalen Kunst- und Literaturströmungen
nicht erfassbar wäre. Die Entwicklung der ungarischen Moderne und der
Avantgarde ist jedenfalls weder ohne die Heranziehung der Geschichte der be-

---

2  Der Begriff ›Kapital‹ hat bei Bourdieu eine sehr weitreichende Bedeutung. Er unterscheidet
   unter anderem zwischen ökonomischem Kapital, also Geld, kulturellem Kapital, also Bildung,
   sozialem Kapital, also der Zugehörigkeit zu einer bestimmten gesellschaftlichen Schicht, und
   symbolischem Kapital, das in diesem Fall KünstlerInnen durch Anerkennung innerhalb ihrer
   eigenen Gruppe anhäufen.

stimmenden französischen und deutschen Kunst- und Literaturströmungen noch ohne die Geschichte der künstlerischen Emigration des Landes erfassbar. Mehr noch: Die gesamte klassische Avantgarde, die sich selbst in Frankreich zu einem beachtlich hohen Prozentsatz an Zuwanderern konstituierte, lässt sich als eine vielfältige, kohärente Migrationsgeschichte lesen, also als eine bemerkenswerte Geschichte intensivster interkultureller Zusammenarbeit, die zahlreiche transnational orientierte Werke zum Ergebnis hatte (so zum Beispiel die Werke von Pablo Picasso, El Lissitzky oder etwa von Hans Arp und von vielen anderen mehr).

Der Ansatz, sich mittels migrationsbedingter Merkmale neue Einblicke in künstlerische Kreationen sowie in diverse globale kulturrevolutionäre Utopien der Avantgarde zu verschaffen, scheint vielversprechend zu sein. Es ist zum Beispiel noch kaum überschaubar, wie groß die künstlerische Migration der 1910er-, 1920er- und 1930er-Jahre eigentlich war (vgl. z. B. von Beyme 2005; Krohn et al. 1998). Auch die Art und Weise der Vernetzungen zwischen den KünstlerInnen oder überhaupt der Grund dafür, sich stärker organisieren zu wollen als je zuvor, lässt etliche Fragen offen. Was immer ihre Hauptmotivation war und wie immer man das Endergebnis betrachtet, Tatsache ist, dass man zeitweise durch die nachhaltige Beteiligung von einigen Hundert Künstlern und auch Künstlerinnen einen transnationalen Diskurs über die »neue Kunst« und den »neuen Menschen« generiert hat; ein Programm, das seit ca. 1910 unter anderem mit dem Ziel auftrat, die Kunst vom Elfenbeinturm in die Gesellschaft zu holen. Es entstand binnen weniger als 10 Jahren eine revolutionäre, sich ursprünglich als »neue Kunst« bezeichnende und später »Avantgarde« genannte Bewegung, die sich gegen die traditionelle Kunst im Endeffekt wirksam behaupten konnte.

Im Unterschied zum ursprünglichen Modell Bourdieus muss also angesichts der ausgeprägten transnationalen Orientierung und des Migrationshintergrunds der untersuchten KünstlerInnen ein über den nationalen Rahmen hinausgehender Feldbegriff angewendet werden. Obgleich er russische und holländische Wurzeln hat, wurde der Konstruktivismus als internationale künstlerische Bewegung mit universalistischen Ansprüchen positioniert. Führende Köpfe des »internationalen« Konstruktivismus, wie Theo van Doesburg oder László Moholy-Nagy, platzierten ihn um 1923, 1924 als eine Kunst ohne Klasse und Nation (vgl. Beyme 2005, 511).

Der Begriff des transnationalen Felds der Avantgarde, der in dieser Studie eingeführt und mit dem operiert wird, unterscheidet sich vom ursprünglichen vor allem durch die Beziehung der KünstlerInnen zur politischen und sonstigen Macht und umgekehrt. Die in der Studie eingehender untersuchten KünstlerInnen des Wiener Exils gerieten exilbedingt in eine laborhafte Situation: Sie erhielten seitens der politischen Macht Österreichs weder gewisse Anreize

(Förderungen, Preise usw.) noch wurden sie künstlerisch blockiert. Ihre Lage wich nicht nur von ihrer früheren, sondern im Allgemeinen von der Beziehung zur Macht all jener ab, die einen solchen Bruch nicht vollzogen hatten, so vor allem im Vergleich zu den Avantgardisten, die Wien bzw. Budapest 1920–1926 nicht verließen. Tatsächlich zeichnet sich ihre Kunst vielfach dadurch aus, dass sie in der »Fremde« entstand. Das (über die genannten objektiven Bedingungen hinaus) auch deshalb, weil sie im nationalen Machtgefüge »Fremde« waren, also weil im Vergleich zu einheimischen KünstlerInnen ihre Beziehung zur politischen Macht oder zum eigenen Land teils loyaler, teils distanzierter, jedenfalls unbefangener war. Trotz dieses durchaus beträchtlichen und weitere Präzisierungen benötigenden Unterschieds zum ursprünglichen Modell Bourdieus ist auch das transnationale Feld der Avantgarde innerhalb des Felds der Macht verortet, also innerhalb einer von der wirtschaftlichen und politischen Elite besetzten Konstellation. In diesem Feld kam ihm, ähnlich wie im gesamten nationalen Kulturbetrieb, bloß eine von einer auch transnational wirksamen wirtschaftlichen, politischen und intellektuellen Elite dominierte Position zu. Es war hauptsächlich dieses global wirksame Machtgefüge einer global agierenden Elite, die in den 1920er-Jahren deutlich im Lichte des Kampfes zwischen Kapitalismus und Kommunismus stand, das auch Kassák und seinen Kreis beeinflusste.

Die konstruktivistische Künstlergruppe in Wien steht als Beispiel für eine unabhängige Kunst und Literatur, die es in der Geschichte dieser Gruppe nie gegeben hatte – und die unter gewöhnlichen Umständen eher selten zu beobachten ist, in der Regel nur bei Exilanten, Einwanderern oder »kosmopolitischen Nomaden« (Wessely 2008, 17) (wie z. B. bei László Moholy-Nagy, Tristan Tzara oder Hans Arp). Dennoch war das von Bourdieu beobachtete Prinzip der Heteronomie (also die Orientierung an der Politik und Ökonomie) versus Autonomie (also der Unabhängigkeit von diesen Feldern) auch in dieser engen, laborhaften künstlerischen Konstellation (d. h. innerhalb einer kleineren Gruppe von KünstlerInnen, die vom früheren nationalen Machtapparat exilbedingt getrennt waren und vom neuen gänzlich geduldet wurden) stets präsent.

Bourdieu schlug vor, kulturelle Werke in drei Schritten zu untersuchen: Erstens sollte die »Position des literarischen (usw.) Feldes innerhalb des Feldes der Macht – und deren sukzessive Entwicklung« bestimmt, dann die Struktur des literarischen Feldes untersucht und abschließend die »Genese des Habitus« der einzelnen Handelnden im Feld analysiert werden (Bourdieu 1999, 340).

Meine Untersuchung über Lajos Kassák ist indes auf fünf Ebenen ausgerichtet: Die *1. Ebene* der Untersuchung war dazu bestimmt, die Handlungsfreiheit der SchriftstellerInnen, das Ausmaß ihrer Autonomie gegenüber der politischen Macht im Herkunftsland und im Exilland zu bestimmen. Hier stellte sich klar heraus: Das Ausmaß der künstlerischen Autonomie war in der ursprünglichen Heimat deutlich geringer als im Exil. Während zum Beispiel beide Zeitschriften der Gruppe (*A Tett* und *Ma*) in Ungarn nacheinander verboten wurden, mischte sich im Exil niemand in die Aktivitäten der Gruppe ein. In der Periode der sieben Exiljahre konnte keine Art von Interaktion zwischen der österreichischen Politik und den KünstlerInnen nachgewiesen werden.

Auf der *2. Ebene* wurde für beide Länder die Grundstruktur des literarischen Feldes bzw. der engeren Konstellation um die Gruppe erarbeitet. Anschließend wurde anhand von biografischen und autobiografischen Daten jener Habitus Kassáks bestimmt, mit dem er dem literarischen Feld als junger kommender Schriftsteller beitrat.

Auf der *3. Ebene* wurden die gesellschaftlichen und die im literarischen Feld situierten Positionen rekonstruiert, die den untersuchten AkteurInnen in ihrer ursprünglichen Heimat und im Zielland bzw. international zukamen. Unterschieden wird dabei zwischen etablierten und nicht etablierten Positionen, je nachdem ob KünstlerInnen viel oder kaum zitiert werden bzw. ein kleines oder großes Publikum haben.

Auf der *4. Ebene* wurden die in das Zielland mitgebrachten Dispositionen Kassáks und der Prozess ihrer Integrierung in das Feld vor Ort untersucht. Hierbei stellten sich seine künstlerischen Dispositionen für die Wiener Verhältnisse als zu radikal, zu antitraditionell heraus. Sie konnten jedoch durch die gegebene Handlungsfreiheit in Wien international gut eingesetzt und verwertet werden.

Auf der *5. Ebene* wurden schließlich zentrale literarische und theoretische Texte, die vor und insbesondere nach der Auswanderung entstanden sind, untersucht. Dabei spielte die dem Autor im künstlerischen Feld zukommende Position während der Entstehungszeit dieser Werke eine zentrale Rolle.

Die folgenden Ausführungen zu Kassáks Wandlung im Exil sind das Ergebnis dieser fünfstufigen Analyse.

## 2. Die exilierten Dispositionen

Die Strategien der Menschen – etwa der mehr oder minder freie Entschluss zum Auswandern – sind, mit Pierre Bourdieu gesprochen, weniger als abstrakte Antworten auf abstrakte Situationen zu verstehen, sondern sie

> definieren sich im Hinblick auf Impulse, die in der Welt selbst angelegt sind in Form von positiven oder negativen Hinweisen, die sich nicht an jeden x-Beliebigen wenden, sondern nur ›aussagekräftig‹ sind [...] für Akteure, die im Besitz eines bestimmten Kapitals und bestimmten Habitus sind. (Bourdieu 2001, 283)

Der relativ freie Entschluss eines erwachsenen Menschen zu emigrieren, setzt also »ein Mindestmaß an Chancen im Spiel« (Bourdieu 2001, 287) voraus. Ob die Erwartungen erfüllt oder enttäuscht werden, hängt davon ab, ob die Entfaltung des Habitus durch die neue soziale Welt, die man im Zuge der Einwanderung betritt, begünstigt oder eingeschränkt wird.

Als Lajos Kassák in seinen jungen Jahren das erste Mal mit aktivistisch-futuristischen Gedichten konfrontiert war, reagierte er mit großer Begeisterung. So zumindest hat er diese Begegnung in seinem autobiografischen Roman zirka 15 Jahre danach geschildert:

> »[I]ch habe die in den Gedichten steckende frische Kraft, die mutige Ausdrucksform, die Farbe der Wörter und ihren Schwung aufgespürt. Ich hatte das Gefühl, als würde ich Freunde treffen, Menschen, deren Sprache meiner ähnlich ist und die, ohne dass wir uns bislang gekannt hätten, fast dasselbe und genauso schreiben würden.« (Kassák 1983, 239 – 240)[3]

Das Zitat beschreibt Kassáks ursprüngliche Kunstwahrnehmung am Anfang seiner schriftstellerischen Laufbahn sowie deren Zusammenfallen mit einer Wahrnehmung, die im transnationalen künstlerischen avantgardistischen Feld, dem er sich bald anschließen sollte, im Allgemeinen vorherrschte und die sich als eine Möglichkeit anbot. Er traf im Exil tatsächlich auf viele neue Freunde und Gleichgesinnte aus vielen Ländern, die für die erfolgreichen Exiljahre eine Art Garantie wurden. Doch es bleibt vorerst eine offene Frage, ob die geschilderte Übereinstimmung bereits am Anfang seiner Karriere in der beschriebenen Form vorhanden war. Denn die im Roman erzählte geistige Verwandtschaft könnte unter Umständen auch eine idealisierte, nachträgliche Konstruktion sein; das Ergebnis der retrospektiven Darstellung, der die Funktion zukommen könnte, für die erfolgreichen Exiljahre eine kohärente Darstellung zu liefern.

Kassák wurde unmittelbar nach dem Sturz der ungarischen Räterepublik (die vom 21. März bis 1. August 1919 dauerte), in der er Mitglied des »Schriftstellerdirektoriums«, also ein durchaus gut positionierter und einflussreicher Akteur der Gesellschaft war, verhaftet. Nach einer viermonatigen Untersuchungshaft konnte er sich vor der Hauptverhandlung befreien und setzte sich (vor der wahrscheinlichen Verurteilung) nach Wien ab.

Der 33-jährige, Anfang 1920 ins Exil geratene Schriftsteller konnte bereits eine relativ lange Liste von Veröffentlichungen vorweisen. Er war sowohl im nationalen als auch im transnationalen literarischen Feld der Avantgarde bekannt. Er hatte vor dem Exil in zwei sozialen Feldern zugleich gewirkt: im Literaturbetrieb und in der Arbeiterbewegung.

---

3 Soweit nicht anders vermerkt, stammen alle Übersetzungen aus dem Ungarischen vom Autor dieses Artikels.

## 3. Im Exil

Die im Exil sich ergebenden neuen Umstände führten jedoch dazu, dass seine Tätigkeit im Exil praktisch auf Kunst und Literatur beschränkt blieb, obwohl die Bedingungen für eine Teilnahme an der Arbeiterbewegung und Arbeitererziehung in Wien sehr gut, jedenfalls deutlich besser waren als für die moderne Kunstproduktion. Denn: Das Wien der 1920er-Jahre weckte internationale Aufmerksamkeit nicht durch seine reformistischen Anstrengungen im künstlerischen und literarischen Bereich, sondern auch durch zahlreiche reformistische Initiativen, die der Anhebung der Lebensqualität und des kulturellen Niveaus der Arbeiterschaft dienten. Aufklärung, Volksbildung wurde vor allem seitens der Sozialdemokratie musterhaft unterstützt und vorangetrieben (vgl. z. B. Hanisch 2005, 324–333). All das hatte Kassák noch kurz zuvor sowie nach der Rückkehr nach Budapest sehr interessiert, doch in Wien nahm er daran nicht teil.

Die abrupte, einer Neugeburt gleichkommende Wende kündigte er in einem seiner Manifeste wie folgt an:

> Alles, was wir bislang gemacht haben, vermag in seiner Art und seiner Zeit gut gewesen sein, weil es ohne stilistisches und ästhetisches Einwirken mit uns Schaffenden eins war, doch was uns heute betrifft, kann diese Kunst weiter nichts bedeuten als eine vom zeitlichen Rahmen umhüllte Leere. [...] Wir sind stolz darauf, dass wir in den letzten Nummern unserer Zeitschrift bei der zweiten Station unserer Entwicklung angelangt sind. [...] Derjenige, der heute über die Huldigung der Masse spricht, der rührt die Werbetrommel für den Tod der Masse. Wir sind zu einer neuen Periode gelangt. Wer etwas anfangen will, der muss alles neu beginnen. (Kassák 1922, 3–4)

Das Manifest plädiert für die Notwendigkeit der Abwendung des Künstlers oder der Künstlerin von der Masse, das heißt vom Proletariat. Dass diese Aussage bei den meisten Zeitgenossen, die ihn kannten oder den künstlerischen Weg mit ihm gemeinsam beschritten, wie eine Bombe einschlug, verwundert überhaupt nicht. Es verwundert nicht, da er noch vor einem Jahr den Proletarier, mit dem er einst selbst die Werkstatt teilte und mit dem er auf die Straße ging, überaus zu schätzen wusste. Anhand von mehreren Gedichten ließen sich die anfängliche Wertschätzung und der darauf folgende Bruch genau nachweisen. Zum Beispiel in der vierten Strophe des 1919 publizierten Gedichts *Junger Arbeiter* ist zu lesen:

> Ich lernte dich an den Kreuzungen der Straßen kennen.
> Unter dem feuchten Himmel der Obdachlosigkeit, beim ungeschickten Liebesakt, in der Brotlosigkeit, als du die Schule geschwänzt hast, bei deinen billigen Diebsgeschichten

deren Schatten an dir haftengeblieben sind
und jetzt willst du mit dem dunklen Mal auf deiner Stirn um jeden Preis losmar-
schieren. (Kassák 1996a)

In den ab 1922 verfassten Gedichten lassen sich selten Spuren von solchen
Gedanken finden, die manchmal pathetisch und politisierend, direkt an die
Arbeiterschaft adressiert und ohne Weiteres zu verstehend sind. Im Unterschied
zum ersten Gedicht scheint Kassák im Folgenden nicht mehr zu wissen, wer die
AbnehmerInnen seiner neuen Gedichte sein werden. Eines aber weiß er gewiss:
Die Leserschaft wird nicht mehr die frühere sein:

> Wem soll ich dieses buch von mir zueignen erster anlauf zum neuen Kassák und unter
> meinem herzen
> öffnete ich die honigfässer
> [...]
> jetzt streichen in mir 24 junge mädchen die wände frisch mit kalk
> [...]
> wahrlich ich sage euch die glänzenden aussichten fallen allesamt in die kartoffelbeilage
> und wir wären längst krepiert würden uns die talgbeschmierten leichen der dichter
> nicht bedingungslos zu
> diensten sein
> sie sind also die dichter sie sind die sanften schafsköpfchen und auch die ausge-
> lutschten süßholzwurzeln
> sind sie[...]
> wir aber öffnen die fenster
> hören die ästhetikkrähenden jaguare in der morgendämmerung doch müssen wir
> nichts mehr befürchten
> unsere geliebten feuerwehrleute stehen bereits am ufer des flusses tohuwabohu in reih
> und glied (Kassák 1996b)

Grundlage dieses Wandels waren die veränderten Bedingungen für den Künstler
im Exil. Während des Krieges war die Gruppe um Kassák politisch äußerst
engagiert. Sie lehnte den Krieg völlig ab, engagierte sich für die Arbeiterbewegung und sprach sich für ein kommunistisches Gesellschaftssystem aus. Nach
dem Krieg und dem Zerfall der k. u. k. Monarchie änderte sich natürlich auch in
Ungarn Vieles. Nach dem Scheitern der bürgerlichen Revolution von 1918 wurde
das Land immer antiliberaler, antidemokratischer, und das kam der Entwicklung der Kunst des Landes nicht zugute. Sowohl unter der kurzlebigen Räte-
publik als auch unter dem konservativen Horthy-System waren Literatur, Kunst
und Publizistik einer erheblichen politischen Repression ausgesetzt. Das führte
beide Male aber vor allem nach dem Sturz der Räterepublik zu einer massiven
Abwanderung der politischen, intellektuellen und künstlerischen Elite (vgl. z. B.
Péter 2003).

Das 1920 begonnene Exil der linken literarischen und künstlerischen Avantgarde, die gerade maßgebende Stellung erreicht hatte, schnitt alles Frühere mit einem Schlag ab. Das Exil hielt seine AkteurInnen von dem früheren System und den gesellschaftlichen Gewohnheiten vollkommen fern. Im Zuge des Exils rückten Kassák und sein Kreis dem westeuropäischen Feld der Avantgarde deutlich näher und sie wurden bald zu einer der maßgebenden (d. h. Spielregeln vorgebenden) Gruppen am konstruktivistischen Pol des avantgardistischen Netzwerkes.

Die Exil-KünstlerInnen gerieten durch die in Wien vorgefundenen Verhältnisse in eine merkwürdige Situation: Die Bedingungen ihrer Tätigkeit nahmen schlagartig laborhafte, das heißt von den üblichen gesellschaftlichen Zwängen und Verlockungen befreite Züge an. Laborhaft war die Situation der SchriftstellerInnen im Exil in erster Linie deshalb, weil das Ausmaß der Autonomie, die ihnen insbesondere seitens der politischen Macht Wiens zugestanden wurde, dermaßen hoch war, wie es Künstler – ansässige im Allgemeinen und Osteuropäer damals im Besonderen – selten erlebt hatten, und die betreffenden Künstler in ähnlicher Form niemals, weder vor noch nach dem Exil. Sofern sie sich von aktiver Politik fernhielten, konnten diese Künstler im Grunde genommen alles tun, was sie wollten. Einen Künstler wie Kassák jedoch, der bis dahin auf die politischen, sozialen Ereignisse direkt reagiert hatte und stets mit dem Ziel und der Illusion auftrat, greifbare soziale Änderungen herbeiführen zu können, den veränderte eine solche Zäsur geradezu notwendig.

Das Exil brachte also zwei Faktoren mit sich, die wesentlich zur raschen Veränderung beitrugen. Der eine war das von der österreichischen Regierung über die ExilantInnen verhängte Verbot politischer Tätigkeit und der andere der (davon nicht unabhängige) Anstieg der künstlerischen Autonomie, die Kassák sich immer schon gewünscht hatte, die er aber in der Form niemals besessen hatte. Das Ausmaß der Autonomie stieg an, weil mit dem Exil die soziale Umgebung entfiel – samt ihren politischen und intellektuellen Sanktionen, aber auch mit ihren Vorteilen und Verlockungen, also der politischen Anerkennung und dem sozialen Aufstieg. Das Ausmaß der Autonomie stieg zweitens an, weil die von den österreichischen bzw. westeuropäischen Künstlern im Laufe der Geschichte erkämpfte Autonomie, dieses von den KünstlerInnen der Moderne überall in Westeuropa bereits als Selbstverständlichkeit empfundene Gut, in den 20er-Jahren in Wien offensichtlich besser entwickelt war als in Ungarn und in Osteuropa in derselben Zeit. Durch diese nun auch für die ImmigrantInnen bereitstehende Autonomie in diesem westeuropäischen Raum mitbedingt, musste es zu einer raschen und maßgeblichen künstlerischen Wandlung im Ma-Kreis kommen. Im Unterschied zu Kassák oder gerade, um den Unterschied und dadurch die eigene Bedeutung mehr hervortreten zu lassen, blieben die meisten Mitglieder der Gruppe auch im Exil bei einer politisch engagierten Kunst. Aber auch sie veränderten ihren künstlerischen Stil deutlich. Diese KünstlerInnen (wie zum Beispiel Béla Uitz) konnten mit dem in konstruktivistischen Kreisen der westeuropäischen Avantgarde ab ca. 1922 laut gewordenen Verlangen nach noch mehr Autonomie für die Kunst von der Politik wenig anfangen und wendeten sich gegen diese Tendenzen. Sie verfolgten weiterhin osteuropäische, seinerzeit in der russischen Avantgarde sehr verbreitete Handlungsmuster, wonach Kunst und Politik nicht zu trennen seien (vgl. z. B. Passuth 2003). Die Kunsttheoretiker Ernő / Ernst Kállai, László Moholy-Nagy, Alfred Kemény und László Péri teilten in ihrer Deklaration vom 10. Februar 1923 zum Beispiel mit, dass sie sich nun der sich abspaltenden Gruppe um *Egység* (Wien) anschließen würden. Sie teilten also nicht Kassáks Auffassung von der Unabhängigkeit der Kunst von der kommunistischen Partei, sondern jene von *Egység*:

> Für die Realisierung der kommunistischen Gesellschaft müssen die Künstler mit dem Proletariat gemeinsam kämpfen und deshalb wollen wir unser Eigeninteresse den Interessen des Proletariats unterordnen. Dies ist für uns nur im Rahmen der kommunistischen Partei, in Zusammenarbeit mit dem Proletariat erreichbar. (Kállai et al. 1923)

Kurz danach veröffentlichen Viking Eggeling und der gebürtige Wiener Dadaist Raoul Hausmann in *Ma* eine Gegendeklaration. Sie schreiben:

> Und nun wenden wir uns gegen die Deklaration der ungarischen Konstruktivisten im ›Egység‹ und rufen ihnen und den internationalen Konstruktivisten überhaupt zu: Unser Arbeitsgebiet ist weder der Proletkult der kommunistischen Partei noch das Gebiet des l'art pour l'art! Der Konstruktivismus ist eine Angelegenheit der russischen Malerei und Plastik, die die ideoplastische (gehirnlich-nützliche) Einstellung des Ingenieurs als Spiel mit beliebigem Material nachahmt und damit weit unter der Ingenieursarbeit rangiert, die funktionell und erzieherisch ist. (Eggeling / Hausmann 1923, 2 – 4)

Die Gründe dieser beträchtlichen Differenz, die auch zur Spaltung führte, sind bestimmt vielfältig. Doch eine der Ursachen ist gewiss in der von Pierre Bourdieu beobachteten und oben zitierten allgemeinen »Logik« der Felder zu orten, wonach die Profitkämpfe, die im Bereich der effektiven Machtausübung, im Feld der Macht akzentuierter auftreten, bis zu einem gewissen Grad auch unter den machtlosen KünstlerInnen vorzufinden sind. Dabei kämpfen jene, die eher vom Prinzip der Heteronomie geleitet werden, um politischen oder ökonomischen Gewinn, während jene, die sich für die Autonomie der Kunst einsetzen, eine feldinterne, fachliche Anerkennung anstreben.

Die Gesamtheit der neuen Zustände im Exil trug alles in allem dazu bei, dass Kassáks Texte im Exil deutlich weniger politisch und seine Kunstwerke viel abstrakter, viel rationalistischer oder antiexpressionistischer waren als die vor und nach dem Exil entstandenen. Es war nicht zuletzt die laborhafte Situation (das von oben angeordnete Politik-Verbot für die ungarischen ExilantInnen in Wien, die künstliche Trennung von den früheren kollektiven Gewohnheiten), die bewirkte, dass Kassák im Zuge des Exils eine Kunstrichtung verfolgte, die mit der österreichischen Tradition gar nichts und mit der ungarischen wenig gemein hatte. Beginnend mit einer Art messianischem und gesellschaftsreformistischem Aktivismus und über den Expressionismus, Futurismus und Dadaismus führend landete Kassák schlussendlich in der Nähe des Konstruktivismus westeuropäischer Prägung, d. h. bei einer formbetonten, maximale Autonomie beanspruchenden, rationalistischen Kunstrichtung innerhalb der Avantgarde.

1920 in neuen Strukturen gelandet, passte sich Kassák also den Verhältnissen rasch an und setzte neue, aber mit den international dominierenden Spielregeln kompatible Akzente in der Welt. Mit den errungenen Positionen im transnationalen Feld der Avantgarde gingen zugleich Stilmerkmale, Inhalte und Interessen einher, die mit den in der vorrevolutionären Periode entstandenen Kunstwerken wenig zu tun haben. Während er vor 1920 in die Arbeiterklasse insgesamt hohe Erwartungen und Hoffnungen setzte, wandte er sich im Exil von ihr beinahe völlig ab. Er erklärte die gesamte Arbeiterklasse als für höhere intellektuelle Leistungen im Moment vollkommen unfähig. Mehr noch: Er rechnete 1922 auch mit seiner eigenen aktivistischen Vergangenheit und mit Künstlern strikt ab, die sich nach 1920 noch an das Proletariat wandten, und bezeichnete diese als tendenziös. Der Abschied vom Proletariat und insbesondere von der an dieses adressierten Kunst kam jedoch nicht aus heiterem Himmel und auch nicht von heute auf morgen. Ähnlich wie er wandten sich viele der avantgardistischen Künstler vom Proletariat ab bzw. wandten sich ihm erst gar nicht zu. Dazu gehörten zahlreiche Künstler um die Zeitschriften *De Stijl*, *Gegenstand* und *Der Sturm*, wie zum Beispiel die oben zitierten Viking Eggeling, Raoul Hausmann oder Theo van Doesburg.

Und da der Höhepunkt des Aktivismus politischer Prägung 1920 europaweit bereits vorbei war oder weil bei den bestimmenden Akteuren und Zeitschriften politisches Engagement immer weniger Beachtung fand, hätte sich die Beibehaltung der Positionen der vorrevolutionistischen, aktivistischen Periode auf die Zukunft des *Ma*-Kreises im internationalen künstlerischen Feld offensichtlich negativ oder rückschrittlich ausgewirkt. Kassák betrachtete jedenfalls bereits ab 1921 Künstler, die an den Idealen der vorrevolutionistischen Periode festhielten, als unzeitgemäß. In dieser feldinternen Veränderung der Struktur der gesamteuropäischen Avantgarde, in der soziales und politisches Engagement um 1923 nicht mehr als zeitgemäß erachtet wurde, liegt einer der maßgeblichen Gründe des raschen Abschieds Kassáks von seiner früheren aktivistischen, politisierenden Orientierung.

## 4.    Strukturbedingtheit künstlerischer Kreationen

Kassák wird in der Literatur als eine zielbewusste und sattelfeste Persönlichkeit dargestellt. Doch wie in den meisten Lebensläufen, in denen man es mit einer steilen »Karriere« zu tun hat, gibt es auch im Falle Kassáks eine Reihe sich rasch abwechselnder Positionierungen, die ihn als alles andere als eine stagnierende Person erscheinen lassen. Bis er eine unumgängliche Position im literarischen und künstlerischen Feld erreicht hatte, richtete er seine Aufmerksamkeit, seine Kritik und Zustimmung großteils auf die bestimmenden, progressivsten und radikalsten Akteure (wie zum Beispiel auf Endre Ady in Ungarn, auf Kurt Schwitters in Deutschland und auf Theo van Doesburg in Holland) des künstlerischen Feldes, in dem er sich bewegte, und er wurde wie jene (natürlich bei Weitem nicht nur wegen der Anknüpfung, aber auch deshalb) schon zu Lebzeiten bekannt und später namhaft.

Auch Kassáks Laufbahn und Werk blieben von den sozialen Bedingungen ihrer Entstehung nicht unberührt. Einen prägnanten Beleg für die Struktur- sowie für die Zeit- und Raumbedingtheit einzelner künstlerischer Kreationen liefert seine Remigrations- und Emigrationsgeschichte. Seine vor dem Exil maßgeblich von politischen Klassifizierungsweisen geprägte Dichtung entwickelte sich rasch zu einer maßgebend entpolitisierten, abstrakten, im Zeichen des Dadaismus und des Konstruktivismus stehenden Avantgardedichtung. Doch kaum hatte er wieder ein Jahr in Budapest gelebt, war die gut funktionierende künstlerische Produktionsweise der Gruppe mit Schwierigkeiten konfrontiert. Wobei dies bereits im letzten Jahr des Exils bemerkbar gewesen war, denn es ist kein Zufall, dass die Zeitschrift *Ma* Ende 1925, also noch vor der Remigration, eingestellt wurde.

Als sich 1927 herausstellte, dass der im Exil erfolgreiche Avantgardekurs zu Ende war und dessen Weiterführung in derselben Form in der Folge keinen Sinn mehr hatte, da es dafür in Ungarn keinerlei Interesse gab, kam es erneut zu einem künstlerischen Bruch. Während die Avantgardisten im Exil ihr künstlerisches Schaffen in einem eigenständigen Avantgardefeld vollziehen konnten, fielen sie in Budapest in ein weniger differenziertes künstlerisches Feld zurück. Sie befanden sich erneut (ähnlich wie vor dem Exil) mitten in einem Literaturbetrieb, in dem die annehmbaren Positionen nicht (wie während der Emigration) von den verschiedenen Ismen konstituiert, sondern von den Repräsentanten der klassischen Moderne zum einen und von den Avantgardisten zum anderen belegbar waren, wobei Letztere dem etablierten Pol gegenüber so gut wie keine Chance auf Erfolg hatten. Denn durch das Exil der Avantgardisten stiegen die Schriftsteller um die Zeitschrift *Nyugat* für viele Jahre zum einzigen bestimmenden Pol des ungarischen literarischen Feldes der Kleinproduktion auf. Sie schafften es, die ästhetische Norm der »reformierten« ungarischen literarischen Moderne während der Exilzeit der Avantgardeliteraten für absolut zu setzen, [ihr] zu einer solchen Alleinherrschaft zu verhelfen, dass die Verwendung aller von dieser seiner Norm abweichenden Normen als Rückfall in die Barbarei erscheinen musste. (Deréky 1994, 318)

Das war allerdings nicht das Hauptproblem, denn die Situation war im Exil auch nicht bedeutend anders gewesen. Das wirkliche Problem war, dass es in Ungarn kein eigenständiges Avantgardefeld wie im Exil gab. Das Fehlen eines solchen Marktes zwang die Heimgekehrten zur Umorientierung. Nachdem der Versuch, mit der nach der Heimkehr gegründeten Zeitschrift *Dokumentum* den im Exil begonnenen autonomen, konstruktivistisch orientierten Weg weiterzugehen, nach kurzer Zeit gescheitert war, wandte sich der *Kassák-Kreis* in der im Jahre 1928 gegründeten Zeitschrift *Munka* (Arbeit) mehr dem sogenannten außerliterarischen Bereich zu. Sie nahmen also den Konkurrenzkampf gegen die *symbolisch bestimmenden* Repräsentanten der Moderne nicht auf, sondern öffneten sich in Richtung der beherrschten, an dem Bildungssystem kaum teilhabenden sozialen Klassen und initiierten zahlreiche moderne Bildungsprogramme.

Der strukturelle Unterschied zwischen dem literarischen Feld im Exil, in dem die Avantgardisten sieben Jahre lang angesiedelt waren, und dem in Ungarn vorherrschenden war also enorm, denn nahezu nichts von dem, was sie im Exil aufgebaut hatten, konnten die Autoren der Avantgarde nach ihrer Rückkehr im Jahre 1926 weiterführen (obwohl sich die politischen Umstände nach 1926 unter dem Horthy-Regime deutlich besserten). Zur Fortsetzung von Kassáks abstraktem und von den politisch-sozialen Klassifizierungsweisen distanziertem künstlerischem Ansatz konnte es in Budapest nicht mehr kommen. Mehr noch, Kassáks auf die Spitze getriebene künstlerische Abstraktion verschwand nach der Rückkehr nahezu vollkommen.

## 5. Invariante Eigenschaften

Es dauerte knapp ein Jahr, und der große, von Kassák eingeleitete Richtungswechsel des *Ma*-Kreises ging (Ende 1921) erfolgreich über die Bühne. Wie konnte es zu einer solch raschen Veränderung kommen, wenn doch die Persönlichkeitsstrukturen eines Menschen im Alter von 35 Jahren normalerweise ziemlich verfestigt sind? Die Veränderungen Kassáks lassen sich durch die Umbrüche der sozialen Umstände, durch das Kriegsende und das Exil nicht gänzlich erklären. Gerade so eine rasante Wandlung wie jene Kassáks hätte niemals zustande kommen können ohne die aus der Zeit seiner primären Sozialisation herrührende Neigung zur Selbstständigkeit und zum Individualismus, die gekoppelt war mit dem einem Lebensinstinkt gleichkommenden Ziel, bedeutender Schriftsteller zu werden. Dem Diktat dieser invarianten Eigenschaften untergeordnet – oder dem, wonach Kassák laut eigener Angabe in sich selbst vergebens suchte, nämlich der »durchmischenden Farbe« seines Lebens – und im Zuge des Exils in eine Autonomie und Individualismus fördernde Umgebung geraten, waren das erste Mal alle Bedingungen versammelt, die seine Wandlung hervorrufen konnten. Doch meine Untersuchungen der letzten Monate haben gezeigt, dass zahlreiche Aussagen in den Anfang 1921 entstanden Texten und der rasante Wandel seiner Kunst in diesem Jahr sich nicht mit der allgemeinen Aufbruchsstimmung nach dem Krieg und den optimalen Bedingungen autonomer Kunst im Exil lückenlos erklären lassen. Es deutet alles darauf hin, dass die merkwürdige Wende in Kassáks Schaffen nicht nur mit den neuen sozialen Bedingungen, sondern auch mit seiner schweren Lungenerkrankung von Ende 1920, Anfang 1921 zusammenhängt.

In seinem Buch *Anyám címére (An die Adresse meiner Mutter)* schrieb Kassák 1937 zu dem Fall Folgendes:

> [M]ir kommen jene schrecklichen Monate in Erinnerung, als ich in einem der Wiener Krankenhäuser lag und von Kopf bis Fuß in nasse Leintücher gewickelt war, die von meinem eigenen Fieber trocken werden mussten; abgesehen davon, dass ich kontinuierlich hustete und in den schweren Polstern fasst erstickte – doch ich blieb am Leben. (zitiert nach Czeizel 2008, 150)

Die Todesangst, von der er Anfang 1921 offenbar heimgesucht wurde und die letztendlich auch die künstlerische Wende sowie den *Bruch des Habitus* ausgelöst haben dürfte, ist in sämtlichen Texten nachweisbar, die in der Periode (während des Krankenhausaufenthalts oder unmittelbar danach) entstanden. Zum Beispiel erlaubt uns sein *5. Nummeriertes Gedicht*, seinen kritischen Zustand gut nachzuempfinden. Das Gedicht beginnt mit folgender Zeile: »die krankenschwestern haben uns schon durchgestrichen in ihren augen 5 Uhr 20.« Oder weiter unten: »von den turmspitzen sprangen unsere ziele im kopfsprung hinunter [...] oh frau oh oh meine bessere hälfte voller sommer und süßen milchquellen wer würde denn in den in die krauttöpfe gefallenen krankenhäusern nicht wahnsinnig werden.« (Kassák 1987, 14)

## 6.   Ausblick

Ein bedeutender künstlerischer Aufschwung im Exil ist natürlich kein neues Phänomen. Ungeachtet dessen ist es jedoch beachtenswert, dass Zuwanderer Geschichte schrieben, während zahlreiche in Wien aufgewachsene Künstler unmittelbar nach 1918 (und manche wie z.B. Oskar Kokoschka sogar noch früher) der Ansicht waren, die Stadt sofort verlassen zu müssen (wie z. B. Albert Ehrenstein), da hier moderne Kunst und Literatur niemanden mehr interessieren würden (vgl. Fischer 1994, 44). Die Zuwanderer erbrachten – am selben Ort, zur selben Zeit und unter objektiv denselben, aber subjektiv anderen Bedingungen – eine große und umfangreiche künstlerische und literarische Leistung – und das auf dem Gebiet des Dadaismus und Konstruktivismus, wofür es im Wien der 20er-Jahre unbestritten äußerst wenige Interessenten gab. Die Stadt stieg in die internationale dadaistische und konstruktivistische Szene vor allem dank der Exilgruppe ein, was aber – trotz entgegengesetzter Behauptungen – bei Weitem nicht heißt, dass es hier keine vergleichbare Avantgarde gegeben hätte. Die Forschung der letzten fünf Jahre zeigt, dass es sehr wohl eine Wiener Avantgarde vor dem Zweiten Weltkrieg gegeben hat. Aber sie war international kaum bekannt, vielleicht auch weil sie den Radikalismus und Dogmatismus der internationalen Kreise der »neuen Künstler« mied (und vice versa) und mehr auf eine Art Synthese von Tradition, Moderne und Avantgarde hinarbeitete (vgl. z. B. Platzer / Storch 2006). Von den Kuratoren der Ausstellung *Dynamik! Kubismus / Futurismus / Kinetismus* (Belvedere, Februar 2011) wurde darüber hinaus die These vertreten, dass der Wiener Kinetismus deutlich mehr Achtung verdiene, als ihm derzeit zugebilligt wird (vgl. Bast 2011).

Eine künftige, breit und interdisziplinär angelegte Untersuchung macht es sich zum Ziel, die gesamte avantgardistische Tätigkeit jener KünstlerInnen zu untersuchen, die unabhängig von Herkunft und damaliger künstlerischer Position im Wien der 20er-Jahre wirkten. Eine solche Gesamtschau, die sich in erster Linie auf die Qualität und Quantität der entstandenen Werke konzentriert, hat das Ziel, unabhängig von den damaligen, international ausgetragenen Positionskämpfen und Hierarchien die Wiener Avantgardeszene neu zu bestimmen.

## Literatur

Bast, Gerald (Hg.) 2011: *Wiener Kinetismus. Eine bewegte Moderne*, Wien.

Beyme, Klaus von 2005: *Das Zeitalter der Avantgarden. Kunst und Gesellschaft. 1905 – 1955*, München.

Bourdieu, Pierre 1993: *Sozialer Sinn. Kritik der theoretischen Vernunft*, Frankfurt a.M.

Bourdieu, Pierre 1999: *Die Regeln der Kunst. Genese und Struktur des literarischen Feldes*, Frankfurt a.M.

Bourdieu, Pierre 2001: *Meditationen. Zur Kritik der scholastischen Vernunft*, Frankfurt a.M.

Bourdieu, Pierre 2011: *Kunst und Kultur. Kunst und künstlerisches Feld* (= Schriften zur Kultursoziologie 4), Konstanz.

Czeizel, Endre 2008: ›Kassák Lajos családfájának és betegségeinek értékelése‹ [Stammbaum-und Krankheitsauswertung von Lajos Kassák], in Péter H. Nagy/József R. Juhász (Hg.): *Kassák-kód [Kassák-Code]*, Bratislava, 136–158.

Deréky, Pál 1994: ›Lajos Kassák und der ungarische Aktivismus‹, in Klaus Amann/Armin A. Wallas (Hg.): *Expressionismus in Österreich*, Wien, Köln, Weimar, 309–321.

Eggeling, Viking/Hausmann, Raoul 1923: ›Zweite präsentistische Deklaration. Gerichtet an die internationalen Konstruktivisten‹, *Ma*, Jahrgang 8, Heft 5–6, 2–4.

Fischer, Ernst 1994: ›Expressionismus – Aktivismus – Revolution‹, in Klaus Amann/Armin A. Wallas (Hg.): *Expressionismus in Österreich*, 309–321.

Hanisch, Ernst 2005: *Der lange Schatten des Staates. Österreichische Gesellschaftsgeschichte im 20. Jahrhundert* (= Österreichische Geschichte 1890–1990), Wien.

Jurt, Joseph 2008: ›Die Theorie des literarischen Feldes von Pierre Bourdieu‹, *LiTheS (Zeitschrift für Literatur- und Theatersoziologie)*, Jahrgang 1, Heft 1, 5–14. Zuletzt abgerufen am 12.08.2011 unter http://lithes.uni-graz.at/lithes/11_06.html.

Jurt, Joseph 2010: ›Die Habitus-Theorie von Pierre Bourdieu,‹ *LiTheS (Zeitschrift für Literatur- und Theatersoziologie)*, Jahrgang 3, Heft 3, 5–17. Zuletzt abgerufen am 12.08.2011 unter http://lithes.uni-graz.at/lithes/11_06.html.

Kállai, Ernő/Moholy-Nagy, László/Kemény, Alfréd/Péri, László 1923: ›Nyilatkozat‹ [Deklaration], *Egység*, Jahrgang 1, Heft 4, 15.

Kassák, Lajos 1922: ›Mérleg és tovább‹ [Bilanz und weiter], *Ma*, Jahrgang 7, Heft 5–6, 2–4.

Kassák, Lajos 1983: *Egy ember élete [Das Leben eines Menschen]*, Band 2, Budapest.

Kassák, Lajos 1987: *Számozott Költemények [Nummerierte Gedichte]*, Budapest.

Kassák, Lajos 1996a: ›Junger Arbeiter‹ (aus dem Ungarischen von Pál Deréky und Barbara Frischmuth), in Pál Deréky (Hg.): *Lesebuch der ungarischen Avantgardeliteratur*, Wien, 307.

Kassák, Lajos 1996b: ›Nummerierte Gedichte 1‹ (aus dem Ungarischen von Pál Deréky und Barbara Frischmuth), in Pál Deréky (Hg.): *Lesebuch der ungarischen Avantgardeliteratur*, Wien, 333.

Krohn, Claus-Dieter/Rotermund, Erwin/Winckler, Lutz/Koepke, Wulf (Hg.) 1998: *Exil und Avantgarden*, München.

Passuth, Krisztina 2003: *Treffpunkte der Avantgarden: Ostmitteleuropa 1907–1930*, Dresden.

Péter, Zoltán 2003: ›Wirkung eines dauerhaften Ortswechsels. Intellektuelle und literarische Felder ungarischer Migranten in Wien im Laufe des 20. Jahrhunderts‹, *Kakanien revisited*, 28.11.2003. Zuletzt abgerufen am 11.09.2011 unter http://www.kakanien.ac.at/beitr/theorie/ZPeter1.pdf.

Péter, Zoltán 2010: *Lajos Kassák, Wien und der Konstruktivismus*, Frankfurt a.M.

Platzer, Monika/Storch, Ursula (Hg.) 2006: *Kinetismus. Wien entdeckt die Avantgarde*, Ostfildern.

Wessely, Anna 2008: ›Die kosmopolitischen Nomaden und ihr pädagogischer Eifer. Die parallelen Lebensläufe von Karl Mannheim und László Moholy-Nagy‹, in Anna Wessely/Károly Kokai/Zoltán Péter (Hg.): *Habitus, Identität und die exilierten Dispositionen*, Budapest, 15–26.

Martin Slama

# Von der Kolonialzeit bis ins post-9/11 Indonesien. Zur Integration arabischer Migranten in eine muslimische Mehrheitsgesellschaft

Vor dem Hintergrund aktueller Migrationsdebatten in Europa betont dieser Artikel zunächst eine Trivialität: Migration ist ein globales Phänomen, das nicht nur Migrationsbewegungen von Asien, Afrika oder Lateinamerika nach Europa (bzw. Nordamerika) umfasst, sondern – und zwar zu einem beträchtlichen Teil – auch jene innerhalb des afro-asiatischen Raumes. Dies trifft nicht nur auf die gegenwärtige, von markanter Beschleunigung gekennzeichnete Phase der Globalisierung zu. Gerade diese Wanderungsbewegungen innerhalb Asiens und die damit einhergehenden Integrationsprozesse sind Gegenstand der in diesem Beitrag präsentierten Analyse einer arabischen Diaspora, die aus dem Hadhramaut stammt, einem Gebiet im Südosten der arabischen Halbinsel, das heute Teil der Republik Jemen ist. Der Artikel gibt zunächst einen kurzen Überblick über die Migrationsgeschichte der Hadhramis – wie die Bevölkerung dieses Teils der arabischen Halbinsel genannt wird – mit besonderem Augenmerk auf ihre Auswanderung in das koloniale Niederländisch Indien. Er diskutiert die widersprüchlichen Dynamiken der Integration in eine muslimische Mehrheitsgesellschaft im Lichte des elitären Selbstverständnisses der Hadhramis als exemplarische Muslime sowie der kolonialen Islamophobie, die ihnen entgegenschlug. Des Weiteren stellt der Beitrag die noch in der Kolonialzeit entstandenen, widerstreitenden Nationalismen der Hadhramis vor und beleuchtet in der Folge ihre Positionierungen im unabhängigen Indonesien. Der Artikel fokussiert im Speziellen auf die Herausforderungen, die der post-9/11 »global war of terror« für Hadhramis mit sich brachte, die bereits auf Jahrzehnte fortschreitender Integration in die indonesische Mehrheitsgesellschaft zurückblicken konnten. Er schließt mit einem Vergleich zwischen Indonesien und Europa, der – trotz großer Unterschiede – auf Ähnlichkeiten in den politisch-medialen Strategien und der (Re-)Produktion von Stereotypen verweist.[1]

---

1 In diesem Artikel beziehe ich mich auf Daten, die ich vor allem im Rahmen folgender Projekte erheben und analysieren konnte: »Networks of a Diaspora Society. Indonesian Hadhramis in the Homeland and in Peripheral Regions« (Februar 2007 bis Juli 2010), das von Andre

## 1.   Einleitung: Migration, Endogamie und Spaltung

Hadhramis ließen sich vor allem in den Küstenregionen des Indischen Ozeans –
Ostafrika, Indien, Südostasien – nieder. Früheren Kontakten und Migrationsbewegungen folgend, wanderten sie nach der Eröffnung des Suez-Kanals 1869
und der Einführung der Dampfschifffahrt im Indischen Ozean hauptsächlich
nach Südostasien aus, insbesondere nach Niederländisch Indien, dem heutigen
Indonesien, wo sie meist auf islamische Mehrheitsgesellschaften trafen. Von den
circa 110.000 Hadhramis, die 1930 in der Diaspora verstreut rund um den Indischen Ozean (Ostafrika, Indien, Südostasien) lebten – das waren ungefähr 20
bis 30 Prozent der Gesamtbevölkerung des Hadhramaut –, wurden 90.000 in
Niederländisch Indien gezählt (Lekon 1997, 265).

Bis auf sehr wenige Ausnahmen migrierten nur Männer. Diese heirateten
meist Frauen aus den lokalen Gesellschaften und legten in der Folge großen Wert
auf Endogamie, d. h. sie verheirateten ihre Kinder entweder innerhalb der ara-
bisch-stämmigen Gemeinschaft, die patrilinear organisiert ist und in der Genealogien eine wichtige Rolle spielen (Ho 2006; Heiss / Slama 2010), bzw. gaben
ihre Töchter den neu angekommenen Männern aus dem Hadhramaut zur Frau
(vgl. Freitag / Clarence-Smith 1997, Jonge / Kaptein 2002 und Abushouk / Ibrahim 2009 sowie den Klassiker von van den Berg 1886). Dadurch entstanden
relativ stabile Diasporagemeinschaften im Archipel, deren Mitglieder hauptsächlich im Handel tätig waren, aber auch als religiöse Gelehrte auftraten.[2] In
diesen arabischen Gemeinschaften ist auch heute noch eine starke Orientierung
hin zur Endogamie feststellbar, sodass sich viele der in der Kolonialzeit eingerichteten Araberviertel in den größeren Städten Indonesiens bis in die Gegenwart erhalten haben (de Jonge 1997; Jacobsen 2007). Einen besonderen Wert auf
Heiraten innerhalb der Gemeinschaft legen jene Hadhramis, deren Genealogien
bis zum Propheten Mohammed zurückreichen. Diese Gruppe stellt auch die
religiöse Elite im Hadhramaut. Als *sada* (Sing. *sayyid*) – so die respektvolle
Anrede für die Nachkommen des Propheten – betonen sie die Gleichwertigkeit
der Heiratspartner (*kafa'ah*), ein in der islamischen Welt nicht unumstrittenes
Prinzip. Die Hadhrami *sada* legen dieses so aus, dass eine Heirat nur innerhalb
der *sada*-Gemeinschaft erlaubt ist, und lehnen damit selbst solche Ehen ab, die
mit anderen, nicht-*sada* Hadhramis geschlossen werden (von anderen Muslimen ganz zu schweigen), weil auch diese nicht mit ihnen auf einer Stufe stünden.

Die Frage der *sada*-Endogamie führte in der indonesischen Diaspora zu

Gingrich geleitet und vom FWF finanziert wurde, sowie das APART (Austrian Programme for
Advanced Research and Technology) Projekt »Among National Elites and Local Muslims. The
Hadhrami Diaspora in Contemporary Indonesia« (Jänner 2010 bis Dezember 2012).

2  Siehe die entsprechenden Artikel in Freitag / Clarence-Smith (1997), de Jonge / Kaptein (2002)
und Abushouk / Ibrahim (2009) sowie den Klassiker von van den Berg (1886).

heftigen Diskussionen und schließlich zu ihrer Spaltung. Als der Schulinspektor der Jam'iyyah Khayr – eine vor allem im Erziehungswesen engagierte Organisation, die von Hadhramis gegründet wurde – die Heirat einer vom Propheten Mohammed abstammenden Frau (*sharifa*) mit einem »einfachen« Muslim nach islamischen Recht für legitim erklärte, erregte er damit großen Unmut unter den *sada*. Nach heftiger Kritik an seiner Position trat der besagte Schulinspektor zurück, ein aus dem Sudan stammender islamischer Gelehrter namens Ahmad Surkati, der vor seiner Einladung nach Indonesien in Mekka unterrichtet hatte. Ihm folgten nicht-*sada* Hadhramis, die im Jahr 1914 ihre eigene Organisation, Al-Irsyad, gründeten. Dabei konnten sie sich auf eine neue Ideologie berufen, die – ausgehend von der Al-Azhar-Universität in Kairo – die islamische Welt zunehmend beeinflusste. Der islamische Reformismus, der die Gleichheit aller Muslime vor Gott betont und Unterschiede zwischen Gläubigen nur in Hinblick auf ihr Wissen und ihre Frömmigkeit anerkennt, was auch heute noch in Indonesien von Al-Irsyad-Mitgliedern betont wird, bot den nicht-*sada* Hadhramis eine theologische Plattform. Diese ermöglichte es ihnen, die Hierarchie in ihrer Gemeinschaft infrage zu stellen, die u. a. im obligatorischen Küssen der Hände von *sada* durch nicht-*sada* Hadhramis ihren Ausdruck fand (Mobini-Kesheh 1999, 52 – 56).

## 2.  Elitäres Selbstverständnis und koloniale Islamophobie

Trotz dieser Aufspaltung der Gemeinschaft in Reformer, die sich in der Organisation Al-Irsyad vereinten, und konservative *sada*, die in der Kolonialzeit im Jahr 1927 ihre eigene Organisation – Rabitah Alawiyyah – gründen sollten, war beiden Gruppen eines gemeinsam: ihr elitäres Selbstverständnis als exemplarische Muslime im Archipel. Hadhramis nahmen sich selbst gerne als frommer wahr als die Mehrheit der indonesischen Muslime bzw. als *die* Vertreter des Islam in Indonesien. Dies galt besonders für die *sada*, die als Nachkommen des Propheten Muhammad eine beträchtliche Anhängerschaft unter Teilen der lokalen Bevölkerung besaßen. Aber auch der Al-Irsyad-Gründer Surkati meinte etwa, dass die Zukunft des Islam in Java von der Zukunft seiner arabischen Bevölkerung abhinge (Affandi 1999, 170). In den Al-Irsyad-Schulen wurden neben jungen Hadhramis tatsächlich auch lokale Muslime ausgebildet, von denen manche dann führende Positionen in der islamisch-reformistischen Organisation Muhammadiyah einnahmen, die heute die größte Organisation des reformistischen Lagers im indonesischen Islam darstellt. In einer Erklärung der Muhammadiyah aus dem Jahr 1939 bezeichnet sie sich sogar als »Schüler von Al-Irsyad« (Affandi 1999, 220). Diese Erklärung wird auch heute noch gerne von Al-

Irsyad-Mitgliedern zitiert, um ihre Rolle in der Verbreitung des reformistischen Islam in Indonesien zu unterstreichen.

Laut dem malaysischen, an der Humboldt Universität in Berlin forschenden Historiker Sumit Mandal (1997; 2002) beruht das elitäre Selbstverständnis der Hadhramis in Indonesien aber nicht nur auf internen islamischen Dynamiken, sondern ist auch als das Produkt kolonialer Politik zu verstehen. Denn es war die holländische Kolonialmacht, die die Hadhramis mit dem Islam identifizierte – angetrieben von der Befürchtung, die lokale Bevölkerung könnte unter Bezugnahme auf den Islam gegen die christlich-holländische Herrschaft aufgebracht werden. Der historische Kontext war jener des Pan-Islamismus, der gegen Ende des 19. Jahrhunderts als globale Ideologie in der islamischen Welt an Bedeutung gewann und diese unter einem Kalifat, also unter einer Herrschaft vereinen wollte (van Dijk 2002). Die Hadhramis wurden als »natural leaders of native Muslims«, wie Mandal (1997) schreibt, betrachtet und bedurften daher besonderer kolonialer Aufmerksamkeit und Überwachung (de Jonge 1997).

Mandal (1997) argumentiert, dass viele Hadhramis Elemente dieser kolonialen Sicht übernahmen, was dazu beitrug, dass sie sich in religiösen Angelegenheiten den indonesischen Muslimen überlegen fühlten bzw. sich über sie stellten. Dies hatte die Konsequenz einer erschwerten Integration in die Mehrheitsgesellschaften. Mandal (1997, 186) spricht sogar von einer – erst in der Kolonialzeit entstandenen – «ethnically exclusive culture« der Hadhramis. Dem ist jedoch hinzuzufügen, dass vor allem die religiös aktiven Hadhramis ihre arabische Abstammung unabhängig von der Kolonialpolitik betonten (und dies auch heute noch tun). Des Weiteren gründeten Hadhramis, d. h. vor allem *sada*, bereits in vorkolonialer Zeit Sultanate in Sumatra und Kalimantan bzw. heirateten in lokale Herrscherfamilien ein oder erfüllten religiöse Funktionen an den Höfen in anderen Teilen des Archipels, wofür ihre noblen Genealogien ein wichtiges kulturelles Kapital darstellten (de Jonge 1997, 94; Riddel 1997, 220; Ho 2006). Was die Kolonialpolitik des 19. Jahrhunderts bewirkte, war – entgegen der ursprünglichen Intention – die Verfestigung der Position und vor allem der Selbstwahrnehmung der Hadhramis als religiöse Autoritäten. Parallel dazu erzeugten die Kolonialherren, die die Hadhramis als »fremde Orientalen« (*vreemde oosterlingen*) kategorisierten, eine größere soziale Distanz zwischen den Hadhramis und der lokalen Bevölkerung und somit die politischen Rahmenbedingungen für ihre »ethnisch exklusive Kultur«. So mussten sich Hadhramis in den für sie vorgesehenen arabischen Vierteln ansiedeln und eine Erlaubnis einholen, wenn sie ihren Wohnort verlassen wollten (de Jonge 1997).[3] Trotz

---

3 Diese Politik wurde auf Java, Indonesiens zentraler Insel, wo auch die meisten Hadhramis lebten, am striktesten umgesetzt; in peripheren Regionen des Archipels hatten sie einen größeren Handlungsspielraum (vgl. Slama 2011).

dieser diskriminierenden Maßnahmen der Kolonialmacht konnten sie als Händler und später auch als Unternehmer von der expandierenden Kolonialökonomie profitieren. Dies ermöglichte es ihnen auch, zu Beginn des 20. Jahrhunderts die oben genannten modernen Organisationen zu gründen, die vor allem im Bereich der Bildung tätig waren (Azra 2000). Unter diesen ist die bis heute größte Hadhrami-Organisation Al-Irsyad besonders hervorzuheben (Badjerai 1996; Mobini-Kesheh 1999).

## 3. *Long-distance-* und indonesischer Nationalismus

Dieser Zeit des aufkeimenden anti-kolonialen Nationalismus entsprechend wurden in den Schulen von Al-Irsyad nicht nur säkulare und islamische Fächer unterrichtet, sondern auch nationalistische Gefühle geweckt (Mobini-Kesheh 1999, 84). Denn Hadhramis entwickelten bereits damals das, was Benedict Anderson (1994) in den 1990er-Jahren unter dem Eindruck gegenwärtiger Globalisierungsphänomene einen *long-distance*-Nationalismus nennen sollte, indem sie ihr Herkunftsland nicht mehr nur als Ursprungs- und möglichen Rückkehrort sentimental imaginierten, was für Diasporagesellschaften charakteristisch ist (Cohen 2008; Vertovec 2009), sondern auch als »rückständigen«, zu modernisierenden Ort betrachteten.

Dieser *long-distance*-Nationalismus verlor in den 1930er-Jahren jedoch an Strahlkraft, als sich junge Hadhramis der zweiten Generation, die in Niederländisch Indien geboren worden waren und meist eine indonesische Mutter hatten, dem indonesischen Nationalismus zuwandten. Diese Generation realisierte, wie Huub de Jonge (2004, 381) schreibt, »that they were no longer Hadhramis, but not yet Indonesians«. Dies führte zur Gründung der Arabisch-Indonesischen Vereinigung (PAI, Persatoean Arab Indonesia) im Jahr 1934. Ihr Hauptanliegen lag im Vorantreiben der Gleichberechtigung der Hadhramis und ihrer Integration in die Gesamtgesellschaft (de Jonge 2004, 387) und sie suchte in der Folge den Kontakt zur indonesischen nationalistischen Bewegung. Im Grundsatzprogramm der PAI wurde – zum Missfallen konservativerer Kreise – festgelegt, dass ab nun Indonesien als das Heimatland (*tanah air*) und der Hadhramaut (nur mehr) als das Land der Vorfahren zu betrachten sei. Sie bekannten sich auch zur indonesischen Sprache, die auf dem Malaiischen – der zentralen *Lingua franca* im Archipel – basiert, und folgten damit der nationalistischen Bewegung, die bewusst für diese Sprache eintrat, obwohl bzw. gerade *weil* die größten ethnischen Gruppen in Indonesien sie nicht zur Muttersprache haben. Es wurde in der Tat eine Minderheitensprache – nur die Bevölkerung im östlichen Sumatra spricht Malaiisch als Muttersprache – zur Nationalsprache gemacht, was im multi-ethnischen Indonesien aber umso einigender und integrativer wirkte und selbst Diasporen wie den Hadhramis eine Möglichkeit bot, sich mit der nationalistischen Bewegung zu identifizieren (Slama 2009a).

Mit diesem klaren Bekenntnis zu Indonesien und zur indonesischen Sprache unterminierten die Mitglieder der PAI die koloniale Politik der Trennung von Migranten und einheimischer Bevölkerung von »fremden Orientalen« und »Einheimischen« bzw. *inlander*, wie die Holländer die Mehrzahl ihrer kolonisierten Subjekte nannten (de Jonge 1997). Doch mussten sie sich das Vertrauen der indonesischen Nationalisten, die dieser politischen Neuorientierung »der Araber« (*orang Arab*) zunächst mit vorsichtiger Distanz begegneten, erst erarbeiten (Mobini-Kesheh 1999, 136–145). Nach der Ausrufung der Unabhängigkeit durch Sukarno und Hatta 1945 wurde deswegen folgender wichtiger strategischer Schritt getan: die PAI löste sich auf und empfahl ihren Mitgliedern, sich in den bereits existierenden multi-ethnischen indonesischen Parteien und Organisationen zu engagieren, was viele von ihnen auch taten (Algadri 1984).

## 4.   Post-koloniale Ordnung und Kalter Krieg

Die post-koloniale Ordnung einer zunehmend nationalstaatlich organisierten Welt veranlasste auch die indonesischen Hadhramis dazu, sich in der Diaspora neu zu positionieren (Slama 2009a). Der Integration auf lokaler und nationaler Ebene kam jetzt eine größere Bedeutung zu als den Verbindungen in den Hadhramaut. Die nationalistische Migrationspolitik des post-kolonialen Regimes unter Sukarno (1950–1965)[4] erlaubte auch kaum mehr Einwanderungen. Abgesehen davon wurde aufgrund der ökonomischen Schwierigkeiten des unabhängigen Indonesien das Land für Migranten zunehmend unattraktiv. Viele Hadhramis wanderten in der Folge nicht mehr nach Südostasien, sondern in die durch den Ölboom prosperierenden Golfstaaten aus.

Für diese Schwächung der Verbindungen in den Hadhramaut war jedoch nicht die Migrationspolitik des indonesischen Nationalstaates hauptverantwortlich, sondern der die Nachkriegswelt prägende Kalte Krieg (Freitag 1997; 2003). Während in Indonesien in den Jahren 1965/66 im Zuge der Machtübernahme durch den vom Westen unterstützten General Suharto die politische Linke blutig ausgeschaltet und die Kommunistische Partei verboten wurde, kam im Süd-Jemen nur wenige Jahre darauf (1968) ein linkes, mit der Sowjetunion verbündetes Regime an die Macht. Von diesem Zeitpunkt an waren die Hadhramis in Indonesien durch den Kalten Krieg von ihrer Herkunftsregion praktisch

---

4  Die Regierungszeit Sukarnos wird allgemein in eine liberal-demokratische (1950–59) und in eine autoritäre Phase, die sogenannte Ära der »gelenkten Demokratie« (1959–65), unterteilt.

abgeschnitten. Der jemenitische Sozialwissenschaftler Saadaldeen Talib schreibt über diese Zeit wie folgt:

> The migrant Hadhramis probably consider those years of ›Marxism‹ as the worst years in migrant memory. Travel to and from Hadhramaut, investment, remittances and general freedoms were limited to a great extent [...]. Large scale contact and travel were not to be resumed until after the unification [of Yemen] in 1990. (Talib 2005, 341)

In der sogenannten Neuen Ordnung Suhartos (1966 – 1998) beschleunigte sich der Integrationsprozess der Hadhramis, von denen die Mehrzahl politisch auf der »richtigen«, d. h. anti-kommunistischen Seite positioniert war. Auf den Hadhramaut ausgerichtete nationalistische Gefühle gehörten nun endgültig der Vergangenheit an. Erst nach dem Zusammenbruch des Regimes im Südjemen intensivierten sich die Beziehungen zwischen indonesischen Hadhramis und dem Hadhramaut wieder. Vor allem unter den *sada* war es wieder *en vogue*, ihre Söhne, wie einst in der Kolonialzeit, zur islamischen Ausbildung in den Hadhramaut zu schicken, wo sie beträchtliches kulturelles Kapital für ihre Zukunft in Indonesien erwarben, etwa das Beherrschen der arabischen Sprache. Dieser neue Austausch führte jedoch nicht zu einer Infragestellung nationaler Loyalitäten innerhalb der Hadhrami-Gemeinschaften Indonesiens (Slama 2009b; Heiss / Slama 2010).

In der Folge konnten auch immer mehr Hadhramis in den engeren Kreis rund um Suharto vorstoßen. So wandte sich Suharto in Fragen der islamischen Religion an prominente Hadhrami-Gelehrte (Abaza 2004). Er griff auch in seiner Politik immer mehr auf Indonesier hadhramitischer Abstammung zurück. Im letzten Drittel seiner Amtszeit wurden die Positionen des Außenministers und des Finanzministers mit Hadhramis besetzt.[5] Der englische Historiker Clarence-Smith (2009, 139) meint sogar: »they became something of a favoured community towards the end of Suharto's rule.« Diese Integration prominenter Hadhramis in die nationale Elite Indonesiens steht für eine umfassendere Entwicklung in der Neuen Ordnung und danach, als sich Hadhramis in allen modernen Sektoren der indonesischen Gesellschaft etablierten – sowohl in der Metropole Jakarta als auch in den Provinzen.

---

5 In Sukarnos Regierungszeit bekleidete der PAI-Gründer Abdulrahman Baswedan ein hohes Amt. Er wurde 1946 zum Vizeinformationsminister ernannt (vgl. Suratmin 1989, 105 – 108; zu Baswedan siehe auch de Jonge 2004).

## 5.   9/11 und der »global war on terror«

Trotz der Nähe mancher Hadhramis zum Regime konnten auch nach dem Fall
Suhartos 1998, der im Zeichen der sogenannten Asienkrise stand und unter
großen Studierendenprotesten vonstatten ging, andere in der Elite des Landes
gut positionierte Hadhramis beachtliche politische Karrieren verfolgen. Ungeachtet dessen brachten der Regimewechsel und die damit einhergehende De-
mokratisierung des Landes aber gerade für sie neue Herausforderungen mit
sich. Die politische Öffnung im Post-Suharto-Indonesien war nämlich auch
begleitet von interethnischen und interreligiösen Konflikten, dem Aufkommen
radikaler islamistischer Organisationen und von terroristischen Anschlägen –
etwa jenem auf Bali im Oktober 2002, bei dem über 200 Menschen ums Leben
kamen (Sidel 2006; van Klinken 2007).

Diese Entwicklungen in Indonesien korrespondierten mit ähnlichen Prozessen auf globaler Ebene; allen voran die Anschläge des 11. September 2001 in
den USA, nach denen sich das Klima für Diasporagesellschaften weltweit ver-
schlechterte. Wurden sie in den 1990er-Jahren in manchen internationalen
Medien noch gerne als Musterexemplare einer sich globalisierenden Welt ge-
feiert, begegnete man ihnen nach dem 11. September 2011 mit Misstrauen,
speziell wenn es sich um islamische Diasporen handelte.[6]

Die Hadhrami-Gemeinschaften in Indonesien blieben von diesen Entwicklungen nicht unberührt. Wie die neuesten Forschungen Sumit Mandals (2011)
zeigen, wurde in internationalen Medienberichten etwa das Aufkommen von
radikalen islamistischen Organisationen und Terrornetzwerken auf die Präsenz
der Hadhramis in Südostasien zurückgeführt. So titelte etwa die Washington
Post (9. Jänner 2003) »Indonesia's radical Arabs raise suspicions of moderate
countrymen«; das Wall Street Journal (17. April 2007) sprach sogar von »The
Arab invasion: Indonesia's radicalized Muslims aren't homegrown« (Mandal
2011, 308).[7] In diesen Medienberichten wurden Araber als religiöse Fanatiker
bzw. als fremde Extremisten unter sonst moderaten einheimischen Muslimen
dargestellt. Wie Mandal (2011, 307) ebenfalls zeigt, ist dies ein Bild, das in
Ansätzen bereits in der Kolonialzeit geschaffen wurde und sich in den Schriften
von so bekannten »merchant scholars« wie William Marsden (*The History of
Sumatra, 1783*) und Thomas Stamford Raffles (*The History of Java*, 1817)
wiederfindet. Dieses in der Kolonialzeit entstandene Klischee vom Araber als

---

6  Hier sei nur am Rande erwähnt, dass der Vater von Osama bin Laden aus dem Hadhramaut
   stammt. Für eine Analyse der *longue durée* von Konfrontationen der Hadhrami-Diaspora mit
   westlichen imperialen Mächten, die auch auf das Phänomen bin Laden eingeht, siehe Ho
   (2004).
7  Mandal (2011, 308) bringt auch Beispiele aus der Far Eastern Economic Review und News-
   week.

religiösem Fanatiker unter sonst moderaten einheimischen Muslimen erlebte, wie Mandal überzeugend darlegt, im Zeitalter des »global war on terror« eine Wiedergeburt.

Nun waren wenige Hadhramis tatsächlich in radikalen Organisationen führend tätig (van Bruinessen 2002; Hasan 2006; Bamualim 2011); doch vertraten diese nicht die Hadhrami-Gemeinschaften in Indonesien, die seit der Kolonialzeit, wie oben erwähnt, ihre eigenen – in der Bildung engagierten und politisch nicht aktiven – Organisationen unterhalten. Doch dies wurde in den internationalen Medienberichten verschwiegen. Genauso wenig wurde der Tatsache Rechnung getragen, dass die angeblich so moderaten lokalen Muslime die große Mehrheit der Mitglieder dieser radikalen Organisationen stellten bzw. dass sie es waren, die die Terroranschläge ausführten. Des Weiteren wurde nicht beachtet, dass Vertreter der etablierten Hadhrami-Organisationen sich offen gegen die Radikalen stellten und Regierungsstellen dabei unterstützten, die Konflikte zwischen Christen und Muslimen zu beenden, die in Ostindonesien nach Suharto ausgebrochen waren (Slama 2011, 337 – 341). Im Rampenlicht standen nur jene Hadhramis, die mit ihrem radikalen Auftreten das Klischee vom »arabischen Extremisten« bestätigten – ein ideales Bild, um die vom »global war of terror« produzierten Ängste zu bedienen.

Doch nicht nur in den internationalen Medien wurden diese Stereotype vom arabischen Terror reproduziert; auch innerhalb Indonesiens wurden gerade unter moderaten islamischen Intellektuellen Stimmen laut, die auf die arabische Abstammung der prominenten radikalen Hadhramis im Land verwiesen. Wie der indonesische Intellektuelle Chaider Bamualim (2011), der selbst aus einer Hadhrami-Familie kommt, aufzeigt, wurde in diesen Wortmeldungen arabische Abstammung oft mit Radikalität assoziiert und in der Folge als fremd, d. h. als nicht von Indonesien ausgehend bzw. nicht zu Indonesien passend dargestellt. Junge Intellektuelle der größten islamischen Organisation Indonesiens, der Nahdlatul Ulama, warnten etwa vor einer »Arabisierung« des als tolerant und pluralistisch vorgestellten indonesischen Islam. Dieser Tendenz stellten sie den »Islam der Einheimischen« (*Islam Pribumi*) gegenüber

> als Antwort auf einen authentischen oder reinen Islam, der eine Arabisierung jeder islamischen Gemeinschaft in allen Ecken der Welt durchführen möchte. Der Islam der Einheimischen hingegen bietet die Möglichkeit einer Vielfalt von Interpretationen im religiösen Leben in den unterschiedlichen Regionen. Damit wird der Islam nicht mehr als einheitlich, sondern als vielfältig gesehen. Es ist Schluss mit der Auffassung, der Islam des Nahen Ostens sei der reine und einzig wahre Islam. (Rahmat et al. 2003, 9)[8]

---

8 Übersetzung aus dem Indonesischen durch den Autor.

Wie die Vertreter des »Islam der Einheimischen« betonten, ging es ihnen darum, sich als Alternative zu den erstarkenden fundamentalistischen Strömungen zu positionieren, die eben zum Teil von Indonesiern arabischer Abstammung angeführt wurden. Obgleich sie letztere nicht namentlich nannten, impliziert ihre Kritik an den ideologischen Einflüssen aus dem arabischen Raum auch die aus dieser Region stammende Bevölkerung Indonesiens (Slama 2008). Diese Beispiele zeigen, dass nach Jahrzehnten der kontinuierlichen Integration seit der Unabhängigkeit Indonesiens Hadhramis plötzlich wieder als Fremde dargestellt wurden – aus den »fremden Orientalen« der Kolonialzeit wurden »fremde Muslime«, die eine radikale, un-indonesische Version des Islam vertreten würden. Diese Diskurse, die innerhalb und außerhalb Indonesiens verbreitet wurden, stellten Hadhramis als gewaltbereite und die lokale Bevölkerung radikalisierende Extremisten dar.

Im post-9/11 Indonesien wurde abermals klar, dass die oben erwähnte selbstbewusste Identifikation vieler Hadhramis mit dem Islam auch Probleme mit sich bringen kann. Hadhramis werden vermehrt zur Zielscheibe von Angriffen in Zeiten verstärkten Misstrauens gegenüber dem Islam, wenn dieser hauptsächlich als anti-westliches, radikal-politisches Projekt verstanden wird. Dies war der Fall in der holländischen Kolonialära, als Hadhramis als Agenten des Pan-Islamismus gesehen wurden; eine ähnliche Situation konnten wir post-9/11 beobachten, als ihre Diaspora mit islamistischen Radikalismen und transnationalen terroristischen Netzwerken assoziiert wurde.

## 6.  Schlussfolgerungen und ein Vergleich

Dieser Artikel über die Hadhrami-Diaspora repräsentiert ein Beispiel für in Österreich verankerte sozialanthropologische Forschung über Migrationsphänomene innerhalb Asiens bzw. über Integrationsprozesse innerhalb der islamischen Welt. Dieses Beispiel weist zugleich über den asiatisch-islamischen Kontext hinaus. Es spricht globale Entwicklungen und aktuelle Themen der Migrationsforschung an, die für die europäische bzw. österreichische Debatte im Besonderen von Relevanz sind. Denn das Beispiel der Hadhramis in Indonesien verdeutlicht, dass sowohl staatliche Macht (in diesem asiatischen Fall kolonialer und post-kolonialer Ausprägung) als auch globale Prozesse – und die damit verbundene Produktion und Zirkulaltion von hegemonialen Diskursen – einen großen Einfluss auf die Integrations- und Handlungsmöglichkeiten von MigrantInnen haben.

Bereits im 19. Jahrhundert stellte die holländische Kolonialmacht die arabischen Migranten unter besondere Beobachtung, verdächtigte sie des Pan-Islamismus und trennte sie in der Folge als »fremde Orientalen« von der muslimischen Mehrheitsbevölkerung. Diese Politik der ethnischen Segregation brachte die seit vorkolonialer Zeit laufenden Integrationsprozesse fast zum Erliegen und begünstigte zugleich das Entstehen eines *long-distance*-Nationalismus, der auf den Hadhramaut ausgerichtet war. Der damals immer mehr an Attraktivität gewinnende, anti-koloniale, ethnische Grenzen transzendierende indonesische Nationalismus mit seiner auf der *Lingua franca* des Malaiischen basierenden Nationalsprache ermöglichte es Hadhramis und ihren Nachkommen schließlich, sich ebenfalls als IndonesierInnen zu definieren, wenn auch der Alltag oft noch von großer sozialer Distanz zwischen ihnen und der lokalen Mehrheitsbevölkerung geprägt war. Unter den postkolonialen Regimen wurde diese Distanz zunehmend abgebaut; vor allem als Teil der nationalen Eliten konnten sich Vertreter der Hadhrami-Gemeinschaft in den letzten Jahrzehnten hervorragend positionieren.

Die Zeit nach der Unabhängigkeit war ebenso geprägt von der restriktiven Migrationsgesetzgebung des post-kolonialen Nationalstaats wie von den im Kalten Krieg schwierigen Beziehungen zum Hadhramaut, die in den 1990er-Jahren wiederbelebt wurden. Diese neuere Entwicklung führte jedoch nicht zu einer Renaissance des alten *long-distance*-Nationalismus der Kolonialzeit, sondern zu regen transnationalen Beziehungen, vor allem der *sada*, die als Folge ihre Position im islamischen Feld Indonesiens stärken konnten. Die Frage von nationalen Zugehörigkeiten ist heute in der Tat kein Thema mehr. Niemand will die Geister der Vergangenheit und damit die Kategorie der »fremden Orientalen« der kolonialen Ordnung zum Leben erwecken. Nichtsdestotrotz führten globale Prozesse, die mit Entwicklungen im indonesischen Islam korrespondierten, zum Erstarken von Diskursen, die ihre Vorläufer in der Kolonialzeit hatten und Hadhramis an ihre frühere Position vis-à-vis der Mehrheitsbevölkerung sowie gegenüber westlichen Mächten erinnerten. Des Weiteren wurde klar, dass die in der Kolonialzeit entstandenen Stereotype aktualisiert und wieder gegen Hadhramis eingesetzt werden können.

Nicht nur westliche Medien, die vor allem die Diskurse der holländischen Kolonialherren reproduzierten, sondern auch prominente indonesische Muslime rekurrierten im post-9 / 11 Indonesien auf das Stereotyp des »fremden Arabers« als »islamistischem Extremisten«. Trotz des Engagements von Hadhramis für ein unabhängiges Indonesien und trotz ihrer weitestgehenden Integration in den post-kolonialen Nationalstaat konfrontierte sie der »global war on terror« und seine lokalen Ausläufer plötzlich wieder mit längst überwunden geglaubten Vorurteilen.[9] Hier bietet sich nun unter dem Eindruck von rechts-

---

9 Ich möchte hier auf John Tofik Karams (2011) ausgezeichnete Analyse der Auswirkungen des »global war on terror« auf die syro-libanesische Diaspora in Lateinamerika hinweisen, die Vergleiche mit der Hadhrami-Diaspora in Südostasien zulässt (Slama / Heiss 2011).

populistischen Kampagnen, die post-9/11 das in Europa in Bezug auf muslimische Diasporen ohnehin bereits angespannte gesellschaftliche Klima ver-
schärften, ein Makro-Vergleich an.[10] In Österreich richteten sich etwa ganze
Propagandafeldzüge der freiheitlichen Partei (FPÖ) gegen türkische Migrant-
Innen. Sie bediente damit ein altes, in Variationen wiederkehrendes Feindbild
(Feichtinger/Heiss 2009), das Teil des von Andre Gingrich (2010) analysierten
österreichischen »frontier orientalism« ist. In den Niederlanden, um nur ein
weiteres Beispiel zu nennen, verfolgt die freiheitliche Partei (PVV) unter Geert
Wilders ähnliche Strategien, indem sie ebenfalls mit dem kollektiven Gedächtnis
spielt und die Niederlande als Ort der »Freiheit« vorstellt, der vom »Islam«
bedroht wird. In Europa werden also MuslimInnen bzw. ihre Religion von
rechten politischen Strömungen verbal angegriffen, verunglimpft und als genuin
»fremd« dargestellt. In Indonesien, dem Land mit der größten muslimischen
Bevölkerung weltweit, dagegen werden (teilweise im Gleichklang mit internationalen Medien) radikale islamistische Strömungen ethnisiert und »den Ara-
bern« zugeschrieben, als »fremder Einfluss« des Nahen Ostens abgetan und
einem »moderaten einheimischen« Islam gegenübergestellt.

Man sieht anhand dieses indonesischen Beispiels recht deutlich, dass ein über
mehrere Generationen reichender, von den Mitgliedern der Diaspora aktiv be-
triebener Integrationsprozess, das Teilen der Mehrheitsreligion und die perfekte
Beherrschung der Landessprache, also alles das, was im dominanten europäischen Diskurs, der vor allem die Bringschuld von MigrantInnen einfordert, wohl
als Idealfall von Integration gelten würde, nicht notwendigerweise vor der (Re-)
Produktion und Zirkulation diskriminierender Stereotype und in der Folge vor
Desintegration schützt. Wenn machtgeleitete Interessen in den (trans-)natio-
nalen, sich überschneidenden Feldern von Politik und Medien zusammenspie-
len, dann können die, die nicht mehr Fremde sein wollen, als solche festgeschrieben werden bzw. sogar jene, welche gar nicht mehr als fremd wahrgenommen wurden, wieder zu Fremden gemacht werden. Dieser Vergleich zwischen Indonesien und Europa, der aufgrund der Entwicklungen nach 9/11 nicht
so weit hergeholt ist, wie es im ersten Moment erscheinen mag, weist also auf das
rezente Phänomen hin, dass langjährige bzw. sogar jahrzehntelange Integrati-
onsbemühungen durch politisch-mediale Strategien recht schnell gefährdet
werden können.

---

10 Zur Methode des *distant-* oder *macro-comparison* siehe Gingrich (2002).

## Literatur

Abaza, Mona 2004: ›Markets of Faith. Jakartan *Da'wa* and Islamic Gentrification‹, *Archipel*, Jahrgang 67, 173–202.

Abushouk, Ahmad Ibrahim / Ibrahim, Hassan Ahmed (Hg.) 2009: *The Hadhrami Diaspora in Southeast Asia. Identity Maintenance or Assimilation?*, Leiden.

Affandi, Bisri 1999: *Syaikh Ahmad Syurkati (1874–1943). Pembaharu dan Pemurni Islam di Indonesia*, Jakarta.

Algadri, Hamid 1984: *Politik Belanda terhadap Islam dan Keturunan Arab di Indonesia*, Jakarta.

Anderson, Benedict 1994: ›Exodus‹, *Critical Inquiry*, Jahrgang 20, Heft 2, 314–327.

Azra, Azyumardi 2000: ›Hadrami as Educators. Al Habib Sayyid Idrus ibn Salim al-Jufri (1889–1969)‹, *Kultur. The Indonesian Journal for Muslim Cultures*, Jahrgang 1, Heft 1, 91–104.

Badjerei, Hussein 1996: *Al-Irsyad. Mengisi Sejarah Bangsa*, Jakarta.

Bamualim, Chaider 2011: ›Islamic Militancy and Resentment against Hadhramis in Post-Suharto Indonesia: A Case Study of Habib Rizieq Syihab and his Islamic Defenders Front‹, *Comparative Studies of South Asia, Africa and the Middle East*, Jahrgang 31, Heft 2, 267–281.

Berg, L. W. C. van den 1886: *Le Hadhramaut et les Colonies Arabes dans L'Archipel Indien*, Batavia.

Bruinessen, Martin van 2002: ›Genealogies of Islamic radicalism in post-Suharto Indonesia‹, *South East Asia Research*, Jahrgang 10, Heft 2, 117–154.

Clarence-Smith, William G. 2009: ›Entrepreneurial Strategies of Hadhrami Arabs in Southeast Asia, C. 1750 s–1950 s‹, in Ahmad Ibrahim Abushouk / Hassan Ahmed Ibrahim (Hg.): *The Hadhrami Diaspora in Southeast Asia. Identity Maintenance or Assimilation?*, Leiden, 135–158.

Cohen, Robin 2008: *Global Diasporas: An Introduction*, 2. Aufl., London.

Dijk, Kees van 2002: ›Colonial Fears, 1890–1918. Pan-Islamism and the Germano-Indian Plot‹, in Huub de Jonge / Nico Kaptein (Hg.): *Transcending Borders. Arabs, Politics, Trade and Islam in Southeast Asia*, Leiden, 53–90.

Feichtinger, Johannes / Heiss, Johann 2009: ›Wiener »Türkengedächtnis« im Wandel. Historische und anthropologische Perspektiven‹, *Österreichische Zeitschrift für Politikwissenschaft*, Jahrgang 38, Heft 2, 249–263.

Freitag, Ulrike 1997: ›Conclusion. The Diaspora since the Age of Independence‹, in Ulrike Freitag / William Clarence-Smith (Hg.): *Hadhrami Traders, Scholars and Statesmen in the Indian Ocean, 1750 s-1960 s*, Leiden, 315–329.

Freitag, Ulrike 2003: *Indian Ocean Migrants and State Formation in Hadhramaut. Reforming the Homeland*, Leiden.

Freitag, Ulrike / Clarence-Smith, William (Hg.) 1997: *Hadhrami Traders, Scholars and Statesmen in the Indian Ocean, 1750 s-1960 s*, Leiden.

Gingrich, Andre 2002: ›When Ethnic Majorities are »Dethroned«: Towards a Methodology of Self-Reflexive, Controlled Macrocomparison‹, in Andre Gingrich / Richard G. Fox (Hg.): *Anthropology, by Comparison*, London, New York, 225–248.

Gingrich, Andre 2010: ›Blame it on the Turks: Language regimes and the culture of frontier orientalism in eastern Austria‹, in Rudolf de Cillia/Helmut Gruber/Michał Krzyżanowski/Florian Menz (Hg.): *Diskurs – Politik – Identität/Discourse – Politics – Identity*, Tübingen, 71–81.

Hasan, Noorhaidi 2006: *Laskar Jihad: Islam, Militancy and the Quest for Identity in Post-New Order Indonesia* (= Studies on Southeast Asia Band 40), Ithaca (New York).

Heiss, Johann/Slama, Martin 2010: ›Genealogical Avenues, Long-Distance Flows and Social Hierarchy. Hadhrami Migrants in the Indonesian Diaspora‹, *Anthropology of the Middle East*, Jahrgang 5, Heft 1, 34–52.

Ho, Engseng 2004: ›Empire through diasporic eyes: The view from the other boat‹, *Comparative Study of Society and History*, Jahrgang 46, Heft 2, 210–246.

Ho, Engseng 2006: *The Graves of Tarim. Genealogy and Mobility across the Indian Ocean*, Berkeley.

Jacobsen, Frode F. 2007: ›Marriage Patterns and Social Stratification in Present Hadrami Arab Societies in Central and Eastern Indonesia‹, *Asian Journal of Social Science*, Jahrgang 35, Heft 4–5, 472–487.

Jonge, Huub de 1997: ›Dutch Colonial Policy Pertaining to Hadhrami Immigrants‹, in Ulrike Freitag/William Clarence-Smith (Hg.): *Hadhrami Traders, Scholars and Statesmen in the Indian Ocean, 1750 s-1960 s*, Leiden, 94–111.

Jonge, Huub de 2004: ›Abdul Rahman Baswedan and the Emancipation of the Hadhramis in Indonesia‹, *Asian Journal of Social Science*, Jahrgang 32, Heft 3, 373–400.

Jonge, Huub de/Kaptein, Nico (Hg.) 2002: *Transcending Borders. Arabs, Politics, Trade and Islam in Southeast Asia*, Leiden.

Karam, John Tofik 2011: ›Crossing the Americas: The U.S. »War on Terror« and Arab Cross-Border Mobilizations in a South American Frontier Region‹, *Comparative Studies of South Asia, Africa and the Middle East*, Jahrgang 31, Heft 2, 251–266.

Klinken, Gerry van 2007: *Communal Violence and Democratization in Indonesia: Small Town Wars*, London.

Lekon, Christian 1997: ›The Impact of Remittances on the Economy of Hadhramaut, 1914–1967‹, in Ulrike Freitag/William Clarence-Smith (Hg.): *Hadhrami Traders, Scholars and Statesmen in the Indian Ocean, 1750 s-1960 s*, Leiden, 264–280.

Mandal, Sumit K. 1997: ›Natural Leaders of Native Muslims: Arab Ethnicity and Politics in Java under Dutch Rule‹, in Ulrike Freitag/William Clarence-Smith (Hg.): *Hadhrami Traders, Scholars and Statesmen in the Indian Ocean, 1750 s-1960 s*, Leiden, 185–198.

Mandal, Sumit K. 2002: ›Forging a Modern Arab Identity in Java in the Early Twentieth Century‹, in Huub de Jonge/Nico Kaptein (Hg.): *Transcending Borders. Arabs, Politics, Trade and Islam in Southeast Asia*, Leiden, 163–184.

Mandal, Sumit K. 2011: ›The Significance of the Rediscovery of Arabs in the Malay World‹, *Comparative Studies of South Asia, Africa and the Middle East*, Jahrgang 31, Heft 2, 296–311.

Mobini-Kesheh, Natalie 1999: *The Hadrami Awakening: Community and Identity in the Netherlands East Indies, 1900–1942*, Ithaca (New York).

Rahmat, Imdadun/Basyir Rasyad, Mudoffa/Zada, Khamami/Ghazali, Moqsith 2003: ›Islam Pribumi. Mencari Wajah Islam Indonesia‹, *Tashwirul Afkar. Jurnal Refleksi Pemikiran Keagamaan dan Kebudayaan*, Jahrgang 14, 9–32.

Riddel, Peter G. 1997: ›Religious Links between Hadhramaut and the Malay-Indonesian

World, c. 1850 to c. 1950‹, in Ulrike Freitag / William Clarence-Smith (Hg.): *Hadhrami Traders, Scholars and Statesmen in the Indian Ocean, 1750 s–1960 s*, Leiden, 217 – 230.

Sidel, John 2006: *Riots, Pogroms, Jihad. Religious Violence in Indonesia*, Ithaca (New York).

Slama, Martin 2008: ›Islam Pribumi. Der Islam der Einheimischen, seine »Arabisierung« und arabische Diasporagemeinschaften in Indonesien‹, *Austrian Journal of South-East Asian Studies / Österreichische Zeitschrift für Südostasienforschung*, Jahrgang 1, Heft 1, 4 – 17.

Slama, Martin 2009a: ›Islam und Säkularismus als kosmopolitische Optionen. Positionierungen der arabischen Diaspora in Indonesien‹, in Martin Slama (Hg.): *Konflikte – Mächte – Identitäten. Beiträge zur Sozialanthropologie Südostasiens*, Wien, 239 – 266.

Slama, Martin 2009b: ›»Frommer« versus »rückständiger« Hadhramaut. Über das ambivalente Verhältnis der arabischen Diaspora in Indonesien zu ihrer Herkunftsregion in Südarabien‹, *südostasien*, Jahrgang 26, Heft 4, 48 – 52.

Slama, Martin 2011: ›Paths of Institutionalization, Varying Divisions, and Contested Radicalisms: Comparing Hadhrami Communities on Java and Sulawesi‹, *Comparative Studies of South Asia, Africa and the Middle East*, Jahrgang 31, Heft 2, 331 – 342.

Slama, Martin / Heiss, Johann 2011: ›Comparing Arab Diasporas: Post-9 / 11 and Historical Perspectives on Hadhrami and Syro-Lebanese Communities in Southeast Asia and the Americas‹, *Comparative Studies of South Asia, Africa and the Middle East*, Jahrgang 31, Heft 2, 231 – 250.

Suratmin 1989: *Abdul Rahman Baswedan. Karya dan Pengabdiannya*, Jakarta.

Talib, Saadaldeen 2005: ›Hadrami's Networking: Salvage of the Homeland‹, in International Islamic University Malaysia (Hg.): *Proceedings: Yemeni-Hadramis in Southeast Asia. Identity Maintenance or Assimilation?*, Kuala Lumpur, 335 – 362.

Vertovec, Steven 2009: *Transnationalism*, London.

# Von der Forschung zur Praxis

Simon Burtscher

# Integrationsdiskurse und Integrationspolitik in Vorarlberg – eine prozesssoziologische Perspektive

Der stark vom Ausländerthema und der Unterscheidung zwischen einheimischer und zugewanderter Bevölkerung geprägte Vorarlberger Landtagswahlkampf 2009 hat veranschaulicht, dass die Gestaltung des gesellschaftlichen Transformationsprozesses im Kontext der ab den 1960er-Jahren aus Ex-Jugoslawien und der Türkei zugewanderten »Gastarbeiter« und ihrer Nachkommen eine entscheidende Herausforderung für die Zukunft der Vorarlberger Gesellschaft darstellt. Aufgrund des wirtschaftlichen Aufschwungs existierte damals in der Industrie und der Bauwirtschaft ein großer Bedarf an niedrigqualifizierten Arbeitskräften, der vorwiegend mit sogenannten Gastarbeitern aus Ex-Jugoslawien und der Türkei gedeckt wurde (vgl. Greussing 1989; Thurner 1997). Vorgesehen war von beiden Seiten, dass die Gastarbeiter nach erfolgreicher Erfüllung ihres Arbeitsauftrages wieder in die Herkunftsländer zurückkehren sollten – ein Modell, das offiziell als Rotationsmodell bekannt wurde. Mit der faktischen Aufgabe dieses Rotationsmodells auf Unternehmerseite und der Rückkehrorientierung aufseiten der Arbeitskräfte war ein Wandel zur Einwanderungsgesellschaft verbunden, der sich in stärkeren Forderungen nach Anpassung und Eingliederung an die Zugewanderten durch die autochthone Mehrheitsbevölkerung manifestierte. Die damit verbundene Perspektive der klassischen »Eingliederungsmodelle« in der Tradition der Chicago School (vgl. Treibel 2003, 83 ff.) dominiert bis heute die gesellschaftliche Debatte und Wahrnehmung. Zentral sind dabei die Anpassungsleistungen der sich eingliedernden Zugewanderten.

Dieser Beitrag nimmt, in der Tradition von Norbert Elias (1977; 1986; 1996), einen prozesssoziologischen Perspektivenwechsel vor: Im Zentrum stehen nicht die Anpassungs- und Eingliederungsbemühungen der Zugewanderten, sondern die Beziehungs- und Bedürfnisverflechtungen zwischen Einheimischen und Zugewanderten, deren Etablierungsprozess und die damit verbundenen Fragen nach Anerkennung, Zugehörigkeit und Machtverteilung. Die Etablierung wird als wechselseitiger Prozess verstanden, in dessen Verlauf sich sowohl die zugewanderte als auch die ansässige Bevölkerung im Kontext der sich wandelnden

Beziehungs- und Bedürfnisverflechtungen ihrem Interdependenzmuster entsprechend verändern. Vor diesem Hintergrund wird die Entwicklung und der
Ist-Stand der »Integrationslandschaft«[1] und »Integrationsdebatte« in Vorarlberg
untersucht. Dazu wird zunächst die Herausbildung des »Handlungsfeldes Integration« und die Professionalisierung der Integrationsarbeit in Vorarlberg
behandelt, um dann auf den Stand der Integrationsdebatte einzugehen. Darauf
aufbauend wird versucht, die beschriebenen Entwicklungen prozesssoziolo-
gisch mittels des Etablierten-Außenseiter-Modells (Elias / Scotson 1993) zu erklären. In einer Etablierten-Außenseiter-Figuration stehen verschiedene Gruppen mit bestimmten Unterscheidungsmerkmalen in Beziehung zueinander.
Diese Beziehungsverflechtungen sind durch eine Machtdifferenz zwischen den
Gruppen geprägt, wobei die Etablierten die machtstärkere Gruppe sind. In
Abgrenzung zu den Eingliederungsmodellen soll dabei gezeigt werden, wie sich
die Entwicklung der Integrationslandschaft und der Debatte aus der Sicht der
Figuration zwischen Einheimischen und Zugewanderten erklären lässt, um
abschließend auf sich daraus ergebende Konsequenzen für die Forschung und
ihre Anwendung in der Integrationsarbeit einzugehen.

## 1.   Entwicklung und Ist-Stand der Integrationslandschaft und Integrationsdebatte in Vorarlberg

### 1.1   Die Herausbildung des Handlungsfeldes Integration und die Professionalisierung der Integrationsarbeit

Ab Ende der 1980er-Jahre setzte sich in der Mehrheitsbevölkerung in Vorarlberg
zunehmend die Einsicht durch, dass aus den ehemaligen »Gastarbeitern« Einwanderer geworden waren. Damit waren wesentliche Veränderungen verbunden. Mit der Aufgabe der Rückkehrorientierung durch einen großen Teil der

---

1 Der Integrationsbegriff wird als Arbeitsbegriff im Kontext seiner Verwendung im Untersu-
chungsfeld verwendet: Zentral ist dabei der Eingliederungsprozess der Zugewanderten. Die
uneinheitliche Verwendung des Begriffs im Feld spiegelt die unterschiedlichen Zugänge und
Bedürfnisse der handelnden Akteure wider, ohne sie explizit zu machen. Gemeinsam ist den
unterschiedlichen Zugängen das Bemühen um die Förderung zur Eingliederung bzw. Einbeziehung von Zugewanderten in die Mehrheitsgesellschaft. »Die Integrationslandschaft«
umfasst alle Akteure, Institutionen und Aktivitäten, die sich mit dem Eingliederungsprozess
der Zugewanderten beschäftigen. Das Handlungsfeld Integration beinhaltet alle zentralen
Bereiche der Gesellschaft, in denen Aktivitäten zur Förderung des Eingliederungsprozesses
gesetzt werden, wie z.B. Vereinswesen, Schule, Wohnen, Gesundheit etc. Unter Integrationsarbeit fasse ich alle Aktivitäten der unterschiedlichen Akteure und Institutionen im
Handlungsfeld Integration zusammen. Für einen Überblick über die unterschiedliche Verwendung und die Ebenen des Integrationsbegriffs siehe Fassmann (2006).

Zugewanderten[2] entwickeln diese ein stärkeres Interesse an Anerkennung durch die Mehrheitsgesellschaft, Zugehörigkeit zu und Partizipation an ihr sowie an der Ausbildung ihrer Kinder (Burtscher 2009, 91 ff.). Ein Zeichen dieses Perspektivenwechsels und beginnenden Etablierungsprozesses ist, dass sie verstärkt in den Kauf von Wohnungen und Häusern in Vorarlberg investieren. Das Bedürfnis nach Anerkennung und Partizipation spiegelt sich auch in der veränderten rechtlichen Stellung, also konkret in der zunehmenden Zahl von Einbürgerungen, und der damit zusammenhängenden stärker werdenden politischen Partizipation. Gleichzeitig stieg auch die Bildungsaspiration, was sich wiederum in der Zunahme an erfolgreichen Bildungsaufsteigern widerspiegelt (Burtscher 2009, 143 ff.). Der Fokus der Aktivitäten der migrantischen Selbstorganisationen verschiebt sich vom Herkunftsland in Richtung Einwanderungsgesellschaft und die Kommunikation und Interaktion mit der Mehrheitsgesellschaft intensiviert sich. Die Zugewanderten und ihre Selbstorganisationen werden verstärkt zu Integrationsakteuren und in der Arbeiterkammer sowie in der Kommunal- und Landespolitik gibt es ab Ende der 1990er-Jahre immer mehr politische Vertreter mit Migrationshintergrund und damit erste Ansätze politischer Partizipation.

Parallel zum Beginn des Etablierungsprozesses der Zugewanderten lässt sich aufseiten der Mehrheitsgesellschaft seit Beginn der 1990er-Jahre die Herausbildung des Handlungsfeldes Integration beobachten (Burtscher 2009, 121 ff.). Ein Ausdruck dieses neuen Handlungsfeldes ist die zunehmende Etablierung der Zugewanderten als eigene Zielgruppe in Politik, Verwaltung und Sozialdienstleistungsinstitutionen der Mehrheitsgesellschaft. Beispiele hierfür sind der Prozess zur Errichtung eines islamischen Friedhofes[3] unter Beteiligung muslimischer Vertreter, verstärkte Aktivitäten zur Förderung von Kindern nichtdeutscher Erstsprache im Bildungssystem oder auch Maßnahmen zur Unterstützung von Jugendlichen mit Migrationshintergrund am Übergang zwischen Schule und Arbeitsmarkt, Programme in der interkulturellen Jugendarbeit sowie die Berücksichtigung der Zielgruppe in großen gemeindeübergreifenden Programmen wie »Vision Rheintal[4]« und »Kinder in die Mitte[5]«. Dieser Wandel spiegelt sich auch in den gesellschaftlichen Institutionen wider: so wurden

---

2 Nach Möglichkeit wurde der geschlechtsneutrale Plural, wie z. B. »Zugewanderte«, verwendet, um den Lesefluss zu unterstützen. Ausnahmen bilden Begriffe wie »Außenseiter«, »Ausländeranteil«, »Ausländerzahl«, »Ausländerquote « etc., die nur im männlichen Plural verwendet werden, jedoch beide Geschlechter meinen.

3 Vgl. okay. zusammen leben o. J.a (http://www.okay-line.at/deutsch/aktuelles/prozess-islamischer-friedhof-in-vorarlberg/).

4 Vgl. Vision Rheintal o. J. (www.vision-rheintal.at).

5 Vgl. Amt der Vorarlberger Landesregierung o. J. (www.vorarlberg.gv.at/vorarlberg/frauen_familie/familie/kinderindiemitte/start.htm).

Steuerungs- und Kompetenzstrukturen auf Ebene der Kommunen und auf
Landesebene in Verwaltung und Politik sowie im Bildungssystem und im Me-
dizin- und Sozialbereich aufgebaut. In weiterer Folge lässt sich in den letzten
Jahren eine starke Zunahme von Integrationsmaßnahmen sowie eine zunehmende Vernetzung und Koordination der integrationspolitischen Aktivitäten
beobachten.[6]

Mit dieser Herausbildung des Handlungsfeldes Integration ist eine Professionalisierung der Integrationsarbeit in Vorarlberg verbunden. Erste Pioniere,
wie z. B. die Offene Jugendarbeit, beginnen die zweite Generation spezifisch zu
adressieren und setzen dabei auf Zielgruppen- und Ressourcenorientierung. Der
Prozess der Professionalisierung der Integrationsarbeit beginnt unter anderem
in diesen »Nischenbereichen«, weil dies keine machtpolitischen Handlungsfel-
der sind. Die »interkulturelle Jugendarbeit« kann sich deshalb relativ frei entwickeln und liefert aus der Praxis heraus gute Ansätze für andere Handlungs-
felder, die in der Publikation »2gethere. Interkulturelle Jugendarbeit in Vorarlberg« (vgl. koje / okay. zusammen leben 2007) dokumentiert sind.

Der beginnende Etablierungsprozess der Zugewanderten und die Herausbildung des Handlungsfeldes Integration in der Mehrheitsgesellschaft sind
Ausdruck des Wandels des Interdependenzmusters zwischen Einheimischen
und Zugewanderten. Besonders deutlich sichtbar wird dies im Bildungssystem
(Burtscher 2009, 143 ff.). Die Förderung von Kindern mit Migrationshintergrund gewinnt im Kontext dieser Entwicklungen sowie des wirtschaftlichen und
demografischen Wandels für beide Seiten an Bedeutung. Das zeigen Programme
zur frühen Sprachförderung wie »Mehr Sprache«[7] und »Sprachfreude. Nenzing
spricht mehr«[8] sowie Beispiele gelungener Praxis in einzelnen Kindergärten und
Schulen. Mit dieser Anerkennung der Zugewanderten als eigene Zielgruppe
durch unterschiedlichste Institutionen der Gesellschaft und mit der beginnenden Wahrnehmung von Diversität als Chance beginnt sich parallel ein perma-
nentes Weiterbildungsangebot für Integrationsfragen zu entwickeln.[9]

Zentral für die Herausbildung des Handlungsfeldes Integration und die Professionalisierung der Integrationsarbeit ist die Etablierung von Steuerungs- und
Zuständigkeitsstrukturen in Politik und Verwaltung. Dieser Prozess findet in

---

6  Für einen Überblick über diverse Integrationsaktivitäten in Vorarlberg siehe okay. zusammen
   leben o. J.b (http://www.okay-line.at/deutsch/wissen/integrationsmonitoring-vorarlberg/);
   okay. zusammen leben o. J.c (http://www.okay-line.at/deutsch/aktuelles/gute-praxis/); okay.
   zusammen leben o. J.d (http://www.okay-line.at/deutsch/aktuelles/integration-vorarlberg/).
7  Vgl. okay. zusammen leben o. J.e (http://www.okay-line.at/deutsch/aktuelles/programm-
   mehr-sprache./)
8  Vgl. Marktgemeinde Nenzing o. J. (http://www.marktgemeindenenzing.com/index.php/Bil-
   dung_Soziales/Projekt_Sprachfreude/).
9  Vgl. okay. zusammen leben o. J.f (http://www.okay-line.at/deutsch/aktuelles/veranstaltungs-
   kalender/?dater_cat=6).

Vorarlberg zuerst in den Kommunen und erst später auf Landesebene statt. 2001 startet die größte Stadt Vorarlbergs, Dornbirn, als erste Stadt Österreichs einen Integrationsleitbildprozess und schafft damit unter anderem Zuständigkeitsstrukturen, die in weiterer Folge zu einer Intensivierung und Professionalisierung der Integrationsaktivitäten beitragen. Heute verfügen vier der fünf Städte Vorarlbergs und zahlreiche größere und kleinere Gemeinden über eigene Integrationskonzepte und entsprechende Zuständigkeitsstrukturen.[10]

Ein weiteres Zeichen für den Wandel des Interdependenzmusters ist die Entwicklung einer Zuständigkeits- und Steuerungsstruktur für Integrationspolitik in der Landesverwaltung und Politik. Als erster Schritt ist hier die Etablierung einer landesweiten Kompetenzstruktur in Form der Projektstelle für Zuwanderung und Integration »okay. zusammen leben« zu erwähnen. 2001 wurde der Verein »Aktion Mitarbeit« als Zeichen des Wandels von einer Ausländer- zu einer Integrationspolitik als Trägerverein beauftragt, für die Begleitung dieses Transformationsprozesses eine solche Stelle zu konzipieren und zu etablieren. Diese Auslagerung von Agenden an einen Verein kann als Beginn der integrationspolitischen Steuerung der Vorarlberger Landesregierung angesehen werden.

2006 wurde die integrationspolitische Agenda in der Geschäftsordnung der Vorarlberger Landesregierung verankert. Der Aufbau einer Kompetenzstruktur in der Landesverwaltung wurde Ende 2007 mit der Ausstattung dieser Struktur mit entsprechenden Ressourcen umgesetzt. 2008 folgte dann die Einberufung der 1. Vorarlberger Integrationskonferenz sowie die Schaffung eines Integrationsausschusses im Vorarlberger Landtag. 2009 wurde mit der Entwicklung von Leitzielen für die Integrationspolitik des Landes begonnen, die 2010 in einem gemeinsamen Beschluss der Regierungspartei mit allen drei Oppositionsparteien verabschiedet wurden. 2011 wurde schließlich erstmalig der Vorarlberger Integrationspreis ausgeschrieben.[11]

In der Zusammenschau dieser Entwicklungen lassen sich zwei Schlussfolgerungen ziehen:

1) Der Etablierungsprozess der Zugewanderten geht mit der Herausbildung des Handlungsfeldes Integration und mit einer Professionalisierung der Integrationsarbeit einher und ist Ausdruck des Wandels des Musters von Interdependenzen zwischen Einheimischen und Zugewanderten.

2) Es gibt eine sich dynamisch entwickelnde institutionelle Struktur und integrationspolitische Aktivitäten in Vorarlberg, die von verschiedenen Akteuren in den Kommunen und auf Landesebene gestaltet werden.

---

10 Vgl. okay. zusammen leben o. J.g (http://www.okay-line.at/deutsch/wissen/integrationspolitik-und-management/).
11 Zum Überblick über diese Entwicklungen vgl. okay. zusammen leben o. J. (http://www.okay-line.at/deutsch/aktuelles/integration-vorarlberg/).

## 1.2    Zum Stand der Debatte und der Entwicklung der Integrationslandschaft

Auf den bisherigen Ausführungen aufbauend stellt sich die Frage, inwiefern sich diese Entwicklungen der Integrationslandschaft in der Integrationsdebatte widerspiegeln. Ich möchte den Stand der Integrationsdebatte auf Basis meiner Forschung zu Etablierungsprozessen von Zugewanderten (Burtscher 2009) diskutieren und folgende Thesen aufstellen: Ausländerfeindliche und integrationskritische Positionen in der Mehrheitsbevölkerung, wie sie z. B. im Vorarlberger Landtagswahlkampf 2009 sichtbar wurden, sind ein Indikator für den Wandel des Musters von Interdependenzen zwischen Einheimischen und Zugewanderten. Anders ausgedrückt: sie sind Ausdruck der Spannungen im Zuge des Etablierungsprozesses der Zugewanderten sowie der Verunsicherung eines Teils der Mehrheitsbevölkerung im Kontext des stattfindenden gesellschaftlichen Transformationsprozesses. Mit der wechselseitigen Abhängigkeit zwischen Einheimischen und Zugewanderten und dem verstärkten Streben nach Zugehörigkeit und Anerkennung der Zugewanderten nehmen auch die Spannungen zwischen Einheimischen und Zugewanderten zu. Wie Forschungen im deutschsprachigen Raum zeigen, sind mit den Aufstiegsprozessen von Personen migrantischer Herkunft Auseinandersetzungen mit Einheimischen um soziale Klassifikationen verbunden, die als Orientierungssysteme für die Platzierung in der Gesellschaft dienen. Auch Konflikte um die realen Statuspositionen und die symbolische Ordnung sozialer Ungleichheit sind hieran geknüpft (Hüttermann 2000; Neckel 2003; Neckel / Sutterlüty 2005; Karrer 2002; Wimmer 2003; Sutterlüty 2006a / 2006b). In Vorarlberg sind diese Spannungen bisher aufgrund der wenigen und kaum spürbaren Aufstiegsprozesse jedoch noch nicht stark wahrnehmbar. Im Zuge des fortschreitenden Etablierungsprozesses der türkischstämmigen Zugewanderten ist aber davon auszugehen, dass auch in Vorarlberg die Spannungen zwischen der autochthonen einheimischen und der türkischstämmigen Bevölkerung zunehmen werden.

Sichtbar wurden diese Spannungen bisher unter anderem an den öffentlichen Diskussionen zur Etablierung und Anerkennung der Bevölkerung mit Migrationshintergrund als eigene Zielgruppe der Politik. Ein Beispiel ist die verpflichtende Einführung in die türkische Sprache und Kultur an der Pädagogischen Akademie im Herbst 2005.[12] Wenngleich die Studierenden sich lediglich 16 Stunden mit der türkischen Sprache beschäftigen sollten, um ein besseres Verständnis der sprachlichen Sozialisationsbedingungen der türkischstämmigen SchülerInnen zu erlangen, regte sich diesbezüglich sofort ein starker Widerstand in der autochthonen einheimischen Bevölkerung, der unter anderem in

---

12  Vgl. dazu die in den Vorarlberger Nachrichten erschienenen Artikel: Mohr 2005a; 2005b; Huber 2005; Riedmann 2005; »Stemer: Kein Umfaller« 2005.

Leserbriefen an die »Vorarlberger Nachrichten«[13] zum Ausdruck kam. Ein weiteres Beispiel für die Zunahme der Spannungen lieferte die Diskussion über die Einführung einer türkischsprachigen Seite als Informationsmedium für die türkischsprachige Zielgruppe auf Vorarlberg Online im Mai 2007.[14] Die Reaktionen dazu im Forum von Vorarlberg Online auf www.vol.at und auch in den Leserbriefen in den Vorarlberger Nachrichten waren kritisch und ablehnend. Auch die vom ehemaligen Kärntner Landeshauptmann Jörg Haider initiierte Diskussion über das Minarettverbot im August 2007[15] förderte viele versteckte Vorbehalte, Ängste und Spannungen in der einheimischen Bevölkerung zutage. Am stärksten wahrnehmbar war dies bei der Diskussion über den geplanten Bau einer neuen Moschee mit Minarett in Bludenz. Der lokale ATIB-Verein (Österreichisch-türkisch-islamischer Bund) und die Gemeinde Bludenz wollten zunächst in einem gemeinsamen Prozess Möglichkeiten für den geplanten Neubau ausloten. Schon zu Beginn dieses Prozesses forderten die Freiheitlichen, mit massiver Unterstützung aus Teilen der Mehrheitsgesellschaft, eine gesetzliche Regelung für ein generelles Bauverbot von Minaretten auf Landesgesetzebene. Die Landesregierung reagierte schließlich auf den Druck aus der Bevölkerung, indem sie eine neue Bauverordnung für publikumswirksame Gebäude in Gemeinden verabschiedete, die den Gemeinden und auch der Landesregierung verschiedene Steuerungs- und Kontrollinstrumente sichert und damit auch die Verhinderung des Baus von Minaretten ermöglicht.[16] Als letztes Beispiel für das Sichtbarwerden der Spannungen sei die Diskussion über eine eigene »Migranten-Liste« bei den Vorarlberger Landtagswahlen 2009 im September 2007[17] angeführt.

Die öffentlichen Diskussionen in den erwähnten Beispielen sind aufseiten der etablierten Einheimischen durch die Angst vor dem Verlust der bestehenden Ordnung und Macht geprägt und, in Bezug auf den Islam, auch durch die Angst vor dem Verlust der kulturellen Vorherrschaft. Andererseits finden sich aber sowohl in der zugewanderten als auch in der einheimischen Bevölkerung zunehmend Stimmen, die sich in der Diskussion gegen eine einseitige »Angst-

---

13 Vgl. »Türkisch für Volksschullehrer« 2005, »Türkisch für Lehrer« 2005, »16 Stunden Türkisch« 2005.

14 Das neue Design von VOL ging am 10.5.2007 online. Reaktionen dazu fanden sich auch in Leserbriefen der Vorarlberger Nachrichten, beispielsweise »Vorarlberg lernt Türkisch?« 2007 und »VOL auf Türkisch« 2007.

15 Vgl. »Skepsis gegenüber Minaretten«, Vorarlberger Nachrichten, 28.8.2007, A4; »Für Minarette noch zu früh«, Vorarlberger Nachrichten, 29.8.2007, A4; okay. zusammen leben o. J.h (http://www.okay-line.at/deutsch/aktuelles/integration-vorarlberg/vorarlberger-minarett-debatte-2008.html).

16 Für einen Kommentar zu dieser Diskussion und ihrer Bedeutung für die Vorarlberger Integrationslandschaft vgl. Grabherr 2008.

17 Vgl. Dünser 2007a; 2007b; Gantner 2007.

mache« zur Wehr setzen. Anhand dieser Beispiele werden also die mit der Etablierung verbundenen Spannungen ebenso sichtbar wie der Wandel der Machtverhältnisse. Stärker thematisiert und debattiert werden diese Veränderungen im Zusammenleben erst seit die Einheimischen selbst davon betroffen sind und in Teilbereichen Machtumverteilungsprozesse sicht- und spürbar werden. Das Anerkennungsthema gewinnt an Bedeutung, was z. B. im Vorarlberger Landtagswahlkampf 2009 über die Thematisierung des Begriffs »heimisch« durch die FPÖ und die daran anschließende Diskussion, was und wer »heimisch« ist, sichtbar geworden ist.

## 1.3    Die historische Entwicklung der Figuration[18] zwischen Einheimischen und Zugewanderten in Vorarlberg

Ich möchte nun auf Basis meiner Studie über Etablierungsprozesse von Zugewanderten in Vorarlberg (Burtscher 2009) diese Entwicklungen mit dem Etablierten-Außenseiter-Modell nach Norbert Elias (Elias / Scotson 1993) erklären. Im Gegensatz zu den in der wissenschaftlichen und der gesellschaftlichen Diskussion stärker präsenten Assimilations- und Integrationsmodellen, die in der Tradition der Chicago School vor allem Eingliederungsprozesse der Zugewanderten in die Gesellschaft und die damit verbundenen Anpassungsprozesse behandeln (Treibel 2003, 83 ff.; Fassmann 2006), lenkt der Etablierungsbegriff (Burtscher 2009, 18 ff.; Treibel 2003, 209 ff.), den Fokus auf die Gruppenzugehörigkeit und die damit einhergehende Anerkennung unter Berücksichtigung der Machtverhältnisse zwischen den Gruppen. Etablierungsprozesse werden nicht nur als Eingliederungsprozesse in neue Bezugsgruppen, sondern auch als Machtumverteilungsprozesse zwischen den Gruppen verstanden. Sie berücksichtigen damit explizit auch die dynamischen Entwicklungen zwischen den Bezugsgruppen. Aus dieser Perspektive ergibt sich der Transformationsprozess aus den Machtdifferenzen zwischen Einheimischen und Zugewanderten. Um sich in die Gesellschaft eingliedern und in weiterer Folge etablieren zu können, müssen sich die Zugewanderten in ihrem Verhalten in der assimilativen Phase zunächst an der machtstärkeren Gruppe orientieren. Mit dem Zuwachs an Macht können sie sich in der emanzipatorischen Phase in Teilbereichen von diesem Zwang zur Anpassung lösen, ihre eigenen Verhaltensweisen etablieren und damit auch die Beziehung zu den Einheimischen beeinflussen. Auch das Eta-

---

18  Figurationen sind nach Elias (1986) Modelle sozialer Prozesse, in denen die Mitglieder durch Interdependenzketten aneinander gebunden sind. Der Figurationsbegriff vermeidet die Trennung von Individuen und Gesellschaft und begreift sie stattdessen als wechselseitig aufeinander bezogen.

blierten-Außenseiter-Modell berücksichtigt also die assimilative Phase der Anpassung. Im Gegensatz zu den Eingliederungsmodellen behandelt es aber auch die emanzipatorische Phase, in der es zu einer stärkeren gegenseitigen Abhängigkeit und wechselseitigen Beeinflussung kommt.

Der Etablierungsbegriff bringt also zum Ausdruck, dass es sich hier nicht um eine individuelle Leistung, sondern um einen Prozess im Kontext von Bezugsgruppen und Gruppenzugehörigkeiten (vgl. Merton 1968, 279 ff.) handelt. Er bietet damit auch eine alternative Perspektive zum Aufstiegs- bzw. Mobilitätsbegriff, der meistens auf Individuen bzw. auf zu Gruppen aggregierte Individuen angewendet wird und sich auf berufliche oder schichtspezifische Aufstiege bezieht, wobei die Verflechtungen mit anderen Personengruppen nicht im Fokus stehen.

In einer Etablierten-Außenseiter-Figuration stehen also Gruppen mit bestimmten Unterscheidungsmerkmalen in Beziehung zueinander. In der Etablierten-Außenseiter-Figuration in Vorarlberg entscheidet das Merkmal »Herkunft der Familie« und die damit verbundene Wir-Gruppenzugehörigkeit über die Unterscheidung in Etablierte und Außenseiter. Dieses Merkmal ist besonders prägend, da es nicht gewählt oder erworben werden kann, sondern mit der Geburt verliehen wird. Es handelt sich also um eine kategoriale negative Klassifikation (Neckel / Sutterlüty 2005, 414 ff.), die die Außenseiter aufgrund nicht wählbarer Merkmale abwertet und folglich eine Veränderung nur unter der Bedingung des Wandels des Interdependenzmusters und einer Machtumverteilung zulässt. Solche kategoriale Klassifikationen beruhen auf der Vorstellung, dass bestimmte Akteure keine oder weniger soziale Wertschätzung verdienen. Wie die in meiner Studie (Burtscher 2009) untersuchten Fallbeispiele zeigen, sind auch die sozial aufgestiegenen und sozial, strukturell, kognitiv und identifikativ eingegliederten Pioniere der zweiten Generation noch vom Außenseiterstatus aufgrund ihrer Herkunft betroffen und erfahren im Alltag Statusunsicherheit, Ausgrenzungen und Diskriminierungen. Selbst die gut etablierten Personen der zweiten Generation sind in ihrem Alltag mit den Wir-sie-Grenzen konfrontiert und erleben immer wieder Ausgrenzungen und Abwertungen (vgl. Schramkowski 2007).

Mit dem Etablierten-Außenseiter-Modell lassen sich, wie meine historisch soziologische Analyse zeigt (Burtscher 2009, 55 ff.), zentrale Merkmale aller Zuwanderungs- und Etablierungsprozesse der letzten hundert Jahre in Vorarlberg beschreiben. Der historische Vergleich zeigt, dass sich alle großen Zuwanderungsgruppen der letzten 100 Jahre – Trentiner, Südtiroler, Steirer und Kärntner, Türken und Ex-Jugoslawen (vgl. Greussing 1989, 7; Thurner 1997, 16) – zunächst in einer Außenseiterposition befanden. Mit der Abgrenzung von diesen Gruppen bildete sich aufseiten der nicht Zugewanderten eine Wir-Identität heraus (Bundschuh 2000a; 2000b). Das heißt, Schließung gegen die

Außenseiter und Herausbildung der Wir-Identität waren parallele Prozesse.
Damit verbunden waren und sind Stigmatisierungsprozesse. Der machtstarken
Gruppe der etablierten Einheimischen wird Gruppencharisma und der Gruppe
der machtschwächeren Außenseiter Gruppenschande zugeschrieben. Dies pas-
siert unter anderem mittels »Lob- und Schimpfklatsch« (Elias 1993, 9). Mit dem
Außenseiterstatus waren und sind immer auch Außenseiterpositionen auf dem
Arbeitsmarkt verbunden. Die historische Forschung belegt aber auch, dass sich
frühere Zuwanderungsgruppen wie z. B. die Trentiner aus der Außenseiterposition befreien konnten. Wie ihnen das gelang, bleibt aber auf Basis dieser
Forschungen unklar (vgl. Burmeister / Rollinger 1995; Johler 1990).

Im Rückblick lässt sich also eine Wiederkehr der Etablierten-Außenseiter-
Figurationen zwischen Einheimischen und Zugewanderten beobachten. Und
obwohl es eine über hundert Jahre lange Tradition der Erfahrung mit Zuwanderung in Vorarlberg gibt, ist diese nicht Teil der gemeinsamen Erinnerung und
Wir-Identität (vgl. Bundschuh 2000a; 2000b). Dementsprechend wird auch in
der Schule das Thema Zuwanderung nicht als Teil der Vorarlberger Geschichte
und Identität behandelt. Das Wissen über die Eingliederung der Trentiner,
Südtiroler, Steirer und Kärntner könnte Teil der gemeinsamen Geschichte, Erinnerung und Identität sein und als Orientierung für den Umgang mit neuen
Zuwanderungsgruppen verwendet werden, wird aber nur am Rande bei einschlägigen Diskussionen und in der Fachdebatte behandelt. Das Erfahrungswissen über diese Prozesse ist deshalb im Alltag nur sehr eingeschränkt wirksam, da kein gemeinsames Bewusstsein für diesen Teil der Vorarlberger Geschichte existiert. Stattdessen werden diese Zuwanderungsgruppen und früheren Außenseiter heute als Gegenbeispiele zu den türkischstämmigen Zuwanderungsgruppen verwendet. Die etablierten Einheimischen »verbünden« sich in
diesen Bereichen mit den ehemaligen gegen die neuen Außenseiter. Die früheren
Zuwanderungsgruppen sind also tatsächlich eingegliedert und haben sich an die
Bedingungen der Mehrheitsbevölkerung angepasst. Dass sie zunächst selbst
Außenseiter waren, wird im Kontext der neuen Zuwanderung verdrängt oder in
den Hintergrund gerückt. Zentral sind für die Aufnahmegesellschaft die Anpassungsleistungen der früheren und die daraus ableitbaren Forderungen an die
neuen Zuwanderungsgruppen.

In diesem Zusammenhang stellt sich die Frage, wieso erfolgreiche Integrationsprozesse nicht Teil der gemeinsamen Wir-Identität sind. Mit dem Etablierten-Außenseiter-Modell lässt sich dieses Beziehungsmuster mittels des
Konzepts des Doppelbinders erklären, das im Folgenden erläutert werden soll.
Weil die Etablierten-Außenseiter-Figuration Teil des Wir-Bildes und des Habitus, sprich der Gewohnheiten im Denken, Fühlen und Handeln (Elias 1999,
243 ff.), der Einheimischen und der Zugewanderten ist, wird sie nicht durch
erfolgreiche Beispiele aufgelöst. Das sogenannte »Integrationsproblem« wird

aus der Sicht des Etablierten-Außenseiter-Modells als Angst vor dem Verlust der bestehenden Ordnung erfasst.[19]

Elias unterscheidet in der Prozesssoziologie zwischen engagiertem und distanziertem Verhalten. Engagiertes Verhalten ist irrational bzw. subjektiv, distanziertes Verhalten rational bzw. objektiv. Verhalten ist nach Elias (1983, 9) aber weder absolut engagiert noch distanziert. Das Verhalten von Erwachsenen bewegt sich auf einer Skala zwischen diesen Polen und hängt wesentlich mit dem Stand der gesellschaftlichen Entwicklung zusammen. Es kann sich in der gleichen Gesellschaft mit dem Steigen oder Fallen des sozialen oder psychischen Drucks zwischen diesen Polen verschieben, aber weder zu stark in die eine noch in die andere Richtung tendieren, denn:

> Die Möglichkeit eines jeden geordneten Gruppenlebens beruht auf dem Zusammenspiel zwischen engagierenden und distanzierenden Impulsen im menschlichen Denken und Handeln, die sich gegenseitig in Schach halten. (Elias 1983: 10)

Elias zeigt, wie sich im Laufe der Jahrhunderte die Distanzierung im Umgang mit der Natur entwickelt, und macht im Vergleich deutlich, wie stark auf der sozialen Ebene noch immer subjektive, engagierte Verhaltensweisen dominieren.

Die Angst der etablierten Einheimischen ist also mit einem von Affekten und Emotionen geleiteten und bestimmten Verhalten verbunden. Es besteht ein Mangel an Distanzierung, der verhindert, dass die mit der Zuwanderung einhergehenden Veränderungen aus einer objektiveren, weniger emotionalen Position analysiert werden können. Im Zentrum der Wahrnehmung stehen Bedrohungen, Probleme und negative Beispiele. Dadurch wird die latente Angst vor dem Scheitern der Eingliederung und dem damit verbundenen Verlust der bestehenden Ordnung verstärkt. Für die Bezeichnung dieser Wechselwirkung verwendet Elias (1983) den Begriff »Doppelbinder«: Gefahren machen Angst, und diese wiederum erschwert eine distanzierte Wahrnehmung und damit die Kontrolle der Gefahren.

Im Kontext des Doppelbinders in einer Etablierten-Außenseiter-Figuration können sich die Zugewanderten aufgrund der mit der Wahrnehmung durch die Einheimischen verbundenen Stigmatisierung nur sehr schwer aus ihrer Außenseiterposition lösen. Einzelne positive Fallbeispiele werden als Ausnahmen, die die Regel bestätigen, gesehen (vgl. Burtscher 2009, 194 ff.). Sie führen nicht zu einer Veränderung der Wahrnehmung und einer Verminderung der Angst. Doppelbinder sind also Zirkularprozesse der funktionalen Interdependenz.

---

19 Dies spiegelt sich auch im Vorarlberger Dialekt im Wort »ghörig« wider: Zugehörig ist nur, wer »ghörig« ist, was mit der Einhaltung der dominanten Ordnung sowie Norm- und Wertvorstellungen der etablierten Einheimischen gleichzusetzen ist. Diejenigen, die aus der Sicht der Etablierten »ned ghörig« sind, stellen hingegen eine latente Bedrohung der eigenen Gruppe dar.

Damit verbunden ist eine wechselseitige Bindung an bestimmte Wahrneh-
mungs- und Beziehungsmuster, die durch engagierte Verhaltensweisen gekennzeichnet sind. Doppelbinder sind Zwangslagen von Menschen, und

> deren Art, diese Zwangslage zu erleben, ihre Gefühls- und Bewusstseinslage, ihre
> Mentalität, Persönlichkeitsstruktur, die selbst durch die betreffende Zwangslage mit
> erzeugt ist, trägt Entscheidendes dazu bei, dass diese Zwangslage und die Gefahren, die
> sie mit sich bringt, für sie unentrinnbar bleiben. (Elias 1983, 85)

Die eigene Mentalität, die durch die Bedrohung geprägt ist, reproduziert also die
Bedrohung immer von neuem. Zentral ist auch hier die Machtdifferenz:

> Ob es sich um die Beziehung von Menschen zu dem handelt, was wir Natur nennen,
> oder um die Beziehung von Menschen zueinander, im Zentrum eines Doppelbinder-
> prozesses steht ein Machtkonflikt. (Elias 1983, 85)

Wie die historische Analyse zeigt (Burtscher 2009, 55 ff.), ist die Abgrenzung von
den zugewanderten Außenseitern Teil der Wir-Identität der Einheimischen.
Ausgrenzung und Stigmatisierung sind Teil des Habitus, sprich der Gewohnheiten im Denken, Fühlen und Handeln (Elias 1999, 243 ff.), von beiden Gruppen
und ein wesentliches Merkmal des Doppelbinders in einer Etablierten-Außenseiter-Figuration. Die machtstärkere Gruppe der Einheimischen wehrt sich
dementsprechend gegen die Auflösung des Doppelbinders, weil sich damit ihr
Bild von der eigenen Gesellschaft und ihrer Ordnung verändern würde (vgl.
Wimmer 2003). Die Einheimischen müssten sich dafür der Etablierten-Außenseiter-Figuration bewusst werden, sich die Stigmatisierung der Zugewanderten als Außenseiter eingestehen und die »natürliche« Legitimität ihrer eigenen Machtpositionen infrage stellen.

Gruppenbilder sind eine Mischung aus realistischen Beobachtungen und
kollektiven Fantasien (Elias 1983, 28). Gruppen einen Spiegel vorzuhalten ist
deshalb schwierig, weil dies eine Bedrohung für den Zusammenhalt und die
Solidaritätsgefühle der eigenen Gruppe darstellt und damit ihre Überlebensfä-
higkeit schwächt. Es gibt deshalb in jeder Gruppe einen Punkt der Distanzierung, über den keines der Gruppenmitglieder hinausgehen kann, ohne selber
zum Außenseiter zu werden. Im Kontext dieser Gruppendynamik bleibt der
Doppelbinder erhalten.

Auch im starken Votum für die FPÖ bei den letzten Vorarlberger Landtagswahlen spiegelt sich also im Kontext ihres ausländerfeindlichen und auf die
Distinktion zwischen Einheimischen und Zugewanderten fokussierten Wahlkampfes aus der Sicht des Etablierten-Außenseiter-Modells die Angst eines Teils
der Einheimischen vor dem Wandel der bestehenden Ordnung wider. Im Vordergrund steht dabei die Angst vor der Zunahme von Diversität und vor dem
Verlust der »Vormachtstellung und der natürlichen Privilegien«. Der Wahlkampf

der FPÖ hat dieses Unbehagen und die damit verbundenen Ängste adressiert, was sich in zentralen Forderungen ihres Wahlkampfes widerspiegelt: »Erhöhtes Elterngeld für heimische Familien!«, »Keine Minarette in unserem Land!«, »Deutsch ist Pflicht!«, »Sofortige Ausweisung von fundamentalistischen Islamlehrern!«, »Keine Zuwanderung in unsere Sozialsysteme!«, »Arbeitsplätze müssen zuerst für die heimische Bevölkerung da sein!«, »Wer in unser Land kommt, hat sich an unsere Spielregeln zu halten!«, »Wer sich nicht an unsere Spielregeln hält, bekommt keine staatliche Hilfe!« Diese Forderungen sind Ausdruck der Etablierten-Außenseiter-Figuration zwischen Einheimischen und Zugewanderten. Sie spiegeln die gefühlte Bedrohung eines Teils der etablierten Einheimischen durch Machtumverteilungen im Zuge von Etablierungsprozessen von Zugewanderten wider und machen damit auch die Transformation sichtbar.

## 2. Konsequenzen für die Forschung über Eingliederungsprozesse

Aus prozesssoziologischer Sicht sind die Eingliederungsmodelle in der Tradition der Chicagoer Schule (vgl. Treibel 2003, 83 ff.; 136 ff.; Fassmann 2006) und ihre Interpretation als Ausdruck der Etablierten-Außenseiter-Figuration (Burtscher 2009, 254 ff.; Treibel 2003, 209 ff.) zu verstehen. Fassmann (2006, 234) differenziert in seiner Analyse des Integrationsbegriffs[20] zwischen den analytischen und den normativen Ebenen des Begriffs, merkt aber auch an, dass in der Diskussion über Integration mit normativen Aussagen operiert wird und bereits die Vertreter der Chicagoer Sozialökologie ihre Eingliederungsmodelle nicht nur als analytische Denkfigur, sondern auch als normatives Konzept verstehen. Aus der Sicht des Etablierten-Außenseiter-Modells entsprechen Modelle, die in dieser Tradition stehen, in ihrem normativen Überbau dem Wunsch der Einheimischen nach Eingliederung und Anpassung der Zugewanderten. Dazu werden Indikatoren für den Stand der Eingliederung der Zugewanderten er-

---

20 Beim Integrationsbegriff muss allgemein zwischen der Systemintegration und der Sozialintegration differenziert werden: »Die Integration eines sozialen Systems als *Gesamtheit* wird als *System-Integration* bezeichnet, im Unterschied zur Sozialintegration von Akteuren *in* ein soziales System [...].System-Integration liegt dann vor, wenn die Teile des sozialen Systems, etwa eine Gesellschaft, untereinander verbunden und wechselseitig voneinander abhängig sind, jedes für sich damit ein ›integraler' Bestandteil des gesamten (sozialen) Systems ist und dadurch ein *gesellschaftlicher Zusammenhalt* der verschiedenen Teile – Akteure, Aggregate und Teil-Systeme – gegeben ist.« (Esser 2004, 53) Die hier zentral behandelten Eingliederungsmodelle fokussieren auf die Sozialintegration und vernachlässigen in der Regel die Ebene der Systemintegration.

hoben, ohne die Verbindungen zur Entwicklung der Mehrheitsgesellschaft und ihrer Bevölkerung zu berücksichtigen. In den Eingliederungsmodellen bleibt die bestehende Ordnung der Einwanderungsgesellschaft ebenso erhalten wie in den Köpfen der Mehrheitsbevölkerung. Ab welchem Zeitpunkt die Zugewanderten sich ausreichend angepasst und integriert haben, wird von den etablierten Einheimischen definiert.

Diese Modelle liefern uns aufgrund ihres Fokus auf die Eingliederungsprozesse der Zugewanderten keine Hinweise für den Umgang mit dem gesellschaftlichen Transformationsprozess. Denn im Unterschied zu einem prozesssoziologischen Verständnis berücksichtigen die Modelle der zeitlichen Entwicklung der Sozialintegration die Veränderungen in der Aufnahmegesellschaft entweder nicht (Fassmann 2006, 232) oder nur auf der strukturellen Ebene (Systemintegration), aber nicht auf der Ebene der Verflechtungen zwischen Einheimischen und Zugewanderten (Sozialintegration). Sozialintegration wird als individueller Transformationsprozess und nicht als gesellschaftlicher Transformationsprozess verstanden. Es werden Integrationstypen formuliert, die explizit oder implizit mit Zielen verbunden sind, in denen ein normativer Überbau bzw. ein statisch-zielorientiertes Verständnis von Gesellschaft als Zustand sichtbar wird. Fassmann (2006, 234 ff.) unterscheidet in diesem Zusammenhang zwischen zwei Zielen auf den zwei unterschiedlichen Integrationsebenen: Auf der Ebene der Systemintegration soll soziale Kohäsion hergestellt werden, um sozialen Frieden zu gewährleisten; auf der Ebene der Sozialintegration soll Chancengleichheit für die Zuwanderer in den Bereichen Bildung, Arbeitsmarkt, Einkommen, Wohnraum und Gesundheit erreicht werden. Entlang dieser Ziele differenziert er in Assimilation, Mehrfachintegration, Segmentation und Marginalität als Integrationstypen. Dabei kann Marginalität als das Fehlen jeder sozialen Integration in Bezug auf sowohl die Aufnahmegesellschaft als auch die ethnische Herkunftsgruppe, Mehrfachintegration als die Integration in die Aufnahmegesellschaft und die ethnische Herkunftsgruppe, Segmentation als Integration in die ethnische Herkunftsgruppe und Assimilation als die Integration in die Aufnahmegesellschaft verstanden werden. Für Fassmann erschweren Segmentation und Marginalität zum einen die soziale Kohäsion und schließen andererseits die strukturelle Chancengleichheit aus. Assimilation hingegen erleichtert in dieser Typologie sowohl die soziale Kohäsion als auch die strukturelle Chancengleichheit. Die Mehrfachintegration schließlich ermöglicht zwar die Zieldimension Chancengleichheit, erschwert aber die Zieldimension soziale Kohäsion. Denn die liberale und pluralistische Grundkonzeption der Mehrfachintegration gehe mit unterschiedlichen Wert- und Normvorstellungen einher und schwäche dadurch den gemeinsamen sozialen Zusammenhalt. Damit verbunden sind in einer ethnisch differenzierten Gesellschaft konfliktträchtige Probleme auf der Ebene der Systemintegration.

Anders ausgedrückt: Konflikte und Auseinandersetzungen werden also normativ als negativ für den Zustand einer Gesellschaft bewertet.

Die Prozesssoziologie versteht Gesellschaft hingegen nicht als Zustand, sondern als Prozess, in dem sich die gesellschaftliche und die individuelle Entwicklung wechselseitig beeinflussen. Nicht die Beschreibung eines Zustandes, einer Struktur und ihrer Funktionen, sondern die Beschreibung von Veränderung und Entwicklung der Gesellschaft ist das Ziel. Auf die assimilative Phase der Anpassung folgt deshalb im Etablierten-Außenseiter-Modell die emanzipatorische Phase der Entwicklung. Dies verdeutlichen auch die von mir untersuchten Beispiele von Etablierungsprozessen der zweiten Generation mit türkischem Hintergrund (Burtscher 2009, 194 ff.). Sie sind im Sinne der Fassmann'schen Typologie auf der Ebene der Sozialintegration mehrfach integriert und unterscheiden sich in ihren Wert- und Normvorstellungen durchaus auch von ihren jeweiligen Bezugsgruppen, was zum Teil auch mit Konflikten verbunden ist. Sie nutzen diese Konflikte aber für die Entwicklung von eigenen Positionen, Haltungen und Handlungsweisen und vollziehen damit, wie das folgende Zitat veranschaulicht, die Transformation der Gesellschaft auf individueller Ebene.

> Fatima: […] mit 15 wurde ich einmal gefragt, wie ich mich fühle, ob ich mich eben österreichisch oder türkisch fühle? Damals habe ich gesagt: »Ich habe zwei Masken. Wenn ich zu Hause bin, also in der türkischen Gesellschaft, ziehe ich die türkische Maske an, um dort akzeptiert und respektiert zu werden, um die Berechtigung zu haben, in diesem Kreis leben zu können. Und wenn ich hinaus bin, oder durch die Schule, die Kollegen oder die Freizeit habe ich die österreichische Maske an, genau aus demselben Grund, damit ich dort akzeptiert werde als Mensch, als Fatima«, und so weiter. Und wenn man mich heute fragt, sage ich: »Ich habe nur eine Maske, von beiden das, was nur für mich [passt; ergänzt S.B.], das ist meine Maske. Meine Maske kann niemand anders anziehen.« Aber, »Ich habe keine Maske«, könnte ich auch sagen, »von beiden Kulturen habe ich das für mich Positive aufgenommen und lebe das und versuche so auch, meine Tochter zu erziehen.« (Burtscher 2009, 233)

## 3.   Konsequenzen für die Anwendung in der Praxis

Aus prozesssoziologischer Sicht muss die Integrationsarbeit die Konflikte zwischen Einheimischen und Zugewanderten als Möglichkeit für die Gestaltung des Transformationsprozesses und die Auflösung des Doppelbinders der Etablierten-Außenseiter-Figuration verstehen. In diesem Bereich ist die Integrationsarbeit in Vorarlberg noch nicht ausreichend entwickelt und kann dementsprechend der Polarisierung durch die FPÖ trotz der vielen und gut entwickelten Integrationsaktivitäten nicht entgegenwirken.

Damit sozialwissenschaftliche Erkenntnisse für die Arbeit der handelnden Integrationsakteure im Feld für die Gestaltung des Transformationsprozesses konstruktiv verwendet werden können, müssen aus prozesssoziologischer Sicht die Macht-, Beziehungs- und Bedürfnisverflechtungen vor Ort und die affektive Bedeutung von Wissen im Kontext des beschriebenen Doppelbinders in Form einer Etablierten-Außenseiter-Figuration berücksichtigt werden. Mit dem Hinweis auf die affektive Bedeutung von Wissen macht Elias (1983, 111) darauf aufmerksam, dass Wissen kein rein intellektuelles Phänomen ist, sondern auch über eine emotionale Komponente verfügt. Als Beispiel führt Elias Kämpfe um gedankliche Innovationen in der Wissenschaft an:

> Viele bahnbrechende wissenschaftliche Entdeckungen laufen vorherigen Wünschen und Glaubensvorstellungen zuwider, an denen Menschen hängen und die einen hohen Gefühlswert für sie besitzen. Daher wird der Kampf um die Anerkennung solcher Entdeckungen unzureichend erfasst, wenn man ihn nur als Konflikt zwischen affekt-losen intellektuellen Positionen darstellt und seine affektive Bedeutung ignoriert. (Elias 1983, 111)

In Bezug auf das Handlungsfeld Integration bedeutet dies, dass wir uns als Forscher dessen bewusst sein müssen, dass wir selbst Teil der Etablierten-Au-ßenseiter-Figuration zwischen Einheimischen und Zugewanderten sind (vgl. Waldhoff 1993). Unsere Forschung findet also im Kontext dieses Doppelbinders statt. Deshalb ist die Beschreibung der Macht- und Beziehungsverflechtungen zwischen den etablierten Einheimischen und den zugewanderten Außenseitern eine wichtige Grundlage für das Verständnis der aktuellen Integrationsarbeit, ihrer Ansätze und ihrer Wirkungen. Das Verständnis der Entwicklung der lo-kalen Habitusstrukturen und soziokultureller Merkmale ist aus dieser Per-spektive eine Voraussetzung für die Anwendung von Ergebnissen der Sozial-forschung zur Gestaltung gesellschaftlicher Transformationsprozesse. Unter Berücksichtigung dieser Bedingung kann die Sozialforschung zu einer Ent-wicklung der Integrationsarbeit beitragen.

Ziel der Integrationsarbeit in Vorarlberg muss es im Kontext der Analyse zum Stand der Integrationsdebatte sein, den Doppelbinder in Form einer Etablierten-Außenseiter-Figuration sichtbar und nachvollziehbar zu machen und die mit dem Etablierungsprozess der Zugewanderten verbundenen Konflikte und Spannungen zum Ausgangspunkt für die Entwicklung von Instrumenten zur Begleitung und Gestaltung des Transformationsprozesses zu machen. Damit sie den Transformationsprozess verstehen und begleiten können, ist die Weiter-entwicklung der Kompetenzen von Akteuren im Kontext der gesellschaftlichen Anforderungen sowie die Reflexion ihrer Position in der Etablierten-Außen-seiter-Figuration zentral. Sie brauchen Lern- und Reflexionsmöglichkeiten, um diese Veränderungen und die Konsequenzen für die eigene Arbeit verstehen und umsetzen zu können. Folglich geht es bei der Entwicklung von Programmen und Maßnahmen nicht alleine um die Lösung eines konkreten Problems mittels eines Transfers von Forschungswissen in die Praxis, sondern gleichzeitig um die Förderung der Prozessdynamik des Lernens im Feld. Der Transformationsprozess soll dabei nicht als Bedrohung der bestehenden Ordnung, sondern als gesellschaftliche Entwicklung verstanden werden, die alle betrifft, Möglichkeiten bietet und gemeinsam gestaltbar ist. Dafür ist eine Synthese aus dem Erfahrungswissen der Akteure und dem Forschungswissen nötig – also eine Synthese aus engagierter und distanzierter Perspektive. Neben der kognitiven Bedeutung wird also auch die affektive Bedeutung des Wissens berücksichtigt, mit dem Ziel, die Habitusstrukturen zu reflektieren und zu entwickeln und dabei ein höheres Niveau der Distanzierung zu erreichen. Im Zuge dieses gemeinsamen Lernprozesses und der Einbindung und Identifikation der Akteure kann auch die Figuration zwischen Einheimischen und Zugewanderten transformiert werden. Die inhaltliche Arbeit im Zuge der Gestaltung des Transformationsprozesses ermöglicht damit eine Befreiung aus dem Doppelbinder.

## Literatur

›16 Stunden Türkisch‹ 2005 (= Leserbrief), *Vorarlberger Nachrichten*, 02.12.2005, C10.

Amt der Vorarlberger Landesregierung o. J.: ›Familie – Kinder in die Mitte‹. Zuletzt abgerufen am 18.09.2011 unter www.vorarlberg.gv.at/vorarlberg/frauen_familie/familie/kinderindiemitte/start.htm.

Bundschuh, Werner 2000a: ›Mentalität, Identität, Integration‹, in Franz Mathis / Wolfgang Weber (Hg.): *Vorarlberg: zwischen Fußach und Flint, Alemannentum und Weltoffenheit* (= Geschichte der österreichischen Bundesländer seit 1945, Bd. 4), Wien, Köln, Weimar, 200–219.

Bundschuh, Werner 2000b: »›Wir sind stolz darauf, dass wir eine Einheit bilden, wir fühlen uns als Individualität im Völkerleben«: Vom »Alemannenmythos« und seinen Auswirkungen‹, *Historicum Herbst*, Jahrgang 2000, Nr. 67, 14–18.

Burmeister, Karl Heinz / Rollinger, Robert (Hg.) 1995: *Auswanderung aus dem Trentino – Einwanderung nach Vorarlberg: Die Geschichte einer Migrationsbewegung mit besonderer Berücksichtigung der Zeit von 1870/80 bis 1919*, Sigmaringen.

Burtscher, Simon 2009: *zuwandern_aufsteigen_dazugehören. Etablierungsprozesse von Eingewanderten*, Innsbruck.

Dünser, Andreas 2007a: ›Migranten wollen in den Landtag‹, *Vorarlberger Nachrichten*, 04.09.2007, A7.

Dünser, Andreas 2007b: ›Ein Signal der Integration‹, *Vorarlberger Nachrichten*, 05.09.2007, A9.

Elias, Norbert 1977: ›Zur Grundlegung einer Theorie sozialer Prozesse‹, *Zeitschrift für Soziologie*, Jahrgang 6, 127–149.

Elias, Norbert 1983: *Engagement und Distanzierung. Arbeiten zur Wissenssoziologie I.* *Herausgegeben und übersetzt von M. Schröter*, Frankfurt a.M.

Elias, Norbert 1986: ›Figuration‹; ›Prozesse, soziale‹; ›Zivilisation‹, in Bernhard Schäfers (Hg.): *Grundbegriffe der Soziologie*, Opladen, 234–241.

Elias, Norbert 1993: ›Zur Theorie von Etablierten-Außenseiter-Beziehungen‹, in Norbert Elias / John L. Scotson: *Etablierte und Außenseiter*, Frankfurt a.M., 7–56.

Elias, Norbert 1996: *Was ist Soziologie?*, 9. Aufl., Weinheim, München.

Elias, Norbert 1999: *Die Gesellschaft der Individuen*, 4. Aufl., Frankfurt a.M.

Elias, Norbert / Scotson, John L. 1993: *Etablierte und Außenseiter*, Frankfurt a.M. (= TB-Ausgabe; Engl. Originalausgabe: Elias, Norbert / Scotson, John L. 1965: *The Established and the Outsiders. A Sociological Enquiry into Community Problems*, London.).

Esser, Hartmut 2004: ›Welche Alternativen zur »Assimilation« gibt es eigentlich?‹, *IMIS-Beiträge*, Heft 23, 41–59.

Fassmann, Heinz 2006: ›Der Integrationsbegriff: missverständlich und allgegenwärtig – eine Erläuterung‹, in Manfred Oberlechner (Hg.): *Die missglückte Integration. Wege und Irrwege in Europa* (= Reihe Sociologica, Band 10), Braumüller, 225–238.

›Für Minarette noch zu früh‹ 2007 (ohne Autor), *Vorarlberger Nachrichten*, 29.8.2007, A4.

Gantner, Martin 2007: ›Uneinigkeit unter Migranten‹, *Vorarlberger Nachrichten*, 07.09.2007, A7.

Grabherr, Eva 2008: ›Ein neues Frühförderprogramm für Migrantenkinder und eine Minarettdebatte – Wo steht die Vorarlberger Integrationspolitik?‹, *Kultur. Zeitschrift für Kultur und Gesellschaft*, Jahrgang 23, Nr. 5, 22–26.

Greussing, Kurt 1989: ›100 Jahre »Gastarbeit« in Vorarlberg‹, *Bludenzer Geschichtsblätter*, Heft 3 und 4, 3–18.

Huber, Johannes 2005: ›Wozu Türkisch?‹, *Vorarlberger Nachrichten*, 02.12.2005, A3.

Hüttermann, Jörg 2000: ›Der avancierende Fremde. Zur Genese von Unsicherheitserfahrungen und Konflikten in einem ethnisch polarisierten und sozialräumlich benachteiligten Stadtteil‹, *Zeitschrift für Soziologie*, Jahrgang 29, Heft 4, 275–293.

Johler, Reinhard 1990: ›120 Jahre Trentiner in Vorarlberg‹, *Bludenzer Geschichtsblätter*, Heft 8 und 9, 19–43.

Karrer, Dieter 2002: *Der Kampf um Integration. Zur Logik ethnischer Beziehungen in einem sozial benachteiligten Stadtteil*, Wiesbaden.

koje (Koordinationsbüro für Offene Jugendarbeit und Entwicklung) / okay. zusammen leben (Projektstelle für Zuwanderung und Integration) 2007 (Hg.): *2gethere. Interkulturelle Jugendarbeit in Vorarlberg*, Hohenems.

Marktgemeinde Nenzing o. J.: ›sprachfreude. nenzig spricht mehr‹. Zuletzt abgerufen am 18.09.2011 unter http://www.marktgemeindenenzing.com/index.php/Bildung__Soziales/Projekt_Sprachfreude/.

Merton, Robert K. 1968: *Social Theory and Social Structure*, enlarged Edition, New York.

Mohr, Marlies 2005a: ›Türkisch soll Lehrern helfen‹, *Vorarlberger Nachrichten*, 01.12.2005, A5.

Mohr, Marlies 2005b: ›Sich hineinfühlen lernen‹, *Vorarlberger Nachrichten*, 01.12.2005, A5.

Neckel, Sighard 2003: ›Kampf um Zugehörigkeit. Die Macht der Klassifikation‹, *Leviathan*, Jahrgang 30, 159–167.

Neckel, Sighard / Sutterlüty, Ferdinand 2005: ›Negative Klassifikationen. Konflikte um die symbolische Ordnung sozialer Ungleichheit‹, in Wilhelm Heitmeyer/Peter Imbusch (Hg.): *Integrationspotentiale einer modernen Gesellschaft*, Wiesbaden, 409–428.

okay. zusammen leben o.J.a: ›Laufende Information zum Prozess der Errichtung des Islamischen Friedhofs Altach‹. Zuletzt abgerufen am 18.09.2011 unter http://www.o-kay-line.at/deutsch/aktuelles/prozess-islamischer-friedhof-in-vorarlberg/.

okay. zusammen leben o.J.b: ›Allgemeines‹. Zuletzt abgerufen am 18.09.2011 unter http:// www.okay-line.at/deutsch/wissen/integrationsmonitoring-vorarlberg/.

okay. zusammen leben o.J.c: ›Beispiele aus der Praxis‹. Zuletzt abgerufen am 18.09.2011 unter http://www.okay-line.at/deutsch/aktuelles/gute-praxis/.

okay. zusammen leben o.J.d: ›Vorarlbergs Integrationsarbeit in der Fachliteratur‹. Zuletzt abgerufen am 18.09.2011 unter http://www.okay-line.at/deutsch/aktuelles/integration-vorarlberg/.

okay. zusammen leben o.J.e: ›Kurzbeschreibung des gesamten Programms‹ (Programm »mehr Sprache«). Zuletzt abgerufen am 18.09.2011 unter http://www.okay-line.at/ deutsch/aktuelles/programm-mehr-sprache./.

okay. zusammen leben o.J.f: ›Veranstaltungskalender‹. Zuletzt abgerufen am 18.09.2011 unter http://www.okay-line.at/deutsch/aktuelles/veranstaltungskalender/?dater_cat=6.

okay. zusammen leben o.J.g: ›Integrationsleitbilder in Österreich und der Schweiz‹. Zuletzt abgerufen am 18.09.2011 unter http://www.okay-line.at/deutsch/wissen/integrationspolitik-und-management/.

okay. zusammen leben o.J.h: ›Vorarlberger Minarettdebatte‹. Zuletzt abgerufen am 18.09.2011 unter http://www.okay-line.at/deutsch/aktuelles/integration-vorarlberg/vorarlberger-minarettdebatte-2008.html.

Riedmann, Gerold 2005: ›Türkisch nicht mehr als Pflicht‹, *Vorarlberger Nachrichten*, 02.12.2005, A5.

Schramkowski, Barbara 2007: *Integration unter Vorbehalt. Perspektiven junger Erwachsener mit Migrationshintergrund*, Frankfurt a.M., London.

›Stemer: Kein Umfaller‹ 2005 (ohne Autor), *Vorarlberger Nachrichten*, 02.12.2005, A5.

›Skepsis gegenüber Minaretten‹ 2007 (ohne Autor), *Vorarlberger Nachrichten*, 28.8.2007, A4.

Sutterlüty, Ferdinand 2006a: ›Wer ist was in der deutsch-türkischen Nachbarschaft?‹, *Aus Politik und Zeitgeschichte*, Nr. 40–41 (Integration – Desintegration), 26–34.

Sutterlüty, Ferdinand 2006b: ›Blutsbande. Ethnische »Verwandtschaft« als Tiefendimension sozialer Ungleichheit‹, *WestEnd. Neue Zeitschrift für Sozialforschung*, Jahrgang 3, Heft 1, 36–70.

Treibel, Annette 2003: *Migration in modernen Gesellschaften. Soziale Folgen von Einwanderung, Gastarbeit und Flucht* (= Grundlagentexte Soziologie), 3. Aufl., Weinheim, München.

Thurner, Erika 1997: *Der »Goldene Westen«? Arbeitszuwanderung nach Vorarlberg seit 1945* (= Beiträge zu Geschichte und Gesellschaft Vorarlbergs 14), Bregenz.

Vision Rheintal o.J.: Homepage. Zuletzt abgerufen am 18.09.2011 unter www.vision-rheintal.at.

›Türkisch für Lehrer‹ 2005 (= Leserbrief), *Vorarlberger Nachrichten*, 02.12.2005, C10.

›Türkisch für Volksschullehrer‹ 2005 (= Leserbrief), *Vorarlberger Nachrichten*, 02.12.2005, C10.

›VOL auf Türkisch‹ 2007 (= Leserbrief), *Vorarlberger Nachrichten*, 15.05.2007, C6.

›Vorarlberg lernt Türkisch?‹ 2007 (= Leserbrief), *Vorarlberger Nachrichten*, 15.05.2007, C6.

Waldhoff, Hans-Peter 1993: ›Der internationale Migrations- als Zivilisierungsprozess? Ein asymmetrisches Verflechtungs- und Abwehrmodell auf mehreren Ebenen‹, in Helga Nowotny/Klaus Taschwer (Hg.): *Macht und Ohnmacht im neuen Europa. Zur Aktualität der Soziologie von Norbert Elias*, Wien, 167–188.

Wimmer, Andreas 2003: ›Etablierte Ausländer und einheimische Außenseiter. Soziale Kategorienbildungen und Beziehungsnetzwerke in drei Immigrantenquartieren‹, in Hans-Rudolf Wicker/Rosita Fibbi/Werner Haug (Hg.): *Migration und die Schweiz. Ergebnisse des Nationalen Forschungsprogramms »Migration und interkulturelle Beziehungen«*, Zürich, 207–236.

Sabine Aydt / Karin Bischof

# Politikberatung im Politikfeld Integration auf kommunaler Ebene: Kontext, Risiken, Methoden

Migrationspolitik hat sich zu einem »Mehrebenenspiel« zwischen EU, Nationalstaaten, Bundesländern und Gemeinden entwickelt (vgl. Perchinig 2009), vielfach bleibt dabei jedoch die lokale Ebene (vgl. Glick Schiller / Caglar 2009) bzw. überhaupt das komplexe Ineinandergreifen der unterschiedlichen Ebenen im globalen Maßstab (vgl. Sassen 2006) unterbelichtet. Lange Zeit war das Thema Integration im kommunalpolitischen Zusammenhang, insbesondere in kleineren oder mittleren Gemeinden, zum einen eine Forschungslücke (vgl. Fassmann / Reeger 2007) und zum anderen eine »politische Leerstelle«. Mittlerweile gibt es nicht nur einige Forschungsarbeiten in diesem Bereich (vgl. u. a. Leibetseder / Weidenholzer 2008), auch das Politikfeld Integration ist, sowohl auf kommunaler wie auf Landes- und Bundesebene, längst in Entwicklung.

Ausgehend vom Befund, dass Politikberatung die Entwicklung des Politikfeldes Integration auf kommunaler Ebene bislang wesentlich mit geprägt hat, reflektiert der Beitrag Ausgangslage, Risiken und Methoden von Politikberatung im kommunalen Kontext. Nach einer kursorischen Darstellung der Entstehung dieses Politikfeldes werden – basierend vor allem auf eigenen Arbeitserfahrungen[1] – die Rahmenbedingungen für Politikberatung skizziert und einige methodische Herangehensweisen und konkrete Instrumente vorgestellt und evaluiert.

---

1 Die Autorinnen haben (im Rahmen der ARGE Integration, bestehend aus Interkulturellem Zentrum, Donauuniversität Krems, Institut für Konfliktforschung und Österreichischem Arbeitskreis Regionalberatung) in den letzten Jahren einige Integrationsleitbilder begleitet und Projekte zur Erarbeitung von Integrationsstrategien in Gemeinden durchgeführt: Landesleitbilder Niederösterreich (2006) und Steiermark (2010), Gemeindeleitbilder von Krems, Guntramsdorf, Traismauer (2005), Integrationskonzepte in Bruck / Mur, Kapfenberg, Wr. Neustadt (2009), Ternitz, Neunkirchen, Wimpassing (2011) u. a. Die Projekte wurden teilweise evaluiert bzw. durch empirische Befragungen gestützt / ergänzt. Mit der Ausnahme der Gemeinde Krems bestand in sämtlichen Gemeinden eine SPÖ-Mehrheit. Der Großteil der Gemeinden ist mittlerer Größe (Ausnahmen: Krems, Wr. Neustadt und Kapfenberg).

## 1.    Eckpunkte der Entwicklung des Politikfeldes Integration auf kommunaler Ebene

Als Entstehungskontext für den Policy-Bereich Integration sind zunächst die gesellschaftlich-ökonomischen Entwicklungen zu nennen, in deren Rahmen die Migrationen des 20. Jahrhunderts stattgefunden haben, sowie die Tatsache, dass sich entgegen ursprünglicher Annahmen die in Österreich ab den 60er-Jahren angeworbenen MigrantInnen dauerhaft im Zielland angesiedelt haben. Eine Politisierung des Themas Migration durch die Oppositionsparteien seit etwa Anfang der 90er-Jahre (Hadj-Abdou 2007, 188) machte das sogenannte »Ausländerthema« zum parteipolitischen Profilierungsgebiet in Wahlkämpfen und forcierte öffentliche Debatten dazu. »Integration« wurde zunehmend als »politischer Imperativ« verstanden (Fassmann et al. 2003, 13) und die Thematik von politischen und zivilgesellschaftlichen AkteurInnen aufgenommen. Der Umstand, dass die Auswirkungen von integrationsrelevanten Regelungen auf Bundesebene im alltagsweltlichen, kommunalen Kontext virulent geworden sind, trägt wesentlich dazu bei, dass neben Bundesländern auch Gemeinden »Integrationspolitik« zunehmend in die politische Agenda aufgenommen haben bzw. aufnehmen.

Am Beispiel niederösterreichischer Gemeinden lässt sich etwa zeigen, dass im Jahr 2004 »Integration« bereits durchgängig als wichtiges Thema wahrgenommen wurde. Eine in niederösterreichischen Gemeinden durchgeführte Fragebogenerhebung[2] ergab, dass 60 Prozent der RespondentInnen (EntscheidungsträgerInnen in den jeweiligen Gemeinden) im Bereich Integration Handlungsbedarf sahen; ein knappes Drittel gab an, hier bereits Maßnahmen getroffen zu haben (Bischof/Liegl 2005). Unter der Annahme, dass von politischen EntscheidungsträgerInnen bereits getroffene oder für die Zukunft gewünschte integrationspolitische Maßnahmen als Beleg für die Herausbildung des Politikfeldes Integration auf kommunaler Ebene gelten können, lässt sich eine solche ab Mitte der 2000er-Jahre zumindest für Niederösterreich konstatieren – und es gibt kaum Gründe zur Annahme, dass sich die Entwicklung in anderen Bundesländern von Niederösterreich stark unterscheidet. Ein enger Zusammenhang stellt sich dabei weiters zwischen dem von EntscheidungsträgerInnen wahrgenommenen subjektiven Bedarf an Integrationspolitik und den strukturellen Gegebenheiten von Gemeinden (Größe, Erwerbsstruktur und Ausländeranteil) heraus: Dort, wo der sekundäre Sektor stark bzw. der tertiäre Sektor sehr stark ausgeprägt waren und daher der Anteil ausländischer Staatsangehöriger relativ hoch war – meist in größeren Gemeinden –, erwies sich auch der Bedarf an

---

2  Die Stichprobe umfasst 248 von insgesamt 573 niederösterreichischen Gemeinden.

Integrationspolitik als vergleichsweise hoch. Dies bedeutet, dass Integrationsfragen, der Bedarf an Integrationspolitik und damit auch die Herausbildung des Politikfeldes auf Rahmenbedingungen des Arbeitsmarktes und der Wirtschaftsentwicklung verweisen (Bischof / Liegl 2008, 153).

Generell ist Integrationspolitik als Querschnittsmaterie zu verstehen, d. h. seine inhaltliche Ausgestaltung findet in mehreren Politik-Feldern statt: Arbeitsmarktpolitik, Bildungspolitik, Sicherheitspolitik, Wohnungspolitik usw.

In den letzten zehn Jahren wurde in Österreich eine Vielzahl von Integrationsprojekten angestoßen und durchgeführt, sowohl auf kommunaler Ebene[3] als auch in mehreren Bundesländern[4]. 19 der 25 österreichischen Städte mit über 20.000 EinwohnerInnen gaben 2009 bei einer Befragung im Auftrag des österreichischen Städtebundes an, bereits auf Erfahrungen mit bestehenden Leitbildern verweisen zu können (Antalovsky et al. 2009, 11). Konzipiert und / oder begleitet wurden diese Integrationsprojekte, die man als wesentlichen Beitrag zur Herausbildung des Politikfeldes Integration auf kommunaler Ebene und auf Landesebene verstehen kann, zumeist von »externen AuftragnehmerInnen« (ebd., 17), die damit politikberatende Aufgaben übernommen haben.

Das entstehende Politikfeld Integration auf kommunaler Ebene wurde daher wesentlich durch Politikberatung geprägt[5]. BeraterInnen wirk(t)en durch das Angebot bzw. die Entwicklung von Methoden auf die inhaltliche Strukturierung des Politikfeldes ein, wobei ihre Zugänge einerseits von der konkreten lokalen / regionalen Ausgangslage und andererseits vom jeweiligen fachlichen bzw. persönlichen Hintergrund abhängen. Der Aufgabe der integrationspolitischen Beratung widmen sich in Österreich sowohl SozialwissenschafterInnen als auch Personen mit fachlicher Expertise aus der Bildungs- und Beratungstätigkeit mit MigrantInnen, meist aus NGOs, sowie KommunikationsexpertInnen mit unterschiedlichen Schwerpunkten, wie zum Beispiel der interkulturellen Kommunikation, Mediation oder Diversity. Eine Betrachtung des Politikfeldes Integration legt es nahe, auch die Rolle von Politikberatung und BeraterInnen im Setting selbst eingehender zu reflektieren.

---

3 Vgl. u. a. ›Integrationsleitbild der Stadt Krems‹ 2003; ›Integrationsleitbild der Marktgemeinde Guntramsdorf mit Maßnahmenplan‹ 2004; ›Integrationsleitbild der Stadtgemeinde Traismauer mit Maßnahmenplan‹ 2004; ›Integrationskonzept Wörgl‹ 2009; ›Leitbild der Stadtgemeinde Amstetten‹ (o. J.).

4 »»Gemeinsam Zukunft gestalten« – Zukunftsorientiertes Integrationsleitbild des Landes Vorarlberg‹ 2010; ›Integrationspartnerschaft Steiermark: Integrationsleitbild & Strategieprozess‹ 2010; ›Integration mit Zugewanderten. Integrationskonzept des Landes Tirol mit Maßnahmenempfehlungen‹ 2006; ›Einbeziehen statt Einordnen. Zusammenleben in Österreich. Integrationsleitbild des Landes Oberösterreich‹ 2008; ›»Guat z'sammleben« – Leitbild Land Niederösterreich‹ 2008.

5 Das heißt nicht, dass Integrationspolitik durch Politikberatung steuerbar wäre, sondern lediglich, dass sie im geschilderten Kontext wesentlich durch sie ausgestaltet wurde.

Dabei ist die Ausgangslage für eine solche integrationspolitische Beratung von einigen Spannungsfeldern und Paradoxa geprägt, die wir zunächst skizzieren möchten, um im Folgenden Rolle und Möglichkeiten der Politikberatung in diesem Feld zu reflektieren, mögliche Methoden darzustellen und schließlich unseres Erachtens wichtige Anforderungskriterien für integrationspolitische Strategien zu formulieren und anhand eines Instruments zur Umsetzung (Gestaltungsmatrix) zu illustrieren.

Unter Integration verstehen wir dabei im Wesentlichen eine »Problemstellung, mit der unterschiedslos alle Menschen konfrontiert sind« (Bommes 2007, 3), nicht nur MigrantInnen. Zudem fassen wir Integration als zweiseitigen Prozess auf (vgl. Perchinig 2003; Bauböck 2001), der die Integrationsleistung nicht nur bei den MigrantInnen bzw. Personen mit Migrationshintergrund[6] verortet, sondern insbesondere auch bei der »Aufnahmegesellschaft«.

Bei ihr liegt es in erster Linie, Bedingungen für die Partizipation und Gleichstellung zu schaffen. Integration wird weiters verstanden als dynamischer, prozesshafter Vorgang (vgl. Latcheva / Herzog-Punzenberger 2011), der sowohl die sozioökonomische als auch die rechtliche, kulturelle und partizipative Ebene umfasst. Als wesentlich erscheint uns auch, sich im Integrationsverständnis von einer im Alltagsbewusstsein verankerten defizitorientierten Perspektive auf MigrantInnen / Personen mit Migrationshintergrund zu entfernen.

## 2.    Allgemeiner Kontext und Gemeindekontext

### 2.1    Rahmenbedingungen für kommunale Integrationspolitik

### 1.    Schrumpfen des Handlungsspielraums der Gemeinden

Ein Großteil der integrationsrelevanten rechtlichen Bestimmungen und Entscheidungskompetenzen ist auf Bundesebene angesiedelt (Niederlassungsgesetz, Fremdenrecht, Staatsbürgerschaftsrecht, Zugang zu einem Großteil der sozialen Transferleistungen, zum Wahlrecht, Integrationsmaßnahmen im Bildungsbereich etc.), ein kleinerer Teil auf Landesebene, und nur in sehr wenigen Bereichen verfügen auch Gemeinden über Entscheidungskompetenzen und Handlungsspielräume (z. B. bei der Vergabe von Gemeinde-, teilweise von Genossenschaftswohnungen, bei der Gewährung von Sozialhilfe und der Beschäftigung im öffentlichen Dienst).

---

6 Als Personen mit Migrationshintergrund werden im Text sowohl MigrantInnen bezeichnet (ausländische Staatsangehörige und Eingebürgerte, die selbst nach Österreich migriert sind) als auch jene Menschen, die in Österreich leben und deren beide Elternteile oder alle vier Großelternteile im Ausland geboren und nach Österreich migriert sind.

Mit anderen Worten: Den im alltäglichen Leben in der Gemeinde auftretenden Problemen und Konfliktherden wäre am ehesten auf Bundesebene entgegenzusteuern.

Gleichzeitig ist der finanzielle Handlungsspielraum der Gemeinden in den letzten zehn Jahren beträchtlich geschrumpft: Die österreichischen Gemeinden sind seit 1997 zu Maastricht-konformer Budgetierung verpflichtet und der 1999 geschlossene Stabilitätspakt zur Erreichung des Nulldefizits zwingt sie zu besonderer Sparsamkeit (Rossmann / Schlager 2006). Im Zuge der gegenwärtigen Krise erhöhen sich zudem die Ausgaben für Spitäler, Soziales und Pflege bei gleichzeitigem Rückgang der Einnahmen (›Der Hälfte aller Gemeinden droht heuer ein Minus‹ 2010). Während das Thema Integration auf Bundesebene primär im vergleichsweise weniger kürzungsgefährdeten Politikbereich Sicherheit angesiedelt ist (vgl. Pilgram 2007; Bauböck 2004), verengen sich also die Spielräume der Gemeinden sukzessive.

## 2.    Neue Anforderungen

Aufgrund der zahlenmäßig wachsenden Migration und einer sich verändernden Zusammensetzung der Gruppe der MigrantInnen sind in den letzten Jahrzehnten gerade in Bezug auf Integration neue, teils dringende Anforderungen an die Gemeinden entstanden, denen unter diesen Umständen besonders schwer gerecht zu werden ist. Unter anderem sind es eine sich verstärkende Segregation in Wohngebieten, ein konfliktträchtiges Klima in der Bevölkerung, das sich oft drastisch als Ausgrenzung unter Jugendlichen und Kindern in der Schule wie in Freizeiteinrichtungen sowie in »hot spots« im öffentlichen Raum äußert. Dadurch erhöht sich der Druck auf unterschiedliche AkteurInnen in der Gemeinde, hier tätig zu werden.

## 3.    Besinnung auf lokale Gemeinschaften

Darüber hinaus findet – auf einer allgemeineren diskursiven Ebene – tendenziell eine Rückbesinnung auf lokale Gemeinschaften statt. Aktuelle, gesellschaftsübergreifende Diskurse, welche durch die Imperative von Wettbewerbsfähigkeit, Effektivität, Eigenverantwortlichkeit, Flexibilität, persönliches Risikomanagement usw. gekennzeichnet sind (vgl. u. a. Sauer 2007, 37; Rose 2000, 93), und damit einhergehende reale Prozesse der Verschärfung von Unsicherheiten (z. B. die Prekarisierung von Beschäftigung) schaffen vielfach eine gesteigerte Erwartungshaltung gegenüber Gemeinschaften und »Gemeinwesen« im Nahbereich (vgl. Bauman 2009; Rose 2000, 79). Diese treten wiederum zunehmend als »Communitys« oder »Szenen« in Erscheinung (z. B. »Jugendszene«, religiöse Communitys, ethnische Communitys, Betroffenengruppen etc.) (ebd., 82).

## 4.    Ausfallshaftung Zivilgesellschaft

Wie andere neu entstandene Politikfelder geht auch die Formierung des Politikfeldes Integration auf gesellschaftliche und ökonomische Entwicklungen (Migration) zurück und wurde / wird als Agenda stark von zivilgesellschaftlichen AkteurInnen aufgegriffen. Unsere Forschungs- und Arbeitserfahrung hat gezeigt, dass die »integrationspolitische Leerstelle« auf Gemeindeebene vielfach von zivilgesellschaftlichen Institutionen gefüllt wird, also von lokalen, landes- oder bundesweit agierenden NGOs und Initiativen, in denen häufig weibliches, ehrenamtliches (und daher unbezahltes) Engagement federführend ist (Auer et al. 2005).

## 5.    Öffentliche Politisierung

Seit Anfang der 1990er-Jahre führten die Profilierungsansprüche zum Thema Migration von FPÖ einerseits und Grünen andererseits zu einer verstärkten öffentlichen Politisierung des Themenbereichs (Hadj-Abdou 2007, 188), in den 2000er-Jahren wurde es verstärkt auch von Großparteien thematisiert (vgl. Gruber in diesem Band). Mit leichter zeitlicher Verzögerung wurde das »Ausländerthema« auch in regionalen und kommunalen Wahlkämpfen immer dominanter. Der Druck öffentlicher Debatten kann einerseits dazu führen, dass integrationspolitische Planung verstärkt angestrebt wird und auch Mittel dafür bereitgestellt werden. Andererseits besteht seitens der EntscheidungsträgerInnen in Kommunen und Ländern zunehmend das Bedürfnis, solche Aktivitäten so lange wie möglich aus der öffentlichen Kommunikation herauszuhalten. Die integrationspolitische Öffentlichkeitsarbeit wird somit zu einer zusätzlichen, kritischen Aufgabe für Gemeinden und Länder.

## 2.2    Motivlagen

Die Ausgangslage für integrationspolitische Aktivitäten (und Beratungsarbeit) im kommunalen Kontext ist denkbar schwierig: Der Problem- und Erwartungsdruck auf die Gemeinden steigt, weil gesellschaftliche Konfliktlinien auf kommunaler Ebene teils besonders virulent werden, während die Entscheidungskompetenzen gering sind und die finanziellen Spielräume sukzessive schrumpfen. Die Thematisierung von Integration unter Bedingungen populistischer Stimmungsmache ist für GemeindepolitikerInnen zudem vielfach riskant.

Dennoch haben nicht wenige Gemeinden und Städte Interesse an der Teilnahme an Integrationsprojekten und suchen aktiv nach Beratung bei der Entwicklung von Gestaltungsmöglichkeiten. Aus unseren Beobachtungen – die sich teils auf die Evaluierung von Integrationsprojekten stützen (vgl. Bischof 2005) – kristallisieren sich die folgenden Motivlagen, die häufig zusammenhängen bzw. zusammentreffen, als ausschlaggebend heraus:

1. Konflikte und »hot spots« im öffentlichen Raum werden von GemeindepolitikerInnen als dringender Anlass und Signal verstanden, das Konfliktpotenzial zu verringern.
2. Wahltaktische Überlegungen, konkret die Befürchtung (weiterer) Stimmenverluste an rechtspopulistische Parteien[7], veranlassen ParteifunktionärInnen dazu, den entsprechenden Parolen und Argumentationsmustern etwas entgegenzusetzen.
3. Einzelne PolitikerInnen versuchen, v. a. in Gemeinden/Städten, in denen wenig Konfliktpotenzial vorhanden ist, sich mit einem »Zukunftsthema« zu profilieren, auch um die Stimmen der migrantischen Bevölkerung zu lukrieren.
4. Demografische Überlegungen, nämlich die Beschäftigung mit dem absehbaren Schrumpfen der Gemeindebevölkerung, das die ohnehin schon ausgetrockneten Gemeindekassen weiter leeren wird, veranlassen Gemeindefunktionärlnnen verstärkt dazu, MigrantInnen als wichtige Gruppe wahrzunehmen und anzusprechen.
5. Die Kofinanzierung aus EU-Mitteln (z. B. EQUAL, Europäischer Integrationsfonds) ist ebenfalls als ein fördernder Faktor für kommunale Integrationsprojekte zu nennen.

Was in den Gemeinden unter dem Thema Integration firmiert, ist in erster Linie problem- und konfliktzentriert. Sowohl aus den Rahmenbedingungen als auch aus den Motivlagen heraus ergeben sich hochgesteckte und vielschichtige Erwartungen seitens der EntscheidungsträgerInnen und der Bevölkerung gegenüber integrationspolitischen Maßnahmen. Diese werden aber nicht unbedingt offengelegt. Integrationsprojekte werden seitens der Politik als Möglichkeit wahrgenommen, Lösungen für konkrete Probleme zu erhalten, eine Plattform für unterschiedliche AkteurInnen zu bilden und dabei die Funktion des »Agenda Setting« zu übernehmen, ohne dabei die Verantwortung für konfliktive Entscheidungen alleine tragen zu müssen.

Vor diesem Hintergrund ist es besonders wichtig, eine geeignete Strategie für die Problembearbeitung zu wählen. Gleichzeitig wird aber auch die Notwendigkeit deutlich, die Beratungsrolle zu reflektieren, um in der Analyse den komplexen Gegebenheiten gerecht werden zu können.

---

7 Dieses Motiv gälte selbstverständlich nicht für rechtspopulistische Parteien selbst, jedoch ist uns bislang keine von FPK, FPÖ oder BZÖ geführte Gemeinde bzw. Stadt in Österreich bekannt, welche die Erstellung eines Integrationsleitbildes oder -konzepts beauftragt hätte.

## 3.  Die Rolle der Politikberatung im kommunalen / regionalen Politikfeld Integration

Beratung soll – so häufig die Erwartung – politischen VerantwortungsträgerrInnen unter den genannten Ausgangsbedingungen eine Entlastung bieten.
BeraterInnen begeben sich mit ihrer Tätigkeit in die Systemlogik der Politik.
Diese baut auf regionaler bzw. kommunaler Ebene traditionell stark auf persönliche Netzwerke auf – »Jeder kennt jeden«. Jede Beratungstätigkeit findet
daher bereits bestehende Aktivitäten, Beziehungen und Interessenslagen vor.
Die Beiziehung neutraler bzw. als neutral deklarierter BeraterInnen kann dabei
für PolitikerInnen unterschiedliche Funktionen erfüllen, »von der Legitimierung politischer Entscheidungen bis hin zur Verzögerung politischer Handlungen« (Hadj-Abdou 2007, 184).

– Wesentlich ist daher *erstens*, sich in der Beratungsfunktion stets dieser Tendenz zur Instrumentalisierung bewusst zu sein. Andernfalls besteht die Gefahr, zu bloßen LegitimationsbeschafferInnen für die jeweiligen kurzfristigen
(partei)politischen Ziele der AuftraggeberInnen zu werden und mithin die
definierten Beratungsziele zu verwässern.

Für einen gelungenen Beratungsprozess ist vor allem ausschlaggebend, ob
AuftraggeberInnen und AuftragnehmerInnen eine adäquate Umfeldanalyse
durchführen. Dabei kommt es darauf an, lokales Praxiswissen mit einer analytischen Außenperspektive so zu verknüpfen, dass vorhandene Impulse und
Probleme aufgegriffen und in eine geeignete Bearbeitungsstruktur gebracht
werden. BeraterInnen generieren während ihrer Tätigkeit laufend relevantes
Wissen sowohl über dieses lokale Umfeld und den Status quo als auch über das
Politikfeld an sich. Fraglich ist, ob, wie bzw. von wem dieses Wissen über die
Besonderheiten der lokalen politischen Landschaft, die Interessenskonflikte und
»Hidden Agendas« wahrgenommen und ausgewertet wird. Unseren Erfahrungen zufolge wird dieses Analyse- und Sachwissen (z.B. auch Evaluationen) nur
sehr reduziert reflektiert bzw. überhaupt angestrebt.

– Es kommt daher *zweitens* in der BeraterInnenrolle auch darauf an, die strenge
Fixierung auf schnelle Lösungen zu lockern und – nicht zuletzt im Sinne der
Nachhaltigkeit – Zusammenhänge zu vermitteln und damit die analytische
Perspektive stärker einzubringen.

Für die Ergebnisse eines Beratungsprozesses ist es weiters ausschlaggebend, ob
die für die Tragfähigkeit von Entscheidungen relevanten Personen – sei es aus
Politik, Verwaltung oder Zivilgesellschaft – einbezogen werden. Aufseiten von
Politik und Verwaltung spielt es eine Rolle, ob bereits eigene Zuständigkeiten für

Integrationsagenden bestehen oder ob diese erst entwickelt werden müssen. Für die Zivilgesellschaft – insbesondere die migrantische – ist auch der Grad an Institutionalisierung (z. B. in Vereinen, NGOs) für die Partizipationsmöglichkeiten an Projekten bedeutsam. Egal ob die Initiative zu einem Projekt »bottom up« oder »top down« entstanden ist, es ist sowohl im Sinne demokratischer Legitimierung als auch im Sinne der Nachhaltigkeit integrationspolitischer Aktivitäten idealerweise anzustreben, dass die wesentlichen AkteurInnen in jenem Bereich Verantwortung für den Prozess übernehmen, der ihren gesellschaftlichen Gestaltungsmöglichkeiten entspricht. Wird es versäumt, im Praxisfeld wesentliche Organisationen und AkteurInnen einzubeziehen, etwa NGOs, die als wichtige Anlaufstellen für MigrantInnen fungieren, oder die Gemeindeverwaltung, der in vielen Bereichen die Umsetzung obliegt, so ist eine längerfristige Implementierung von Integrationsstrategien – seien sie noch so fundiert und sorgfältig ausgearbeitet – wenig chancenreich. PolitikerInnen, denen in erster Linie Entscheidungskompetenz zukommt, müssen also diese in Verständigung mit weiteren AkteurInnen einsetzen.

Werden in einem konkreten Projekt eine oder mehrere Rollen / Verantwortlichkeiten nicht wahrgenommen, ist seine Wirksamkeit ebenso infrage gestellt. Als besonders kritisch erweist sich in der Praxis die Aufgabe, ein Projekt auch öffentlich zu vertreten. Da sich Beratungsarbeit von der Moderation und Begleitung bis hin zur Steuerung oder Ausführung erstrecken kann, liegt es nahe, dass diese Rollen – formell oder informell – auf die BeraterInnen übertragen werden, und es kommt zu dem oben bereits angesprochenen Problem der Instrumentalisierung der BeraterInnen. Gleichzeitig sollten NGOs und Einzelpersonen nicht »umsonst«, d. h. ohne dass deren Ergebnisse tatsächlich ernst genommen und umgesetzt werden, zu ehrenamtlicher Gratisarbeit mobilisiert werden.

– Daraus folgt *drittens*, dass in integrationspolitischen Projekten sowohl aus demokratiepolitischen als auch aus Überlegungen zur Nachhaltigkeit heraus ein partizipativer Anspruch notwendig ist.

Im kommunalen und regionalen Bereich liegen die Fragestellungen des (interkulturellen) Zusammenlebens sehr nahe an der Gemeinwesenarbeit. BeraterInnen im Politikfeld Integration haben aus diesem Bereich methodische Anleihen für partizipative Projekte genommen. Ergänzt durch Beratungsmodelle aus dem Wirtschaftsbereich sind dadurch partizipative Planungsmethoden wie etwa die Arbeit mit Integrationsleitbildern entstanden. In der lokalen Beratungstätigkeit überwiegt die Prozessberatung gegenüber der reinen Fachberatung. Erstere besteht im Vorschlag von Projektschritten, welche die eigenständige Lösungsfindung der AkteurInnen im Praxisfeld aktivieren sollen. Es wird somit in der Regel nicht ein von den ExpertInnen erstelltes, »fertiges« Lösungskonzept angeboten, sondern die Erarbeitung von Problemlösungen begleitet. Damit sind grundsätzlich gute Voraussetzungen dafür gegeben, dass kommunale und regionale Integrationsberatung einer demokratischen Legitimierung näher kommen kann als dies in anderen Kontexten möglich ist. Es ist hier also eher möglich als in anderen Kontexten, dass nicht einzelne PolitikerInnen Ziel der Beratung und somit auch NutznießerInnen öffentlicher Gelder sind (»Politik*er*beratung«), sondern demokratische »Kollektive« (Kreisky 2007, 13). Eine solcher Art demokratisch legitimierte Politikberatung erhebt den Anspruch, PolitikerInnen wie StaatsbürgerInnen und vom Staatsbürgerschaftsstatus Ausgeschlossene zu erreichen, sie in gesellschaftliche Verantwortung einzubeziehen, über komplexe Politikzusammenhänge zu informieren und aufzuklären sowie nach größtmöglicher Verbreitung von – auch gesellschafts- und machtkritischem – Wissen zu trachten (ebd.). Ein solches Verständnis enthält mithin eine emanzipatorische Stoßrichtung.

– *Viertens* ist es notwendig – um sich nicht leichtfertig der Gefahr der Instrumentalisierung auszuliefern und nicht dem kurzfristigen politischen Kalkül zu folgen – als BeraterInnen demokratische, partizipative und emanzipatorische Standards für die eigene Arbeit zu formulieren.

Im Zusammenwirken von politischen AuftraggeberInnen und beratenden AuftragnehmerInnen ist es wichtig, die enge Fixierung auf schnelle Lösungen zu lockern und verstärkt eine analytische Perspektive in den Prozess einzubringen. Dies ist – ebenso wie die Einbeziehung der relevanten AkteurInnen – gerade in Hinblick auf die Nachhaltigkeit der integrationspolitischen Maßnahmen und Strategien von Bedeutung. Zudem erscheint es uns unabdingbar, demokratische, partizipative und auch emanzipatorische Standards für die eigene Beratungsarbeit zu formulieren und das eigene Vorgehen immer wieder an diesen Standards zu messen, um die Instrumentalisierung für kurzfristige (partei)politische Ziele zu vermeiden, und auch, um mehr Nachhaltigkeit zu erreichen.

## 4.    Was tun? Unterschiedliche methodische Herangehensweisen

Dass die Entwicklung eines umfassenden Konzepts und einer Strategie im Sinne genauer Analyse, Zielsetzung und Planung für eine Integrationspolitik zentral ist, wurde im Rahmen unserer Arbeit immer wieder deutlich. Das bestätigen auch die Empfehlungen für eine lokale Integrationspolitik, die von der deutschen Bertelsmann-Stiftung entwickelt wurden. (vgl. Bertelsmann Stiftung

2011; Walther / Thamm 2005). An erster Stelle steht auch hier die Entwicklung von Strategien und Konzepten.

Es lassen sich unseres Erachtens folgende strategische Ansätze zur Bearbeitung des »Problem- und Konfliktfeldes Integration« unterscheiden:

## 4.1 Leitbildentwicklung

Diese lange Zeit hindurch sehr häufig gewählte Herangehensweise versucht, ein möglichst breites Spektrum der Gemeindebevölkerung in die Ausarbeitung einer gemeinsamen Zielvorstellung mit integriertem Maßnahmenplan einzubeziehen: VertreterInnen aus Politik, Verwaltung und Zivilgesellschaft, wirtschaftliche AkteurInnen, GemeindebürgerInnen mit und ohne Migrationshintergrund, Jugendliche und Erwachsene, professionell mit dem Thema Integration Befasste und privat Interessierte; sie alle erarbeiten in extern moderierten Sitzungen Zielvorstellungen, die schließlich schriftlich festgelegt und vom Gemeinderat beschlossen werden.

Der *Vorteil* liegt in der partizipativen, offenen Struktur, d. h. der niedrigen Beteiligungsschwelle für Personen, die sich in herkömmlichen politischen Abläufen fremd fühlen.

Als *nachteilig* haben sich hingegen folgende Punkte erwiesen:
- EntscheidungsträgerInnen aus Verwaltung und Politik lassen sich in diesem Setting oft nur schwer in ausreichendem Maß einbinden.
- Das Leitbild wird meist von wenigen Personen oder nur einer Person aus der Gemeindepolitik initiiert, typischerweise von VertreterInnen aus den Politikfeldern Soziales, Jugend, Bildung. Haben diese parteipolitischen InitiatorInnen nicht den notwendigen starken Rückhalt und substanziellen Einfluss in Partei und Gemeinde (oder setzen ihre politische Karriere auf anderer Ebene fort), so droht die aufwendige, für die Beteiligten sich zeitintensiv gestaltende Projektarchitektur »in der Luft zu hängen«.
- Ehrenamtliches, unbezahltes Engagement von NGOs und Initiativen, darunter dasjenige der MigrantInnen (bzw. Personen mit Migrationshintergrund), wird aktiviert, bleibt jedoch ohne entsprechende Wirkung, denn
- das Leitbild, auch wenn es im Gemeinderat beschlossen wird, ist nicht rechtlich bindend.
- Die Umsetzung stößt bei wesentlichen EntscheidungsträgerInnen in Verwaltung und Politik auf massive Barrieren, der aufwendig erarbeitete Maßnahmenkatalog bleibt damit auf eine Existenz in Papierform beschränkt bzw. es bleibt im ungünstigsten Fall dem Zufall überlassen, ob politische AkteurInnen in der Folge tatsächlich darauf zurückgreifen oder nicht.

## 4.2 Strategieentwicklung – darunter: Szenarioentwicklung und Erarbeitung von »Integrationspartnerschaften«

Die Herangehensweise, die wir Strategieentwicklung nennen möchten, versucht, die Defizite der Leitbildentwicklung zu vermeiden: Es wird – anders als im breit angelegten Leitbild –, sowohl thematisch gesehen wie auch in Hinblick auf die Beteiligungsstruktur, der Fokus möglichst eng gesetzt und auf ein oder zwei langfristige integrationspolitische Ziele begrenzt (z. B. Vermeidung der Segregation im Wohnbereich); einbezogen werden ausgewählte Akteursgruppen.

Den Ansatzpunkt für die Strategieentwicklung bildet eine Gruppe von relevanten EntscheidungsträgerInnen aus Politik und Verwaltung (»Trägergruppe«). In einer Reihe von Workshops wird – auch mithilfe von Instrumenten aus der Organisationsberatung bzw. -entwicklung (z. B. Szenariotechnik) – versucht, die wichtigsten EntscheidungsträgerInnen für das Thema zu sensibilisieren, bei ihnen ein Commitment zu erzeugen und mit ihnen konkrete Strategien, Maßnahmen und Umsetzungswege zu entwickeln. Das beinhaltet folgende Arbeitsschritte: eine Darstellung des Status quo (Erhebung des Status quo in den Bereichen Bildung, Wohnen, Demografie, Beschäftigung etc. in der Gemeinde); eine Sensibilisierung für diskriminierenden Sprachgebrauch, diskriminierende Handlungen etc.; die Identifikation der wichtigsten AkteurInnen im Handlungsfeld (diejenigen, die blockieren und / oder forcieren können – AkteurInnenanalyse); die Ermittlung der wichtigsten Einflussfaktoren; die Entwicklung von Strategien auf Basis von Szenarien (wie müssten sich die Dinge entwickeln, damit ein best case-Szenario eintritt bzw. ein worst case-Szenario verhindert werden kann); die Definition von Handlungsspielräumen und Ausarbeitung von Maßnahmen. Diese sollen schließlich, unter Einbeziehung der entsprechenden EntscheidungsträgerInnen, im Detail entwickelt und mittels konkreter Kooperationsvereinbarungen (z. B. mit einer Wohnbaugenossenschaft) »auf Schiene gebracht« werden. Mögliche Inhalte der Vereinbarung können sein: gemischte Eigentumsformen in Anlagen, damit soziale Segregation möglichst vermieden wird (die ja meist mit Segregation nach Migrationshintergrund einhergeht), Planung von ausreichend großen Wohnungen für große und finanziell schwache Familien, Entschärfung von generationenspezifischen Konfliktpunkten (etwa in Hinblick auf Raum und Lärm), Einrichtung von Kommunikationszentren, Stadtteilarbeit.

Der *Vorteil* dieser Herangehensweise ist, dass die unmittelbaren EntscheidungsträgerInnen nicht nur zentral in die Strategieentwicklung involviert sind, sondern im Zuge dieser Entwicklung auch eine Sensibilisierung dieser Gruppe stattfindet. Zudem kann Fachwissen vermittelt werden und damit auch ein nachhaltigeres Commitment derjenigen in der Gemeinde erreicht werden, die für integrationsrelevante Entscheidungen zuständig sind.

Der *Nachteil* dieser Herangehensweise besteht unter anderem in deren vergleichsweise exklusivem Charakter. MigrantInnen und PraktikerInnen im Feld kommen nur punktuell, im Rahmen der Einbeziehung von Fokusgruppen, zu Wort, die partizipative Phase ist erst nach Festlegung einer integrationspolitischen Strategie vorgesehen. Dies kann jedoch auch unter dem Aspekt gesehen werden, dass ehrenamtliche und unbezahlte Arbeit von NGOs und Initiativen erst dann in Anspruch genommen wird, wenn tatsächlich ein politischer Wille festgelegt ist.

## 4.3 Reflexionsbögen und Reflexionsgespräche – darunter »Selbstchecks«

Der Einstieg in die Auseinandersetzung mit der Thematik Integration erfolgt nur in den seltensten Fällen systematisch-strategisch. In vielen Kommunen und Ländern existieren Einzelinitiativen und Projekte, deren Aktivitäten nicht koordiniert werden.

Reflexionsbögen eignen sich als Instrumente für eine strukturierte Status quo-Erhebung durch VerantwortungsträgerInnen. Sie behandeln relevante Themenbereiche wie Bildung, Wohnen oder Arbeit, fragen nach bisherigen Maßnahmen und legen damit auch Entwicklungspotenziale offen. Als »Selbstchecks« konzipierte Fragebögen können von lokalen VerantwortungsträgerInnen selbstständig ausgefüllt werden. Sie enthalten ein standardisiertes Feedback und ebensolche Empfehlungen bzw. Informationen für nächste Schritte. Der Fragebogen kann aber ebenso im persönlichen Beratungsgespräch mit VertreterInnen / FunktionärInnen aus Gemeinden zum Einsatz kommen.

Der *Vorteil* des Instruments liegt im niederschwelligen Zugang zum Themenbereich und in der Möglichkeit der kostengünstigen Verbreitung. Idealerweise regt der Fragebogen einen ersten Dialog zwischen mehreren verantwortlichen Personen an (z.B. BürgermeisterIn, Sozial- und JugendreferentIn) und fördert dadurch eine Querschnittsperspektive auf die Themenstellung. In gewissem Umfang kann er als Instrument eines »Benchmarkings« zwischen Organisationseinheiten eingesetzt werden und motivations- bzw. kooperationsfördernd wirken. Indirekt fördert der Fragebogen auch Wissen und Information über mögliche integrationspolitische Maßnahmen und Strategien.

Der *Nachteil* der Standardisierung ist eine notwendige Vereinfachung in der Darstellung bzw. Reduktion von Komplexität, die zu Verzerrungen in der Auswertung führen können. Die Fragebogenform kann bei den Befragten ein prüfungsähnliches Verhalten auslösen und, bewusst oder unbewusst, zur Präsentation von vermeintlich gewünschten Ergebnissen verleiten. In jedem Fall sollten daher die Ergebnisse in Gesprächen mit externen Fachleuten reflektiert werden.

4.4    Mediation

Mediation ist kein spezifisch integrationspolitisches Instrument. Sie kommt aber dort zum Einsatz, wo das Klima meist in Bezug auf bestimmte »hot spots« bereits sehr stark polarisiert ist und dies oft die einzige Möglichkeit ist, zu sensibilisieren und Veränderungen einzuleiten. Ein Mediationsprozess kann notwendig sein, um die Voraussetzungen für strategische Arbeit herzustellen.

Der *Vorteil* der Mediation besteht in ihrer Lösungsorientierung sowie der verstärkten Einbeziehung emotionaler Aspekte. Sie kann Klarheit über die Ursachen von Konflikten schaffen und kulturelle Zuschreibungen aufdecken. Sie fördert die Konfliktfähigkeit und Eigenverantwortung der Beteiligten und kann dadurch präventiv wirken.

Als *nachteilig* können sich langwierige Verfahren erweisen, die dazu führen, dass zwar ein konkreter Konfliktherd beseitigt wird, aber dann keine Energie mehr vorhanden ist, um weiter gehende Integrationsstrategien zu entwickeln.

Insgesamt kann festgestellt werden, dass je nach Ausgangslage unterschiedliche Herangehensweisen sinnvoll erscheinen. Dort, wo der politische Wille zu integrationspolitischen Aktivitäten und ein offenes Klima (auch in der Verwaltung) vorhanden sind, lässt sich etwa das stärker partizipativ orientierte Modell der Leitbildentwicklung anwenden. Wo dies nicht der Fall ist, erscheint es günstiger, mit der Sensibilisierung und Strategieentwicklung zunächst bei einem engeren Kreis von EntscheidungsträgerInnen aus Politik und Verwaltung anzusetzen, wie in der dargestellten Methode der Szenarioentwicklung. Wenn die Ausgangslage entweder sehr unklar oder sehr konfliktiv ist, eignet sich die Arbeit mit Fragebögen oder Mediation, um die Grundlagen für weitere Projekte zu schaffen.

## 5.    Instrumente der Politikberatung: die Gestaltungsmatrix

Aufgrund der bisherigen Überlegungen und Reflexionen lassen sich die Anforderungen an die Beratungsarbeit und Strategieentwicklung im Bereich Integrationspolitik im Wesentlichen auf folgende Punkte zuspitzen. Notwendig sind

1. ein präziser *analytischer Rahmen,* der es erlaubt, die (ohnehin schrumpfenden) Handlungsspielräume für Integrationspolitik auf kommunaler Ebene zu erkennen und zu nutzen. Damit werden gleichzeitig die Voraussetzungen für die Wahl adäquater strategischer Konzepte geschaffen;

2. die Identifizierung und Einbeziehung der relevanten AkteurInnen im Sinne von *demokratischer Legitimierung und Nachhaltigkeit;*

3. die *Schaffung von Wirkungstransparenz* – die Wirkungen der integrationspolitischen Maßnahmen sollen für die interessierte Öffentlichkeit nachvollziehbar und überprüfbar sein; damit liegt auch eine Möglichkeit vor zu
kontrollieren, ob die »richtigen« Zielgruppen und AkteurInnen erreicht und
einbezogen wurden.

Auf der Grundlage dieser Anforderungen hat die ARGE Integrationsberatung,
bestehend aus einem interdisziplinären Team, die *Gestaltungsmatrix* entwickelt
(Aydt et al. 2010).

Die Gestaltungsmatrix ist ein Arbeitsinstrument, das die Aufgaben integrationspolitischer Gestaltung in einer Zusammenschau von Gestaltungsthemen
(z. B. Bildung, Arbeit) und Gestaltungsdimensionen (Ressourcen, Recht, Ent-
scheidungsverfahren und Kommunikationskultur) darstellt. Gestaltungsdimensionen sind Strukturen und Prozesse, also die »Schrauben«, an denen man
»drehen« kann, um im Bereich der Integrationspolitik Veränderungen zu be-
wirken. Ergänzt wird der Überblick durch die Felder AkteurInnen und Ergebnisqualität. In der Arbeit mit der Matrix wird nach diesen Faktoren und Ele-
menten gefragt. Die tatsächliche Inanspruchnahme (Nutzung) und Wirkung
(Nutzen) von Maßnahmen werden reflektiert.

## Die Gestaltungsmatrix für die Integrationspartnerschaft Steiermark

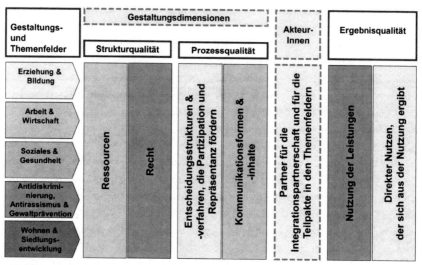

Abbildung 1: Gestaltungsfelder, Gestaltungsdimensionen, Akteure und Ergebnisqualität: die
Gestaltungsmatrix
Quelle: eigener Entwurf

Die Gestaltungsmatrix ermöglicht durch ihren Gesamtüberblick über die Gestaltungsdimensionen und -felder eine Problem- oder Statusanalyse, die der Multidimensionalität des Themas und den Interdependenzen im Politikfeld Rechnung trägt. Durch die Einbeziehung verschiedener Bereiche (z. B. Recht, Ressourcen) und der Frage nach relevanten AkteurInnen eignet sie sich auch als Instrument für eine Umfeldanalyse und für die Thematisierung von unterschiedlichen Interessen oder gegenläufigen Handlungslogiken. In der Matrix werden zum Beispiel Lücken sichtbar, etwa wenn Qualifizierungsmaßnahmen für Personen mit Migrationshintergrund (Ressourcen) angeboten werden, aber keine entsprechende Berücksichtigung dieser Qualifikationen in Ausschreibungsrichtlinien (Recht) vorgesehen ist. So können wesentliche Informationen für die Wahl eines geeigneten strategischen Ansatzes gesammelt werden, die dann in komprimierter Form für alle Prozessphasen zur Verfügung stehen. In pragmatischer Hinsicht verbindet die Gestaltungsmatrix den Anspruch auf ausreichende Komplexität mit dem Bedürfnis nach einfacher Handhabung unter den Bedingungen beschränkter Ressourcen.

Eine Dimension der demokratischen Legitimierung ist es, der öffentlichen Meinung und insbesondere den betroffenen AkteurInnen, Kriterien zur Verfügung zu stellen, anhand derer sie politische Entscheidungen beurteilen können. So könnte zum Beispiel gegen das Argument, Integrationsmaßnahmen seien mangels finanzieller Ressourcen nicht möglich, eingebracht werden, dass durch Modifikationen in den Bereichen Entscheidungs- und Kommunikationsstrukturen relativ kostengünstig Veränderungen bewirkt werden können. Die Gestaltungsmatrix zeigt die Zusammenhänge zwischen verschiedenen Gestaltungsbereichen / -dimensionen auf, sie macht Verantwortlichkeiten und Nutzen deutlich und eignet sich als Grundlage für ein Qualitätssicherungs- und ein Monitoringsystem. Die Darstellung als Matrix ist formal so gestaltet, dass ihre Inhalte sowohl in der wissenschaftlichen Sprache als auch in der politischen und der »Alltagssprache« anschlussfähig sind und dadurch Aufklärung über komplexe Zusammenhänge ermöglicht wird.

Die Qualität integrationspolitischer Maßnahmen hängt von tragfähigen Entscheidungen ab. Zur Entscheidungsfindung müssen Wirkungen, direkter und indirekter Nutzen *ex ante* beurteilt werden. Dies ist nur möglich, wenn ausreichend komplexe Informationen vorliegen, die eine Abschätzung ermöglichen. Die Gestaltungsmatrix fragt explizit nach der Ergebnisqualität von Strategien und Maßnahmen und lässt Einschätzungen über die Plausibilität von Absichtserklärungen zu. So hätte die Erlassung einer Hausordnung (Recht) durch eine Wohnbaugenossenschaft, die ohne Einbeziehung der HausbewohnerInnen (Partizipation) erstellt und einsprachig veröffentlicht wird (Kommunikation), wenig Aussicht auf Wirksamkeit. Durch die Frage nach Ressourcen (inklusive Zeit, Wissen etc.) und AkteurInnen lässt sich auch nachvollziehen, wie sich das Verhältnis zwischen Aufwand und Nutzen für betroffene Gruppen darstellt. Die Frage nach den Partizipationsmöglichkeiten weist darauf hin, dass die Betroffenen in Entscheidungen über diese Verhältnisse einbezogen werden müssen. Die Pluralität von AkteurInnen und Interessenslagen analytisch und methodisch so zu erfassen, dass daraus tragfähige Handlungskonzepte abgeleitet werden können, ist eine wesentliche Aufgabe von Politikberatung. Dafür ist das Zusammenwirken von politischen AkteurInnen und BeraterInnen maßgeblich, und es ist wichtig, Kriterien für die Tätigkeit an der Schnittstelle von Forschung und Praxis zu entwickeln und transparent zu machen. Einzelne Instrumente wie etwa die Gestaltungsmatrix können als Hilfestellung betrachtet werden, um unter schwierigen Rahmenbedingungen und bei stark eingeschränkten (finanziellen) Handlungsmöglichkeiten Spielräume sichtbar und zugleich die Wirkung (potenzieller) Maßnahmen transparenter zu machen.

## Literatur

Antalovsky, Eugen / Herzog, Siegrun / Wolffhardt, Alexander 2009: *Integrationsleitbilder und Integationsbeiräte österreichischer Städte. Dossier zur Online-Befragung.* Zuletzt abgerufen am 28.09.2011 unter http://www.staedtebund.gv.at/fileadmin/USERDATA/ themenfelder/integration/Dossier_Integrationsleitbilder.pdf.

Auer, Katrin / Bischof, Karin / Schneider, Marietta 2005: *Gender Mainstreaming Evaluierung des EQUAL-Projektes »Verschiedene Herkunft - gemeinsame Zukunft«,* unveröffentlichter Projektbericht des Instituts für Konfliktforschung.

Aydt, Sabine / Baumfeld, Leo / Bischof, Karin / Halbmayr, Brigitte / Steiner, Franjo 2010: ›Die Gestaltungsmatrix - ein Modell zur integrativen Praxis‹, in Herbert Langthaler (Hg.): *Integration in Österreich,* Innsbruck, Wien, München, 207-226.

Bauböck, Rainer 2001: ›Gleichheit, Vielfalt und Zusammenhalt - Grundsätze für die Integration von Einwanderern‹, in Patrik Volf / Rainer Bauböck: *Wege zur Integration. Was man gegen Diskriminierung und Fremdenfeindlichkeit tun kann,* Klagenfurt, Celovec, 11-41.

Bauböck, Rainer 2004: ›Migration und innere Sicherheit: Komplexe Zusammenhänge, paradoxe Effekte und politische Simplifizierungen‹, ÖZP 33(1), 49-66.

Bauman, Zygmunt 2009: *Gemeinschaften. Auf der Suche nach Sicherheit in einer bedrohlichen Welt,* Frankfurt a.M.

Bertelsmann Stiftung (Hg.) 2011: *Diversität gestalten. Erfolgreiche Integration in Kommunen - Handlungsempfehlungen und Praxisbeispiele,* Gütersloh.

Bischof, Karin 2005: *Die Entwicklung kommunaler Leitbilder als integrationspolitisches Instrument. Evaluierung im Rahmen des EQUAL-Projekts »Verschiedene Herkunft - gemeinsame Zukunft«. Projektbericht,* Wien.

Bischof, Karin / Liegl, Barbara 2005: *Einschätzung von Problem- und Bedürfnislagen hinsichtlich der Integration von Zugewanderten. Projektbericht,* Wien.

Bischof, Karin / Liegl, Barbara 2008: ›Integration in kleineren Gemeinden als Spiegel der Arbeitsmarktpolitiken‹, in Bettina Leibetseder / Josef Weidenholzer (Hg.): *Integration ist gestaltbar. Strategien erfolgreicher Integrationspolitik in Städten und Regionen*, Wien, 149 – 162.

Bommes, Michael 2007: ›Integration. Gesellschaftliches Risiko und politisches Symbol‹, *Politik und Zeitgeschichte*, Heft 22 – 23, 3 – 5.

›Der Hälfte aller Gemeinden droht heuer ein Minus‹ 2010 (ohne Autor), *Der Standard*, 05.08.2010.

Fassmann, Heinz / Reeger, Ursula 2007: ›Lebensformen und soziale Situation von Zuwanderinnen‹, in Heinz Fassmann (Hg.): *Zweiter Österreichischer Migrations- und Integrationsbericht 2001 – 2006*, Klagenfurt, Celovec, 183 – 200.

Fassmann, Heinz / Stacher, Irene / Strasser, Elisabeth 2003: ›Einleitung: Zweck des Berichts, zentrale Begriffe und inhaltliche Gliederung‹, in Heinz Fassmann / Irene Stacher (Hg.): *Österreichischer MIgrations- und Integrationsbericht. Demographische Entwicklungen – sozioökonomische Strukturen – rechtliche Rahmenbedingungen*, Klagenfurt, Celovec, 9 – 18.

Glick Schiller, Nina / Caglar, Ayse 2009: ›Towards a comparative Theory of Locality in Migration Studies: Migrant Incorporation and City Scale‹, *Journal of Ethnic and Migration Studies* 35(2), 177 – 202.

Hadj-Abdou, Leila 2007: ›Zum Verhältnis von Migrationsforschung und politischer Praxis‹, in Erich Fröschl / Helmut Kramer / Eva Kreisky (Hg.): *Politikberatung zwischen Affirmation und Kritik*, Wien, 183 – 195.

›Einbeziehen statt Einordnen. Zusammenleben in Österreich. Integrationsleitbild des Landes Oberösterreich‹ 2008. Zuletzt abgerufen am 02.08.2011 unter http://www.land-oberoesterreich.gv.at/files/publikationen/So_Integrationsleitbild.pdf.

›»Gemeinsam Zukunft gestalten« – Zukunftsorientiertes Integrationsleitbild des Landes Vorarlberg‹ 2010. Zuletzt abgerufen am 02.08.2011 unter http://www.vorarlberg.at/vorarlberg/gesellschaft_soziales/gesellschaft/integrationundmigration/neuigkeiten_mitbild_/integrationsleitbild.htm.

›»Guat z'sammleben« – Leitbild Land Niederösterreich‹ 2008. Zuletzt abgerufen am 02.08.2011 unter http://www.iz.or.at/start.asp?ID=229868.

›Integration mit Zugewanderten. Integrationskonzept des Landes Tirol mit Maßnahmenempfehlungen‹ 2006. Zuletzt abgerufen am 02.08.2011 unter http://www.igz.woergl.at/pdf/integrationskonzepttirol.pdf.

›Integrationskonzept Wörgl‹ 2009. Zuletzt abgerufen am 02.08.2011 unter http://www.igz.woergl.at/pdf/integrationskonzeptw.pdf.

›Integrationsleitbild der Marktgemeinde Guntramsdorf mit Maßnahmenplan‹ 2004. Zuletzt abgerufen am 02.08.2011 unter http://www.noe-lak.at/fileadmin/Benutzerdateien/dokumente/microsites/integrationsservice_noe/materialien/ilb_guntramsdorf.pdf.

›Integrationsleitbild der Stadtgemeinde Traismauer mit Maßnahmenplan‹ 2004. Zuletzt abgerufen am 02.08.2011 unter http://www.noe-lak.at/fileadmin/Benutzerdateien/dokumente/microsites/integrationsservice_noe/materialien/ilb_traismauer_integrationskonzept.pdf.

›Integrationsleitbild der Stadt Krems‹ 2003. Zuletzt abgerufen am 02.08.2011 unter http://

www.noe-lak.at/fileadmin/Benutzerdateien/dokumente/microsites/integrations
service_noe/materialien/ilb_krems.pdf.

›Integrationspartnerschaft Steiermark: Integrationsleitbild & Strategieprozess‹ 2010.
Zuletzt abgerufen am 02.08.2011 unter http://www.iz.or.at/start.asp?ID=230159
&b=1799.

›Leitbild der Stadtgemeinde Amstetten‹ (o.J.). Zuletzt abgerufen am 02.08.2011 unter
http://www.amstetten.at/fileadmin/pdf/DieStadt/Leitbild_Amstetten.pdf

Kreisky, Eva 2007: ›Politikerberatung als neuer Beruf. Anzeichen neoliberaler Einbindung
von Politikwissenschaft‹, in Erich Fröschl / Helmut Kramer / Eva Kreisky (Hg.): *Poli-*
*tikberatung zwischen Affirmation und Kritik*, Wien, 11–45.

Latcheva, Rossalina / Herzog-Punzenberger, Barbara 2011: ›Integration revisited. Zur
Dynamik und Kontextabhängigkeit individueller Integrationsverläufe am Beispiel von
MigrantInnen der ersten Generation in Wien‹, ÖZS 36, 3–27.

Leibetseder, Bettina / Weidenholzer, Josef (Hg.) 2008: *Integration ist gestaltbar. Strategien*
*erfolgreicher Integrationspolitik in Städten und Regionen*, Wien.

Perchinig, Bernhard 2003: ›Einwanderung und Integrationspolitik in Europa‹, in Maria
Zwicklhuber (Hg.): *Interkulturelles Zusammenleben und Integration als kommunal-*
*politische Herausforderung*, Wien, 9–15.

Perchinig, Bernhard 2009: ›Von der Fremdarbeit zur Integration? (Arbeits)migrations-
und Integrationspolitik in der Zweiten Republik‹, ÖGL, 53(3), 228–246.

Pilgram, Arno 2007: ›Migration und innere Sicherheit‹, in Heinz Fassmann (Hg.): *Zweiter*
*Österreichischer Migrations- und Integrationsbericht 2001–2006*, Klagenfurt, Celovec,
357–376.

Rose, Nikolas 2000: ›Tod des Sozialen? Eine Neubestimmung der Grenzen des Regierens‹,
in Ulrich Bröckling / Susanne Krasmann / Thomas Lemke (Hg.): *Gouvernementalität*
*der Gegenwart. Studien zur Ökonomisierung des Sozialen*, Frankfurt a.M., 72–109.

Rossmann, Bruno / Schlager, Christa 2006: *Der öffentliche Sektor in Österreich. Teil I.*
*Rahmenbedingungen, Umfang und Aufgaben.* Zuletzt abgerufen am 11.08.2011 unter
http://www.voegb.at/bildungsangebote/skripten/wi/WI-07.pdf.

Sassen, Saskia 2006: *Territory – Authority – Rights. From Medieval to Global Assemblages*,
Princeton.

Sauer, Birgit 2007: ›Neoliberale Verhältnisse: Staatlichkeit und Geschlecht‹, in Christoph
Butterwegge / Bettina Lösch / Ralf Ptak (Hg.): *Neoliberalismus. Analysen und Alterna-*
*tiven*, Wiesbaden, 34–49.

Walther, Claudia / Thamm, Alexander 2005: *Strategien lokaler Integrationspolitik.* Zuletzt
abgerufen am 25.08.2010 unter http://www.wegweiser-kommune.de/themenkonzepte
/integration/download/pdf/Strategien_lokaler_Integrationspolitik.pdf.

# Abkürzungen

| | |
|---|---|
| ABGB | Allgemeines Bürgerliches Gesetzbuch |
| Abs. | Absatz |
| AMDB | Österreichische Arbeitsmarktdatenbank |
| AMS | Österreichischen Arbeitsmarktservice |
| APA | Austria Presse Agentur |
| Art. | Artikel |
| ASVG | Allgemeine Sozialversicherungsgesetz |
| AsylG | Asylgesetz |
| ATIB | Union der Türkisch-Islamischen Kulturvereine in Europa e.V. |
| BGBl | Bundesgesetzblatt |
| BMASK | Bundesministerium für Arbeit, Soziales und Konsumentenschutz |
| BMI | Bundesministerium für Inneres |
| BVerfGE | Bundesverfassungsgericht |
| BZÖ | Bündnis Zukunft Österreich |
| DDR | Deutsche Demokratische Republik |
| ECRE | European Council on Refugees and Exiles |
| ECRI | European Commission against Racism and Intolerance |
| EG | Europäische Gemeinschaft |
| EM | Europameisterschaft (Fußball) |
| EMRK | Europäische Menschenrechtskonvention |
| EU | Europäische Union |
| EuGH | Europäische Gerichtshof |
| EUMC | European Monitoring Centre on Racism and Xenophobia |
| EU-MIDIS | European Union Minorities and Discrimination Survey |
| EU-SILC | European Union Statistics on Income and Living Conditions |
| EWG | Europäische Wirtschaftsgemeinschaft |
| FAZ | Frankfurter Allgemeine Zeitung |
| FPG | Fremdenpolizeigesetz |
| FPK | Die Freiheitlichen in Kärnten |

| | |
|---|---|
| FPÖ | Freiheitliche Partei Österreichs |
| FrÄG | Fremdenrechtsänderungsgesetz |
| GFK | Genfer Flüchtlingskonvention |
| GPA | Gewerkschaft der Privatangestellten |
| HbeG | Hausbetreuungsgesetz |
| HV | Hauptverband der österreichischen Sozialversicherungsträger |
| koje | Koordinationsbüro für Offene Jugendarbeit und Entwicklung |
| KOZ SR | Slowakische Konföderation der Gewerkschaftsbünde |
| KPÖ | Kommunistische Partei Österreichs |
| LFS | Europäische Arbeitskräfteerhebung |
| LIF | Liberales Forum |
| LPR | Liga polnischer Familien |
| NAG | Niederlassungs- und Aufenthaltsgesetz |
| NGO | Non-Governmental Organization |
| NSDAP | Nationalsozialistische Deutsche Arbeiterpartei |
| OECD | Organisation für wirtschaftliche Zusammenarbeit und Entwicklung |
| ÖGB | Österreichische Gewerkschaftsbund |
| ORF | Österreichischer Rundfunk |
| OSI | Office für Special Investigations |
| ÖVP | Österreichische Volkspartei |
| PAI | Persatoean Arab Indonesia (Arabisch-Indonesische Vereinigung) |
| PISA | Programme for International Student Assessment |
| POPREG | Bevölkerungsstatistische Datenbank der Statistik Austria |
| POS | political opportunity structures |
| PVV | Partij voor de Vrijheid (Freiheitliche Partei; Niederlande) |
| RGBl | Reichsgesetzblatt |
| RIS | Bundeskanzleramt Rechtsinformationssystem |
| RL | Richtlinie |
| SDAP | Sozialdemokratische Arbeiterpartei |
| SORA | Institute for Social Research and Analysis |
| SPD | Sozialdemokratische Partei Deutschlands |
| SPÖ | Sozialdemokratische Partei Österreichs |
| StbG | Staatsbürgerschaftsgesetz |
| taz | tageszeitung |
| TIES | The Integration of the European Second Generation |
| UdSSR | Union der Sozialistischen Sowjetrepubliken |
| UN | United Nations |
| UNHCR | The UN Refugee Agency |
| UNHCR | United Nations High Commissioner for Refugees |
| VfGH | Verfassungsgerichtshof |

| | |
|---|---|
| VOL | Vorarlberg Online |
| VwGH | Verwaltungsgerichtshof |
| VwSlg | Sammlung der Erkenntnisse und wichtigsten Beschlüsse des Verwaltungsgerichtshofes |
| WDR | Westdeutscher Rundfunk |
| Z. | Ziffer |
| ZARA | Zivilcourage und Antirassismus-Arbeit |
| ZDF | Zweites Deutsches Fernsehen |
| ZG | Zivilgesellschaft |
| ZMR | Zentrales Melderegister |
| ZUWINBAT | Zukunftsraum Wien-Niederösterreich-Bratislava-Trnava |

# HerausgeberInnen und AutorInnen

*Sabine Aydt*, Studium der Rechtswissenschaften an der Universität Wien, freie Kulturwissenschaftlerin, Vortragende im Fachbereich Interkulturelle Studien an der Donau-Universität Krems, Beraterin für die ARGE Integrationsberatung, kontakt@sabine-aydt.net

*Karin Bischof*, Studium der Politikwissenschaft und Romanistik an der Universität Wien, seit 2002 wissenschaftliche Mitarbeiterin am IKF, Lektorin am Institut für Politikwissenschaft der Universität Wien und Redakteurin der Österreichischen Zeitschrift für Politikwissenschaft, karin.bischof@ikf.ac.at

*Diana Braakmann*, Studium Psychologie und psychotherapeutische Ausbildung, Psychologin, Psychotherapeutin und wissenschaftliche Mitarbeiterin des Departments für Psychologie an der Sigmund Freud PrivatUniversität Wien, diana.braakmann@sfu.ac.at

*Simon Burtscher*, Studium der Soziologie in Graz, Waterloo (Kanada) und Innsbruck, seit 2003 als Soziologe bei »okay. zusammen leben – Projektstelle für Zuwanderung und Integration« in Vorarlberg beschäftigt, simon.burtscher@okay-line.at

*Julia Dahlvik*, Studium der Soziologie und Translationswissenschaft, Universitätsassistentin und Koordinatorin der Forschungsplattform Migration and Integration Research, external fellow des Initiativkollegs »Empowerment through Human Rights« der Universität Wien, julia.dahlvik@univie.ac.at

*Edith Enzenhofer*, Studium der Psychologie, Sozialwissenschafterin, wissenschaftliche Mitarbeiterin am Forschungsinstitut des Roten Kreuzes, edith.enzenhofer@w.roteskreuz.at

*Heinz Fassmann*, Studium der Geschichte und Geographie, Professor für Angewandte Geographie, Raumforschung und Raumordnung und Vizerektor für Personalentwicklung und Internationales an der Universität Wien, Gründungsmitglied der Forschungsplattform Migration and Integration Research, heinz.fassmann@univie.ac.at

*Oliver Gruber*, Studium der Publizistik- und Kommunikationswissenschaft und der Politikwissenschaft, wissenschaftlicher Mitarbeiter am Institut für Publizistik- und Kommunikationswissenschaft der Universität Wien, oliver.gruber@univie.ac.at

*Katharina Hametner*, Studium der Psychologie, Dissertantin im Themenfeld Biographie und Rassismus, derzeit Lektorin an der Sigmund Freud PrivatUniversität Wien, katharina.hametner@univie.ac.at

*Petra Herczeg*, Studium der Publizistik- und Kommunikationswissenschaft und Germanistik, Senior Lecturer am Institut für Publizistik- und Kommunikationswissenschaft der Universität Wien, petra.herczeg@univie.ac.at

*Marc Hill*, Studium der Pädagogik, Soziologie sowie Psychologie an der Universität zu Köln, wissenschaftlicher Mitarbeiter am »Institut für Erziehungswissenschaften und Bildungsforschung / Abteilung für Interkulturelle Bildung« an der Alpen-Adria-Universität Klagenfurt, marc.hill@aau.at

*Radostin Kaloianov*, Studium der Philosophie Universität Sofia, Universität Amsterdam (und Comparative European Social Studies), Promotion in Philosophie, Universität Wien, Referent für Grundlagen- und Öffentlichkeitsarbeit von Interface Wien, r.kaloianov@gmx.at

*Andrea Kretschmann*, 1998–2004 Studium der Soziologie in Hamburg, 2005–2007 Studium der Internationalen Kriminologie in Hamburg und London, seit 2008 Mitarbeiterin am Institut für Rechts- und Kriminalsoziologie, seit 2010 Doktorandin an der Universität Bielefeld, Bielefeld Graduate School in History and Sociology, andrea.kretschmann@uni-bielefeld.de

*Irene Messinger*, Studium der Bildungswissenschaften / Erwachsenenbildung, Politikwissenschaften und Sozialarbeit; Rechtsberatung in NGOs im Asyl- und Migrationsbereich; irene.messinger@univie.ac.at

*Sarah Meyer*, Studium der Politikwissenschaft an der Universität Wien, derzeit wissenschaftliche Mitarbeiterin am Institut für Politikwissenschaft, Universität Wien, sarah.meyer@univie.ac.at

*Teresa Peintinger*, Studium der Politikwissenschaft und Internationale Entwicklung an der Universität Wien, derzeitig als wissenschaftliche Mitarbeiterin am Institut für Politikwissenschaften tätig, teresa.peintinger@univie.ac.at

*Zoltán Péter*, Studium der Soziologie in Kombination mit Philosophie und Finno-Ugristik an der Universität Wien, Projektmitarbeiter am Institut für Europäische und Vergleichende Sprach- und Literaturwissenschaft, Abteilung Finno-Ugristik, der Universität Wien, zoltan.peter@univie.ac.at

*Arno Pilgram*, Studium der Psychologie und Anthropologie, Habilitation für Rechts- und Kriminalsoziologie an der J.W.Goethe-Universität Frankfurt und der Universität Wien, Wissenschaftlicher Leiter des Instituts für Rechts- und Kriminalsoziologie, Wien, arno.pilgram@univie.ac.at

*David Reichel*, Studium der Soziologie an der Universität Wien, seit 2007 wissenschaftlicher Mitarbeiter in der Forschungsabteilung des International Centre for Migration Policy Development (ICMPD), externer Lehrender an der Universität Wien, david.reichel@icmpd.org

*Ilse Reiter-Zatloukal*, Studium der Rechtswissenschaften an der Universität Wien, ao. Univ. Prof. am Institut für Rechts- und Verfassungsgeschichte der Universität Wien, ilse.reiter-zatloukal@univie.ac.at

*Sieglinde Rosenberger*, Studium der Volkswirtschaftslehre, Professorin für Politikwissenschaft an der Universität Wien, sieglinde.rosenberger@univie.ac.at

*Wiebke Sievers*, Studium des Literaturübersetzens (Universität Düsseldorf) und der Übersetzungswissenschaften (University of Warwick), derzeit wissenschaftliche Mitarbeiterin an der Kommission für Migrations- und Integrationsforschung der Österreichischen Akademie der Wissenschaften, wiebke.sievers@oeaw.ac.at

*Martin Slama*, Studium der Kultur- und Sozialanthropologie an der Universität Wien, derzeit APART (Austrian Programme for Advanced Research and Technology) Stipendiat am Institut für Sozialanthropologie der Österreichischen Akademie der Wissenschaften, martin.slama@oeaw.ac.at

*Joachim Stern*, Studium der Rechtswissenschaften an den Universitäten Stockholm, Paris V und Wien, bis 2011 Universitätsassistent am Institut für Staats- und Verwaltungsrecht der Universität Wien, Beratungs- und Expertentätigkeit im Fremden- und Asylrecht, joachim.stern@univie.ac.at

*Erol Yildiz*, Studium der Pädagogik, Soziologie und Psychologie in Köln, Professor für Interkulturelle Bildung an der Fakultät für Kulturwissenschaften der Alpen-Adria-Universität Klagenfurt, erol.yildiz@uni-klu.ac.at

# Reader Migration & Integration

Heinz Fassmann / Julia Dahlvik (Hg.)
**Migrations- und Integrations-
forschung – multidisziplinäre
Perspektiven**
Ein Reader
Migrations- und Integrationsfor-
schung, Band 1.
318 Seiten, kartoniert
ISBN 978-3-89971-845-4

## Eine Einführung in die aktuelle Migrations- und Integrationsforschung

Mit Migrations- und Integrationsprozessen befassen sich viele Disziplinen – aus unterschiedlichen Blickwinkeln und mit unterschiedlichen Methoden und theoretischen Konzepten. Dieser Band bemüht sich um eine disziplinäre Re-Integration der einschlägigen Forschung. 14 Beiträge, verfasst aus unterschiedlichen Perspektiven, stellen die grundsätzlichen disziplinären Zugänge, Fragestellungen und Sichtweisen sowie konkrete Forschungsfragen dar, um den jeweiligen empirischen oder konzeptionellen Zugang zu kennzeichnen.

Dieser Reader dient der Information und der Einführung. Er richtet sich in erster Linie an Studierende, aber auch an ein breiteres Publikum, welches sich umfassend und thematisch breit mit Migration und Integration befassen möchte.

**V&Runipress**

Leseproben und weitere Informationen unter www.vr-unipress.de

Email: info@vr-unipress.de | Tel.: +49 (0)551/50 84-301 | Fax: +49 (0)551/50 84-333

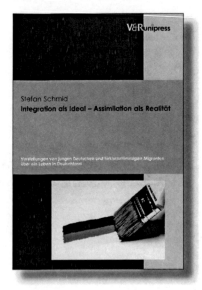